U0106965

本書編寫人員

習近平　　王滬寧　　蔡　奇　　丁薛祥

（以下按姓氏簡體字筆畫為序）

丁國文	于培偉	馬　慧	豐勇軍	王　江
王　鋒	王　毅	王小洪	王文水	王文軒
王文濤	王克強	王善成	石泰峰	田培炎
曲青山	劉　鵬	劉自成	劉國中	江金權
孫金龍	陰和俊	紀偉昕	杜官印	李幹傑
李書磊	李鴻忠	楊正位	肖自立	吳漢聖
何　源	何立峰	何金定	余　鍇	沈春耀
懷進鵬	張　禹	張　強	張又俠	張玉卓
張國清	張福海	陳文清	陳啟清	陳隆迪
羅　文	金壯龍	周新群	鄭柵潔	鄭炳林
孟祥鋒	鍾紹軍	祝衛東	祝丹濤	賀小榮
顧廷海	郭　沛	唐方裕	唐在富	閆　柏
陶　玲	黃　強	黃守宏	黃坤明	韓文秀
舒啟明	謝春濤	雷海潮	解　敏	蔡　昉
譚鑫炎	穆　虹			

黨的二十屆三中全會《決定》
學習輔導百問

目　錄

中國共產黨第二十屆中央委員會第三次全體會議公報 …………………… 1

中共中央關於進一步全面深化改革、推進中國式現代化的決定……… 8

關於《中共中央關於進一步全面深化改革、推進
中國式現代化的決定》的說明 ………………………… 習近平　40

堅持黨中央對進一步全面深化改革的集中統一領導 ……… 鍾文宣　48

深入學習貫徹習近平總書記關於全面深化改革的
一系列新思想、新觀點、新論斷…………………………… 穆　虹　55

構建全國統一大市場 …………………………………………… 張國清　63

健全因地制宜發展新質生產力體制機制………………………… 何立峰　70

構建支持全面創新體制機制 …………………………………… 黃坤明　77

完善城鄉融合發展體制機制 …………………………………… 劉國中　85

健全全過程人民民主制度體系 ………………………………… 李鴻忠　92

完善大統戰工作格局 …………………………………………… 石泰峰　99

完善中國特色社會主義法治體系 ⋯⋯⋯⋯⋯⋯ 陳文清　107

深化文化體制機制改革⋯⋯⋯⋯⋯⋯⋯⋯⋯⋯ 李書磊　115

推進國家安全體系和能力現代化 ⋯⋯⋯⋯⋯⋯ 王小洪　123

持續深化國防和軍隊改革 ⋯⋯⋯⋯⋯⋯⋯⋯⋯ 張又俠　130

深化黨的建設制度改革⋯⋯⋯⋯⋯⋯⋯⋯⋯⋯ 李幹傑　137

為進一步全面深化改革、推進中國式現代化營造
　　良好外部環境 ⋯⋯⋯⋯⋯⋯⋯⋯⋯⋯⋯⋯ 王　毅　144

黨的二十屆三中全會《決定》學習輔導百問

1.　如何認識新時代全面深化改革的重大成就？ ⋯⋯⋯⋯⋯154

2.　怎樣理解緊緊圍繞推進中國式現代化進一步全面深化
　　改革的重要性和必要性？ ⋯⋯⋯⋯⋯⋯⋯⋯⋯⋯⋯⋯157

3.　如何理解把握習近平總書記關於全面深化改革的一系列
　　新思想、新觀點、新論斷？ ⋯⋯⋯⋯⋯⋯⋯⋯⋯⋯⋯159

4.　為什麼進一步全面深化改革要做到＂三個更加注重＂？ ⋯162

5.　如何理解進一步全面深化改革的總目標？ ⋯⋯⋯⋯⋯⋯164

6.　如何把握進一步全面深化改革的原則？ ⋯⋯⋯⋯⋯⋯⋯166

7.　如何理解促進各種所有制經濟優勢互補、共同發展？ ⋯⋯169

8.　為什麼要推進國有經濟佈局優化和結構調整？ ⋯⋯⋯⋯171

9. 怎樣理解推進能源、鐵路、電信、水利、公用事業等
   行業自然壟斷環節獨立運營和競爭性環節市場化改革？ ……… 172

10. 堅持致力於為非公有制經濟發展營造良好環境和提供
    更多機會的方針政策需要把握哪些重點？ ……………………… 174

11. 為什麼要規範地方招商引資法規制度，嚴禁違法違規
    給予政策優惠行為？ …………………………………………… 176

12. 如何理解完善要素市場制度和規則，推動生產要素暢通
    流動、各類資源高效配置、市場潛力充分釋放？ …………… 178

13. 完善流通體制需要把握哪些重點？ …………………………… 179

14. 加快培育完整內需體系主要有哪些要求？ …………………… 181

15. 如何理解完善市場准入制度，優化新業態新領域市場
    准入環境？ ……………………………………………………… 183

16. 為什麼要健全社會信用體系和監管制度？ …………………… 185

17. 怎樣理解發展以高技術、高效能、高質量為特徵的生產力？… 187

18. 為什麼要建立保持製造業合理比重投入機制，合理降低
    製造業綜合成本和稅費負擔？ ………………………………… 189

19. 如何理解促進平台經濟創新發展，健全平台經濟常態化
    監管制度？ ……………………………………………………… 191

20. 為什麼要完善中介服務機構法規制度體系，促進中介
    服務機構誠實守信、依法履責？ ……………………………… 193

21. 如何理解構建新型基礎設施規劃和標準體系，健全新型
    基礎設施融合利用機制？ ……………………………………… 195

22. 健全提升產業鏈供應鏈韌性和安全水平制度需要把握
    哪些重點？ ……………………………………………………… 197

23. 為什麼要完善學生實習實踐制度？ ································ 199

24. 怎樣理解優化區域教育資源配置，建立同人口變化
    相協調的基本公共教育服務供給機制？ ···················· 201

25. 如何理解完善義務教育優質均衡推進機制？ ·················· 203

26. 為什麼要優化重大科技創新組織機制？ ······················ 205

27. 如何理解改進科技計劃管理？ ······························· 207

28. 怎樣理解建立專家實名推薦的非共識項目篩選機制？ ········· 209

29. 為什麼要建立職務科技成果資產單列管理制度？ ············· 210

30. 如何理解構建同科技創新相適應的科技金融體制？ ··········· 212

31. 為什麼要建立以創新能力、質量、實效、貢獻為導向的
    人才評價體系？ ··· 214

32. 完善海外引進人才支持保障機制有哪些主要要求？ ··········· 216

33. 如何理解完善國家戰略規劃體系和政策統籌協調機制？ ······· 218

34. 為什麼要探索實行國家宏觀資產負債表管理？ ··············· 220

35. 怎樣理解健全預算制度？ ·································· 221

36. 健全有利於高質量發展、社會公平、市場統一的稅收
    制度，優化稅制結構，需要把握哪些重點？ ··············· 223

37. 如何把握建立權責清晰、財力協調、區域均衡的中央和
    地方財政關係？ ··· 225

38. 怎樣理解完善政府債務管理制度？ ························· 227

39. 怎樣理解完善金融機構定位和治理，健全服務實體
    經濟的激勵約束機制？ ··································· 229

40. 為什麼要健全投資和融資相協調的資本市場功能？⋯⋯⋯⋯⋯ 231

41. 如何理解完善金融監管體系，依法將所有金融活動納入
監管？⋯⋯⋯⋯⋯⋯⋯⋯⋯⋯⋯⋯⋯⋯⋯⋯⋯⋯⋯⋯⋯⋯⋯⋯⋯ 233

42. 為什麼要完善區域一體化發展機制，構建跨行政區合作
發展新機制？⋯⋯⋯⋯⋯⋯⋯⋯⋯⋯⋯⋯⋯⋯⋯⋯⋯⋯⋯⋯⋯ 235

43. 為什麼要深化城市建設、運營、治理體制改革，加快
轉變城市發展方式？⋯⋯⋯⋯⋯⋯⋯⋯⋯⋯⋯⋯⋯⋯⋯⋯⋯ 237

44. 如何理解鞏固和完善農村基本經營制度？⋯⋯⋯⋯⋯⋯⋯⋯ 239

45. 為什麼要完善覆蓋農村人口的常態化防止返貧致貧機制，
建立農村低收入人口和欠發達地區分層分類幫扶制度？⋯⋯ 241

46. 為什麼要統籌建立糧食產銷區省際橫向利益補償機制？⋯⋯ 243

47. 怎樣理解改革完善耕地佔補平衡制度？⋯⋯⋯⋯⋯⋯⋯⋯⋯ 245

48. 如何理解健全保障耕地用於種植基本農作物管理體系？⋯⋯ 247

49. 如何理解盤活存量土地和低效用地這一要求？⋯⋯⋯⋯⋯⋯ 248

50. 如何理解主動對接國際高標準經貿規則？⋯⋯⋯⋯⋯⋯⋯⋯ 250

51. 怎樣理解擴大自主開放，擴大對最不發達國家單邊
開放？⋯⋯⋯⋯⋯⋯⋯⋯⋯⋯⋯⋯⋯⋯⋯⋯⋯⋯⋯⋯⋯⋯⋯⋯ 253

52. 創新發展數字貿易需要把握哪些重點？⋯⋯⋯⋯⋯⋯⋯⋯⋯ 255

53. 營造市場化、法治化、國際化一流營商環境主要有哪些
要求？⋯⋯⋯⋯⋯⋯⋯⋯⋯⋯⋯⋯⋯⋯⋯⋯⋯⋯⋯⋯⋯⋯⋯⋯ 257

54. 為什麼要優化區域開放功能分工，打造形態多樣的開放
高地？⋯⋯⋯⋯⋯⋯⋯⋯⋯⋯⋯⋯⋯⋯⋯⋯⋯⋯⋯⋯⋯⋯⋯⋯ 259

55. 實施自由貿易試驗區提升戰略怎樣體現鼓勵首創性、集成式探索的要求？ ……… 261

56. 完善推進高質量共建"一帶一路"機制需要把握哪些重點？ ……… 263

57. 如何理解強化人大預算決算審查監督和國有資產管理、政府債務管理監督？ ……… 265

58. 為什麼要健全吸納民意、彙集民智工作機制？ ……… 267

59. 怎樣理解完善人民政協民主監督機制？ ……… 269

60. 如何理解完善發揮統一戰綫凝聚人心、彙聚力量政治作用的政策舉措？ ……… 271

61. 完善黨委領導、人大主導、政府依託、各方參與的立法工作格局主要有哪些要求？ ……… 273

62. 怎樣理解促進政務服務標準化、規範化、便利化？ ……… 275

63. 為什麼要完善行政處罰等領域行政裁量權基準制度？ ……… 277

64. 深化開發區管理制度改革主要有哪些要求？ ……… 279

65. 如何理解確保執法司法各環節全過程在有效制約監督下運行？ ……… 281

66. 怎樣理解深化審判權和執行權分離改革，健全國家執行體制？ ……… 283

67. 如何理解完善涉及公民人身權利強制措施以及查封、扣押、凍結等強制措施的制度？ ……… 285

68. 為什麼要建立輕微犯罪記錄封存制度？ ……… 287

69. 如何理解完善推進法治社會建設機制？ ……… 288

70. 加強涉外法治建設主要有哪些要求？ ⋯⋯⋯⋯⋯⋯⋯⋯ 290

71. 如何理解構建中國哲學社會科學自主知識體系？ ⋯⋯⋯ 292

72. 為什麼要構建適應全媒體生產傳播工作機制和評價
體系，推進主流媒體系統性變革？ ⋯⋯⋯⋯⋯⋯⋯⋯⋯ 294

73. 為什麼要實施文明鄉風建設工程？ ⋯⋯⋯⋯⋯⋯⋯⋯⋯ 296

74. 如何理解建立優質文化資源直達基層機制？ ⋯⋯⋯⋯⋯ 298

75. 怎樣理解改進文藝創作生產服務、引導、組織工作機制？ ⋯ 300

76. 為什麼要推動文化遺產系統性保護和統一監管？ ⋯⋯⋯ 302

77. 健全網絡綜合治理體系需要把握哪些重點？ ⋯⋯⋯⋯⋯ 304

78. 為什麼要構建更有效力的國際傳播體系？ ⋯⋯⋯⋯⋯⋯ 306

79. 如何理解規範財富積累機制？ ⋯⋯⋯⋯⋯⋯⋯⋯⋯⋯⋯ 308

80. 怎麼理解形成有效增加低收入群體收入、穩步擴大中等
收入群體規模、合理調節過高收入的制度體系？ ⋯⋯⋯ 310

81. 為什麼要完善高校畢業生、農民工、退役軍人等重點
群體就業支持體系？ ⋯⋯⋯⋯⋯⋯⋯⋯⋯⋯⋯⋯⋯⋯⋯ 312

82. 為什麼要健全靈活就業人員、農民工、新就業形態人員
社保制度？ ⋯⋯⋯⋯⋯⋯⋯⋯⋯⋯⋯⋯⋯⋯⋯⋯⋯⋯⋯ 314

83. 如何理解加快構建房地產發展新模式？ ⋯⋯⋯⋯⋯⋯⋯ 316

84. 為什麼要促進醫療、醫保、醫藥協同發展和治理？ ⋯⋯ 318

85. 如何理解加快建設分級診療體系？ ⋯⋯⋯⋯⋯⋯⋯⋯⋯ 320

86. 完善生育支持政策體系和激勵機制需要把握哪些重點？ ⋯⋯ 322

87. 怎樣理解積極應對人口老齡化，完善發展養老事業和
　　養老產業政策機制？ ⋯⋯⋯⋯⋯⋯⋯⋯⋯⋯⋯⋯⋯⋯⋯ 324

88. 如何理解建立健全覆蓋全域全類型、統一銜接的國土
　　空間用途管制和規劃許可制度？ ⋯⋯⋯⋯⋯⋯⋯⋯⋯⋯ 326

89. 完善全民所有自然資源資產所有權委託代理機制主要
　　有哪些要求？ ⋯⋯⋯⋯⋯⋯⋯⋯⋯⋯⋯⋯⋯⋯⋯⋯⋯⋯ 328

90. 如何理解建立新污染物協同治理和環境風險管控體系？ ⋯⋯ 330

91. 如何理解深化環境信息依法披露制度改革？ ⋯⋯⋯⋯⋯⋯ 332

92. 為什麼要健全生態產品價值實現機制？ ⋯⋯⋯⋯⋯⋯⋯⋯ 334

93. 健全綠色低碳發展機制需要把握哪些重點？ ⋯⋯⋯⋯⋯⋯ 336

94. 如何理解完善適應氣候變化工作體系？ ⋯⋯⋯⋯⋯⋯⋯⋯ 338

95. 為什麼要完善國家安全法治體系、戰略體系、政策體系、
　　風險監測預警體系？ ⋯⋯⋯⋯⋯⋯⋯⋯⋯⋯⋯⋯⋯⋯⋯⋯ 340

96. 怎樣理解完善大安全大應急框架下應急指揮機制？ ⋯⋯⋯ 342

97. 為什麼要建立人工智能安全監管制度？ ⋯⋯⋯⋯⋯⋯⋯⋯ 344

98. 健全社會治理體系主要有哪些要求？ ⋯⋯⋯⋯⋯⋯⋯⋯⋯ 346

99. 為什麼要完善涉外國家安全機制？ ⋯⋯⋯⋯⋯⋯⋯⋯⋯⋯ 348

100. 為什麼要完善人民軍隊領導管理體制機制？ ⋯⋯⋯⋯⋯⋯ 350

101. 如何理解完善軍事治理體系？ ⋯⋯⋯⋯⋯⋯⋯⋯⋯⋯⋯⋯ 352

102. 怎樣理解健全國防建設軍事需求提報和軍地對接機制？ ⋯⋯ 354

103. 如何理解構建武器裝備現代化管理體系？ ⋯⋯⋯⋯⋯⋯⋯ 356

104. 堅持黨中央對進一步全面深化改革的集中統一領導
主要有哪些要求？ ·· 358

105. 怎樣理解樹立和踐行正確政績觀，健全有效防範和
糾治政績觀偏差工作機制？ ···································· 360

106. 如何理解落實 " 三個區分開來 "，激勵幹部開拓進取、
幹事創業？ ·· 362

107. 怎樣理解制定鄉鎮（街道）履行職責事項清單，健全
為基層減負長效機制？ ··· 364

108. 為什麼要建立經常性和集中性相結合的紀律教育機制？ ······· 366

109. 為什麼要豐富防治新型腐敗和隱性腐敗的有效辦法？ ·········· 368

110. 如何理解健全加強對 " 一把手 " 和領導班子監督配套
制度？ ··· 370

111. 深化基層監督體制機制改革主要有哪些要求？ ······················ 371

112. 為什麼要以實績實效和人民群眾滿意度檢驗改革？ ················ 373

名詞解釋 ·· 376

中國共產黨第二十屆中央委員會
第三次全體會議公報

（2024 年 7 月 18 日中國共產黨第二十屆中央委員會
第三次全體會議通過）

中國共產黨第二十屆中央委員會第三次全體會議，於 2024 年 7 月 15 日至 18 日在北京舉行。

出席這次全會的有，中央委員 199 人，候補中央委員 165 人。中央紀律檢查委員會常務委員會委員和有關方面負責同志列席會議。黨的二十大代表中部分基層同志和專家學者也列席了會議。

全會由中央政治局主持。中央委員會總書記習近平作了重要講話。

全會聽取和討論了習近平受中央政治局委託所作的工作報告，審議通過了《中共中央關於進一步全面深化改革、推進中國式現代化的決定》。習近平就《決定（討論稿）》向全會作了說明。

全會充分肯定黨的二十屆二中全會以來中央政治局的工作。一致認為，面對嚴峻複雜的國際環境和艱巨繁重的國內改革發展穩定任務，中央政治局認真落實黨的二十大和二十屆一中、二中全會精神，完整準確全面貫徹新發展理念，堅持穩中求進工作總基調，統籌推進“五位一體”總體佈局、協調推進“四個全面”戰略佈局，統籌國內國際兩個大局，統籌發展和安全，著力推動高質量發展，進一步推動和謀劃全面深化改革，扎實推進社會主義民主法治建設，不斷加強宣傳思想文化工作，切實抓好民生保障和生態環境保護，堅決維護國家安全和社會穩定，有力推進國防和軍隊建設，繼續推進港澳工作和對台工作，深入推進中國特色大國外交，一以貫之推進全面從嚴治黨，實現經濟回升向好，全面建設社會主義現代化國家邁出堅實步伐。

全會高度評價新時代以來全面深化改革的成功實踐和偉大成就，研究了進一步全面深化改革、推進中國式現代化問題，認為當前和今後一個時期是以中國式現代化全面推進強國建設、民族復興偉業的關鍵時期。中國式現代化是在改革開放中不斷推進的，也必將在改革開放中開闢廣闊前景。面對紛繁複雜的國際國內形勢，面對新一輪科技革命和產業變革，面對人民群眾新期待，必須自覺把改革擺在更加突出位置，緊緊圍繞推進中國式現代化進一步全面深化改革。

全會強調，進一步全面深化改革，必須堅持馬克思列寧主義、毛澤東思想、鄧小平理論、“三個代表”重要思想、科學發展觀，全面貫徹習近平新時代中國特色社會主義思想，深入學習貫徹習近平總書記關於全面深化改革的一系列新思想、新觀點、新論斷，完整準確全面貫徹新發展理念，堅持穩中求進工作總基調，堅持解放思想、實事求是、與時俱進、求真務實，進一步解放和發展社會生產力、激發和增強社會活力，統籌國內國際兩個大局，統籌推進“五位一體”總體佈局，協調推進“四個全面”戰略佈局，以經濟體制改革為牽引，以促進社會公平正義、增進人民福祉為出發點和落腳點，更加注重系統集成，更加注重突出重點，更加注重改革實效，推動生產關係和生產力、上層建築和經濟基礎、國家治理和社會發展更好相適應，為中國式現代化提供強大動力和制度保障。

全會指出，進一步全面深化改革的總目標是繼續完善和發展中國特色社會主義制度，推進國家治理體系和治理能力現代化。到二〇三五年，全面建成高水平社會主義市場經濟體制，中國特色社會主義制度更加完善，基本實現國家治理體系和治理能力現代化，基本實現社會主義現代化，為到本世紀中葉全面建成社會主義現代化強國奠定堅實基礎。要聚焦構建高水平社會主義市場經濟體制，聚焦發展全過程人民民主，聚焦建設社會主義文化強國，聚焦提高人民生活品質，聚焦建設美麗中國，聚焦建設更高水平平安中國，聚焦提高黨的領導水平和長期執政能力，繼續把改革推向前進。到二〇二九年中華人民共和國成立八十週年時，完成本決定提出的改革任務。

全會強調，進一步全面深化改革要總結和運用改革開放以來特別是新時代全面深化改革的寶貴經驗，貫徹堅持黨的全面領導、堅持以人民為中心、堅持守正創新、堅持以制度建設為主綫、堅持全面依法治國、堅持系統觀念等原則。

全會對進一步全面深化改革做出系統部署，強調構建高水平社會主義市場經濟體制，健全推動經濟高質量發展體制機制，構建支持全面創新體制機制，健全宏觀經濟治理體系，完善城鄉融合發展體制機制，完善高水平對外開放體制機制，健全全過程人民民主制度體系，完善中國特色社會主義法治體系，深化文化體制機制改革，健全保障和改善民生制度體系，深化生態文明體制改革，推進國家安全體系和能力現代化，持續深化國防和軍隊改革，提高黨對進一步全面深化改革、推進中國式現代化的領導水平。

全會提出，高水平社會主義市場經濟體制是中國式現代化的重要保障。必須更好發揮市場機制作用，創造更加公平、更有活力的市場環境，實現資源配置效率最優化和效益最大化，既“放得活”又“管得住”，更好維護市場秩序、彌補市場失靈，暢通國民經濟循環，激發全社會內生動力和創新活力。要毫不動搖鞏固和發展公有制經濟，毫不動搖鼓勵、支持、引導非公有制經濟發展，保證各種所有制經濟依法平等使用生產要素、公平參與市場競爭、同等受到法律保護，促進各種所有制經濟優勢互補、共同發展。要構建全國統一大市場，完善市場經濟基礎制度。

全會提出，高質量發展是全面建設社會主義現代化國家的首要任務。必須以新發展理念引領改革，立足新發展階段，深化供給側結構性改革，完善推動高質量發展激勵約束機制，塑造發展新動能新優勢。要健全因地制宜發展新質生產力體制機制，健全促進實體經濟和數字經濟深度融合制度，完善發展服務業體制機制，健全現代化基礎設施建設體制機制，健全提升產業鏈供應鏈韌性和安全水平制度。

全會提出，教育、科技、人才是中國式現代化的基礎性、戰略性支撐。必須深入實施科教興國戰略、人才強國戰略、創新驅動發展戰略，統籌推進教育科技人才體制機制一體改革，健全新型舉國體制，提升國家創新體系整體效能。要深化教育綜合改革，深化科技體制改革，深化人才發展體制機制改革。

全會提出，科學的宏觀調控、有效的政府治理是發揮社會主義市場經濟體制優勢的內在要求。必須完善宏觀調控制度體系，統籌推進財稅、金融等重點領域改革，增強宏觀政策取向一致性。要完善國家戰略規劃體系和政策統籌協調機制，深化財稅體制改革，深化金融體制改革，完善實施區域協調發展戰略機制。

全會提出，城鄉融合發展是中國式現代化的必然要求。必須統籌新型工業化、新型城鎮化和鄉村全面振興，全面提高城鄉規劃、建設、治理融合水平，促進城鄉要素平等交換、雙向流動，縮小城鄉差別，促進城鄉共同繁榮發展。要健全推進新型城鎮化體制機制，鞏固和完善農村基本經營制度，完善強農惠農富農支持制度，深化土地制度改革。

全會提出，開放是中國式現代化的鮮明標識。必須堅持對外開放基本國策，堅持以開放促改革，依託我國超大規模市場優勢，在擴大國際合作中提升開放能力，建設更高水平開放型經濟新體制。要穩步擴大制度型開放，深化外貿體制改革，深化外商投資和對外投資管理體制改革，優化區域開放佈局，完善推進高質量共建“一帶一路”機制。

全會提出，發展全過程人民民主是中國式現代化的本質要求。必須堅定不移走中國特色社會主義政治發展道路，堅持和完善我國根本政治制度、基本政治制度、重要政治制度，豐富各層級民主形式，把人民當家作主具體、現實體現到國家政治生活和社會生活各方面。要加強人民當家作主制度建設，健全協商民主機制，健全基層民主制度，完善大統戰工作格局。

全會提出，法治是中國式現代化的重要保障。必須全面貫徹實施憲法，維護憲法權威，協同推進立法、執法、司法、守法各環節改革，健全法律面前人人平等保障機制，弘揚社會主義法治精神，維護社會公平正義，全面推進國家各方面工作法治化。要深化立法領域改革，深入推進依法行政，健全公正執法司法體制機制，完善推進法治社會建設機制，加強涉外法治建設。

全會提出，中國式現代化是物質文明和精神文明相協調的現代化。必須增強文化自信，發展社會主義先進文化，弘揚革命文化，傳承中華優秀傳統文化，加快適應信息技術迅猛發展新形勢，培育形成規模宏大的優秀文化人才隊伍，激發全民族文化創新創造活力。要完善意識形態工作責任制，優化文化服務和文化產品供給機制，健全網絡綜合治理體系，構建更有效力的國際傳播體系。

全會提出，在發展中保障和改善民生是中國式現代化的重大任務。必須堅持盡力而為、量力而行，完善基本公共服務制度體系，加強普惠性、基礎性、兜底性民生建設，解決好人民最關心最直接最現實的利益問題，不斷滿足人民對美好生活的嚮往。要完善收入分配制度，完善就業優先政策，健全社會保障體系，深化醫藥衛生體制改革，健全人口發展支持和服務體系。

全會提出，中國式現代化是人與自然和諧共生的現代化。必須完善生態文明制度體系，協同推進降碳、減污、擴綠、增長，積極應對氣候變化，加快完善落實綠水青山就是金山銀山理念的體制機制。要完善生態文明基礎體制，健全生態環境治理體系，健全綠色低碳發展機制。

全會提出，國家安全是中國式現代化行穩致遠的重要基礎。必須全面貫徹總體國家安全觀，完善維護國家安全體制機制，實現高質量發展和高水平安全良性互動，切實保障國家長治久安。要健全國家安全體系，完善公共安全治理機制，健全社會治理體系，完善涉外國家安全機制。

全會提出，國防和軍隊現代化是中國式現代化的重要組成部分。必須堅持黨對人民軍隊的絕對領導，深入實施改革強軍戰略，為如期實現建軍一百年奮鬥目標、基本實現國防和軍隊現代化提供有力保障。要完善人民軍隊領導管理體制機制，深化聯合作戰體系改革，深化跨軍地改革。

全會強調，黨的領導是進一步全面深化改革、推進中國式現代化的根本保證。必須深刻領悟“兩個確立”的決定性意義，增強“四個意識”、堅定“四個自信”、做到“兩個維護”，保持以黨的自我革命引領社會革命的高度自覺，堅持用改革精神和嚴的標準管黨治黨，完善黨的自我革命制度規範體系，不斷推進黨的自我淨化、自我完善、自我革新、自我提高，確保黨始終成為中國特色社會主義事業的堅強領導核心。要堅持黨中央對進一步全面深化改革的集中統一領導，深化黨的建設制度改革，深入推進黨風廉政建設和反腐敗鬥爭，以釘釘子精神抓好改革落實。

全會強調，中國式現代化是走和平發展道路的現代化。必須堅定奉行獨立自主的和平外交政策，推動構建人類命運共同體，踐行全人類共同價值，落實全球發展倡議、全球安全倡議、全球文明倡議，倡導平等有序的世界多極化、普惠包容的經濟全球化，深化外事工作機制改革，參與引領全球治理體系改革和建設，堅定維護國家主權、安全、發展利益。

全會指出，學習好貫徹好全會精神是當前和今後一個時期全黨全國的一項重大政治任務。要深入學習領會全會精神，深刻領會和把握進一步全面深化改革的主題、重大原則、重大舉措、根本保證。全黨上下要齊心協力抓好《決定》貫徹落實，把進一步全面深化改革的戰略部署轉化為推進中國式現代化的強大力量。

全會分析了當前形勢和任務，強調堅定不移實現全年經濟社會發展目標。要按照黨中央關於經濟工作的決策部署，落實好宏觀政策，積極擴大國內需求，因地制宜發展新質生產力，加快培育外貿新動能，扎實推進綠色低碳發展，切實保障和改善民生，鞏固拓展脫貧攻堅成果。要總結評估"十四五"規劃落實情況，切實搞好"十五五"規劃前期謀劃工作。

全會指出，要統籌好發展和安全，落實好防範化解房地產、地方政府債務、中小金融機構等重點領域風險的各項舉措，嚴格落實安全生產責任，完善自然災害特別是洪澇災害監測、防控措施，織密社會安全風險防控網，切實維護社會穩定。要加強輿論引導，有效防範化解意識形態風險。要有效應對外部風險挑戰，引領全球治理，主動塑造有利外部環境。

全會強調，要結合學習宣傳貫徹全會精神，抓好黨的創新理論武裝，提高全黨馬克思主義水平和現代化建設能力。要健全全面從嚴治黨體系，切實改進作風，克服形式主義、官僚主義頑疾，持續為基層減負，深入推進黨風廉政建設和反腐敗鬥爭，扎實做好巡視工作。要鞏固拓展主題教育成果，深化黨紀學習教育，維護黨的團結統一，不斷增強黨的創造力、凝聚力、戰鬥力。

全會按照黨章規定，決定遞補中央委員會候補委員丁向群、于立軍、于吉紅為中央委員會委員。

全會決定，接受秦剛同志辭職申請，免去秦剛同志中央委員會委員職務。

全會審議並通過了中共中央軍事委員會關於李尚福、李玉超、孫金明嚴重違紀違法問題的審查報告，確認中央政治局之前作出的給予李尚福、李玉超、孫金明開除黨籍的處分。

全會號召，全黨全軍全國各族人民要更加緊密地團結在以習近平同志為核心的黨中央周圍，高舉改革開放旗幟，凝心聚力、奮發進取，為全面建成社會主義現代化強國、實現第二個百年奮鬥目標，以中國式現代化全面推進中華民族偉大復興而努力奮鬥！

中共中央關於進一步全面深化改革、推進中國式現代化的決定

（2024 年 7 月 18 日中國共產黨第二十屆中央委員會
第三次全體會議通過）

為貫徹落實黨的二十大作出的戰略部署，二十屆中央委員會第三次全體會議研究了進一步全面深化改革、推進中國式現代化問題，作出如下決定。

一、 進一步全面深化改革、推進中國式現代化的重大意義和總體要求

（1）進一步全面深化改革的重要性和必要性。改革開放是黨和人民事業大踏步趕上時代的重要法寶。黨的十一屆三中全會是劃時代的，開啟了改革開放和社會主義現代化建設新時期。黨的十八屆三中全會也是劃時代的，開啟了新時代全面深化改革、系統整體設計推進改革新征程，開創了我國改革開放全新局面。

以習近平同志為核心的黨中央團結帶領全黨全軍全國各族人民，以偉大的歷史主動、巨大的政治勇氣、強烈的責任擔當，衝破思想觀念束縛，突破利益固化藩籬，敢於突進深水區，敢於啃硬骨頭，敢於涉險灘，堅決破除各方面體制機制弊端，實現改革由局部探索、破冰突圍到系統集成、全面深化的轉變，各領域基礎性制度框架基本建立，許多領域實現歷史性變革、系統性重塑、整體性重構，總體完成黨的十八屆三中全會確定的改

革任務，實現到黨成立一百週年時各方面制度更加成熟更加定型取得明顯成效的目標，為全面建成小康社會、實現黨的第一個百年奮鬥目標提供有力制度保障，推動我國邁上全面建設社會主義現代化國家新征程。

當前和今後一個時期是以中國式現代化全面推進強國建設、民族復興偉業的關鍵時期。中國式現代化是在改革開放中不斷推進的，也必將在改革開放中開闢廣闊前景。面對紛繁複雜的國際國內形勢，面對新一輪科技革命和產業變革，面對人民群眾新期待，必須繼續把改革推向前進。這是堅持和完善中國特色社會主義制度、推進國家治理體系和治理能力現代化的必然要求，是貫徹新發展理念、更好適應我國社會主要矛盾變化的必然要求，是堅持以人民為中心、讓現代化建設成果更多更公平惠及全體人民的必然要求，是應對重大風險挑戰、推動黨和國家事業行穩致遠的必然要求，是推動構建人類命運共同體、在百年變局加速演進中贏得戰略主動的必然要求，是深入推進新時代黨的建設新的偉大工程、建設更加堅強有力的馬克思主義政黨的必然要求。改革開放只有進行時，沒有完成時。全黨必須自覺把改革擺在更加突出位置，緊緊圍繞推進中國式現代化進一步全面深化改革。

（2）進一步全面深化改革的指導思想。堅持馬克思列寧主義、毛澤東思想、鄧小平理論、"三個代表"重要思想、科學發展觀，全面貫徹習近平新時代中國特色社會主義思想，深入學習貫徹習近平總書記關於全面深化改革的一系列新思想、新觀點、新論斷，完整準確全面貫徹新發展理念，堅持穩中求進工作總基調，堅持解放思想、實事求是、與時俱進、求真務實，進一步解放和發展社會生產力、激發和增強社會活力，統籌國內國際兩個大局，統籌推進"五位一體"總體佈局，協調推進"四個全面"戰略佈局，以經濟體制改革為牽引，以促進社會公平正義、增進人民福祉為出發點和落腳點，更加注重系統集成，更加注重突出重點，更加注重改革實效，推動生產關係和生產力、上層建築和經濟基礎、國家治理和社會發展更好相適應，為中國式現代化提供強大動力和制度保障。

（3）進一步全面深化改革的總目標。繼續完善和發展中國特色社會主義制度，推進國家治理體系和治理能力現代化。到二〇三五年，全面建成高水平社會主義市場經濟體制，中國特色社會主義制度更加完善，基本實現國家治理體系和治理能力現代化，基本實現社會主義現代化，為到本世紀中葉全面建成社會主義現代化強國奠定堅實基礎。

——聚焦構建高水平社會主義市場經濟體制，充分發揮市場在資源配置中的決定性作用，更好發揮政府作用，堅持和完善社會主義基本經濟制度，推進高水平科技自立自強，推進高水平對外開放，建成現代化經濟體系，加快構建新發展格局，推動高質量發展。

——聚焦發展全過程人民民主，堅持黨的領導、人民當家作主、依法治國有機統一，推動人民當家作主制度更加健全、協商民主廣泛多層制度化發展、中國特色社會主義法治體系更加完善，社會主義法治國家建設達到更高水平。

——聚焦建設社會主義文化強國，堅持馬克思主義在意識形態領域指導地位的根本制度，健全文化事業、文化產業發展體制機制，推動文化繁榮，豐富人民精神文化生活，提升國家文化軟實力和中華文化影響力。

——聚焦提高人民生活品質，完善收入分配和就業制度，健全社會保障體系，增強基本公共服務均衡性和可及性，推動人的全面發展、全體人民共同富裕取得更為明顯的實質性進展。

——聚焦建設美麗中國，加快經濟社會發展全面綠色轉型，健全生態環境治理體系，推進生態優先、節約集約、綠色低碳發展，促進人與自然和諧共生。

——聚焦建設更高水平平安中國，健全國家安全體系，強化一體化國家戰略體系，增強維護國家安全能力，創新社會治理體制機制和手段，有效構建新安全格局。

——聚焦提高黨的領導水平和長期執政能力，創新和改進領導方式和執政方式，深化黨的建設制度改革，健全全面從嚴治黨體系。

到二○二九年中華人民共和國成立八十週年時，完成本決定提出的改革任務。

（4）進一步全面深化改革的原則。總結和運用改革開放以來特別是新時代全面深化改革的寶貴經驗，貫徹以下原則：堅持黨的全面領導，堅定維護黨中央權威和集中統一領導，發揮黨總攬全局、協調各方的領導核心作用，把黨的領導貫穿改革各方面全過程，確保改革始終沿著正確政治方向前進；堅持以人民為中心，尊重人民主體地位和首創精神，人民有所呼、改革有所應，做到改革為了人民、改革依靠人民、改革成果由人民共享；堅持守正創新，堅持中國特色社會主義不動搖，緊跟時代步伐，順應實踐發展，突出問題導向，在新的起點上推進理論創新、實踐創新、制度創新、文化創新以及其他各方面創新；堅持以制度建設為主綫，加強頂層設計、總體謀劃，破立並舉、先立後破，築牢根本制度，完善基本制度，創新重要制度；堅持全面依法治國，在法治軌道上深化改革、推進中國式現代化，做到改革和法治相統一，重大改革於法有據、及時把改革成果上升為法律制度；堅持系統觀念，處理好經濟和社會、政府和市場、效率和公平、活力和秩序、發展和安全等重大關係，增強改革系統性、整體性、協同性。

二、 構建高水平社會主義市場經濟體制

高水平社會主義市場經濟體制是中國式現代化的重要保障。必須更好發揮市場機制作用，創造更加公平、更有活力的市場環境，實現資源配置效率最優化和效益最大化，既“放得活”又“管得住”，更好維護市場秩序、彌補市場失靈，暢通國民經濟循環，激發全社會內生動力和創新

活力。

（5）堅持和落實"兩個毫不動搖"。毫不動搖鞏固和發展公有制經濟，毫不動搖鼓勵、支持、引導非公有制經濟發展，保證各種所有制經濟依法平等使用生產要素、公平參與市場競爭、同等受到法律保護，促進各種所有制經濟優勢互補、共同發展。

深化國資國企改革，完善管理監督體制機制，增強各有關管理部門戰略協同，推進國有經濟佈局優化和結構調整，推動國有資本和國有企業做強做優做大，增強核心功能，提升核心競爭力。進一步明晰不同類型國有企業功能定位，完善主責主業管理，明確國有資本重點投資領域和方向。推動國有資本向關係國家安全、國民經濟命脈的重要行業和關鍵領域集中，向關係國計民生的公共服務、應急能力、公益性領域等集中，向前瞻性戰略性新興產業集中。健全國有企業推進原始創新制度安排。深化國有資本投資、運營公司改革。建立國有企業履行戰略使命評價制度，完善國有企業分類考核評價體系，開展國有經濟增加值核算。推進能源、鐵路、電信、水利、公用事業等行業自然壟斷環節獨立運營和競爭性環節市場化改革，健全監管體制機制。

堅持致力於為非公有制經濟發展營造良好環境和提供更多機會的方針政策。制定民營經濟促進法。深入破除市場准入壁壘，推進基礎設施競爭性領域向經營主體公平開放，完善民營企業參與國家重大項目建設長效機制。支持有能力的民營企業牽頭承擔國家重大技術攻關任務，向民營企業進一步開放國家重大科研基礎設施。完善民營企業融資支持政策制度，破解融資難、融資貴問題。健全涉企收費長效監管和拖欠企業賬款清償法律法規體系。加快建立民營企業信用狀況綜合評價體系，健全民營中小企業增信制度。支持引導民營企業完善治理結構和管理制度，加強企業合規建設和廉潔風險防控。加強事中事後監管，規範涉民營企業行政檢查。

完善中國特色現代企業制度，弘揚企業家精神，支持和引導各類企業提高資源要素利用效率和經營管理水平、履行社會責任，加快建設更多世界一流企業。

（6）構建全國統一大市場。推動市場基礎制度規則統一、市場監管公平統一、市場設施高標準聯通。加強公平競爭審查剛性約束，強化反壟斷和反不正當競爭，清理和廢除妨礙全國統一市場和公平競爭的各種規定和做法。規範地方招商引資法規制度，嚴禁違法違規給予政策優惠行為。建立健全統一規範、信息共享的招標投標和政府、事業單位、國有企業採購等公共資源交易平台體系，實現項目全流程公開管理。提升市場綜合監管能力和水平。健全國家標準體系，深化地方標準管理制度改革。

完善要素市場制度和規則，推動生產要素暢通流動、各類資源高效配置、市場潛力充分釋放。構建城鄉統一的建設用地市場。完善促進資本市場規範發展基礎制度。培育全國一體化技術和數據市場。完善主要由市場供求關係決定要素價格機制，防止政府對價格形成的不當干預。健全勞動、資本、土地、知識、技術、管理、數據等生產要素由市場評價貢獻、按貢獻決定報酬的機制。推進水、能源、交通等領域價格改革，優化居民階梯水價、電價、氣價制度，完善成品油定價機制。

完善流通體制，加快發展物聯網，健全一體銜接的流通規則和標準，降低全社會物流成本。深化能源管理體制改革，建設全國統一電力市場，優化油氣管網運行調度機制。

加快培育完整內需體系，建立政府投資支持基礎性、公益性、長遠性重大項目建設長效機制，健全政府投資有效帶動社會投資體制機制，深化投資審批制度改革，完善激發社會資本投資活力和促進投資落地機制，形成市場主導的有效投資內生增長機制。完善擴大消費長效機制，減少限制性措施，合理增加公共消費，積極推進首發經濟。

（7）完善市場經濟基礎制度。完善產權制度，依法平等長久保護各種所有制經濟產權，建立高效的知識產權綜合管理體制。完善市場信息披露制度，構建商業秘密保護制度。對侵犯各種所有制經濟產權和合法利益的行為實行同責同罪同罰，完善懲罰性賠償制度。加強產權執法司法保護，防止和糾正利用行政、刑事手段干預經濟糾紛，健全依法甄別糾正涉企冤錯案件機制。

完善市場准入制度，優化新業態新領域市場准入環境。深化註冊資本認繳登記制度改革，實行依法按期認繳。健全企業破產機制，探索建立個人破產制度，推進企業註銷配套改革，完善企業退出制度。健全社會信用體系和監管制度。

三、 健全推動經濟高質量發展體制機制

高質量發展是全面建設社會主義現代化國家的首要任務。必須以新發展理念引領改革，立足新發展階段，深化供給側結構性改革，完善推動高質量發展激勵約束機制，塑造發展新動能新優勢。

（8）健全因地制宜發展新質生產力體制機制。推動技術革命性突破、生產要素創新性配置、產業深度轉型升級，推動勞動者、勞動資料、勞動對象優化組合和更新躍升，催生新產業、新模式、新動能，發展以高技術、高效能、高質量為特徵的生產力。加強關鍵共性技術、前沿引領技術、現代工程技術、顛覆性技術創新，加強新領域新賽道制度供給，建立未來產業投入增長機制，完善推動新一代信息技術、人工智能、航空航天、新能源、新材料、高端裝備、生物醫藥、量子科技等戰略性產業發展政策和治理體系，引導新興產業健康有序發展。以國家標準提升引領傳統產業優化升級，支持企業用數智技術、綠色技術改造提升傳統產業。強化環保、安全等制度約束。

健全相關規則和政策，加快形成同新質生產力更相適應的生產關係，促進各類先進生產要素向發展新質生產力集聚，大幅提升全要素生產率。

14

鼓勵和規範發展天使投資、風險投資、私募股權投資，更好發揮政府投資基金作用，發展耐心資本。

（9）健全促進實體經濟和數字經濟深度融合制度。加快推進新型工業化，培育壯大先進製造業集群，推動製造業高端化、智能化、綠色化發展。建設一批行業共性技術平台，加快產業模式和企業組織形態變革，健全提升優勢產業領先地位體制機制。優化重大產業基金運作和監管機制，確保資金投向符合國家戰略要求。建立保持製造業合理比重投入機制，合理降低製造業綜合成本和稅費負擔。

加快構建促進數字經濟發展體制機制，完善促進數字產業化和產業數字化政策體系。加快新一代信息技術全方位全鏈條普及應用，發展工業互聯網，打造具有國際競爭力的數字產業集群。促進平台經濟創新發展，健全平台經濟常態化監管制度。建設和運營國家數據基礎設施，促進數據共享。加快建立數據產權歸屬認定、市場交易、權益分配、利益保護制度，提升數據安全治理監管能力，建立高效便利安全的數據跨境流動機制。

（10）完善發展服務業體制機制。完善支持服務業發展政策體系，優化服務業核算，推進服務業標準化建設。聚焦重點環節分領域推進生產性服務業高質量發展，發展產業互聯網平台，破除跨地區經營行政壁壘，推進生產性服務業融合發展。健全加快生活性服務業多樣化發展機制。完善中介服務機構法規制度體系，促進中介服務機構誠實守信、依法履責。

（11）健全現代化基礎設施建設體制機制。構建新型基礎設施規劃和標準體系，健全新型基礎設施融合利用機制，推進傳統基礎設施數字化改造，拓寬多元化投融資渠道，健全重大基礎設施建設協調機制。深化綜合交通運輸體系改革，推進鐵路體制改革，發展通用航空和低空經濟，推動收費公路政策優化。提高航運保險承保能力和全球服務水平，推進海事仲裁制度規則創新。健全重大水利工程建設、運行、管理機制。

（12）健全提升產業鏈供應鏈韌性和安全水平制度。抓緊打造自主可控的產業鏈供應鏈，健全強化集成電路、工業母機、醫療裝備、儀器儀表、基礎軟件、工業軟件、先進材料等重點產業鏈發展體制機制，全鏈條推進技術攻關、成果應用。建立產業鏈供應鏈安全風險評估和應對機制。完善產業在國內梯度有序轉移的協作機制，推動轉出地和承接地利益共享。建設國家戰略腹地和關鍵產業備份。加快完善國家儲備體系。完善戰略性礦產資源探產供儲銷統籌和衛接體系。

四、 構建支持全面創新體制機制

教育、科技、人才是中國式現代化的基礎性、戰略性支撐。必須深入實施科教興國戰略、人才強國戰略、創新驅動發展戰略，統籌推進教育科技人才體制機制一體改革，健全新型舉國體制，提升國家創新體系整體效能。

（13）深化教育綜合改革。加快建設高質量教育體系，統籌推進育人方式、辦學模式、管理體制、保障機制改革。完善立德樹人機制，推進大中小學思政課一體化改革創新，健全德智體美勞全面培養體系，提升教師教書育人能力，健全師德師風建設長效機制，深化教育評價改革。優化高等教育佈局，加快建設中國特色、世界一流的大學和優勢學科。分類推進高校改革，建立科技發展、國家戰略需求牽引的學科設置調整機制和人才培養模式，超常佈局急需學科專業，加強基礎學科、新興學科、交叉學科建設和拔尖人才培養，著力加強創新能力培養。完善高校科技創新機制，提高成果轉化效能。強化科技教育和人文教育協同。加快構建職普融通、產教融合的職業教育體系。完善學生實習實踐制度。引導規範民辦教育發展。推進高水平教育開放，鼓勵國外高水平理工類大學來華合作辦學。

優化區域教育資源配置，建立同人口變化相協調的基本公共教育服務供給機制。完善義務教育優質均衡推進機制，探索逐步擴大免費教育範圍。健全學前教育和特殊教育、專門教育保障機制。推進教育數字化，賦能學習型社會建設，加強終身教育保障。

（14）深化科技體制改革。堅持面向世界科技前沿、面向經濟主戰場、面向國家重大需求、面向人民生命健康，優化重大科技創新組織機制，統籌強化關鍵核心技術攻關，推動科技創新力量、要素配置、人才隊伍體系化、建制化、協同化。加強國家戰略科技力量建設，完善國家實驗室體系，優化國家科研機構、高水平研究型大學、科技領軍企業定位和佈局，推進科技創新央地協同，統籌各類科創平台建設，鼓勵和規範發展新型研發機構，發揮我國超大規模市場引領作用，加強創新資源統籌和力量組織，推動科技創新和產業創新融合發展。構建科技安全風險監測預警和應對體系，加強科技基礎條件自主保障。健全科技社團管理制度。擴大國際科技交流合作，鼓勵在華設立國際科技組織，優化高校、科研院所、科技社團對外專業交流合作管理機制。

改進科技計劃管理，強化基礎研究領域、交叉前沿領域、重點領域前瞻性、引領性佈局。加強有組織的基礎研究，提高科技支出用於基礎研究比重，完善競爭性支持和穩定支持相結合的基礎研究投入機制，鼓勵有條件的地方、企業、社會組織、個人支持基礎研究，支持基礎研究選題多樣化，鼓勵開展高風險、高價值基礎研究。深化科技評價體系改革，加強科技倫理治理，嚴肅整治學術不端行為。

強化企業科技創新主體地位，建立培育壯大科技領軍企業機制，加強企業主導的產學研深度融合，建立企業研發準備金制度，支持企業主動牽頭或參與國家科技攻關任務。構建促進專精特新中小企業發展壯大機制。鼓勵科技型中小企業加大研發投入，提高研發費用加計扣除比例。鼓勵和引導高校、科研院所按照先使用後付費方式把科技成果許可給中小微企業使用。

完善中央財政科技經費分配和管理使用機制，健全中央財政科技計劃執行和專業機構管理體制。擴大財政科研項目經費“包乾制”範圍，賦予科學家更大技術路綫決定權、更大經費支配權、更大資源調度權。建立專家實名推薦的非共識項目篩選機制。允許科研類事業單位實行比一般事業單位更靈活的管理制度，探索實行企業化管理。

深化科技成果轉化機制改革，加強國家技術轉移體系建設，加快佈局建設一批概念驗證、中試驗證平台，完善首台（套）、首批次、首版次應用政策，加大政府採購自主創新產品力度。加強技術經理人隊伍建設。

允許科技人員在科技成果轉化收益分配上有更大自主權，建立職務科技成果資產單列管理制度，深化職務科技成果賦權改革。深化高校、科研院所收入分配改革。允許更多符合條件的國有企業以創新創造為導向，在科研人員中開展多種形式中長期激勵。

構建同科技創新相適應的科技金融體制，加強對國家重大科技任務和科技型中小企業的金融支持，完善長期資本投早、投小、投長期、投硬科技的支持政策。健全重大技術攻關風險分散機制，建立科技保險政策體系。提高外資在華開展股權投資、風險投資便利性。

（15）深化人才發展體制機制改革。實施更加積極、更加開放、更加有效的人才政策，完善人才自主培養機制，加快建設國家高水平人才高地和吸引集聚人才平台。加快建設國家戰略人才力量，著力培養造就戰略科學家、一流科技領軍人才和創新團隊，著力培養造就卓越工程師、大國工匠、高技能人才，提高各類人才素質。建設一流產業技術工人隊伍。完善人才有序流動機制，促進人才區域合理佈局，深化東中西部人才協作。完善青年創新人才發現、選拔、培養機制，更好保障青年科技人員待遇。健全保障科研人員專心科研制度。

強化人才激勵機制，堅持向用人主體授權、為人才鬆綁。建立以創新能力、質量、實效、貢獻為導向的人才評價體系。打通高校、科研院所和企業人才交流通道。完善海外引進人才支持保障機制，形成具有國際競爭力的人才制度體系。探索建立高技術人才移民制度。

五、 健全宏觀經濟治理體系

科學的宏觀調控、有效的政府治理是發揮社會主義市場經濟體制優勢的內在要求。必須完善宏觀調控制度體系，統籌推進財稅、金融等重點領域改革，增強宏觀政策取向一致性。

（16）完善國家戰略規劃體系和政策統籌協調機制。構建國家戰略制定和實施機制，加強國家重大戰略深度融合，增強國家戰略宏觀引導、統籌協調功能。健全國家經濟社會發展規劃制度體系，強化規劃銜接落實機制，發揮國家發展規劃戰略導向作用，強化國土空間規劃基礎作用，增強專項規劃和區域規劃實施支撐作用。健全專家參與公共決策制度。

圍繞實施國家發展規劃、重大戰略促進財政、貨幣、產業、價格、就業等政策協同發力，優化各類增量資源配置和存量結構調整。探索實行國家宏觀資產負債表管理。把經濟政策和非經濟性政策都納入宏觀政策取向一致性評估。健全預期管理機制。健全支撐高質量發展的統計指標核算體系，加強新經濟新領域納統覆蓋。加強產業活動單位統計基礎建設，優化總部和分支機構統計辦法，逐步推廣經營主體活動發生地統計。健全國際宏觀政策協調機制。

（17）深化財稅體制改革。健全預算制度，加強財政資源和預算統籌，把依託行政權力、政府信用、國有資源資產獲取的收入全部納入政府預算管理。完善國有資本經營預算和績效評價制度，強化國家重大戰略任務和基本民生財力保障。強化對預算編制和財政政策的宏觀指導。加強公共服務績效管理，強化事前功能評估。深化零基預算改革。統一預算分配權，提高預算管理統一性、規範性，完善預算公開和監督制度。完善權責發生制政府綜合財務報告制度。

健全有利於高質量發展、社會公平、市場統一的稅收制度，優化稅制結構。研究同新業態相適應的稅收制度。全面落實稅收法定原則，規範稅收優惠政策，完善對重點領域和關鍵環節支持機制。健全直接稅體系，完善綜合和分類相結合的個人所得稅制度，規範經營所得、資本所得、財產所得稅收政策，實行勞動性所得統一徵稅。深化稅收徵管改革。

建立權責清晰、財力協調、區域均衡的中央和地方財政關係。增加地方自主財力，拓展地方稅源，適當擴大地方稅收管理權限。完善財政轉移支付體系，清理規範專項轉移支付，增加一般性轉移支付，提升市縣財力同事權相匹配程度。建立促進高質量發展轉移支付激勵約束機制。推進消費稅徵收環節後移並穩步下劃地方，完善增值稅留抵退稅政策和抵扣鏈條，優化共享稅分享比例。研究把城市維護建設稅、教育費附加、地方教育附加合併為地方附加稅，授權地方在一定幅度內確定具體適用稅率。合理擴大地方政府專項債券支持範圍，適當擴大用作資本金的領域、規模、比例。完善政府債務管理制度，建立全口徑地方債務監測監管體系和防範化解隱性債務風險長效機制，加快地方融資平台改革轉型。規範非稅收入管理，適當下沉部分非稅收入管理權限，由地方結合實際差別化管理。

適當加強中央事權、提高中央財政支出比例。中央財政事權原則上通過中央本級安排支出，減少委託地方代行的中央財政事權。不得違規要求地方安排配套資金，確需委託地方行使事權的，通過專項轉移支付安排資金。

（18）深化金融體制改革。加快完善中央銀行制度，暢通貨幣政策傳導機制。積極發展科技金融、綠色金融、普惠金融、養老金融、數字金融，加強對重大戰略、重點領域、薄弱環節的優質金融服務。完善金融機構定位和治理，健全服務實體經濟的激勵約束機制。發展多元股權融資，加快多層次債券市場發展，提高直接融資比重。優化國有金融資本管理體制。

健全投資和融資相協調的資本市場功能，防風險、強監管，促進資本市場健康穩定發展。支持長期資金入市。提高上市公司質量，強化上市公司監管和退市制度。建立增強資本市場內在穩定性長效機制。完善大股東、實際控制人行為規範約束機制。完善上市公司分紅激勵約束機制。健全投資者保護機制。推動區域性股權市場規則對接、標準統一。

制定金融法。完善金融監管體系，依法將所有金融活動納入監管，強化監管責任和問責制度，加強中央和地方監管協同。建設安全高效的金融基礎設施，統一金融市場登記託管、結算清算規則制度，建立風險早期糾正硬約束制度，築牢有效防控系統性風險的金融穩定保障體系。健全金融消費者保護和打擊非法金融活動機制，構建產業資本和金融資本“防火牆”。推動金融高水平開放，穩慎扎實推進人民幣國際化，發展人民幣離岸市場。穩妥推進數字人民幣研發和應用。加快建設上海國際金融中心。

完善准入前國民待遇加負面清單管理模式，支持符合條件的外資機構參與金融業務試點。穩慎拓展金融市場互聯互通，優化合格境外投資者制度。推進自主可控的跨境支付體系建設，強化開放條件下金融安全機制。建立統一的全口徑外債監管體系。積極參與國際金融治理。

（19）完善實施區域協調發展戰略機制。構建優勢互補的區域經濟佈局和國土空間體系。健全推動西部大開發形成新格局、東北全面振興取得新突破、中部地區加快崛起、東部地區加快推進現代化的制度和政策體系。推動京津冀、長三角、粵港澳大灣區等地區更好發揮高質量發展動力源作用，優化長江經濟帶發展、黃河流域生態保護和高質量發展機制。高標準高質量推進雄安新區建設。推動成渝地區雙城經濟圈建設走深走實。健全主體功能區制度體系，強化國土空間優化發展保障機制。完善區域一體化發展機制，構建跨行政區合作發展新機制，深化東中西部產業協作。完善促進海洋經濟發展體制機制。

六、完善城鄉融合發展體制機制

城鄉融合發展是中國式現代化的必然要求。必須統籌新型工業化、新型城鎮化和鄉村全面振興，全面提高城鄉規劃、建設、治理融合水平，促進城鄉要素平等交換、雙向流動，縮小城鄉差別，促進城鄉共同繁榮發展。

（20）健全推進新型城鎮化體制機制。構建產業升級、人口集聚、城鎮發展良性互動機制。推行由常住地登記戶口提供基本公共服務制度，推動符合條件的農業轉移人口社會保險、住房保障、隨遷子女義務教育等享有同遷入地戶籍人口同等權利，加快農業轉移人口市民化。保障進城落戶農民合法土地權益，依法維護進城落戶農民的土地承包權、宅基地使用權、集體收益分配權，探索建立自願有償退出的辦法。

堅持人民城市人民建、人民城市為人民。健全城市規劃體系，引導大中小城市和小城鎮協調發展、集約緊湊佈局。深化城市建設、運營、治理體制改革，加快轉變城市發展方式。推動形成超大特大城市智慧高效治理新體系，建立都市圈同城化發展體制機制。深化賦予特大鎮同人口和經濟規模相適應的經濟社會管理權改革。建立可持續的城市更新模式和政策法規，加強地下綜合管廊建設和老舊管綫改造升級，深化城市安全韌性提升行動。

（21）鞏固和完善農村基本經營制度。有序推進第二輪土地承包到期後再延長三十年試點，深化承包地所有權、承包權、經營權分置改革，發展農業適度規模經營。完善農業經營體系，完善承包地經營權流轉價格形成機制，促進農民合作經營，推動新型農業經營主體扶持政策同帶動農戶增收掛鈎。健全便捷高效的農業社會化服務體系。發展新型農村集體經濟，構建產權明晰、分配合理的運行機制，賦予農民更加充分的財產權益。

（22）完善強農惠農富農支持制度。堅持農業農村優先發展，完善鄉村振興投入機制。壯大縣域富民產業，構建多元化食物供給體系，培育鄉村新產業新業態。優化農業補貼政策體系，發展多層次農業保險。完善覆蓋農村人口的常態化防止返貧致貧機制，建立農村低收入人口和欠發達地區分層分類幫扶制度。健全脫貧攻堅國家投入形成資產的長效管理機制。運用"千萬工程"經驗，健全推動鄉村全面振興長效機制。

加快健全種糧農民收益保障機制，推動糧食等重要農產品價格保持在合理水平。統籌建立糧食產銷區省際橫向利益補償機制，在主產區利益補償上邁出實質步伐。統籌推進糧食購銷和儲備管理體制機制改革，建立監管新模式。健全糧食和食物節約長效機制。

（23）深化土地制度改革。改革完善耕地佔補平衡制度，各類耕地佔用納入統一管理，完善補充耕地質量驗收機制，確保達到平衡標準。完善高標準農田建設、驗收、管護機制。健全保障耕地用於種植基本農作物管理體系。允許農戶合法擁有的住房通過出租、入股、合作等方式盤活利用。有序推進農村集體經營性建設用地入市改革，健全土地增值收益分配機制。

優化土地管理，健全同宏觀政策和區域發展高效銜接的土地管理制度，優先保障主導產業、重大項目合理用地，使優勢地區有更大發展空間。建立新增城鎮建設用地指標配置同常住人口增加協調機制。探索國家集中墾造耕地定向用於特定項目和地區落實佔補平衡機制。優化城市工商業土地利用，加快發展建設用地二級市場，推動土地混合開發利用、用途合理轉換，盤活存量土地和低效用地。開展各類產業園區用地專項治理。制定工商業用地使用權延期和到期後續期政策。

七、完善高水平對外開放體制機制

開放是中國式現代化的鮮明標識。必須堅持對外開放基本國策，堅持以開放促改革，依託我國超大規模市場優勢，在擴大國際合作中提升開放能力，建設更高水平開放型經濟新體制。

（24）穩步擴大制度型開放。主動對接國際高標準經貿規則，在產權保護、產業補貼、環境標準、勞動保護、政府採購、電子商務、金融領域等實現規則、規制、管理、標準相通相容，打造透明穩定可預期的制度環境。擴大自主開放，有序擴大我國商品市場、服務市場、資本市場、勞務市場等對外開放，擴大對最不發達國家單邊開放。深化援外體制機制改革，實現全鏈條管理。

維護以世界貿易組織為核心的多邊貿易體制，積極參與全球經濟治理體系改革，提供更多全球公共產品。擴大面向全球的高標準自由貿易區網絡，建立同國際通行規則銜接的合規機制，優化開放合作環境。

（25）深化外貿體制改革。強化貿易政策和財稅、金融、產業政策協同，打造貿易強國制度支撐和政策支持體系，加快內外貿一體化改革，積極應對貿易數字化、綠色化趨勢。推進通關、稅務、外匯等監管創新，營造有利於新業態新模式發展的制度環境。創新發展數字貿易，推進跨境電商綜合試驗區建設。建設大宗商品交易中心，建設全球集散分撥中心，支持各類主體有序佈局海外流通設施，支持有條件的地區建設國際物流樞紐中心和大宗商品資源配置樞紐。健全貿易風險防控機制，完善出口管制體系和貿易救濟制度。

創新提升服務貿易，全面實施跨境服務貿易負面清單，推進服務業擴大開放綜合試點示範，鼓勵專業服務機構提升國際化服務能力。加快推進離岸貿易發展，發展新型離岸國際貿易業務。建立健全跨境金融服務體系，豐富金融產品和服務供給。

（26）深化外商投資和對外投資管理體制改革。營造市場化、法治化、國際化一流營商環境，依法保護外商投資權益。擴大鼓勵外商投資產業目錄，合理縮減外資准入負面清單，落實全面取消製造業領域外資准入限制措施，推動電信、互聯網、教育、文化、醫療等領域有序擴大開放。深化外商投資促進體制機制改革，保障外資企業在要素獲取、資質許可、標準制定、政府採購等方面的國民待遇，支持參與產業鏈上下游配套協作。完善境外人員入境居住、醫療、支付等生活便利制度。完善促進和保障對外投資體制機制，健全對外投資管理服務體系，推動產業鏈供應鏈國際合作。

（27）優化區域開放佈局。鞏固東部沿海地區開放先導地位，提高中西部和東北地區開放水平，加快形成陸海內外聯動、東西雙向互濟的全面開放格局。發揮沿海、沿邊、沿江和交通幹綫等優勢，優化區域開放功能分工，打造形態多樣的開放高地。實施自由貿易試驗區提升戰略，鼓勵首創性、集成式探索。加快建設海南自由貿易港。

發揮"一國兩制"制度優勢，鞏固提升香港國際金融、航運、貿易中心地位，支持香港、澳門打造國際高端人才集聚高地，健全香港、澳門在國家對外開放中更好發揮作用機制。深化粵港澳大灣區合作，強化規則銜接、機制對接。完善促進兩岸經濟文化交流合作制度和政策，深化兩岸融合發展。

（28）完善推進高質量共建"一帶一路"機制。繼續實施"一帶一路"科技創新行動計劃，加強綠色發展、數字經濟、人工智能、能源、稅收、金融、減災等領域的多邊合作平台建設。完善陸海天網一體化佈局，構建"一帶一路"立體互聯互通網絡。統籌推進重大標誌性工程和"小而美"民生項目。

八、 健全全過程人民民主制度體系

發展全過程人民民主是中國式現代化的本質要求。必須堅定不移走中國特色社會主義政治發展道路，堅持和完善我國根本政治制度、基本政治制度、重要政治制度，豐富各層級民主形式，把人民當家作主具體、現實體現到國家政治生活和社會生活各方面。

（29）加強人民當家作主制度建設。堅持好、完善好、運行好人民代表大會制度。健全人大對行政機關、監察機關、審判機關、檢察機關監督制度，完善監督法及其實施機制，強化人大預算決算審查監督和國有資產管理、政府債務管理監督。健全人大議事規則和論證、評估、評議、聽證制度。豐富人大代表連絡人民群眾的內容和形式。健全吸納民意、彙集民智工作機制。發揮工會、共青團、婦聯等群團組織聯繫服務群眾的橋樑紐帶作用。

（30）健全協商民主機制。發揮人民政協作為專門協商機構作用，健全深度協商互動、意見充分表達、廣泛凝聚共識的機制，加強人民政協反映社情民意、聯繫群眾、服務人民機制建設。完善人民政協民主監督機制。

完善協商民主體系，豐富協商方式，健全政黨協商、人大協商、政府協商、政協協商、人民團體協商、基層協商以及社會組織協商制度化平台，加強各種協商渠道協同配合。健全協商於決策之前和決策實施之中的落實機制，完善協商成果採納、落實、反饋機制。

（31）健全基層民主制度。健全基層黨組織領導的基層群眾自治機制，完善基層民主制度體系和工作體系，拓寬基層各類組織和群眾有序參與基層治理渠道。完善辦事公開制度。健全以職工代表大會為基本形式的企事業單位民主管理制度，完善企業職工參與管理的有效形式。

（32）完善大統戰工作格局。完善發揮統一戰綫凝聚人心、彙聚力量政治作用的政策舉措。堅持好、發展好、完善好中國新型政黨制度。更好發揮黨外人士作用，健全黨外代表人士隊伍建設制度。制定民族團結進步促進法，健全鑄牢中華民族共同體意識制度機制，增強中華民族凝聚力。系統推進我國宗教中國化，加強宗教事務治理法治化。完善黨外知識分子和新的社會階層人士政治引領機制。全面構建親清政商關係，健全促進非公有制經濟健康發展、非公有制經濟人士健康成長工作機制。完善港澳台和僑務工作機制。

九、 完善中國特色社會主義法治體系

　　法治是中國式現代化的重要保障。必須全面貫徹實施憲法，維護憲法權威，協同推進立法、執法、司法、守法各環節改革，健全法律面前人人平等保障機制，弘揚社會主義法治精神，維護社會公平正義，全面推進國家各方面工作法治化。

　　（33）深化立法領域改革。完善以憲法為核心的中國特色社會主義法律體系，健全保證憲法全面實施制度體系，建立憲法實施情況報告制度。完善黨委領導、人大主導、政府依託、各方參與的立法工作格局。統籌立改廢釋纂，加強重點領域、新興領域、涉外領域立法，完善合憲性審查、備案審查制度，提高立法質量。探索區域協同立法。健全黨內法規同國家法律法規銜接協調機制。建設全國統一的法律法規和規範性文件信息平台。

　　（34）深入推進依法行政。推進政府機構、職能、權限、程序、責任法定化，促進政務服務標準化、規範化、便利化，完善覆蓋全國的一體化在綫政務服務平台。完善重大決策、規範性文件合法性審查機制。加強政府立法審查。深化行政執法體制改革，完善基層綜合執法體制機制，健全行政執法監督體制機制。完善行政處罰等領域行政裁量權基準制度，推動

行政執法標準跨區域銜接。完善行政處罰和刑事處罰雙向銜接制度。健全行政覆議體制機制。完善行政裁決制度。完善垂直管理體制和地方分級管理體制，健全垂直管理機構和地方協作配合機制。穩妥推進人口小縣機構優化。深化開發區管理制度改革。優化事業單位結構佈局，強化公益性。

（35）健全公正執法司法體制機制。健全監察機關、公安機關、檢察機關、審判機關、司法行政機關各司其職，監察權、偵查權、檢察權、審判權、執行權相互配合、相互制約的體制機制，確保執法司法各環節全過程在有效制約監督下運行。深化審判權和執行權分離改革，健全國家執行體制，強化當事人、檢察機關和社會公眾對執行活動的全程監督。完善執法司法救濟保護制度，完善國家賠償制度。深化和規範司法公開，落實和完善司法責任制。規範專門法院設置。深化行政案件級別管轄、集中管轄、異地管轄改革。構建協同高效的警務體制機制，推進地方公安機關機構編制管理改革，繼續推進民航公安機關和海關緝私部門管理體制改革。規範警務輔助人員管理制度。

堅持正確人權觀，加強人權執法司法保障，完善事前審查、事中監督、事後糾正等工作機制，完善涉及公民人身權利強制措施以及查封、扣押、凍結等強制措施的制度，依法查處利用職權徇私枉法、非法拘禁、刑訊逼供等犯罪行為。推進刑事案件律師辯護全覆蓋。建立輕微犯罪記錄封存制度。

（36）完善推進法治社會建設機制。健全覆蓋城鄉的公共法律服務體系，深化律師制度、公證體制、仲裁制度、調解制度、司法鑑定管理體制改革。改進法治宣傳教育，完善以實踐為導向的法學院校教育培養機制。加強和改進未成年人權益保護，強化未成年人犯罪預防和治理，制定專門矯治教育規定。

（37）加強涉外法治建設。建立一體推進涉外立法、執法、司法、守法和法律服務、法治人才培養的工作機制。完善涉外法律法規體系和法治實施體系，深化執法司法國際合作。完善涉外民事法律關係中當事人依法約定管轄、選擇適用域外法等司法審判制度。健全國際商事仲裁和調解制度，培育國際一流仲裁機構、律師事務所。積極參與國際規則制定。

十、深化文化體制機制改革

中國式現代化是物質文明和精神文明相協調的現代化。必須增強文化自信，發展社會主義先進文化，弘揚革命文化，傳承中華優秀傳統文化，加快適應信息技術迅猛發展新形勢，培育形成規模宏大的優秀文化人才隊伍，激發全民族文化創新創造活力。

（38）完善意識形態工作責任制。健全用黨的創新理論武裝全黨、教育人民、指導實踐工作體系，完善黨委（黨組）理論學習中心組學習制度，完善思想政治工作體系。創新馬克思主義理論研究和建設工程，實施哲學社會科學創新工程，構建中國哲學社會科學自主知識體系。完善新聞發言人制度。構建適應全媒體生產傳播工作機制和評價體系，推進主流媒體系統性變革。完善輿論引導機制和輿情應對協同機制。

推動理想信念教育常態化制度化。完善培育和踐行社會主義核心價值觀制度機制。改進創新文明培育、文明實踐、文明創建工作機制。實施文明鄉風建設工程。優化英模人物宣傳學習機制，創新愛國主義教育和各類群眾性主題活動組織機制，推動全社會崇尚英雄、緬懷先烈、爭做先鋒。構建中華傳統美德傳承體系，健全社會公德、職業道德、家庭美德、個人品德建設體制機制，健全誠信建設長效機制，教育引導全社會自覺遵守法律、遵循公序良俗，堅決反對拜金主義、享樂主義、極端個人主義和歷史虛無主義。形成網上思想道德教育分眾化、精準化實施機制。建立健全道德領域突出問題協同治理機制，完善"掃黃打非"長效機制。

（39）優化文化服務和文化產品供給機制。完善公共文化服務體系，建立優質文化資源直達基層機制，健全社會力量參與公共文化服務機制，推進公共文化設施所有權和使用權分置改革。深化文化領域國資國企改革，分類推進文化事業單位深化內部改革，完善文藝院團建設發展機制。

堅持以人民為中心的創作導向，堅持出成果和出人才相結合、抓作品和抓環境相貫通，改進文藝創作生產服務、引導、組織工作機制。健全文化產業體系和市場體系，完善文化經濟政策。探索文化和科技融合的有效機制，加快發展新型文化業態。深化文化領域行政審批備案制度改革，加強事中事後監管。深化文娛領域綜合治理。

建立文化遺產保護傳承工作協調機構，建立文化遺產保護督察制度，推動文化遺產系統性保護和統一監管。構建中華文明標識體系。健全文化和旅遊深度融合發展體制機制。完善全民健身公共服務體系，改革完善競技體育管理體制和運行機制。

（40）健全網絡綜合治理體系。深化網絡管理體制改革，整合網絡內容建設和管理職能，推進新聞宣傳和網絡輿論一體化管理。完善生成式人工智能發展和管理機制。加強網絡空間法治建設，健全網絡生態治理長效機制，健全未成年人網絡保護工作體系。

（41）構建更有效力的國際傳播體系。推進國際傳播格局重構，深化主流媒體國際傳播機制改革創新，加快構建多渠道、立體式對外傳播格局。加快構建中國話語和中國敘事體系，全面提升國際傳播效能。建設全球文明倡議踐行機制。推動走出去、請進來管理便利化，擴大國際人文交流合作。

十一、健全保障和改善民生制度體系

在發展中保障和改善民生是中國式現代化的重大任務。必須堅持盡力而為、量力而行，完善基本公共服務制度體系，加強普惠性、基礎性、兜底性民生建設，解決好人民最關心最直接最現實的利益問題，不斷滿足人民對美好生活的嚮往。

（42）完善收入分配制度。構建初次分配、再分配、第三次分配協調配套的制度體系，提高居民收入在國民收入分配中的比重，提高勞動報酬在初次分配中的比重。完善勞動者工資決定、合理增長、支付保障機制，健全按要素分配政策制度。完善稅收、社會保障、轉移支付等再分配調節機制。支持發展公益慈善事業。

規範收入分配秩序，規範財富積累機制，多渠道增加城鄉居民財產性收入，形成有效增加低收入群體收入、穩步擴大中等收入群體規模、合理調節過高收入的制度體系。深化國有企業工資決定機制改革，合理確定並嚴格規範國有企業各級負責人薪酬、津貼補貼等。

（43）完善就業優先政策。健全高質量充分就業促進機制，完善就業公共服務體系，著力解決結構性就業矛盾。完善高校畢業生、農民工、退役軍人等重點群體就業支持體系，健全終身職業技能培訓制度。統籌城鄉就業政策體系，同步推進戶籍、用人、檔案等服務改革，優化創業促進就業政策環境，支持和規範發展新就業形態。完善促進機會公平制度機制，暢通社會流動渠道。完善勞動關係協商協調機制，加強勞動者權益保障。

（44）健全社會保障體系。完善基本養老保險全國統籌制度，健全全國統一的社保公共服務平台。健全社保基金保值增值和安全監管體系。健全基本養老、基本醫療保險籌資和待遇合理調整機制，逐步提高城鄉居民基本養老保險基礎養老金。健全靈活就業人員、農民工、新就業形態人員社保制度，擴大失業、工傷、生育保險覆蓋面，全面取消在就業地參保戶籍限制，完善社保關係轉移接續政策。加快發展多層次多支柱養老保險體系，擴大年金制度覆蓋範圍，推行個人養老金制度。發揮各類商業保險補充保障作用。推進基本醫療保險省級統籌，深化醫保支付方式改革，完善大病保險和醫療救助制度，加強醫保基金監管。健全社會救助體系。健全保障婦女兒童合法權益制度。完善殘疾人社會保障制度和關愛服務體系。

加快建立租購並舉的住房制度，加快構建房地產發展新模式。加大保障性住房建設和供給，滿足工薪群體剛性住房需求。支持城鄉居民多樣化改善性住房需求。充分賦予各城市政府房地產市場調控自主權，因城施策，允許有關城市取消或調減住房限購政策、取消普通住宅和非普通住宅標準。改革房地產開發融資方式和商品房預售制度。完善房地產稅收制度。

（45）深化醫藥衛生體制改革。實施健康優先發展戰略，健全公共衛生體系，促進社會共治、醫防協同、醫防融合，強化監測預警、風險評估、流行病學調查、檢驗檢測、應急處置、醫療救治等能力。促進醫療、醫保、醫藥協同發展和治理。促進優質醫療資源擴容下沉和區域均衡佈局，加快建設分級診療體系，推進緊密型醫聯體建設，強化基層醫療衛生服務。深化以公益性為導向的公立醫院改革，建立以醫療服務為主導的收費機制，完善薪酬制度，建立編制動態調整機制。引導規範民營醫院發展。創新醫療衛生監管手段。健全支持創新藥和醫療器械發展機制，完善中醫藥傳承創新發展機制。

（46）健全人口發展支持和服務體系。以應對老齡化、少子化為重點完善人口發展戰略，健全覆蓋全人群、全生命周期的人口服務體系，促進人口高質量發展。完善生育支持政策體系和激勵機制，推動建設生育友好型社會。有效降低生育、養育、教育成本，完善生育休假制度，建立生育補貼制度，提高基本生育和兒童醫療公共服務水平，加大個人所得稅抵扣力度。加強普惠育幼服務體系建設，支持用人單位辦託、社區嵌入式託育、家庭託育點等多種模式發展。把握人口流動客觀規律，推動相關公共服務隨人走，促進城鄉、區域人口合理集聚、有序流動。

積極應對人口老齡化，完善發展養老事業和養老產業政策機制。發展銀髮經濟，創造適合老年人的多樣化、個性化就業崗位。按照自願、彈性原則，穩妥有序推進漸進式延遲法定退休年齡改革。優化基本養老服務供給，培育社區養老服務機構，健全公辦養老機構運營機制，鼓勵和引導企業等社會力量積極參與，推進互助性養老服務，促進醫養結合。加快補齊農村養老服務短板。改善對孤寡、殘障失能等特殊困難老年人的服務，加快建立長期護理保險制度。

十二、深化生態文明體制改革

中國式現代化是人與自然和諧共生的現代化。必須完善生態文明制度體系，協同推進降碳、減污、擴綠、增長，積極應對氣候變化，加快完善落實綠水青山就是金山銀山理念的體制機制。

（47）完善生態文明基礎體制。實施分區域、差異化、精準管控的生態環境管理制度，健全生態環境監測和評價制度。建立健全覆蓋全域全類型、統一銜接的國土空間用途管制和規劃許可制度。健全自然資源資產產權制度和管理制度體系，完善全民所有自然資源資產所有權委託代理機制，建立生態環境保護、自然資源保護利用和資產保值增值等責任考核監督制度。完善國家生態安全工作協調機制。編纂生態環境法典。

（48）健全生態環境治理體系。推進生態環境治理責任體系、監管體系、市場體系、法律法規政策體系建設。完善精準治污、科學治污、依法治污制度機制，落實以排污許可制為核心的固定污染源監管制度，建立新污染物協同治理和環境風險管控體系，推進多污染物協同減排。深化環境信息依法披露制度改革，構建環境信用監管體系。推動重要流域構建上下游貫通一體的生態環境治理體系。全面推進以國家公園為主體的自然保護地體系建設。

落實生態保護紅綫管理制度，健全山水林田湖草沙一體化保護和系統治理機制，建設多元化生態保護修復投入機制。落實水資源剛性約束制度，全面推行水資源費改稅。強化生物多樣性保護工作協調機制。健全海洋資源開發保護制度。健全生態產品價值實現機制。深化自然資源有償使用制度改革。推進生態綜合補償，健全橫向生態保護補償機制，統籌推進生態環境損害賠償。

（49）健全綠色低碳發展機制。實施支持綠色低碳發展的財稅、金融、投資、價格政策和標準體系，發展綠色低碳產業，健全綠色消費激勵機制，促進綠色低碳循環發展經濟體系建設。優化政府綠色採購政策，完善綠色稅制。完善資源總量管理和全面節約制度，健全廢棄物循環利用體系。健全煤炭清潔高效利用機制。加快規劃建設新型能源體系，完善新能源消納和調控政策措施。完善適應氣候變化工作體系。建立能耗雙控向碳排放雙控全面轉型新機制。構建碳排放統計核算體系、產品碳標識認證制度、產品碳足跡管理體系，健全碳市場交易制度、溫室氣體自願減排交易制度，積極穩妥推進碳達峰碳中和。

十三、推進國家安全體系和能力現代化

國家安全是中國式現代化行穩致遠的重要基礎。必須全面貫徹總體國家安全觀，完善維護國家安全體制機制，實現高質量發展和高水平安全良性互動，切實保障國家長治久安。

（50）健全國家安全體系。強化國家安全工作協調機制，完善國家安全法治體系、戰略體系、政策體系、風險監測預警體系，完善重點領域安全保障體系和重要專項協調指揮體系。構建聯動高效的國家安全防護體系，推進國家安全科技賦能。

（51）完善公共安全治理機制。健全重大突發公共事件處置保障體系，完善大安全大應急框架下應急指揮機制，強化基層應急基礎和力量，提高防災減災救災能力。完善安全生產風險排查整治和責任倒查機制。完善食品藥品安全責任體系。健全生物安全監管預警防控體系。加強網絡安全體制建設，建立人工智能安全監管制度。

（52）健全社會治理體系。堅持和發展新時代"楓橋經驗"，健全黨組織領導的自治、法治、德治相結合的城鄉基層治理體系，完善共建共治共享的社會治理制度。探索建立全國統一的人口管理制度。健全社會工作體制機制，加強黨建引領基層治理，加強社會工作者隊伍建設，推動志願服務體系建設。推進信訪工作法治化。提高市域社會治理能力，強化市民熱綫等公共服務平台功能，健全"高效辦成一件事"重點事項清單管理機制和常態化推進機制。健全社會心理服務體系和危機干預機制。健全發揮家庭家教家風建設在基層治理中作用的機制。深化行業協會商會改革。健全社會組織管理制度。

健全鄉鎮（街道）職責和權力、資源相匹配制度，加強鄉鎮（街道）服務管理力量。完善社會治安整體防控體系，健全掃黑除惡常態化機制，依法嚴懲群眾反映強烈的違法犯罪活動。

（53）完善涉外國家安全機制。建立健全周邊安全工作協調機制。強化海外利益和投資風險預警、防控、保護體制機制，深化安全領域國際執法合作，維護我國公民、法人在海外合法權益。健全反制裁、反干涉、反"長臂管轄"機制。健全維護海洋權益機制。完善參與全球安全治理機制。

十四、持續深化國防和軍隊改革

國防和軍隊現代化是中國式現代化的重要組成部分。必須堅持黨對人民軍隊的絕對領導，深入實施改革強軍戰略，為如期實現建軍一百年奮鬥目標、基本實現國防和軍隊現代化提供有力保障。

（54）完善人民軍隊領導管理體制機制。健全貫徹軍委主席負責制的制度機制，深入推進政治建軍。優化軍委機關部門職能配置，健全戰建備統籌推進機制，完善重大決策諮詢評估機制，深化戰略管理創新，完善軍事治理體系。健全依法治軍工作機制。完善作戰戰備、軍事人力資源等領域配套政策制度。深化軍隊院校改革，推動院校內涵式發展。實施軍隊企事業單位調整改革。

（55）深化聯合作戰體系改革。完善軍委聯合作戰指揮中心職能，健全重大安全領域指揮功能，建立同中央和國家機關協調運行機制。優化戰區聯合作戰指揮中心編成，完善任務部隊聯合作戰指揮編組模式。加強網絡信息體系建設運用統籌。構建新型軍兵種結構佈局，加快發展戰略威懾力量，大力發展新域新質作戰力量，統籌加強傳統作戰力量建設。優化武警部隊力量編成。

（56）深化跨軍地改革。健全一體化國家戰略體系和能力建設工作機制，完善涉軍決策議事協調體制機制。健全國防建設軍事需求提報和軍地對接機制，完善國防動員體系。深化國防科技工業體制改革，優化國防科技工業佈局，改進武器裝備採購制度，建立軍品設計回報機制，構建武器裝備現代化管理體系。完善軍地標準化工作統籌機制。加強航天、軍貿等領域建設和管理統籌。優化邊海防領導管理體制機制，完善黨政軍警民合力治邊機制。深化民兵制度改革。完善雙擁工作機制。

十五、提高黨對進一步全面深化改革、推進中國式現代化的領導水平

黨的領導是進一步全面深化改革、推進中國式現代化的根本保證。必須深刻領悟"兩個確立"的決定性意義，增強"四個意識"、堅定"四個自信"、做到"兩個維護"，保持以黨的自我革命引領社會革命的高度自覺，堅持用改革精神和嚴的標準管黨治黨，完善黨的自我革命制度規範體系，不斷推進黨的自我淨化、自我完善、自我革新、自我提高，確保黨始

終成為中國特色社會主義事業的堅強領導核心。

（57）堅持黨中央對進一步全面深化改革的集中統一領導。黨中央領導改革的總體設計、統籌協調、整體推進。完善黨中央重大決策部署落實機制，確保黨中央令行禁止。各級黨委（黨組）負責落實黨中央決策部署，謀劃推進本地區本部門改革，鼓勵結合實際開拓創新，創造可複製、可推廣的新鮮經驗。走好新時代黨的群眾路綫，把社會期盼、群眾智慧、專家意見、基層經驗充分吸收到改革設計中來。圍繞解決突出矛盾設置改革議題，優化重點改革方案生成機制，堅持真理、修正錯誤，及時發現問題、糾正偏差。完善改革激勵和輿論引導機制，營造良好改革氛圍。

（58）深化黨的建設制度改革。以調動全黨抓改革、促發展的積極性、主動性、創造性為著力點，完善黨的建設制度機制。加強黨的創新理論武裝，建立健全以學鑄魂、以學增智、以學正風、以學促幹長效機制。深化幹部人事制度改革，鮮明樹立選人用人正確導向，大力選拔政治過硬、敢於擔當、銳意改革、實績突出、清正廉潔的幹部，著力解決幹部亂作為、不作為、不敢為、不善為問題。樹立和踐行正確政績觀，健全有效防範和糾治政績觀偏差工作機制。落實"三個區分開來"，激勵幹部開拓進取、幹事創業。推進領導幹部能上能下常態化，加大調整不適宜擔任現職幹部力度。健全常態化培訓特別是基本培訓機制，強化專業訓練和實踐鍛煉，全面提高幹部現代化建設能力。完善和落實領導幹部任期制，健全領導班子主要負責人變動交接制度。增強黨組織政治功能和組織功能。探索加強新經濟組織、新社會組織、新就業群體黨的建設有效途徑。完善黨員教育管理、作用發揮機制。完善黨內法規，增強黨內法規權威性和執行力。

（59）深入推進黨風廉政建設和反腐敗鬥爭。健全政治監督具體化、精準化、常態化機制。鍥而不捨落實中央八項規定精神，健全防治形式主義、官僚主義制度機制。持續精簡規範會議文件和各類創建示範、評比達標、節慶展會論壇活動，嚴格控制面向基層的督查、檢查、考核總量，提高調研質量，下大氣力解決過頻過繁問題。制定鄉鎮（街道）履行職責事項清單，健全為基層減負長效機制。建立經常性和集中性相結合的紀律教育機制，深化運用監督執紀"四種形態"，綜合發揮黨的紀律教育約束、保障激勵作用。

完善一體推進不敢腐、不能腐、不想腐工作機制，著力剷除腐敗滋生的土壤和條件。健全不正之風和腐敗問題同查同治機制，深化整治權力集中、資金密集、資源富集領域腐敗，嚴肅查處政商勾連破壞政治生態和經濟發展環境問題，完善對重點行賄人的聯合懲戒機制，豐富防治新型腐敗和隱性腐敗的有效辦法。加強誣告行為治理。健全追逃防逃追贓機制。加強新時代廉潔文化建設。

完善黨和國家監督體系。強化全面從嚴治黨主體責任和監督責任。健全加強對"一把手"和領導班子監督配套制度。完善權力配置和運行制約機制，反對特權思想和特權現象。推進執紀執法和刑事司法有機銜接。健全巡視巡察工作體制機制。優化監督檢查和審查調查機構職能，完善垂直管理單位紀檢監察體制，推進向中管企業全面派駐紀檢監察組。深化基層監督體制機制改革。推進反腐敗國家立法，修改監察法，出台反跨境腐敗法。

（60）以釘釘子精神抓好改革落實。對黨中央進一步全面深化改革的決策部署，全黨必須求真務實抓落實、敢作善為抓落實，堅持上下協同、條塊結合，科學制定改革任務書、時間表、優先序，明確各項改革實施主體和責任，把重大改革落實情況納入監督檢查和巡視巡察內容，以實績實效和人民群眾滿意度檢驗改革。

中國式現代化是走和平發展道路的現代化。對外工作必須堅定奉行獨立自主的和平外交政策，推動構建人類命運共同體，踐行全人類共同價值，落實全球發展倡議、全球安全倡議、全球文明倡議，倡導平等有序的世界多極化、普惠包容的經濟全球化，深化外事工作機制改革，參與引領全球治理體系改革和建設，堅定維護國家主權、安全、發展利益，為進一步全面深化改革、推進中國式現代化營造良好外部環境。

全黨全軍全國各族人民要更加緊密地團結在以習近平同志為核心的黨中央周圍，高舉改革開放旗幟，凝心聚力、奮發進取，為全面建成社會主義現代化強國、實現第二個百年奮鬥目標，以中國式現代化全面推進中華民族偉大復興而努力奮鬥。

關於《中共中央關於進一步全面深化改革、推進中國式現代化的決定》的説明

習近平

同志們：

　　受中央政治局委託，我就《中共中央關於進一步全面深化改革、推進中國式現代化的決定》起草的有關情況向全會作說明。

一、關於確定全會議題的考慮

　　圍繞黨的中心任務謀劃和部署改革，是黨領導改革開放的成功經驗。從實踐經驗和現實需要出發，中央政治局決定黨的二十屆三中全會研究進一步全面深化改革、推進中國式現代化問題，主要有以下幾方面考慮。

　　第一，這是凝聚人心、彙聚力量，實現新時代新征程黨的中心任務的迫切需要。實踐充分證明，改革開放和社會主義現代化建設新時期，我國大踏步趕上時代，靠的是改革開放。黨的十八大以來，黨和國家事業取得歷史性成就、發生歷史性變革，靠的也是改革開放。新時代新征程上，要開創中國式現代化建設新局面，仍然要靠改革開放。黨的二十大確立了全面建成社會主義現代化強國、實現第二個百年奮鬥目標，以中國式現代化全面推進中華民族偉大復興的中心任務，闡述了中國式現代化的中國特色、本質要求、重大原則等，對推進中國式現代化作出戰略部署。要把這些戰略部署落到實處，把中國式現代化藍圖變為現實，根本在於進一步全面深化改革，不斷完善各方面體制機制，為推進中國式現代化提供制度保障。

第二，這是完善和發展中國特色社會主義制度、推進國家治理體系和治理能力現代化的迫切需要。黨的十八大以來，我們突出制度建設這條主綫，通過全面深化改革完善各方面制度，推動中國特色社會主義制度更加成熟更加定型，國家治理體系和治理能力現代化水平明顯提高，為全面建成小康社會提供了有力制度保障。同時，要清醒看到，完善中國特色社會主義制度是一個動態過程，必然隨著實踐發展而不斷發展，已有制度需要不斷健全，新領域新實踐需要推進制度創新、填補制度空白。面對新的形勢和任務，必須進一步全面深化改革，繼續完善各方面制度機制，固根基、揚優勢、補短板、強弱項，不斷把我國制度優勢更好轉化為國家治理效能。

　　第三，這是推動高質量發展、更好適應我國社會主要矛盾變化的迫切需要。當前，推動高質量發展面臨的突出問題依然是發展不平衡不充分。比如，市場體系仍不健全，市場發育還不充分，政府和市場的關係尚未完全理順，創新能力不適應高質量發展要求，產業體系整體大而不強、全而不精，關鍵核心技術受制於人狀況沒有根本改變，農業基礎還不穩固，城鄉區域發展和收入分配差距仍然較大，民生保障、生態環境保護仍存短板，等等。歸結起來，這些問題都是社會主要矛盾變化的反映，是發展中的問題，必須進一步全面深化改革，從體制機制上推動解決。

　　第四，這是應對重大風險挑戰、推動黨和國家事業行穩致遠的迫切需要。推進中國式現代化是一項全新的事業，前進道路上必然會遇到各種矛盾和風險挑戰。特別是當前世界百年未有之大變局加速演進，局部衝突和動盪頻發，全球性問題加劇，來自外部的打壓遏制不斷升級，我國發展進入戰略機遇和風險挑戰並存、不確定難預料因素增多的時期，各種"黑天鵝"、"灰犀牛"事件隨時可能發生。有效應對這些風險挑戰，在日趨激烈的國際競爭中贏得戰略主動，需要我們進一步全面深化改革，用完善的制度防範化解風險、有效應對挑戰，在危機中育新機、於變局中開新局。

二、關於決定稿起草過程

2023 年 11 月，中央政治局決定，成立黨的二十屆三中全會文件起草組，由我擔任組長，王滬寧、蔡奇、丁薛祥同志擔任副組長，在中央政治局常委會領導下承擔文件起草工作。12 月 8 日，文件起草組召開第一次全體會議，文件起草工作正式啟動。在 7 個多月時間裏，文件起草組深入調查研究，廣泛徵求意見，開展專題論證，反覆討論修改。

在決定稿起草過程中，我們重點把握以下幾點：一是總結和運用改革開放以來特別是新時代全面深化改革的寶貴經驗，確定遵循原則，堅持正確政治方向。二是緊緊圍繞推進中國式現代化、落實黨的二十大戰略部署來謀劃進一步全面深化改革，堅持問題導向。三是抓住重點，突出體制機制改革，突出戰略性、全局性重大改革，突出經濟體制改革牽引作用，凸顯改革引領作用。四是堅持人民至上，從人民整體利益、根本利益、長遠利益出發謀劃和推進改革。五是強化系統集成，加強對改革整體謀劃、系統佈局，使各方面改革相互配合、協同高效。

這次全會文件起草，把發揚民主、集思廣益貫穿全過程。2023 年 11 月 27 日，黨中央發出通知，就黨的二十屆三中全會議題徵求各地區各部門各方面和部分幹部群眾意見。大家一致認為，黨中央決定黨的二十屆三中全會重點研究進一步全面深化改革、推進中國式現代化問題，彰顯了將改革進行到底的堅強決心和強烈使命擔當，是對新時代新征程舉什麼旗、走什麼路的再宣示，對以中國式現代化全面推進強國建設、民族復興偉業具有重大而深遠的意義。各地區各部門各方面就文件主題、框架、重要舉措等提出許多有價值的建議，為決定稿起草提供了重要參考。

2024 年 5 月 7 日，決定稿下發黨內一定範圍徵求意見，徵求黨內老同志意見，專門聽取各民主黨派中央、全國工商聯負責人和無黨派人士代表意見，聽取相關企業和專家學者意見。從反饋情況看，大家一致認為，決定稿緊緊圍繞推進中國式現代化這個主題擘畫進一步全面深化改革戰略舉措，堅持正確政治方向，著力抓住推進中國式現代化需要破解的重大體制機制問題謀劃改革，主題鮮明，重點突出，舉措務實可行，是新時代新征程上推動全面深化改革向廣度和深度進軍的總動員、總部署，充分體現了完善和發展中國特色社會主義制度、推進國家治理體系和治理能力現代化的歷史主動，必將為中國式現代化提供強大動力和制度保障。同時，各方面提出了 1911 條修改意見和建議。文件起草組認真研究這些意見和建議，能吸收儘量吸收，作出 221 處修改。

在起草工作過程中，中央政治局常委會召開 3 次會議、中央政治局召開 2 次會議進行審議、修改，形成了提請這次全會審議的決定稿。

三、 關於決定稿基本框架和主要內容

決定稿除引言和結束語外，有 15 個部分，分三大板塊。第一部分為第一板塊，是總論，主要闡述進一步全面深化改革、推進中國式現代化的重大意義和總體要求。第二至第十四部分為第二板塊，是分論，主要從經濟、政治、文化、社會、生態文明、國家安全、國防和軍隊等方面部署改革。第十五部分為第三板塊，主要講加強黨對改革的領導、深化黨的建設制度改革、黨風廉政建設和反腐敗鬥爭。內容條目通篇排序，開列 60 條。

決定稿錨定 2035 年基本實現社會主義現代化目標，重點部署未來五年的重大改革舉措，在內容擺佈上有以下幾個特點。

第一，注重發揮經濟體制改革牽引作用。深化經濟體制改革仍是進一步全面深化改革的重點，主要任務是完善有利於推動高質量發展的體制機制，塑造發展新動能新優勢，堅持和落實“兩個毫不動搖”，構建全國統一大市場，完善市場經濟基礎制度。

決定稿圍繞處理好政府和市場關係這個核心問題，把構建高水平社會

主義市場經濟體制擺在突出位置，對經濟體制改革重點領域和關鍵環節作出部署。著眼增強國有企業核心功能、提升核心競爭力，提出增強各有關管理部門戰略協同，推進國有經濟佈局優化和結構調整，推動國有資本和國有企業做強做優做大；著眼推動非公有制經濟發展，提出制定民營經濟促進法，加強產權執法司法保護，防止和糾正利用行政、刑事手段干預經濟糾紛。提出加強公平競爭審查剛性約束，清理和廢除妨礙全國統一市場和公平競爭的各種規定和做法，完善要素市場制度和規則，等等。這些舉措將更好激發全社會內生動力和創新活力。

決定稿對健全推動經濟高質量發展體制機制、促進新質生產力發展作出部署。圍繞發展以高技術、高效能、高質量為特徵的生產力，提出加強新領域新賽道制度供給，建立未來產業投入增長機制，以國家標準提升引領傳統產業優化升級，促進各類先進生產要素向發展新質生產力集聚。

決定稿對健全宏觀經濟治理體系作出部署。提出完善國家戰略規劃體系和政策統籌協調機制；統籌推進財稅體制改革，增加地方自主財力，拓展地方稅源，合理擴大地方政府專項債券支持範圍，適當加強中央事權、提高中央財政支出比例；完善金融機構定位和治理，健全投資和融資相協調的資本市場功能，完善金融監管體系。

決定稿對完善城鄉融合發展體制機制作出部署。提出健全推進新型城鎮化體制機制；鞏固和完善農村基本經營制度；完善強農惠農富農支持制度；深化土地制度改革。

決定稿對完善高水平對外開放體制機制作出部署。提出穩步擴大制度型開放；深化外貿體制改革；深化外商投資和對外投資管理體制改革；優化區域開放佈局；完善推進高質量共建"一帶一路"機制。

第二，注重構建支持全面創新體制機制。決定稿統籌推進教育科技人才體制機制一體改革，強調深化教育綜合改革、深化科技體制改革、深化人才發展體制機制改革，提升國家創新體系整體效能。

在教育體制改革方面，提出分類推進高校改革，建立科技發展、國家戰略需求牽引的學科設置調整機制和人才培養模式，超常佈局急需學科專業；完善高校科技創新機制，提高成果轉化效能。

在科技體制改革方面，提出加強國家戰略科技力量建設，優化國家科研機構、高水平研究型大學、科技領軍企業定位和佈局，改進科技計劃管理，強化基礎研究領域、交叉前沿領域、重點領域前瞻性、引領性佈局；強化企業科技創新主體地位，建立培育壯大科技領軍企業機制；允許科研類事業單位實行比一般事業單位更靈活的管理制度，探索實行企業化管理；深化職務科技成果賦權改革。

在人才發展體制機制改革方面，提出加快建設國家戰略人才力量，提高各類人才素質；完善青年創新人才發現、選拔、培養機制，更好保障青年科技人員待遇；強化人才激勵機制，堅持向用人主體授權、為人才鬆綁；完善海外引進人才支持保障機制。

第三，注重全面改革。決定稿在統籌推進“五位一體”總體佈局、協調推進“四個全面”戰略佈局框架下謀劃進一步全面深化改革，統籌部署經濟體制改革和其他各領域改革。

在民主和法治領域改革方面，對健全全過程人民民主制度體系、完善中國特色社會主義法治體系分別作出部署。提出加強人民當家作主制度建設；健全協商民主機制；健全基層民主制度；完善大統戰工作格局。提出加強重點領域、新興領域、涉外領域立法；健全監察機關、公安機關、檢察機關、審判機關、司法行政機關各司其職，監察權、偵查權、檢察權、審判權、執行權相互配合、相互制約的體制機制；完善推進法治社會建設機制。

在文化體制改革方面，著眼於推進物質文明和精神文明相協調的現代化，提出推動理想信念教育常態化制度化，改進創新文明培育、文明實踐、文明創建工作機制；優化文化服務和文化產品供給機制，建立優質文化資源直達基層機制；健全網絡綜合治理體系；推進國際傳播格局重構，構建更有效力的國際傳播體系。

在健全保障和改善民生制度體系方面，提出完善收入分配制度，規範收入分配秩序；優化創業促進就業政策環境，支持和規範發展新就業形態；健全靈活就業人員、農民工、新就業形態人員社保制度，全面取消在就業地參保戶籍限制；提出加快構建房地產發展新模式，充分賦予各城市政府房地產市場調控自主權；提出深化醫藥衛生體制改革，實施健康優先發展戰略；提出健全人口發展支持和服務體系，完善生育支持政策體系和激勵機制，完善發展養老事業和養老產業政策機制，按照自願、彈性原則穩妥有序推進漸進式延遲法定退休年齡改革。

在生態文明體制改革方面，提出完善生態文明基礎體制，健全生態環境治理體系，健全綠色低碳發展機制；提出實施分區域、差異化、精準管控的生態環境管理制度，健全橫向生態保護補償機制，實施支持綠色低碳發展的財稅、金融、投資、價格政策和標準體系，加快規劃建設新型能源體系。

第四，注重統籌發展和安全。國家安全是中國式現代化行穩致遠的重要基礎。決定稿把維護國家安全放到更加突出位置，圍繞推進國家安全體系和能力現代化，提出構建聯動高效的國家安全防護體系，推進國家安全科技賦能；健全重大突發公共事件處置保障體系；建立人工智能安全監管制度；探索建立全國統一的人口管理制度；完善社會治安整體防控體系，依法嚴懲群眾反映強烈的違法犯罪活動。提出建立健全周邊安全工作協調機制；健全反制裁、反干涉、反"長臂管轄"機制；健全貿易風險防控機制，完善涉外法律法規體系和法治實施體系，深化執法司法國際合作。圍繞持續深化國防和軍隊改革，提出完善人民軍隊領導管理體制機制，深化聯合作戰體系改革，深化跨軍地改革。

第五，注重加強黨對改革的領導。黨的領導是進一步全面深化改革、推進中國式現代化的根本保證。決定稿提出完善黨中央重大決策部署落實機制；深化幹部人事制度改革，鮮明樹立選人用人正確導向，大力選拔政治過硬、敢於擔當、銳意改革、實績突出、清正廉潔的幹部，著力解決幹部亂作為、不作為、不敢為、不善為問題；樹立和踐行正確政績觀，落實"三個區分開來"，激勵幹部開拓進取、幹事創業；增強黨組織政治功能和組織功能；健全防治形式主義、官僚主義制度機制，健全不正之風和腐敗問題同查同治機制，豐富防治新型腐敗和隱性腐敗的有效辦法。

希望同志們深刻領會黨中央精神，緊緊圍繞全會主題進行討論，提出建設性修改意見和建議，共同把這次全會開好、把決定稿修改好。

堅持黨中央對進一步全面深化改革的集中統一領導

鍾文宣

　　黨的二十屆三中全會通過的《中共中央關於進一步全面深化改革、推進中國式現代化的決定》（以下簡稱《決定》）指出：要"提高黨對進一步全面深化改革、推進中國式現代化的領導水平"，並突出強調"堅持黨中央對進一步全面深化改革的集中統一領導"。落實《決定》確定的各項改革任務，關鍵在黨，關鍵在於加強黨的領導特別是黨中央集中統一領導。全黨同志要深刻領會、堅決落實《決定》關於堅持黨中央對進一步全面深化改革的集中統一領導的各項要求，全面貫徹到進一步全面深化改革、推進中國式現代化的各方面全過程。

一、黨中央集中統一領導是進一步全面深化改革的根本保證

　　《決定》把黨的領導擺在進一步全面深化改革必須貫徹的原則首位，強調要堅持黨的全面領導，堅定維護黨中央權威和集中統一領導，發揮黨總攬全局、協調各方的領導核心作用，把黨的領導貫穿改革各方面全過程，確保改革始終沿著正確政治方向前進。這是改革開放以來特別是新時代全面深化改革經驗的深刻總結。

　　中國共產黨領導是中國特色社會主義最本質的特徵，是中國特色社會主義制度的最大優勢，是中國式現代化的本質要求。在當代中國，中國共產黨是最高政治領導力量，處於國家治理體系的核心位置，在國家各項事

業中發揮總攬全局、協調各方的領導核心作用。只有始終堅持黨的領導，改革才能保持正確方向、堅強定力、強大合力，才能行穩致遠、取得成功。我們這麼大一個國家，進行改革這麼廣泛而深刻的社會變革，離開黨的領導，是難以想像的，是很容易搞散的，是幹不成任何事情的。

堅持黨的領導，首先要堅持黨中央集中統一領導。事在四方，要在中央。黨中央是黨的大腦和中樞，黨和國家大政方針的決定權在黨中央。黨中央集中統一領導是風雨來襲時全黨和全國人民的堅實依託，是戰勝前進道路上一切艱難險阻和風險挑戰的可靠保證，是黨保持團結統一和強大戰鬥力、不斷取得勝利的關鍵所在。如果黨中央沒有權威，黨的理論和路線方針政策可以隨意不執行，黨就會變成一盤散沙，黨的領導就會成為一句空話，民族復興的偉大夢想就會成為一場空想。維護黨中央權威和集中統一領導關係著黨、民族、國家的前途命運，帶有根本性、全局性，必須作為最高政治原則來堅守，任何時候任何情況下都不能含糊、不能動搖。在進一步全面深化改革過程中，各級黨委（黨組）和黨員、幹部要自覺同黨中央保持高度一致，堅決聽從黨中央指揮，始終向黨中央看齊，同黨中央要求對標對表，及時校正偏差，決不能打折扣搞變通、搞選擇性執行。

實踐表明，全黨必須有核心、黨中央必須有核心。核心就是力量，核心就是方向，核心就是未來。沒有核心的領導是靠不住的。新時代之所以能夠發生如此偉大的變革，民族復興偉業之所以能按下“快進鍵”、跑出“加速度”，根本在於有習近平總書記領航掌舵、有習近平新時代中國特色社會主義思想指引航向。有習近平總書記領航掌舵，全黨就有“頂樑柱”，14億多中國人民就有“主心骨”；有習近平新時代中國特色社會主義思想科學指引，全黨全軍全國各族人民就有思想上的“定盤星”、行動上的“指南針”。核心掌舵、思想領航所形成的全黨同心同德、團結奮鬥，是新時代我們黨的制勝密碼。確立習近平總書記黨中央的核心、全黨的核心地位，確立習近平新時代中國特色社會主義思想的指導地位，是新時代最重大政治成果、得出的最寶貴歷史經驗、最客觀實踐結論，是黨和人民應對一切不確定性的最大確定性、最大底氣、最大保證。新征程上進一步全面深化改革，最緊要的一條，就是要深刻領悟"兩個確立"的決定性意義，增強"四個意識"、堅定"四個自信"、做到"兩個維護"。廣大黨員、幹部要全面提高政治判斷力、政治領悟力、政治執行力，把"兩個維護"作為首要政治紀律和政治規矩，銘記於心、嚴格遵守，自覺做政治上的明白人。

二、完善黨中央重大決策部署落實機制

《決定》強調要"完善黨中央重大決策部署落實機制，確保黨中央令行禁止"。各級黨委（黨組）和廣大黨員、幹部要深入學習領會黨中央關於進一步全面深化改革的各項決策部署，自覺在大局下行動，完善落實機制，確保黨中央關於進一步全面深化改革的重大決策部署不折不扣地落實到各地區各部門各領域，確保取得實效。

推動黨中央關於進一步全面深化改革的重大決策部署落地落實，必須建立上下協同、順暢高效的領導體制。黨中央領導改革的總體設計、統籌協調、整體推進。中央和國家機關、軍隊等要主動擔負落實黨中央改革部署的主體責任，聚焦重大部署、重要任務、重點工作，積極擔當作為，深入研究推進本系統改革任務落地見效。地方黨委要結合實際貫徹落實黨中央改革部署，抓好涉及本地區重大改革舉措的組織實施。各地區各部門要嚴格執行重大事項向黨中央請示報告制度，把進一步全面深化改革的情況作為年度重要工作每年向黨中央報告。凡屬戰略性、全局性重大改革事項由黨中央研究決定，各地區各部門不能擅作主張。各地區涉及全局性的重大改革事項，須報經黨中央研究同意後方可執行。一些由地方和部門自主決定的改革事項，也要強化全局意識，在大局下行動，保持同黨中央在改

革取向上的一致性，堅決防止和克服本位主義的改革。

推動黨中央關於進一步全面深化改革的重大決策部署落地落實，必須增強改革落實方案的科學性、實效性。各地區各部門要準確把握《決定》提出的各項改革任務的根本目的和本質要求，堅持因地制宜、因時制宜，研究制定符合自身實際的改革落實方案，使改革措施精準管用，具有可行性、可操作性和實效性，切實防止照抄照搬、上下一般粗。要圍繞解決推進中國式現代化面臨的突出矛盾設置改革議題，優化重點改革方案生成機制，做到改革議題的提出積極穩妥、針對性強，每一項重點改革方案的出台論證充分、科學精準。人民群眾之中蘊藏著豐富的智慧。要走好新時代黨的群眾路綫，大興調查研究，切實把社會期盼、群眾智慧、專家意見、基層經驗充分吸收到改革設計中來，注重從老百姓急難愁盼中找準改革發力點和突破口，通過發揚民主、集思廣益，增強改革決策科學性和改革落實執行力。對新領域新實踐遇到的新問題，要鼓勵結合實際開拓創新，支持幹部敢闖敢試，對一些好經驗好做法及時進行總結完善，努力創造可複製、可推廣的新鮮經驗。改革部署和改革落實全過程都要大力發揚堅持真理、修正錯誤的精神，加強改革方案評估和改革落實情況督察，及時發現問題、糾正偏差，不斷調整優化改革方案，確保改革順利推進、取得成功。

三、提高各級黨委（黨組）謀劃和推進改革能力

在進一步全面深化改革中堅持黨中央集中統一領導，既要有態度，又要有能力。新一輪改革進入深水區，涉及矛盾的複雜性比過去明顯增強，難啃的硬骨頭增多，對各級黨委（黨組）和黨員、幹部的思想水平、素質能力提出了新的更高要求。

進一步全面深化改革要有科學的思想方法，迫切要求各級黨委（黨

組）提高思維能力，最有效的途徑就是從習近平新時代中國特色社會主義思想中汲取推進改革的智慧，努力掌握看家本領。要全面深入領悟習近平新時代中國特色社會主義思想的世界觀、方法論以及貫穿其中的立場觀點方法，作為認識問題、分析問題、解決問題的"金鑰匙"，轉化為推進改革的科學思想方法，提高戰略思維、歷史思維、辯證思維、系統思維、創新思維、法治思維、底綫思維能力，不斷增強改革工作的科學性、預見性、主動性、創造性。要把學習領會習近平總書記關於全面深化改革的一系列新思想、新觀點、新論斷和《決定》精神作為黨員、幹部教育培訓的重要內容，統籌抓好政治歷練、思想淬煉、實踐鍛煉、專業訓練，發揚理論聯繫實際的優良學風，推動黨員、幹部掌握進一步全面深化改革的目標任務、"六個堅持"原則和一系列戰略舉措，學會用系統觀念和辯證方法抓改革，善於守正創新，敏銳洞察和防範化解風險隱患，把準改革正確方向；善於謀篇佈局、排兵佈陣、統籌安排，推動各項改革同向發力、協同高效；善於把握改革面對的主要矛盾和矛盾的主要方面，以重點突破帶動全盤；善於分清輕重緩急，把握好改革的時度效；善於正確處理立和破的關係，做到破立並舉、先立後破，積極穩健推進改革；善於用法治思維和法治方式破解改革難題，鞏固改革成果。要採取典型引路、組織幹部到改革開放走在前列的地方取經等方式，引導黨員、幹部解放思想、開闊眼界，提高改革實戰能力，努力成為改革的行家裏手。

廣大幹部是推進改革的骨幹。建設善抓改革的高素質幹部隊伍，既要靠培訓鍛煉，又要靠選拔管理。《決定》提出深化幹部人事制度改革的一系列重要舉措，各級黨委（黨組）要認真抓好落實。要貫徹新時代黨的組織路綫，落實新時代好幹部標準，鮮明樹立選人用人正確導向，大力選拔政治過硬、敢於擔當、銳意改革、實績突出、清正廉潔的幹部，推進領導幹部能上能下常態化，加大調整不適宜擔任現職幹部力度，推動幹部德配其位、才配其位，著力形成能者上、優者獎、庸者下、劣者汰的良好局面。要堅持嚴管和厚愛相結合，健全幹部擔當作為激勵機制，加大對優秀幹部關心和保護力度，把"三個區分開來"落到實處，為負責的幹部負責，為擔當的幹部擔當，為敢抓敢管的幹部撐腰，為積極作為的幹部加油鼓勁，充分調動幹部積極性、主動性、創造性。要加強誣告行為治理，及時為受到不實舉報的幹部澄清正名，營造鼓勵和支持幹部大膽幹事創業、勇於創新創造的良好環境。

四、 形成齊心協力抓改革的良好工作格局

進一步全面深化改革，是全黨全社會的共同責任。落實好《決定》關於堅持黨中央集中統一領導的各項要求，很重要的一點，就是各級黨委（黨組）要加強組織領導，廣泛凝心聚力，把全黨和全社會的力量集中起來，把一切可以團結的力量團結起來，把一切可以調動的積極因素調動起來，形成進一步全面深化改革、推進中國式現代化的強大合力。

嚴密的組織體系是實現黨的領導的堅實依託。推動《決定》確立的進一步全面深化改革各項決策部署落實，黨的各級組織必須形成上下貫通、執行有力的嚴密組織體系。各領域基層黨組織處在改革發展第一線，同人民群眾聯繫最直接，必須建設好、建設強。要堅持補短板、強弱項、填空白和提質量、強功能、揚優勢並舉，增強黨組織政治功能和組織功能，推動各領域基層黨組織特別是城鄉基層黨組織履行好宣傳群眾、組織群眾、凝聚群眾、服務群眾的職責，提高組織動員群眾齊抓改革、共促發展的能力和水平。要按照《決定》要求，研究解決基層黨的建設面臨的新問題，抓緊探索加強新經濟組織、新社會組織、新就業群體黨的建設有效途徑，以黨的組織和黨的工作有效覆蓋保證《決定》確立的改革任務全面落地。

形成正確的改革認知，是改革得到人民群眾擁護和支持的必要條件。要完善改革輿論引導機制，通過各種媒體和方式，把好的改革舉措宣傳

好，著力讓改革深入人心。要密切關注社會上特別是互聯網上對改革的各種看法，及時答疑解惑、澄清謬誤，增進共識、消除雜音，引導廣大人民群眾把對美好生活的嚮往與推進強國建設、民族復興偉業緊密聯繫起來、統一起來，營造充分理解改革、高度認同改革、積極參與改革、主動支持改革的良好社會環境。

全過程人民民主是發揮人民主體作用、激發人民創造活力的根本途徑。要堅持黨的領導、人民當家作主、依法治國有機統一，彰顯人民代表大會制度優勢，健全吸納民意、彙集民智工作機制，支持人大及其常委會在進一步全面深化改革中發揮法制保障和民主監督作用。推動工會、共青團、婦聯等群團組織充分運用聯繫廣泛的獨特優勢，在凝心聚力抓改革方面有效發揮橋樑紐帶作用。全面發展協商民主，完善人民政協民主監督和委員聯繫界別群眾制度機制，堅持發揚民主和增進團結相互貫通、建言資政和凝聚共識雙向發力，充分發揮人民政協作為專門協商機構在進一步全面深化改革中的作用。積極發展基層民主，尊重基層和群眾首創精神，不斷鞏固和擴大進一步全面深化改革的深厚群眾基礎。要充分發揮統一戰綫在凝聚人心、彙聚力量上的法寶作用，發揮中國新型政黨制度優勢，支持統一戰綫廣大成員結合自身特點參與和支持改革，動員全體中華兒女圍繞進一步全面深化改革、推進中國式現代化一起來想、一起來幹。總之，要把發揚民主、彙集眾智眾力貫穿於進一步全面深化改革全過程，形成全黨全國各族人民、全體中華兒女共同推進改革的生動局面。

深入學習貫徹習近平總書記關於全面深化改革的一系列新思想、新觀點、新論斷

穆　虹

　　黨的二十屆三中全會通過的《中共中央關於進一步全面深化改革、推進中國式現代化的決定》提出進一步全面深化改革的指導思想，"習近平總書記關於全面深化改革的一系列新思想、新觀點、新論斷"是其中最重要的內容。黨的十八屆三中全會以來，習近平總書記親自領導、親自部署、親自推動全面深化改革工作，科學總結歷史經驗，深刻把握改革規律，運用馬克思主義的立場觀點方法，創造性提出一系列新思想、新觀點、新論斷，明確回答了新時代為什麼要全面深化改革、怎樣推進全面深化改革等重大問題，構成習近平新時代中國特色社會主義思想最為豐富、最為生動、最富創意的組成部分。深入學習貫徹好這些新思想、新觀點、新論斷，對於統一全黨全國各族人民思想和行動，以更加奮發有為精神狀態推進進一步全面深化改革，具有重大現實意義和深遠歷史意義。

一、 堅持黨中央集中統一領導，是全面深化改革的根本保證

　　習近平總書記旗幟鮮明指出，"全面深化改革必須加強和改善黨的領導，充分發揮黨總攬全局、協調各方的領導核心作用"，"堅決維護中央權威，保證政令暢通，堅定不移實現中央改革決策部署"。改革開放 40 多年偉大實踐深刻揭示，正是因為始終堅持黨的領導，我們才能實現偉大歷史轉折、開啟改革開放新時期和中華民族偉大復興新征程，才能成功應對一

系列重大風險挑戰、克服無數艱難險阻，才能確保全黨全國在改革開放問題上統一思想、統一意志、統一行動。黨的十八屆三中全會以來，以習近平同志為核心的黨中央成立全面深化改革領導機構，自上而下形成黨領導改革工作體制機制，對全面深化改革作出一系列重大戰略部署。習近平總書記以非凡的政治氣魄和強烈的歷史擔當，親力親為謀劃指導改革的總體設計、統籌協調、整體推進，為改革提供了最堅強有力的領導保障。新時代全面深化改革取得歷史性、革命性、開創性成就，充分證明"兩個確立"和"兩個維護"的極端重要性，充分顯示了以習近平同志為核心的黨中央把方向、謀大局、定政策、促改革的領導核心作用。

二、 堅定不移走中國特色社會主義道路，確保改革開放沿著 正確方向前進

習近平總書記明確提出，"我們的改革開放是有方向、有立場、有原則的"，"我們的改革是在中國特色社會主義道路上不斷前進的改革，既不走封閉僵化的老路，也不走改旗易幟的邪路"。方向決定前途，道路決定命運。習近平總書記強調，我國是一個大國，決不能在根本性問題上出現顛覆性錯誤。全面深化改革總目標是完善和發展中國特色社會主義制度、推進國家治理體系和治理能力現代化。我們的方向就是不斷推動社會主義制度自我完善和發展，而不是對社會主義制度改弦易張。守正創新是改革的本質要求，要有道不變、志不改的強大定力，始終堅持正確政治方向。這些重要論述，有力回答了改革舉什麼旗、走什麼路、向什麼目標前進等根本性問題。黨的十八大以來，以習近平同志為核心的黨中央始終以全面深化改革總目標為引領，披荊斬棘、勇往直前，牢牢把握改革開放前進方向，該改的、能改的堅決改，不該改的、不能改的堅決不改，不動搖、不偏軌、不折騰、不停頓，確保改革開放事業行穩致遠。

三、 勇於開拓創新，為中國式現代化建設提供不竭動力

習近平總書記強調："改革開放是決定當代中國命運的關鍵一招，也是決定實現'兩個一百年'奮鬥目標、實現中華民族偉大復興的關鍵一招。"沒有改革開放，就沒有中國的今天，也就沒有中國的明天。習近平總書記深刻指出，創新是一個國家、一個民族發展進步的不竭動力。黨的十一屆三中全會是劃時代的，開啟了改革開放和社會主義現代化建設歷史新時期。黨的十八屆三中全會也是劃時代的，開啟了全面深化改革、系統整體設計推進改革新征程，開創了我國改革開放全新局面。中國式現代化是在改革開放中不斷推進的，也必將在改革開放中開闢廣闊前景。這些重要論述，深刻闡明了全面深化改革所處的歷史方位和重大作用。新征程上，必須牢記"堅持開拓創新"這一建黨百年的寶貴歷史經驗，緊緊圍繞全面建設社會主義現代化國家目標任務，深入推進改革創新，堅定不移擴大開放，為中國式現代化建設提供更完善的制度保證、更強大的能力支撐、更強勁的動力源泉。

四、 牢固樹立以人民為中心的價值取向，尊重人民主體地位和首創精神

習近平總書記深刻指出："為了人民而改革，改革才有意義；依靠人民而改革，改革才有動力。"人民是歷史的創造者，是推動改革開放的主體力量。習近平總書記強調，全面深化改革必須以促進社會公平正義、增進人民福祉為出發點和落腳點，從人民整體利益、根本利益、長遠利益出發謀劃和推進改革，多推出一些民生所急、民心所向的改革舉措，多辦一些惠民生、暖民心、順民意的實事，做到老百姓關心什麼、期盼什麼，改革就要抓住什麼、推進什麼。這些重要論述，體現了我們黨全心全意為人

民服務的根本宗旨，彰顯了全面深化改革的價值取向。黨的十八大以來，全面深化改革從解決群眾最關心最直接最現實的利益問題切入，深入推進收入分配、就業、教育、社會保障、醫藥衛生、養老託幼、基層治理等民生領域改革，發揮群眾首創精神，注重總結推廣農村綜合改革、河長制、林長制、"三明醫改"、"最多跑一次"、新時代"楓橋經驗"等基層經驗，著力用改革的方法解決人民群眾急難愁盼問題，以人民群眾的獲得感、幸福感、安全感作為改革成效的重要檢驗，始終做到改革為了人民、改革依靠人民、改革成果由人民共享，不斷滿足人民對美好生活新期待。

五、 突出問題導向，著力破除深層次體制機制障礙

習近平總書記鮮明提出："改革是由問題倒逼而產生，又在不斷解決問題中得以深化。"當今世界百年未有之大變局加速演進，我國社會主要矛盾已轉化為人民日益增長的美好生活需要和不平衡不充分的發展之間的矛盾。習近平總書記強調，改革開放越往縱深發展，發展中的問題和發展後的問題、一般矛盾和深層次矛盾、有待完成的任務和新提出的任務越交織疊加、錯綜複雜，改革開放中的矛盾只能用改革開放的辦法來解決。要敢於啃硬骨頭，敢於涉險灘，敢於向積存多年的頑瘴痼疾開刀，著力解決推進中國式現代化需要破解的重大體制機制問題。這些重要論述，體現了全面深化改革奔著現實問題去、盯著突出問題改的鮮明導向。黨的十八大以來，全面深化改革順應國內外形勢發展變化，聚焦制約高質量發展的突出矛盾和問題，堅持把解決重大體制機制問題放在突出位置，攻堅克難，破障闖關，各領域基礎性制度框架基本建立，兩輪黨和國家機構改革力度前所未有，許多領域實現歷史性變革、系統性重塑、整體性重構，改革不斷向廣度和深度進軍。

六、 進一步解放思想，不斷推進理論創新、實踐創新、制度創新

習近平總書記指出："沒有解放思想，我們黨就不可能在實踐中不斷推進理論創新和實踐創新，有效化解前進道路上的各種風險挑戰，把改革開放不斷推向前進，始終走在時代前列。"習近平總書記強調，實現社會主義現代化，實現中華民族偉大復興，最根本最緊迫的任務還是進一步解放和發展社會生產力。解放思想是前提，是解放和發展社會生產力、解放和增強社會活力的總開關。這些重要論述，是我們黨對以思想引領變革、以改革促進發展、以創新激發活力的改革開放歷史經驗的深刻總結，是馬克思主義關於生產關係適應生產力發展、上層建築適應經濟基礎變化基本原理的中國化時代化運用。黨的十八大以來，我們黨以習近平新時代中國特色社會主義思想為指導，堅持以經濟建設為中心，抓住深化經濟體制改革這個"牛鼻子"，把高質量發展作為新時代的硬道理；堅持社會主義市場經濟改革方向，充分發揮市場在資源配置中的決定性作用，更好發揮政府作用，處理好政府和市場關係；堅持"兩個毫不動搖"，鞏固完善社會主義基本經濟制度，兼顧效率和公平、活力和秩序。適應我國社會主要矛盾變化、新一輪科技革命和產業變革，開創性提出新發展階段、新發展理念、新發展格局、新質生產力等一系列重要論斷，在新的起點上推進理論創新、實踐創新、制度創新、文化創新以及其他各方面創新，不斷打開各項事業發展新局面。

七、 沿著法治軌道推進改革，把制度優勢轉化為治理效能

習近平總書記指出，"'改革與法治如鳥之兩翼、車之兩輪'，要堅持在法治下推進改革，在改革中完善法治"，"凡屬重大改革都要於法有

據"。新時代改革開放具有許多新的內涵和特點，其中很重要的一點就是制度建設分量更重。習近平總書記強調，在整個改革過程中，都要高度重視運用法治思維和法治方式，對於實踐證明行之有效的改革成果，及時上升為法律制度；實踐條件還不成熟、需要先行先試的，按照法定程序作出授權；對不適應改革要求的法律法規，及時修改或廢止。這些重要論述，深刻闡明了全面深化改革和全面依法治國相輔相成，改革決策和立法決策相銜接，是改革順利推進、改革成果及時鞏固的有效路徑。黨的十八大以來，以習近平同志為核心的黨中央突出制度建設這條主綫，通過改革和法治的相互促動，不斷完善各方面制度法規，推動中國特色社會主義制度更加成熟更加定型，國家治理體系和治理能力現代化水平明顯提高。

八、 自覺運用科學方法論，增強改革的系統性、整體性、協同性

習近平總書記指出："改革開放是一個系統工程，必須堅持全面改革，在各項改革協同配合中推進。" 全面深化改革涉及經濟社會發展各領域，任務之全面、內容之深刻、影響之廣泛前所未有。習近平總書記特別強調，注重系統性、整體性、協同性是全面深化改革的內在要求，也是推進改革的重要方法。在推進改革中，要解放思想、實事求是、與時俱進、求真務實，處理好整體推進和重點突破的關係、全局和局部的關係、頂層設計和基層探索的關係、膽子要大和步子要穩的關係、改革發展穩定的關係；處理好經濟和社會、政府和市場、效率和公平、活力和秩序、發展和安全等重大關係。這些重要論述成為指導改革實踐的重要方法論。黨的十八大以來，以習近平同志為核心的黨中央堅持全局觀念和系統思維，堅持穩中求進、破立並舉，科學謀劃改革的戰略重點、優先順序、主攻方向、工作機制、推進方式，全面深化改革從夯基壘台、立柱架樑到全面推

進、積厚成勢，再到系統集成、協同高效，推動改革全面發力、多點突破、蹄疾步穩、縱深推進。

九、 以開放促改革促發展，統籌推進深層次改革和高水平開放

習近平總書記指出："以開放促改革、促發展，是我國改革發展的成功實踐。"面對紛繁複雜的國際國內形勢，習近平總書記強調，要堅持以擴大開放促進深化改革、以深化改革促進擴大開放。堅定不移實施對外開放的基本國策、實行更加積極主動的開放戰略，堅定不移提高開放型經濟水平，建設更高水平開放型經濟新體制。這些重要論述，深刻揭示了改革和開放的內在統一性。黨的十八大以來，以習近平同志為核心的黨中央統籌國內國際兩個大局，統籌發展和安全兩件大事，堅持和平發展道路，不斷完善對外開放體制機制，推動共建"一帶一路"高質量發展，促進貿易和投資自由化便利化，佈局建設自由貿易試驗區和海南自由貿易港，高水平推進內陸開放和沿邊開放，打造市場化、法治化、國際化一流營商環境，更加注重規則、規制、管理、標準等制度型開放，推動形成更大範圍、更寬領域、更深層次對外開放格局，為經濟發展不斷拓展新空間。

十、 以黨的自我革命引領偉大社會革命，用釘釘子精神抓好改革落實

習近平總書記指出："要針對偉大社會革命實踐的新要求來謀劃黨的自我革命，用偉大社會革命發展的新成果來檢驗黨的自我革命的實際成效，努力實現以黨的自我革命引領偉大社會革命、以偉大社會革命促進黨的自我革命。"全面深化改革越向縱深推進，越要把穩方向、突出實效、全力攻堅。習近平總書記強調，堅持全面從嚴治黨，不斷提高黨的領導水

平，是改革開放取得成功的關鍵。放眼全世界，沒有哪個國家和政黨，能有這樣的政治氣魄和歷史擔當，敢於大刀闊斧、刀刃向內、自我革命，也沒有哪個國家和政黨，能在這麼短時間內推動這麼大範圍、這麼大規模、這麼大力度的改革，這是中國特色社會主義制度的鮮明特徵和顯著優勢。這些重要論述，深刻闡釋了以改革精神管黨治黨，以黨的自我革命引領偉大社會革命，已成為我們黨的歷史自覺。黨的十八大以來，以習近平同志為核心的黨中央把全面從嚴治黨要求貫穿全面深化改革工作，教育引導廣大黨員、幹部強化改革責任，保持改革銳氣，增強改革韌性，提高改革本領，堅持實事求是，反對形式主義、官僚主義，既當促進派、又當實幹家，不斷增強黨的創造力、凝聚力、戰鬥力，推動改革破浪前行。

習近平總書記關於全面深化改革的一系列新思想、新觀點、新論斷，凝結著對改革開放以來特別是新時代全面深化改革寶貴經驗的科學總結，是新時代全面深化改革理論創新、實踐創新的最新成果，必將成為新征程上指導進一步全面深化改革的強大思想武器。我們要深入學習貫徹習近平總書記關於全面深化改革的重要論述，堅持好、運用好貫穿其中的立場觀點方法，全力以赴抓好全會精神貫徹落實，把黨中央關於進一步全面深化改革的戰略部署轉化為推進中國式現代化的強大動力。

構建全國統一大市場

張國清

構建全國統一大市場，是以習近平同志為核心的黨中央從全局和戰略高度作出的重大決策。黨的二十屆三中全會通過的《中共中央關於進一步全面深化改革、推進中國式現代化的決定》（以下簡稱《決定》），進一步部署了構建全國統一大市場的重大改革舉措。我們要認真學習領會，抓好貫徹落實，加快建設高效規範、公平競爭、充分開放的全國統一大市場，為以中國式現代化全面推進強國建設、民族復興偉業提供有力支撐。

一、 深刻認識構建全國統一大市場的重大意義

市場是全球最稀缺的資源。擁有超大規模且極具增長潛力的市場，是我國發展的巨大優勢和應對變局的堅實依託。黨的十八大以來，習近平總書記多次對建設全國統一大市場作出重要指示，黨的十八屆三中全會、十九大和十九屆五中全會均作出相應部署。2022年3月中共中央、國務院印發《關於加快建設全國統一大市場的意見》，明確了總體要求、主要目標和重點任務。黨的二十大進一步強調要構建全國統一大市場。各地區各部門貫徹落實黨中央、國務院決策部署，積極推進全國統一大市場建設，取得明顯成效，產權保護、市場准入、公平競爭、社會信用等市場經濟基礎制度加快健全，市場設施互聯互通不斷加強，要素資源流動更加順暢，商品服務市場統一邁向更高水平，一批妨礙統一大市場和公平競爭的突出問題得到糾治，市場監管效能持續提升，市場規模效應日益顯現。同時，

仍面臨一些領域制度規則不完善、要素市場發育相對滯後、地方保護和市場分割屢禁不止等問題，亟待通過深化改革，全面推動我國市場由大到強轉變。

（一）構建全國統一大市場是構建高水平社會主義市場經濟體制的內在要求。習近平總書記指出，在社會主義條件下發展市場經濟，是我們黨的一個偉大創舉。社會主義市場經濟必須堅持充分發揮市場在資源配置中的決定性作用，更好發揮政府作用，而市場機制的有效性與市場的規模和統一性密切相關。只有構建全國統一大市場，實現准入暢通、規則一致、設施聯通和監管協同，才能擴大市場規模容量，在更大範圍內深化分工協作、促進充分競爭、降低交易成本，提高市場配置資源的效率，為建設高標準市場體系、構建高水平社會主義市場經濟體制夯實基礎。

（二）構建全國統一大市場是構建新發展格局的基礎支撐。習近平總書記強調，加快構建新發展格局，是立足實現第二個百年奮鬥目標、統籌發展和安全作出的戰略決策，是把握未來發展主動權的戰略部署。構建新發展格局關鍵在於經濟循環的暢通無阻，要求各種生產要素的組合在生產、分配、流通、消費各環節有機銜接、循環流轉。暢通國內大循環，必須構建全國統一大市場，破除地方保護和市場分割，打通制約經濟循環的關鍵堵點，促進商品要素資源在更大範圍內順暢流動。強大國內市場的形成與發展，能保持和增強對全球要素資源的吸引力，更好聯通國內國際市場，實現國內國際雙循環相互促進。

（三）構建全國統一大市場是推動高質量發展的重要保障。習近平總書記強調，高質量發展是全面建設社會主義現代化國家的首要任務。推動高質量發展，需要健全與之相適應的市場體系和制度環境。構建全國統一大市場，有利於發揮市場機制優勝劣汰功能，讓更高質量的商品和服務脫穎而出；有利於發揮市場規模效應和集聚效應，提升經濟運行整體效率；有利於發揮超大規模市場具有豐富應用場景和放大創新收益的優勢，服務推進高水平科技自立自強、發展新質生產力。當前我國經濟面臨有效需求不足等突出矛盾，構建全國統一大市場有利於拓展內需空間，激發市場活力，鞏固和增強經濟向好態勢。

二、 準確把握構建全國統一大市場的基本要求

構建全國統一大市場是一項複雜的系統工程，必須堅持以習近平新時代中國特色社會主義思想為指導，運用好貫穿其中的立場觀點方法。特別是要把握好以下幾點。

（一）**必須堅持和加強黨的全面領導。**堅持和加強黨的全面領導是改革取得成功的根本保證。構建全國統一大市場，既需要在完善制度規則、健全市場體系、創新監管治理等方面攻堅克難，也涉及央地之間、地方之間、政企之間關係的深刻調整，同時還面臨區域差異、城鄉差異、行業差異等客觀實際。必須把黨的全面領導和黨中央集中統一領導貫穿到統一大市場建設各方面全過程，充分發揮黨總攬全局、協調各方的領導核心作用，不斷提高政策統一性、規則一致性、執行協同性，確保統一大市場建設始終沿著正確方向前進、實現黨中央戰略意圖。

（二）**必須發揮好政府和市場"兩隻手"作用。**處理好政府和市場的關係，是經濟體制改革的核心問題。構建全國統一大市場，需要市場和政府協同發力。要科學界定政府和市場的邊界，推動有效市場和有為政府更好結合，既"放得活"又"管得住"。要持續轉變政府職能，規範政府行為，強化競爭政策的基礎地位，防止不當行政干預，充分發揮市場在資源配置中的決定性作用，更好發揮政府作用。要堅持市場化法治化國際化原則，著力營造穩定公平透明可預期的營商環境，充分激發經營主體活力。

（三）**必須調動中央和地方"兩個積極性"。**構建全國統一大市場，要堅持全國一盤棋，處理好整體和局部的關係。中央層面要不斷完善全國統

一大市場基礎制度，規範無序競爭，同時推動解決財稅體制、統計核算、政績考核等深層次矛盾，健全適應全國統一大市場建設的長效體制機制。各地區要找準在全國統一大市場中的定位作用和比較優勢，主動服務和融入新發展格局，防止各自為政、畫地為牢，避免搞封閉小市場、自我小循環。

（四）必須推進高水平對外開放。我國經濟已經深度融入世界經濟。全國統一大市場絕不是關起門來封閉運行的大市場，而是面向全球、充分開放的大市場。構建全國統一大市場，既要著力打通阻礙國內大循環暢通的梗阻、加快建設高標準市場體系，也要積極推動制度型開放，主動對接國際高標準經貿規則，深化相關領域改革，打造國際一流營商環境，擴大統一大市場的影響力和輻射力，更好利用國內國際兩個市場、兩種資源。

三、 扎實落實構建全國統一大市場的重點任務

構建全國統一大市場涉及方方面面，要突出問題導向、目標導向，堅持標本兼治、長短結合、系統推進、重點突破，把有利於統一大市場建設的各種制度規則"立起來"，把不利於統一大市場建設的各種障礙掣肘"破除掉"，在推動市場基礎制度規則統一、市場監管公平統一、市場設施高標準聯通等方面不斷取得新進展新成效。要按照《決定》部署，重點抓好以下幾個方面。

（一）規範不當市場競爭和市場干預行為。公平競爭是市場經濟的基本原則和建設全國統一大市場的客觀要求，《決定》強調要清理和廢除妨礙全國統一市場和公平競爭的各種規定和做法。要加強公平競爭審查剛性約束，落實自 2024 年 8 月 1 日起施行的《公平競爭審查條例》，細化審查規則，統一審查標準，統籌開展"增量"新政策和"存量"政策審查，著力糾治限制企業遷移等突出問題，全面清理資質認定等各種顯性隱性進

入壁壘。要強化反壟斷和反不正當競爭，在完善市場壟斷和不正當競爭行為認定法律規則的同時，健全預防和制止濫用行政權力排除、限制競爭制度，穩步推進自然壟斷行業改革，全面加強競爭執法司法。要規範地方招商引資法規制度，明確並嚴格執行財政獎補、稅收返還、出讓土地等方面優惠政策實施界限，嚴禁違法違規給予政策優惠行為，推動各地招商引資從比拼優惠政策搞"政策窪地"向比拼營商環境創"改革高地"轉變，防止內捲式惡性競爭。要規範招投標市場，完善招投標制度規則，及時廢止所有制歧視、行業壁壘、地方保護等不合理限制，建立健全統一規範、信息共享的招投標和政府、事業單位、國有企業採購等公共資源交易平台體系，實施項目全流程公開管理，對各類經營主體一視同仁、平等對待。

（二）強化統一的市場監管。針對監管規則不完善、執法尺度不一致、監管能力不匹配等問題，《決定》強調要提升市場綜合監管能力和水平。要加強市場監管標準化規範化建設，明確市場監管領域基礎性、通用性監管規則，強化新經濟、新業態監管制度供給；完善市場監管行政處罰裁量基準，統一執法標準和程序，減少自由裁量權，促進公平公正執法；統籌監管力量和執法資源，夯實基層基礎，創新監管方式，推進跨部門跨區域協同聯動執法，一體推進法治監管、信用監管和智慧監管，增強監管穿透力。標準是經濟活動的技術支撐，《決定》強調要健全國家標準體系。要適應高質量發展要求，推動標準提檔升級，優化標準供給結構，提升標準質量水平，提高我國標準與國際標準的一致性程度，增強我國標準的國際影響力和話語權，更好發揮標準引領作用。對涉及人民群眾生命安全的重點產品，要加快強制性國家標準的制定和修訂，強化標準實施應用。要深化地方標準管理制度改革，規範地方標準制定管理，防止利用地方標準實施妨礙商品服務和要素資源自由流通的行為。

（三）完善要素市場制度和規則。要素市場是整個市場體系的基礎，《決定》強調要推動生產要素暢通流動、各類資源高效配置、市場潛力充分釋放。重點是要深化要素市場化改革，破除阻礙要素流動的體制機制障礙，引導資源要素向先進生產力集聚。要健全統一高效的要素市場體系，構建城鄉統一的建設用地市場，在符合規劃、用途管制和依法取得前提下，穩妥有序推進農村集體經營性建設用地與國有建設用地同等入市、同權同價；完善促進資本市場規範發展的基礎制度，促進金融更好服務實體經濟，降低實體經濟融資成本；培育全國一體化技術和數據市場，推動區域或行業技術交易機構互聯互通，健全數據資源產權、交易流通、跨境傳輸和安全等基礎制度和標準規範。要完善主要由市場供求關係決定要素價格機制，把政府定價嚴格限定在自然壟斷經營、重要公用事業等必要範圍內，防止政府對價格形成不當干預。健全勞動、資本、土地、知識、技術、管理、數據等生產要素由市場評價貢獻、按貢獻決定報酬的機制。推進水、能源、交通等領域價格改革，綜合考慮生產成本、社會可承受能力等因素，優化居民階梯水價、電價、氣價制度，完善成品油定價機制，理順價格關係，增強價格彈性，促進資源節約和高效利用。

（四）完善流通體制。流通是經濟循環的"血脈"，《決定》對此從技術支撐、規則標準、物流成本和能源管理等方面作出部署。要加快發展物聯網，順應數字技術廣泛應用促進萬物互聯趨勢，推動流通基礎設施數字化改造升級，大力發展流通新業態新模式，提升貨物倉儲、周轉、配載效率，提升流通體系敏捷化、智能化水平。要健全一體銜接的流通規則和標準，強化商貿物流、電子商務、農產品流通等重點領域標準制定和修訂，推進"一單制"等適應多式聯運一體化運作的規則協調和互認機制，解決物流數據不互通、單證不統一等跨區域流通障礙。要降低全社會物流成本，深化綜合交通運輸體系改革，優化運輸結構，打通"公轉鐵"、內河航運、多式聯運、國際物流等堵點卡點，推動社會物流總費用佔國內生產總值比重持續下降。要深化能源管理體制改革，加快能源市場體系建設，進一步放寬市場准入門檻，根據不同行業特點逐步實行網運分開；建設全國統一電力市場，推動跨省跨區電力市場化交易，完善電力中長期、現貨、輔助服務交易有機銜接機制；優化油氣管網運行調度機制，促進油氣高效靈活調運。

（五）加快培育完整內需體系。構建全國統一大市場，必須把超大規模市場優勢和巨大內需潛力充分激發出來。《決定》從投資和消費兩個方面提出了改革舉措，有利於擴大有效益的投資、激發有潛能的消費。**要完善促進投資體制機制**，統籌用好各類政府性資金，規範實施政府和社會資本合作新機制，建立政府投資支持基礎性、公益性、長遠性重大項目建設長效機制，健全政府投資有效帶動社會投資體制機制，充分釋放放大效應；深化投資審批制度改革，持續破除民間投資各類准入壁壘，圍繞"高效辦成一件事"優化投資項目審批流程、提高審批效率，加強重大項目協調服務和用地、用海等要素保障，完善激發社會資本投資活力和促進投資落地機制，形成市場主導的有效投資內生增長機制。**要完善擴大消費長效機制**，從增加收入、促進就業、擴大優質供給和改善消費環境等方面綜合施策，促進消費持續穩定增長；對住房、汽車等部分領域存在的限制性措施，要因地制宜優化調整，缺乏合理性的及時清理取消；圍繞教育、醫療、養老、育幼等供需矛盾突出的領域，推動擴大普惠性非基本公共服務供給，合理增加公共消費。當前以發佈新品、開設首店等為代表的首發經濟成為激活消費新動能的重要形態，要因地制宜積極推進，培育壯大新型消費。

健全因地制宜發展新質生產力體制機制

何立峰

黨的二十屆三中全會要求"健全因地制宜發展新質生產力體制機制",並作出全面部署。我們要提高思想認識,強化制度保障,全面貫徹落實。

一、 深刻認識健全因地制宜發展新質生產力體制機制的重大意義

習近平總書記創造性提出"發展新質生產力",這是對馬克思主義生產力理論的創新發展,賦予習近平經濟思想新的內涵,具有重大理論和實踐意義。發展新質生產力是推動高質量發展的內在要求和重要著力點,是推進中國式現代化的重大戰略舉措,對我國經濟社會發展將產生深遠影響。

這是發揮社會主義制度優越性、推動生產力水平加快提升的必然要求。生產力決定生產關係,生產關係要與生產力發展相適應。改革開放以來,我們黨始終把解放和發展社會生產力作為根本任務,不斷完善體制機制,優化生產關係,實現了經濟實力、科技實力、綜合國力大幅躍升。黨的十八大以來,以習近平同志為核心的黨中央深化對生產力發展規律的認識,推進全面深化改革,持續促進社會生產力發展。以中國式現代化全面推進強國建設、民族復興偉業,最根本最緊迫的任務還是進一步解放和發展社會生產力,加快形成同新質生產力更相適應的生產關係,進一步彰顯社會主義制度優越性,夯實現代化建設的物質技術基礎。

這是全面貫徹新發展理念、扎實推動高質量發展的現實需要。高質量發展是新時代的硬道理。黨的十八大以來，我國經濟實力實現歷史性躍升，2023年國內生產總值超過126萬億元人民幣、人均國內生產總值1.27萬美元，位居中等收入國家前列。同時要看到，我國發展不平衡不充分問題仍然突出，科技創新能力還不強，收入分配差距仍然較大，資源環境約束趨緊，傳統生產力和增長模式的局限性日益凸顯。新質生產力由新發展理念引領，代表生產力前進方向。必須以科技創新驅動生產力迭代升級，以新質生產力賦能產業深度轉型升級，持續形成經濟高質量發展新動能新空間。

這是適應新一輪科技革命和產業變革趨勢、贏得發展主動權的時代要求。當前，全球科技創新進入空前密集活躍的時期，新一代信息技術、生物科技、新材料、新能源等廣泛滲透，重構全球創新版圖，影響大國競爭格局。世界主要國家都在大力發展新興產業和未來產業，搶佔新一輪科技革命和產業變革制高點。同時，經濟全球化遭遇逆流，美國等西方國家不遺餘力對我打壓遏制，力圖同我"脫鉤斷鏈"。要從大歷史、大宏觀、大格局的高度，認識抓住這一輪科技革命和產業變革帶來生產力躍升機遇的極端重要性緊迫性，推動我國科技和產業發展由"跟隨者"向"引領者"的重大轉變，有力支撐強國建設、民族復興偉業。

二、健全因地制宜發展新質生產力體制機制的主要任務

構建同新質生產力更相適應的生產關係，涉及經濟、社會、思想變革，改變人們生產、生活、思維方式，需要推進創新性、深層次、系統性改革。當前和今後一個時期，圍繞加快形成同發展新質生產力更相適應的生產關係，要重點在以下方面著力。

（一）健全傳統產業優化升級體制機制。傳統產業優化升級是形成新

質生產力的重要支撐和途徑。經過長期發展，我國傳統產業在規模體量、結構體系、技術水平、國際市場佔有率等方面取得顯著成效。但也要看到，我國傳統產業存在"大而不強"、"全而不精"，部分領域"產能冗餘"等問題，要通過深化改革，讓傳統產業"煥發新機"，使傳統產業所蘊含的新質生產力有效釋放。**一是支持用數智技術改造提升傳統產業。**健全支持引導企業開展技術改造的有效機制，鼓勵面向傳統製造業重點領域開展共性技術研究，加快推動數智技術在傳統產業的產業化應用示範。**二是支持用綠色技術改造提升傳統產業。**加快綠色科技創新和先進綠色技術推廣應用，持續優化支持綠色低碳發展的經濟政策工具箱，全方位、全過程發展綠色生產力。**三是以國家標準提升引領傳統產業優化升級。**截至 2023 年底，我國現有國家標準 4.4 萬餘項，要修訂一批技術、安全、能耗、排放等關鍵核心國家標準，強化制度約束和標準引領，促進技術改造、消費提質和循環暢通。

（二）強化推動高水平科技自立自強體制機制。科技創新對生產力的質態和產業變革具有決定性影響。黨的十八大以來，我國科技創新能力顯著增強，實現了從跟跑逐步向並跑、領跑的轉變，在全球創新指數排名中由 2012 年的第 34 位上升至 2023 年的第 12 位。也要看到，我國科技創新能力同世界先進水平仍有差距，一些關鍵核心技術仍然受制於人。要瞄準世界科技前沿，發揮集中力量辦大事的制度優勢，推進新質生產力發展。**一是推動領跑領域持續發展，鞏固擴大優勢地位。**提高科技支出用於基礎研究比重，加大對基礎學科和交叉學科的長期穩定支持，強化"從 0 到 1"的原創導向，實施一批前瞻性、戰略性重大科技項目，加強前沿引領技術供給。**二是推動並跑領域加力發展，提升創新能力。**發揮我國超大規模市場和產業體系化配套優勢，系統推進科技創新、規模化應用和產業化發展，加速規模擴容和技術升級迭代。**三是推動跟跑領域加速發展，力求迎頭趕上。**打好關鍵核心技術攻關戰，推進技術攻關、成果應用全鏈條突圍，以自主可控的創新鏈保障安全穩定的產業鏈供應鏈。同時，要注重以顛覆性技術創新實現“彎道超車”，推動在更多領域實現並跑甚至領跑。

（三）完善推動戰略性產業發展政策和治理體系。戰略性新興產業知識技術密集、成長潛力大、綜合效益好，對經濟社會全局和長遠發展具有引領帶動作用，是形成新質生產力的主陣地。近年來，我國戰略性新興產業蓬勃發展，其增加值佔國內生產總值比重從 2014 年的 7.6% 上升至 2023 年的 13% 以上。也要看到，我國戰略性新興產業存在關鍵核心技術基礎薄弱、區域產業同質化佈局、產業急需人才缺乏等問題，需要加以解決。一是著力提升產業基礎能力。堅定不移鍛造長板、補齊短板，圍繞核心基礎零部件和元器件、關鍵基礎材料、先進基礎工藝、產業技術基礎等重點突破。二是推進戰略性新興產業融合集群生態化發展。深入推進國家戰略性新興產業集群發展，構建產業集群梯次發展體系，重點領域培育一批各具特色、優勢互補、結構合理的戰略性新興產業集群。三是引導新興產業健康有序發展。優化產業區域佈局，著力破除各種形式的地方保護和市場分割，規範地方招商引資法規制度。持續擴大市場空間，推動更多新興產業發展壯大為支柱產業。

（四）建立未來產業投入增長機制。未來產業由前沿科技創新驅動，當下處於萌芽時期或產業化初期，未來具有巨大發展潛力，是全球創新版圖和經濟格局變遷中最活躍的力量。當前，面對世界主要國家激烈競爭，我國未來產業發展面臨“不進則退，慢進亦退”的局面。要開闢量子技術、生命科學等未來產業新賽道，建立未來產業投入增長機制。一是加強前瞻性、引領性佈局。把握未來產業孵化具有高不確定性、發展具有高成長性、技術具有多路綫迭代性等特點，加強前瞻謀劃和政策引導，構建創新策源、轉化孵化、應用牽引、生態營造的產業培育鏈條。二是增加源頭技術供給。加強前沿引領技術、顛覆性技術創新，從制度上落實企業在創新決策、研發投入、科研組織、成果轉化中的主體地位。三是加強新領域新賽道制度供給。探索建立包容審慎的新產業新業態新模式適應性監管體系，支持企業特別是廣大中小企業大膽探索試錯。支持地方開展未來產業相關改革和政策先行先試。

（五）健全促進各類先進生產要素向發展新質生產力集聚體制機制。發展新質生產力，有賴於各類生產要素質量提升和配置效率改進。要改革創新生產要素配置方式，促進勞動、資本、土地、知識、技術、管理、數據等生產要素向發展新質生產力集聚。一是弘揚企業家精神。愛護和支持優秀企業家，有效激發企業家在資源要素配置中的創造性主動性，發現新市場、開發新產品、應用新技術、實現新組合，支持各種所有制企業共同推動新質生產力發展。二是深化勞動力和人才發展管理體制改革。完善人才培養、引進、使用、評價、流動的工作機制，加強創新型、技能型人才培養。加快暢通勞動力和人才社會性流動渠道，打通高校、科研院所和企業人才交流通道。三是健全科技金融體制。完善與科技創新、產業發展全生命周期各階段特點相適應的多元化"接力式"金融服務，鼓勵和規範發展天使投資、風險投資、私募股權投資。四是大力促進先進適用技術向新質生產力轉化。深化科技成果轉化機制改革，加強技術經理人隊伍建設，允許科技人員在科技成果轉化收益分配上有更大自主權。五是優化土地管理制度。優先保障主導產業、重大項目合理用地，使優勢地區有更大發展空間。推動土地混合開發利用、用途合理轉換。制定工商業用地使用權延期和到期後續期政策。推進合理有序用海、用空。六是完善資源環境要素市場化配置體系。建立健全碳排放權、用能權、用水權、排污權等資源環境要素市場化配置機制，深化能源管理體制改革，引導各類資源環境要素向綠色生產力集聚。

（六）健全促進實體經濟和數字經濟深度融合制度。近年來，數字經濟發展速度之快、滲透範圍之廣、影響程度之深前所未有。我國數字經濟規模已連續多年位居世界第二，數字經濟核心產業規模快速增長，其增加值佔國內生產總值比重 10% 左右。下一步，**一是加強新型基礎設施建設應用**。加快構建高速泛在、天地一體、雲網融合、智能敏捷的新型基礎設施，推動工業互聯網創新發展。建設和運營國家數據基礎設施，促進數據共享。**二是加快新一代信息技術全方位全鏈條普及應用**。人工智能正在成為類似於歷史上蒸汽機、電力等具有廣泛而深刻影響的新的通用技術。要推動算力、算法、數據等關鍵要素創新突破，加快大模型在工業領域部署，推動通用人工智能為各行業賦能。**三是打造具有國際競爭力的數字產業集群**。完善促進數字產業化和產業數字化政策體系。強化大中小企業融通創新生態，鼓勵大型企業通過開放平台等多種形式，與中小企業開展合作。**四是提升數據安全治理監管能力**。加快建立數據產權歸屬認定、市場交易、權益分配、利益保護制度。健全平台經濟常態化監管制度。積極參與全球數字領域標準、規則制定。

三、 全面準確把握發展新質生產力的政策要求

發展新質生產力是一項長期任務和系統工程。既要有歷史耐心，又要有時不我待的緊迫感，既要系統謀劃、整體推進，又要方法得當、防止走偏。

（一）**要堅守實體經濟，不能忽視或放棄傳統產業**。傳統和現代、新和舊都是相對的，也是辯證的。新質生產力，強調的是質態，而非簡單的業態。發展新質生產力，不是盲目求新、以新汰舊，把傳統產業當作"低端產業"、"過時產業"簡單退出，會造成產業空心化或產業斷層。傳統產業不一定是落後產業，經過科技賦能、轉型升級，同樣也能夠孕育新產業、形成新質生產力，"老樹可以發新芽"。新質生產力也不可能憑空產生，需要實體經濟支撐和成就。

（二）**要因地制宜，不能一鬨而上**。新質生產力的發展理念、基本內

涵、時代特徵具有普遍性和一致性。但我國各地情況複雜多樣、發展不平衡，實踐中發展什麼產業，必須充分考慮不同區域、不同產業的實際情況，做到因地制宜、分類指導。需要根據本地的發展階段、功能定位、資源稟賦、產業基礎、科研條件等，把握好發展新質生產力的方向、路徑，有選擇、有先後、有重點地發展，不能盲目跟風，不能簡單套用單一發展模式。

（三）要穩扎穩打，不能急於求成。新質生產力的培育壯大是一個漸進的過程，不可能一蹴而就。要尊重科技創新和產業發展規律，堅持穩中求進。一些經濟基礎雄厚、科研力量強大、創新環境優越的地方，能快則快，可以加快打造成為發展新質生產力的重要陣地。條件暫不具備的地方，步子要慢一點、穩一點，穩步有序發展新質生產力，不能急躁冒進、貪大求洋，脫離實際匆忙上馬所謂"高精尖"產業。

（四）要發揮好政府和市場"兩隻手"的作用，不能越位或缺位。發展新質生產力，需要有為政府和有效市場"兩隻手"共同發力。政府可以在科學佈局、政策引導、規則制定、財稅支持等方面更好發揮作用，營造鼓勵創新、允許試錯、寬容失敗的良好氛圍，避免重複建設造成產能過剩、資源浪費。同時，市場機制是推動科技和產業創新的重要驅動力。要充分發揮市場在資源配置中的決定性作用，強化企業科技創新主體地位，使各類企業成為發展新質生產力的主力軍。

（五）要堅持開放創新，不能閉門造車。開放性是新質生產力的重要特徵，堅持開放創新是發展新質生產力的必然要求。要著力營造具有全球競爭力的開放創新生態，在全球範圍內高效引入優質資本、關鍵資源、先進技術、拔尖人才等，向我集聚、為我所用，充分利用全球創新資源、全球創新成果發展新質生產力。

構建支持全面創新體制機制

黃坤明

　　黨的二十大突出創新在現代化建設全局中的核心地位，對教育、科技、人才工作作出統籌安排、一體部署，明確提出到 2035 年建成教育強國、科技強國、人才強國的目標。黨的二十屆三中全會對統籌推進教育科技人才體制機制一體改革作出部署，並統一於構建支持全面創新體制機制。這充分體現了以習近平同志為核心的黨中央對創新本質和規律的深刻洞察，充分體現了以改革促創新促發展的鮮明導向和工作方法。要緊扣教育、科技、人才三大領域一體改革，向改革要活力要動力，讓一切創新源泉充分湧流，加快形成面向未來的創新型經濟結構和發展模式。

一、深刻認識構建支持全面創新體制機制的重要意義

　　創新決勝未來，改革關乎國運。構建支持全面創新體制機制，以改革驅動創新、以創新引領發展，對於深入實施科教興國戰略、人才強國戰略、創新驅動發展戰略，強化教育、科技、人才的基礎性、戰略性支撐作用，更好推進強國建設、民族復興偉業，具有重大現實意義和深遠歷史意義。

　　（一）構建支持全面創新體制機制，是進一步解放和發展生產力、夯實中國式現代化物質技術基礎的重要保障。生產力是人類社會發展的最終決定力量，科技是第一生產力，創新是引領發展的第一動力。中國式現代化是人類歷史上規模最大、難度最大的現代化，對物質技術基礎的要求更

高，必須創造高度發達的生產力。完成這一任務，關鍵是要推進以科技創新為核心的全面創新，大力發展新質生產力，不斷提高全要素生產率。創新質效越高，生產力水平就越高，就越能滿足人民群眾美好生活需要，推動14億多人口實現共同富裕；就越能加快發展方式綠色轉型，實現人與自然和諧共生；就越能為精神文明建設提供物質條件和實踐經驗；就越能提升我國綜合國力，更好維護國家核心利益、促進世界和平與發展。構建支持全面創新體制機制，能夠最大限度解放和激發科技作為第一生產力所蘊藏的巨大潛能，有力推動發展質量變革、效率變革、動力變革，實現生產力大發展大跨越，走出一條從科技強到產業強、經濟強、國家強的創新發展之路，以強大物質技術基礎保障中國式現代化建設行穩致遠。

（二）構建支持全面創新體制機制，是實現高水平科技自立自強、進入創新型國家前列的現實要求。實現高水平科技自立自強，是推動高質量發展的必由之路，是中國式現代化建設的關鍵；進入創新型國家前列，是基本實現社會主義現代化的重要目標。黨的十八大以來，我國科技事業取得歷史性成就、發生歷史性變革，成功進入創新型國家行列，科技實力正在從量的積累邁向質的飛躍，從點的突破邁向系統能力提升，一些前沿領域開始進入並跑、領跑階段。同時要看到，我國原始創新能力還不強，科技投入產出效益不高，關鍵核心技術"卡脖子"問題仍然比較突出。推進高水平科技自立自強，不僅是發展問題，更是生存問題。適應我國科技事業新的歷史方位、發展要求，破除制約科技創新的制度藩籬，應對科技領域重大風險挑戰，要求我們持續深化科技體制改革，走好走實中國特色自主創新道路。構建支持全面創新體制機制，完善實踐載體、制度安排、政策保障、環境營造，必將全面激發創新活力動力，推動我國科技實力加快實現質的飛躍、系統提升，以高水平科技自立自強牢牢掌握發展主動，引領我國從創新大國躍升為創新強國。

（三）構建支持全面創新體制機制，是發揮人才優勢、促進人的全面發展的本質要求。人是生產力中最活躍的因素，創新驅動實質上是人才驅動。我國有 14 億多人口，受過高等教育的達到 2.5 億，理工科畢業生規模全球最大，研發人員總量世界第一。我國有世界上規模最大的高等教育體系，能夠源源不斷培養造就大批優秀人才。人才優勢是我國發展的重大優勢，其中蘊含著無限的創新創業創造潛能。構建支持全面創新體制機制，將全面激發各領域各層次人才活力，充分釋放全社會創造潛能，實現人盡其才、才盡其用，更好把我國的教育優勢、人才優勢轉化為發展優勢、競爭優勢。推進中國式現代化，是為了實現人的全面發展。構建支持全面創新體制機制，將為創新創業創造提供更廣闊空間，創造更寬鬆環境，提供更有力支持，讓每個人在充分施展才能、成就事業理想中實現自我價值，實現自由全面發展。

（四）構建支持全面創新體制機制，是引領科技革命和產業變革浪潮、把握歷史主動的必然選擇。科技是國之利器，是牽動世界格局變動的重要力量。當前，新一輪科技革命和產業變革突飛猛進，創新活動的組織方式、實踐載體、制度安排、政策保障等面臨深刻變革。圍繞搶佔科技制高點的競爭空前激烈，這種競爭，既是力量投入的競爭，也是制度機制的競爭。我國正處於政治最穩定、經濟最繁榮、創新最活躍的時期，完全有基礎、有底氣、有信心、有能力在浩蕩浪潮中抓住機遇、勇立潮頭。要主動識變應變求變，加快構建支持全面創新體制機制，順應科學研究邊界、研究範式、技術趨勢等發展變化強化制度供給，促進增強科技創新的廣度、深度、速度、精度，奮力在日趨激烈的創新競爭中搶佔先機，在全球創新版圖和經濟格局的重塑中把握主動，在引領科技革命和產業變革中實現強國夢、復興夢。

二、牢牢把握構建支持全面創新體制機制的內在要求

　　創新是一個系統工程、動態過程，改革必須樹立全局觀念和系統思維，從支持全面創新的各方面、全鏈條謀劃推進，破立並舉、先立後破強化體制機制保障，提升國家創新體系整體效能。

　　（一）堅持有效市場、有為政府一體發力。實踐告訴我們，創新既需要市場機制推動，也需要政府前瞻佈局、政策引導，是市場"無形之手"和政府"有形之手"共同培育形成的。世界已經進入大科學時代，科技創新的組織化程度越來越高。要強化黨和國家作為重大科技創新領導者、組織者的作用，發揮社會主義集中力量辦大事的政治優勢、制度優勢，完善關鍵核心技術攻關的決策指揮體系、組織運行機制、配套政策體系，在戰略必爭領域形成競爭優勢、贏得戰略主動。市場是最好的孵化器、加速器、放大器，要用好我國超大規模市場優勢，完善"政產學研"利益共享和風險共擔機制，發揮市場對研發方向、路綫選擇、資源配置的導向作用，為各類技術提供豐富應用場景，讓多條技術路綫競爭成長，篩選出最具發展優勢、最終脫穎而出的新技術新產品新業態。

　　（二）堅持教育發展、科技創新、人才培養一體推進。教育、科技、人才共同服務於創新型國家建設，要"三位一體"推進改革，從體制機制上暢通教育、科技、人才的良性循環。教育領域改革要突出教育的先導性功能，圍繞成為科技創新策源地和人才培養主陣地，推動教育理念、體系、制度、評價、治理等變革，以教育之強成就人才之強，賦能科技之強。科技領域改革要突出科技的戰略性地位，圍繞制約高水平科技自立自強最緊迫的問題改革攻堅，優化資源配置，完善激勵機制，實現佈局重大科研任務和發展高質量教育、培養高層次人才的有機結合。人才領域改革要突出人才的根本性作用，圍繞激發人才創新創造活力，疏通人才引育用留的機制性梗阻，打造一支宏大的創新人才隊伍，更好支撐教育發展、創

新突破。

（三）堅持原始創新、集成創新、開放創新一體設計。我國已經是創新大國，日益走近世界科技前沿，迫切需要加強"從 0 到 1"的原始創新，掌握更多原創性、變革性、顛覆性技術，還要注重"1＋1＞2"的集成創新，形成體系化競爭優勢。基礎研究是原始創新的源頭，要在制度和政策上下功夫，有組織地推進戰略導向的體系化基礎研究、前沿導向的探索性基礎研究、市場導向的應用性基礎研究，為創新發展提供基礎理論支撐和技術源頭供給。科學技術是世界性的、時代性的，我們既要自力更生、自主創新，也要推動開放創新，融入全球創新網絡。要優化國際科技合作管理機制，完善法律法規、審查規則和監管制度，深度參與全球科技治理，共同應對重大挑戰，攜手構建全球科技共同體。

（四）堅持創新鏈、產業鏈、資金鏈、人才鏈一體貫通。創新鏈連接從技術研發到產業化的各環節，產業鏈連接從原材料到終端產品的各環節，兩者構成了四鏈基礎架構；資金鏈和人才鏈提供金融活水和智力支持，共同服務於創新鏈和產業鏈。長期以來，我國存在科研和經濟"兩張皮"的痼疾，科技創新成果難以及時有效地應用到具體產業和產業鏈上，一個重要原因就在於四鏈之間相對分割而不是相互融合。要系統梳理四鏈對接融合的堵點、卡點、斷點，科學設計有利於各鏈條各環節要素自由流動、合理配置的體制機制，建設一批應用牽引、供需匹配的四鏈深度融合載體和互聯互通服務平台，消除科技創新中的"孤島現象"，形成你中有我、我中有你共融共生的良好生態。

三、認真落實構建支持全面創新體制機制的重點任務

貫徹黨的二十屆三中全會對構建支持全面創新體制機制作出的具體部署，要抓住關鍵重點，強化協同聯動，推動各項改革舉措落地落實。

（一）深化教育綜合改革。堅持中國特色社會主義教育發展道路，統籌推進育人方式、辦學模式、管理體制、保障機制改革，加快推進教育現代化，辦好人民滿意的教育。一是完善立德樹人機制。堅持為黨育人、為國育才，健全德智體美勞全面培養體系，加強教材建設和管理，提升教師教書育人能力，推進大中小學思政課一體化改革創新，培養擔當民族復興大任的時代新人。要深化教育評價改革，構建多元主體參與、符合我國實際、具有世界水平的教育評價體系，引導教育更好聚焦立德樹人根本任務。二是加快建設高質量教育體系。把高質量發展作為教育的生命綫，構建各級各類教育全面協調發展的新格局。要夯實基礎教育這個根基，打牢學生的知識基礎，培養學生探索性、創新性思維品質。要做強高等教育這個龍頭，優化高等教育佈局，分類推進高校改革，加快建設中國特色、世界一流的大學和優勢學科。要加快構建現代職業教育體系，加強終身教育保障，推進數字化教育，賦能學習型社會建設。三是改進育人方式、辦學模式。建立科技發展、國家戰略需求牽引的學科設置調整機制和人才培養模式，推進職普融通、產教融合、科教融匯，強化科技教育和人文教育協同，完善學生學習實踐制度，切實提升人才培養質量。四是推進教育公平。優化區域教育資源配置，建立同人口變化相協調的基本公共教育服務供給機制；完善義務教育優質均衡推進機制，探索逐步擴大免費教育範圍；健全學前教育和特殊教育、專門教育保障機制，縮小教育的城鄉、區域、校際、群體差距，努力讓每個孩子都能享有公平而有質量的教育。

（二）深化科技體制改革。堅持面向世界科技前沿、面向經濟主戰場、面向國家重大需求、面向人民生命健康，不斷優化科技創新體制機制，加快實現高水平科技自立自強。一是加強國家戰略科技力量建設。以國家目標和戰略需求為導向，加快完善國家實驗室體系，優化國家科研機構、高水平研究型大學、科技領軍企業定位和佈局，科學規劃重大科技基礎設施，加強科技基礎條件自主保障。二是構建有利於基礎研究的體制機制。持續加大基礎研究投入，提高科技支出用於基礎研究比重，完善競爭性支持和穩定支持相結合的基礎研究投入機制。要支持基礎研究選題多樣化，鼓勵開展高風險、高價值基礎研究，開闢新的認知疆域，孕育科學突破。三是健全關鍵核心技術攻關體制。關鍵核心技術要不來、買不來、討不來，要健全新型舉國體制頂層設計、戰略規劃、政策舉措、工程項目統籌協調機制，建立一體化的項目、基地、人才、資金配置機制，著力解決關係國家發展全局和長遠利益、關係人民身體健康和生命安全的重大科技問題。企業是科技創新的主體，要支持企業主動牽頭或參與國家科技攻關任務，加強企業主導的產學研深度融合，推動產業鏈上下游聯動、大中小企業融通創新。四是完善科技成果轉移轉化機制。科技成果的價值在於運用，要建立職務科技成果資產單列管理制度，深化職務科技成果賦權改革，鼓勵和引導高校、科研院所按照先使用後付費方式把科技成果許可給中小微企業使用，加速科技成果產出和轉化應用。要加強國家技術轉移體系建設，佈局建設一批概念驗證、中試驗證平台，培育發展技術轉移機構和技術經理人，促進創新成果與市場需求精準對接。金融在推動科技成果轉化中扮演著重要角色，要構建同科技創新相適應的科技金融體制，完善長期資本投早、投小、投長期、投硬科技的支持政策。五是優化科技管理體制。改進科技計劃管理，強化基礎研究領域、交叉前沿領域、重點領域前瞻性、引領性佈局。完善中央財政科技經費分配和管理使用機制，健全中央財政科技計劃執行和專業機構管理機制，擴大財政科研項目經費“包乾制”範圍，賦予科學家更大技術路綫決定權、更大經費支配權、更大資源調度權。

（三）深化人才發展體制機制改革。實施更加積極、更加開放、更加有效的人才政策，完善人才培養、使用、評價、服務、支持、激勵全鏈條體制機制，夯實創新發展的人才根基。一是悉心育才，完善人才自主培養機制。堅持走自主創新和人才自主培養為主的道路，加快建設國家高水平人才高地和吸引集聚人才平台，著力培養造就戰略科學家、一流科技領軍人才和創新團隊，著力培養造就卓越工程師、大國工匠、高技能人才，不斷提高人才供給自主可控能力。**二是傾心引才，構建更具國際競爭力的引才機制。**堅持全球視野、世界一流水平，完善海外引進人才支持保障機制，探索建立高技術人才移民制度，千方百計引進頂尖人才，形成具有國際競爭力的人才制度體系。要完善拴心留人機制，對引進人才充分信任、放手使用，支持他們深度參與國家計劃項目、開展科研攻關，讓人才引得進、留得住、用得好。**三是精心用才，完善符合創新規律的人才管理機制。**發揮用人主體在人才培養、引進、使用中的積極作用，向用人主體授權，積極為人才鬆綁。要建立以創新能力、質量、實效、貢獻為導向的人才評價體系，強化科研人員待遇保障，推動人才稱號回歸學術性、榮譽性本質，讓人才潛心做研究、搞創新。要完善人才有序流動機制，打通高校、科研院所和企業人才交流通道，促進人才區域合理佈局。

（四）構建良好創新生態。完善政策、健全法治，大力培育創新文化，持續構建有利於原創成果不斷湧現、科技成果有效轉化的創新生態，培厚支持全面創新的沃土。**一是強化政治引領。**完善黨管教育、黨管科技、黨管人才制度機制，不斷加強和改進知識分子工作，大力弘揚科學家精神，激勵廣大人才胸懷祖國、服務人民、勤奮鑽研、勇攀高峰。**二是樹立創新風尚。**健全完善創新表彰獎勵機制，形成鼓勵大膽創新、勇於創新、包容創新的良好環境。加強科研誠信建設，嚴肅整治學術不端行為，營造風清氣正的科研環境。完善科普機制，提升全民科學素質，營造熱愛科學、崇尚創新的濃厚氛圍。**三是加強法治保障。**完善創新領域法律法規，加強科技倫理治理，強化對創新活動的監管，規範創新行為，保障創新權益，推動科技向善，促進創新更好增進民生福祉。

完善城鄉融合發展體制機制

劉國中

習近平總書記指出："在現代化進程中，如何處理好工農關係、城鄉關係，在一定程度上決定著現代化的成敗。"黨的二十屆三中全會通過的《中共中央關於進一步全面深化改革、推進中國式現代化的決定》（以下簡稱《決定》），對完善城鄉融合發展體制機制作出重要戰略部署，必將對推進中國式現代化產生重大而深遠影響。我們要認真學習領會、全面貫徹落實《決定》精神，抓緊完善體制機制，深入推進城鄉融合發展。

一、深刻認識完善城鄉融合發展體制機制的重大意義

黨的十八大以來，以習近平同志為核心的黨中央堅持把解決好"三農"問題作為全黨工作的重中之重，全面打贏脫貧攻堅戰，啟動實施鄉村振興戰略，城鄉融合發展取得重大歷史性成就。新時代新征程，完善城鄉融合發展體制機制，推進鄉村全面振興，加快農業農村現代化，意義十分重大。

（一）完善城鄉融合發展體制機制是補上農業農村短板、建設農業強國的現實選擇。沒有農業農村現代化，就沒有整個國家現代化。長期以來，與快速推進的工業化、城鎮化相比，我國農業農村發展步伐有差距，"一條腿長、一條腿短"問題比較突出，農業基礎還不穩固，鄉村人才、土地、資金等要素過多流向城市的格局尚未根本改變。推進中國式現代化，不能"一邊是繁榮的城市、一邊是凋敝的農村"。必須完善城鄉融合

發展體制機制，著力破除城鄉二元結構，促進各類要素更多向鄉村流動，讓農業農村在現代化進程中不掉隊、逐步趕上來。

（二）完善城鄉融合發展體制機制是拓展現代化發展空間、推動高質量發展的迫切需要。當前，我國經濟總體呈現增長較快、結構優化、質效向好的特徵，但也面臨有效需求不足、國內大循環不夠順暢等挑戰。鄉村既是巨大的消費市場，又是巨大的要素市場，擴大國內需求，農村有巨大空間，可以大有作為。暢通工農城鄉循環，是暢通國內經濟大循環、增強我國經濟韌性和戰略縱深的重要方面，幾億農民同步邁向全面現代化，會釋放巨大的創造動能和消費潛能，為經濟社會發展注入強大動力。必須完善城鄉融合發展體制機制，釋放我國超大規模市場需求，形成需求牽引供給、供給創造需求的良性發展格局，為構建新發展格局、推動高質量發展提供強勁動力。

（三）完善城鄉融合發展體制機制是滿足人民對美好生活的嚮往、促進共同富裕的內在要求。促進共同富裕，最艱巨最繁重的任務仍然在農村，關鍵是縮小城鄉居民收入和生活水平差距。近年來，我國農村居民人均可支配收入保持穩步增長，城鄉居民收入比逐步縮小，由 2013 年的 2.81：1 下降到 2023 年的 2.39：1，但城鄉居民收入的絕對差距仍然不小，農民增收難度較大。必須完善城鄉融合發展體制機制，解放和發展農村社會生產力，拓展農民增收致富渠道，推動城鄉基本公共服務均等化，讓農村逐步具備現代化生活條件，讓農民過上更加富裕美好的生活。

二、科學把握完善城鄉融合發展體制機制的基本遵循

城鄉融合發展是中國式現代化的必然要求，目標是促進城鄉要素平等交換、雙向流動，縮小城鄉差別，促進城鄉共同繁榮發展。要完整、準確、全面領會《決定》的部署要求，遵循客觀規律，把握重大原則，確保

改革始終沿著正確的方向推進。

（一）堅持以人民為中心的發展思想，著力解決群眾最關心最直接最現實的利益問題。完善城鄉融合發展體制機制，出發點和落腳點是讓人民生活越過越好。要尊重群眾意願，維護群眾權益，把"政府想做的"和"群眾想要的"有機統一起來，把群眾滿不滿意、答不答應作為檢驗工作成效的根本標準，不斷增強人民群眾特別是廣大農民的獲得感、幸福感、安全感。要從群眾殷切期盼中找準工作的切入點和突破口，全心全意補齊民生短板、辦好民生實事。要充分發揮農民主體作用和首創精神，調動億萬農民積極性、主動性、創造性，讓廣大農民共建共享城鄉融合發展成果。

（二）堅持農業農村優先發展，強化以工補農、以城帶鄉、協調發展。農業佔國內生產總值的比重、農村居民佔總人口的比重不斷下降，是現代化進程中經濟發展的必然趨勢，但這並不改變農業是國民經濟基礎產業和戰略產業的重要地位。在推進中國式現代化進程中，要切實把農業農村發展擺上優先位置，統籌新型工業化、新型城鎮化和鄉村全面振興，以更有力的政策舉措引導人才、資金、技術、信息等要素向農業農村流動，加快形成工農互促、城鄉互補、協調發展、共同繁榮的新型工農城鄉關係，開啟城鄉融合發展和現代化建設新局面。

（三）堅持把縣域作為重要切入點，率先在縣域內破除城鄉二元體制機制。縣域具有城鄉聯繫緊密、地域範圍適中、文化同質性強等特點，最有條件率先實現城鄉融合發展。完善城鄉融合發展體制機制，要注重發揮縣城連接城市、服務鄉村作用，提升縣城綜合承載能力，發揮縣城對人口和產業的吸納集聚能力、對縣域經濟發展的輻射帶動作用。要堅持把縣鄉村作為一個整體統籌謀劃，促進城鄉在規劃佈局、產業發展、公共服務、生態保護等方面相互融合和共同發展，實現縣鄉村功能銜接互補、資源要素優化配置。

（四）堅持穩中求進、守正創新、先立後破、系統集成，把握好工作的時度效。完善城鄉融合發展體制機制，既要遵循普遍規律、又不能墨守成規，既要借鑒國際先進經驗、又不能照抄照搬。要從我國國情出發，科學把握發展階段特徵和區域特色，充分考慮不同鄉村自然條件、區位特徵、資源優勢、文化傳統等因素差異，因地制宜、精準施策，探索符合實際、各具特色的城鄉融合發展模式路徑。要保持歷史耐心，順應自然規律、經濟規律、社會發展規律，穩妥把握改革時序、節奏和步驟。

三、深入落實完善城鄉融合發展體制機制的各項任務

完善城鄉融合發展體制機制，是一項關係全局、關乎長遠的重大任務，將貫穿推進中國式現代化全過程。貫徹落實《決定》部署要求，需要聚焦重點、聚合力量，採取更加務實的措施辦法，確保改革有力有效推進。

（一）**健全推進新型城鎮化體制機制。**城鎮化是現代化的必由之路。2023 年末，我國常住人口城鎮化率為 66.16%，戶籍人口城鎮化率比常住人口城鎮化率低近 18 個百分點，涉及 2.5 億多人，其中絕大多數是農村流動人口，推進新型城鎮化建設還有很大潛力。**加快農業轉移人口市民化。**深化戶籍制度改革，放開放寬除個別超大城市外的落戶限制，因地制宜促進農業轉移人口舉家進城落戶。建立新增城鎮建設用地指標配置同常住人口增加協調機制，健全由政府、企業、個人共同參與的農業轉移人口市民化成本分擔機制。依法維護進城落戶農民的土地承包權、宅基地使用權、集體收益分配權，探索建立自願有償退出的辦法，消除進城落戶農民後顧之憂。**推行由常住地登記戶口提供基本公共服務制度。**按照常住人口規模和服務半徑統籌優化基本公共服務設施佈局，穩步提高基本公共服務保障能力和水平，推動符合條件的農業轉移人口社會保險、住房保障、隨遷子女義務教育等享有同遷入地戶籍人口同等權利，加快農業轉移人口市民

化。推進縣域城鄉公共服務一體配置，提升縣城市政公用設施建設水平和基本公共服務功能，提高鄉村基礎設施完備度、公共服務便利度、人居環境舒適度。**優化城鎮化空間佈局和形態。**健全城市規劃體系，引導大中小城市和小城鎮協調發展、集約緊湊佈局。加快轉變城市發展方式，推動形成超大特大城市智慧高效治理新體系。深化賦予特大鎮同人口和經濟規模相適應的經濟社會管理權改革。建立可持續的城市更新模式和政策法規，深化城市安全韌性提升行動。

（二）**鞏固和完善農村基本經營制度。**農村基本經營制度是黨的農村政策的基石。實踐證明，農村基本經營制度符合生產力發展規律，順應廣大農民需求，是一項符合我國國情農情的制度安排，必須始終堅持、毫不動搖。深化承包地所有權、承包權、經營權分置改革。有序推進第二輪土地承包到期後再延長 30 年試點，堅持"大穩定、小調整"，確保絕大多數農戶原有承包地繼續保持穩定。穩定農村土地承包關係，健全承包地集體所有權行使機制。**完善農業經營體系。**發展農業適度規模經營，完善承包地經營權流轉價格形成機制，促進農民合作經營。推進新型農業經營主體提質增效，推動新型農業經營主體扶持政策同帶動農戶增收掛鈎。健全便捷高效的農業社會化服務體系，創新組織形式和服務模式，擴展服務領域和輻射範圍。**發展新型農村集體經濟。**強化農村集體經濟組織管理集體資產、開發集體資源、發展集體經濟、服務集體成員等功能作用，構建產權明晰、分配合理的運行機制，賦予農民更加充分的財產權益。因地制宜探索資源發包、物業出租、居間服務、經營性財產參股等多樣化途徑發展新型農村集體經濟，提高集體經濟收入，帶動農民增收。

（三）**完善強農惠農富農支持制度。**當前，農業基礎還比較薄弱，農村發展仍然滯後，必須不斷加大強農惠農富農政策力度，確保人力投入、物力配置、財力保障等與鄉村振興目標任務相適應。**加快健全種糧農民收益保障機制。**全方位夯實糧食安全根基，推動糧食等重要農產品價格保持在合理水平，保障糧食等重要農產品穩定安全供給。統籌建立糧食產銷區省際橫向利益補償機制，在主產區利益補償上邁出實質步伐。統籌推進糧食購銷和儲備管理體制機制改革，建立監管新模式。**優化農業補貼政策體系。**堅持將農業農村作為一般公共預算優先保障領域，創新鄉村振興投融資機制。從價格、補貼、保險等方面強化農業支持保護政策，進一步提高政策精準性和有效性。發展多層次農業保險，健全政策性保險、商業性保險等農業保險產品體系，推動農業保險擴面、增品、提標，更好滿足各類農業經營主體多元化保險需求。**完善覆蓋農村人口的常態化防止返貧致貧機制。**推動防止返貧幫扶政策與農村低收入人口常態化幫扶政策銜接併軌，建立農村低收入人口和欠發達地區分層分類幫扶制度。建立以提升發展能力為導向的欠發達地區幫扶機制，促進跨區域經濟合作和融合發展。加強涉農資金項目監管，健全脫貧攻堅國家投入形成資產的長效管理機制。**引導生產要素向鄉村流動。**壯大縣域富民產業，構建多元化食物供給體系，培育鄉村新產業新業態。引導金融機構把更多金融資源配置到農村經濟社會發展的重點領域和薄弱環節，強化對信貸業務以縣域為主的金融機構貨幣政策精準支持。實施鄉村振興人才支持計劃，有序引導城市各類專業技術人才下鄉服務。運用"千萬工程"經驗，健全推動鄉村全面振興長效機制。

（四）深化土地制度改革。土地是發展的重要資源，人多地少是我國的基本國情。完善城鄉融合發展體制機制，必須毫不動搖堅持最嚴格的耕地保護制度和節約集約用地制度，優化土地利用結構，提高土地利用效率。**嚴格保護耕地。**健全耕地數量、質量、生態"三位一體"保護制度體系，改革完善耕地佔補平衡制度，各類耕地佔用納入統一管理，完善補充耕地質量驗收機制，確保達到平衡標準，堅決守住耕地紅綫。加大高標準農田投入和管護力度，提高建設質量和標準，完善高標準農田建設、驗收、管理機制，確保建一塊、成一塊。健全保障耕地用於種植基本農作物管理體系，優先保障糧食等重要農產品生產。**盤活閒置土地資源**。允許農戶合法擁有的住房通過出租、入股、合作等方式盤活利用。有序推進農村集體經營性建設用地入市改革，健全土地增值收益分配機制。**優化土地管理**。健全同宏觀政策和區域發展高效銜接的土地管理制度，提高土地要素配置精準性和利用效率，優先保障主導產業、重大項目合理用地。優化城市工商業土地利用，加快發展建設用地二級市場，推動土地混合開發利用、用途合理轉換，盤活存量土地和低效用地。

健全全過程人民民主制度體系

李鴻忠

黨的二十屆三中全會通過的《中共中央關於進一步全面深化改革、推進中國式現代化的決定》（以下簡稱《決定》），聚焦發展全過程人民民主這一中國式現代化的本質要求，就健全全過程人民民主制度體系作出全面部署、提出明確要求，對於新征程上堅持和完善我國根本政治制度、基本政治制度、重要政治制度，豐富各層級民主形式，把人民當家作主具體、現實體現到國家政治生活和社會生活各方面，具有十分重要的意義。

一、深刻認識全過程人民民主的重大理論和實踐意義

黨的十八大以來，以習近平同志為核心的黨中央堅持走中國特色社會主義政治發展道路，全面發展全過程人民民主，社會主義民主政治制度化、規範化、程序化全面推進，中國特色社會主義政治制度優越性得到更好發揮，生動活潑、安定團結的政治局面得到鞏固和發展。習近平總書記堅持運用"兩個結合"，深刻把握民主政治發展規律，原創性提出了全過程人民民主重大理念，豐富和發展了馬克思主義國家學說和社會主義民主政治理論，標誌著我們黨對民主政治發展規律的認識達到新的高度。"發展全過程人民民主"納入習近平新時代中國特色社會主義思想"十個明確"的重要內容，確定為中國式現代化的本質要求之一，為推進新時代社會主義民主政治建設提供了指引和遵循。

全過程人民民主清晰表明了中國共產黨和中國人民的民主觀。習近平

總書記鮮明指出，民主是全人類的共同價值，是中國共產黨和中國人民始終不渝堅持的重要理念。對於什麼是真正的、有效的民主，習近平總書記創造性提出"八個能否"、"四個要看，四個更要看"的標準，揭示了民主真諦，廓清了民主"迷思"。以什麼樣的思路來謀劃和推進中國社會主義民主政治建設，在國家政治生活中具有管根本、管全局、管長遠的作用。習近平總書記提出我們黨始終高舉人民民主旗幟的五個基本觀點：**一是**人民民主是社會主義的生命，沒有民主就沒有社會主義，就沒有社會主義的現代化，就沒有中華民族偉大復興。**二是**人民當家作主是社會主義民主政治的本質和核心，發展社會主義民主政治就是要體現人民意志、保障人民權益、激發人民創造活力，用制度體系保證人民當家作主。**三是**中國特色社會主義政治發展道路是符合中國國情、保證人民當家作主的正確道路，是近代以來中國人民長期奮鬥歷史邏輯、理論邏輯、實踐邏輯的必然結果，是堅持黨的本質屬性、踐行黨的根本宗旨的必然要求。**四是**人民通過選舉、投票行使權利和人民內部各方面在重大決策之前進行充分協商，儘可能就共同性問題取得一致意見，是中國社會主義民主的兩種重要形式，共同構成了中國社會主義民主政治的制度特點和優勢。**五是**發展社會主義民主政治關鍵是要把我國社會主義民主政治的特點和優勢充分發揮出來，不斷推進社會主義民主政治制度化、規範化、程序化，為黨和國家興旺發達、長治久安提供更加完善的制度保障。習近平總書記的重要論述，彰顯了堅定的道路自信、理論自信、制度自信、文化自信，增強了全黨全國各族人民走中國特色社會主義政治發展道路的信心和定力，為人類政治文明進步作出充滿中國智慧的貢獻。

　　全過程人民民主集中反映了我國社會主義民主政治的本質屬性和特點優勢。全過程人民民主體現社會主義國家性質，堅持中國共產黨領導，堅持走社會主義道路，為全面建成社會主義現代化強國、實現中華民族偉大復興凝聚智慧和力量。全過程人民民主是全鏈條、全方位、全覆蓋的民主，不僅有完整的制度程序，而且有完整的參與實踐。我國實行工人階級領導的、以工農聯盟為基礎的人民民主專政的國體，實行人民代表大會制度的政體，實行中國共產黨領導的多黨合作和政治協商制度、民族區域自治制度、基層群眾自治制度等基本政治制度，鞏固和發展最廣泛的愛國統一戰綫，形成了全面、廣泛、有機銜接的人民當家作主制度體系，構建了多樣、暢通、有序的民主渠道。在我國全過程人民民主實踐中，全體人民依法實行民主選舉、民主協商、民主決策、民主管理、民主監督，依法通過各種途徑和形式管理國家事務，管理經濟和文化事業，管理社會事務，把人民當家作主落實到國家政治生活和社會生活之中。全過程人民民主是最廣泛、最真實、最管用的民主，實現了過程民主和成果民主、程序民主和實質民主、直接民主和間接民主、人民民主和國家意志相統一。在黨的領導下，全體人民以國家主人翁的地位投身社會主義建設，創造了舉世矚目的經濟快速發展奇跡和社會長期穩定奇跡，人民的獲得感、幸福感、安全感不斷提升。

發展全過程人民民主必須堅定不移走中國特色社會主義政治發展道路，堅持黨的領導、人民當家作主、依法治國有機統一。黨的領導是發展全過程人民民主的根本保證，中國共產黨的領導，就是保證和支持人民當家作主。在我國政治生活中，加強黨的集中統一領導，支持人大、政府、政協和監委、法院、檢察院依法依章程履行職能、開展工作、發揮作用，這兩個方面是統一的。發展全過程人民民主，必須堅持黨總攬全局、協調各方的領導核心作用，堅決維護黨中央權威和集中統一領導，保證黨的理論、路綫、方針政策和決策部署得到全面貫徹和有效執行。保證人民當家作主是全過程人民民主的本質要求。我國是人民民主專政的社會主義國家，國家一切權力屬人民。發展全過程人民民主，必須堅持以人民為中心，健全民主制度，豐富民主形式，拓寬民主渠道，確保人民享有廣泛而真實的民主權利，發揮人民群眾積極性、主動性、創造性。依法治國是黨領導人民治理國家的基本方式。全面依法治國是國家治理的一場深刻革命，根本目的是依法保障人民權益。發展全過程人民民主，必須堅持走中國特色社會主義法治道路，建設中國特色社會主義法治體系，建設社會主義法治國家，依照憲法法律推進國家各項事業和各項工作，維護社會公平正義，尊重和保障人權，實現國家各項工作法治化。

二、 堅持以制度體系保障和發展全過程人民民主

經過新中國成立 75 年來的不懈奮鬥，我們黨帶領人民建立並不斷鞏固完善包括國家根本政治制度、基本政治制度、重要政治制度在內的全過程人民民主制度體系，為實現全過程人民民主提供了可靠制度保障。

人民代表大會制度是我國的根本政治制度。我國憲法規定，中華人民共和國的一切權力屬人民；人民行使國家權力的機關是全國人民代表大會和地方各級人民代表大會。各級人大都由民主選舉產生，對人民負責、受人民監督；各級行政機關、監察機關、審判機關、檢察機關都由人大產生，對人大負責、受人大監督。從國家機關的性質、設置到職權劃分、運行，都體現了國家權力來自人民、對人民負責、為人民服務、受人民監督的價值理念。人民代表大會制度是堅持黨的領導、人民當家作主、依法治國有機統一的根本政治制度安排，保證黨領導人民依法有效治理國家。

中國共產黨領導的多黨合作和政治協商制度是我國的基本政治制度，是中國共產黨、中國人民和各民主黨派、無黨派人士的偉大政治創造，是從中國土壤中生長出來的新型政黨制度。在人民民主的共同旗幟下，中國共產黨與各民主黨派長期共存、互相監督、肝膽相照、榮辱與共。中國人民政治協商會議是實行中國共產黨領導的多黨合作和政治協商制度的重要機構。人民政協作為專門協商機構，在協商中促進廣泛團結、推進多黨合作、實踐人民民主，充分體現中國社會主義民主有事多商量、遇事多商

量、做事多商量的特點和優勢。

民族區域自治制度是我國的基本政治制度，是中國特色解決民族問題的正確道路的重要內容和制度保障，在維護祖國統一、領土完整，在加強民族平等團結、促進民族地區發展、增強中華民族凝聚力、鑄牢中華民族共同體意識等方面都起到重要作用。

基層群眾自治制度是我國的基本政治制度。在黨的領導下，人民群眾在城鄉社區治理、基層公共事務和公益事業中依法自我管理、自我服務、自我教育、自我監督，依法直接行使民主權利，成為全過程人民民主的重要體現。

我國重要政治制度主要包括選舉制度、特別行政區制度、立法制度、國家機構組織制度等，這些制度由根本政治制度和基本政治制度派生而來，在國家政治生活的重要領域、重點環節中發揮重要作用。

實踐充分證明，全過程人民民主制度體系能夠有效保證人民享有更加廣泛、更加充實的權利和自由，保證人民廣泛參加國家治理和社會治理；能夠有效調節國家政治關係，發展充滿活力的政黨關係、民族關係、宗教關係、階層關係、海內外同胞關係，增強民族凝聚力，形成安定團結的政治局面；能夠集中力量辦大事，有效促進社會生產力解放和發展，促進現代化建設事業，促進人民生活質量和水平不斷提高；能夠有效維護國家獨立自主，有力維護國家主權、安全、發展利益，維護中國人民和中華民族的福祉。在新征程上，我們要毫不動搖堅持、與時俱進完善我國根本政治制度、基本政治制度、重要政治制度，進一步提高全過程人民民主制度化、規範化、程序化水平，更好把制度優勢轉化為治理效能，全面推進國家治理體系和治理能力現代化。

三、 充分發揮人民代表大會制度在實現我國全過程人民民主中的重要制度載體作用

習近平總書記指出，人民代表大會制度是實現我國全過程人民民主的重要制度載體。這一重大論斷豐富和拓展了人民代表大會制度的科學內涵、基本特徵和本質要求，賦予人民代表大會制度建設和人大工作新的使命任務。要深入學習貫徹習近平總書記關於堅持和完善人民代表大會制度的重要思想，貫徹落實全會《決定》關於加強人民當家作主制度建設、深化立法領域改革的任務要求，堅持好、完善好、運行好人民代表大會制度，穩中求進推動人大工作高質量發展，為發展更加廣泛、更加充分、更加健全的全過程人民民主提供法治保障。

一要支持和保證人民通過人民代表大會行使國家權力。在黨的領導下，保證人民依法行使選舉權利、民主選舉產生人大代表，不斷擴大人民有序政治參與，維護人民依法享有的廣泛權利和自由，保證人民的知情權、參與權、表達權、監督權落實到人大工作各方面各環節全過程，確保黨和國家在決策、執行、監督落實各個環節都能聽到來自人民的聲音。

二要完善以憲法為核心的中國特色社會主義法律體系。堅持憲法規定、憲法原則、憲法精神全面貫徹，堅持憲法實施、憲法解釋、憲法監督系統推進，健全保證憲法全面實施制度體系，建立憲法實施情況報告制度，完善合憲性審查、備案審查制度，不斷提高憲法實施和監督水平。完善黨委領導、人大主導、政府依託、各方參與的立法工作格局，發揮人大及其常委會在立法工作中的主導作用，推進科學立法、民主立法、依法立法，切實提高立法質量。統籌立改廢釋纂，加強重點領域、新興領域、涉外領域立法，健全國家治理急需、滿足人民日益增長的美好生活需要必備、維護國家安全所急的法律制度，加快完善體現權利公平、機會公平、規則公平的法律制度，加強人權法治保障，以良法促進發展、保障善治。

探索區域協同立法。堅持改革和法治相統一，確保重大改革於法有據，及時把改革成果上升為法律制度。

三要健全人大對行政機關、監察機關、審判機關、檢察機關監督制度。完善監督法及其實施機制，強化人大預算決算審查監督和國有資產管理監督、政府債務管理監督。實行正確監督、有效監督、依法監督，聚焦黨中央重大決策部署，聚焦人民群眾所思所盼所願，推動解決制約經濟社會發展的突出矛盾和問題。統籌運用法定監督方式，提升監督工作的針對性、實效性，保證憲法法律全面有效實施，保證各國家機關依法行使權力，保證人民群眾合法權益得到維護和實現。

四要健全吸納民意、彙集民智工作機制。總結新時代人民代表大會制度實踐的成果和經驗，健全人大議事規則和論證、評估、評議、聽證制度，不斷提高議事質量和效率。豐富人大代表連絡人民群眾的內容和形式，加強人大常委會同人大代表的聯繫，提高代表議案建議審議辦理質量，建好用好代表之家、代表聯絡站等聯繫群眾的平台，使發揮人大代表作用成為人民當家作主的重要體現。完善人大民主民意表達平台和載體，健全人民群眾參與立法、監督等工作機制，認真研究處理公民、組織對規範性文件提出的審查建議，建設好基層立法聯繫點，提高人大信訪工作質量和水平，做好意見吸納和反饋工作。發揮工會、共青團、婦聯等群團組織聯繫服務群眾的橋樑紐帶作用。大興調查研究，增進同人民群眾的感情，最大限度凝聚各方面共識，夯實人大工作的民意基礎。

五要加強人大及其常委會自身建設。深刻領悟"兩個確立"的決定性意義，增強"四個意識"、堅定"四個自信"、做到"兩個維護"，把各級人大及其常委會建設成為自覺堅持中國共產黨領導的政治機關、保證人民當家作主的國家權力機關、全面擔負憲法法律賦予的各項職責的工作機關、始終同人民群眾保持密切聯繫的代表機關，打造政治堅定、服務人民、尊崇法治、發揚民主、勤勉盡責的人大工作隊伍，為發展全過程人民民主作出新貢獻。

完善大統戰工作格局

石泰峰

完善大統戰工作格局，是習近平總書記關於做好新時代黨的統一戰綫工作的重要思想的重要內容，是做好新時代統戰工作的重要保障，也是進一步全面深化改革、為推進中國式現代化凝心聚力的重要舉措。黨的二十屆三中全會通過的《中共中央關於進一步全面深化改革、推進中國式現代化的決定》（以下簡稱《決定》），就完善大統戰工作格局作出重要部署，意義重大、影響深遠。

一、 深入學習領會習近平總書記關於大統戰工作格局的重要論述，切實增強貫徹落實的政治自覺、思想自覺、行動自覺

黨的十八大以來，習近平總書記從"兩個大局"的戰略高度，對構建完善大統戰工作格局作出一系列重要論述，強調人心向背、力量對比是決定黨和人民事業成敗的關鍵，是最大的政治，統戰工作的本質要求是大團結大聯合，解決的就是人心和力量問題；強調統一戰綫在維護國家主權、安全、發展利益上的作用更加重要，在圍繞中心、服務大局上的作用更加重要，在增強黨的階級基礎、擴大黨的群眾基礎上的作用更加重要；強調統戰工作是全黨的工作，必須全黨重視、大家共同來做，構建完善黨委統一領導、統戰部門牽頭協調、有關方面各負其責的大統戰工作格局；強調統戰工作是各級黨委必須做好的分內事、必須種好的責任田，各地區各部

門各單位都要把凝聚人心、彙聚力量作為想問題、作決策的重要原則，增強統戰意識，搞好分工協作；等等。這些重大的原創性論斷，深刻回答了什麼是大統戰工作格局、為什麼要完善大統戰工作格局、怎樣完善大統戰工作格局等理論和實踐問題，進一步明確了新時代統戰工作的領導力量、根本目標、重要原則、方式方法。我們要深入學習領會，充分認識完善大統戰工作格局的重大意義，不斷增強做好新時代統戰工作的責任感和使命感。

（一）完善大統戰工作格局是加強黨對統戰工作全面領導特別是黨中央集中統一領導的必然要求。習近平總書記強調："加強新時代統一戰綫工作，根本在於堅持黨的領導，形成全黨上下一齊動手、有關方面協同聯動的工作局面。"統一戰綫包含不同黨派、不同民族、不同階層、不同群體、不同宗教信仰以及生活在不同社會制度下的各界人士，要把這麼多人團結凝聚起來，必須有一個具有強大凝聚力、影響力和號召力的堅強領導核心，必須始終堅持黨對統戰工作的全面領導特別是黨中央集中統一領導。

加強黨對統戰工作的全面領導特別是黨中央集中統一領導，首要的是堅定擁護"兩個確立"、堅決做到"兩個維護"，不折不扣貫徹落實黨中央關於統戰工作重大決策部署，把統一戰綫各方面成員緊密團結在黨的周圍。《決定》強調完善大統戰工作格局，這是新時代加強黨對統戰工作全面領導特別是黨中央集中統一領導、推動黨的意志和主張在統一戰綫各領域各方面得到堅決貫徹落實的重要制度保障，有利於更好發揮黨總攬全局、協調各方的領導核心作用，確保統一戰綫始終沿著正確政治方向前進。

（二）完善大統戰工作格局是充分發揮統一戰綫強大法寶作用、為推進中國式現代化凝心聚力的必然要求。習近平總書記強調，以中國式現代化全面推進強國建設、民族復興偉業，是新時代新征程黨和國家的中心任務。統一戰綫歷來是為黨和國家的中心任務服務的，始終是黨的事業取得勝利的重要法寶。當前，我國社會結構、階層關係、思想觀念、利益格局等發生深刻變化，特別是世界正經歷百年未有之大變局，統一戰綫面臨的時和勢、肩負的使命和任務發生了某些重大變化，為推進中國式現代化凝心聚力的任務更加艱巨繁重，更加需要發揮統一戰綫強大法寶作用。

統一戰綫成員廣泛分佈於各領域各層次，統戰工作涉及方方面面，只有各地區各部門各單位都切實肩負起團結引導黨外人士的職責任務，才能把數量龐大、構成多元的統一戰綫各方面成員凝聚起來。《決定》強調完善大統戰工作格局，是著眼新時代新征程黨的使命任務作出的重大決策部署，有利於全黨增強統戰意識、樹立統戰思維，從黨和國家事業發展全局的戰略高度認識統一戰綫、做好統戰工作，形成推進強國建設、民族復興偉業的強大合力。

（三）完善大統戰工作格局是促進"五大關係"和諧、推動新時代統戰工作高質量發展的必然要求。促進政黨關係、民族關係、宗教關係、階層關係、海內外同胞關係和諧，促進海內外中華兒女團結奮鬥，為全面建成社會主義現代化強國、實現中華民族偉大復興彙聚磅礴偉力，是新時代愛國統一戰綫基本任務的重點內容，是新時代統戰工作高質量發展的方向目標。

"五大關係"事關我國基本政治制度和基本經濟制度，都是我國政治領域和社會領域中涉及黨和國家工作全局的重大關係。其中每一個關係，都不是某一個部門能夠處理好的。只有各地區各部門各單位都高度重視，共同抓好統一戰綫各項政策和任務落實，才能增強統戰工作的系統性、整體性、協同性，推動統戰工作高質量發展，更好促進"五大關係"和諧。

二、深刻理解黨中央關於完善大統戰工作格局的政策舉措和任務要求，準確把握統戰工作領域進一步全面深化改革的著力重點

《決定》將完善大統戰工作格局作為黨和國家事業改革發展的重要舉措，既從政策舉措上對發揮統一戰線強大法寶作用提出明確要求，又從制度機制上對統一戰線各領域創新發展的重點任務作出重要部署，要準確理解把握，切實貫徹落實。

（一）完善發揮統一戰線凝聚人心、彙聚力量政治作用的政策舉措。堅持黨對統戰工作的全面領導，完善大統戰工作格局，關鍵是要扭住"責任制"這個"牛鼻子"。要健全統戰工作責任制，明確黨委（黨組）以及黨員領導幹部的統戰工作責任內容、履責方式、重點任務，建立健全統戰工作納入領導班子、領導幹部目標管理和考核體系的有效機制。要完善統戰工作領導小組運行機制，理順領導小組機制和統一戰線各領域日常工作機制的關係。要聚焦思想政治引領主責主業，建立健全統一戰線思想政治工作體系和長效機制，完善統一戰線各類主題教育和政治培訓制度、同黨外人士聯誼交友和談心談話制度，賦予每項工作以凝聚人心、加強團結、增進共識的意義。

（二）堅持好、發展好、完善好中國新型政黨制度。中國共產黨領導的多黨合作和政治協商制度是從中國土壤中生長出來的新型政黨制度。堅持好、發展好、完善好中國新型政黨制度，必須始終把有利於鞏固黨的領導和執政地位作為根本前提，把加強黨的全面領導貫穿全過程，引導各民主黨派和無黨派人士在事關道路、制度、旗幟、方向等根本問題上始終同以習近平同志為核心的黨中央保持高度一致。要著眼提升中國新型政黨制度效能，完善知情明政、協商反饋機制，提高政黨協商質量，健全議政建言機制，有序開展民主監督。要支持民主黨派加強中國特色社會主義參政

黨建設，推動各民主黨派健全內部監督機制，做中國共產黨的好參謀、好幫手、好同事。要加快構建中國新型政黨制度理論體系和話語體系，提升社會影響力和國際話語權。

（三）健全鑄牢中華民族共同體意識制度機制。鑄牢中華民族共同體意識是新時代黨的民族工作的主綫，也是民族地區各項工作的主綫。要構建鑄牢中華民族共同體意識宣傳教育常態化機制，納入幹部教育、黨員教育、國民教育體系。要堅持和完善民族區域自治制度，健全民族政策和法律法規體系，制定民族團結進步促進法。要加快建設互嵌式社會結構和社區環境，持續深化民族團結進步創建工作，促進各族群眾交往交流交融。要加強中華民族共同體重大問題研究，加快形成中國自主的中華民族共同體史料體系、話語體系、理論體系。

（四）系統推進我國宗教中國化，加強宗教事務治理法治化。推進我國宗教中國化是引導宗教與社會主義社會相適應的必然要求，是防範化解宗教領域風險隱患的治本之策。要引導和支持我國宗教以社會主義核心價值觀為引領，以增進宗教界人士和信教群眾對偉大祖國、中華民族、中華文化、中國共產黨、中國特色社會主義的認同為目標，促進教義教規、管理制度、禮儀習俗、行為規範等方面逐步形成中國特色，同中華優秀傳統文化相融合，與社會主義社會相適應。要堅持保護合法、制止非法、遏制極端、抵禦滲透、打擊犯罪，進一步健全宗教工作法律體系和政策框架，支持宗教界全面從嚴治教，不斷增強宗教界人士和信教群眾尊法學法守法用法意識，提高宗教工作法治化水平。要健全宗教工作體制機制，建立健全三級宗教工作網絡和兩級責任制，建立健全分級負責、屬地管理和責任追究制度。

（五）完善黨外知識分子和新的社會階層人士政治引領機制。黨外知識分子工作是統一戰線的基礎性、戰略性工作。要堅持政治引領、價值觀引領、事業引領，引導黨外知識分子自覺用黨的創新理論凝心鑄魂。要堅持信任尊重、團結引導、組織起來、發揮作用的思路，創新社會化網絡化工作方法，為新的社會階層人士成長營造良好環境。要發揮高等學校、科研院所、國有企業和文化衛生單位的重要陣地作用，推動黨外知識分子聯誼會、留學人員聯誼會、新的社會階層人士聯誼會等組織加強規範化建設，鼓勵支持黨外知識分子和新的社會階層人士在推進中國式現代化中更好施展才華抱負。

（六）健全促進非公有制經濟健康發展、非公有制經濟人士健康成長工作機制。促進"兩個健康"是重大經濟問題，也是重大政治問題。要堅持和完善社會主義基本經濟制度，不斷完善落實"兩個毫不動搖"的體制機制，制定出台民營經濟促進法，落實促進民營經濟發展壯大的相關政策措施，從制度和法律上把對國企民企平等對待的要求落下來。要深入開展理想信念教育和社會主義核心價值觀教育，不斷完善加強民營經濟人士思想政治引領的工作機制，完善綜合評價體系，更好促進民營經濟人士健康成長。要全面構建親清政商關係，建立健全政企溝通協商制度，引導規範民營經濟人士政治參與行為。要深化工商聯改革和建設，深化行業協會商會改革，推動統戰工作向商會組織有效覆蓋。

（七）完善港澳台和僑務工作機制。港澳台和僑務工作的重點是爭取人心。要堅持和完善"一國兩制"制度體系，堅定貫徹"愛國者治港"、"愛國者治澳"原則，發展壯大愛國愛港愛澳力量，形成更廣泛的國內外支持"一國兩制"的統一戰綫。要貫徹新時代黨解決台灣問題的總體方略，堅定支持島內愛國統一力量，持續推進反"獨"促統，堅定不移推進祖國統一大業。要加強和改進僑務工作，完善涉僑法律法規政策，加強海外愛國力量建設，形成共同致力中華民族偉大復興的強大力量。

（八）健全黨外代表人士隊伍建設制度。培養使用黨外代表人士是我們黨的一貫政策。要加強培養、提高素質，科學使用、發揮作用，著力培養一批同我們黨親密合作的黨外代表人士。要把黨外代表人士隊伍建設納入幹部和人才隊伍建設總體規劃，在優秀年輕幹部隊伍中統籌考慮黨外幹部。要建立健全組織部門、統戰部門協作配合機制，完善黨外人士選育管用機制，加大組織培養力度，更好發揮黨外人士作用。

三、 以釘釘子精神抓好統戰工作領域各項改革任務落實，更好發揮大統戰工作格局的優勢作用

學習貫徹黨的二十屆三中全會精神，是當前和今後一個時期的重大政治任務。要提高政治站位，不折不扣抓好統戰工作領域各項改革任務落實，通過完善大統戰工作格局，真正把統戰工作做到黨中央的關注點上、黨和國家事業發展的關鍵點上，進一步形成全黨共同做好統戰工作的強大合力。

（一）始終堅持科學理論指導。要把深入學習貫徹《決定》精神，同深入學習貫徹習近平新時代中國特色社會主義思想特別是習近平總書記關於做好新時代黨的統一戰綫工作的重要思想結合起來，深刻領會完善大統戰工作格局的重大意義、豐富內涵、實踐要求、具體舉措及其蘊含的科學領導方法、思想方法、工作方法。要加強對《決定》精神的宣傳解讀工作，引導統一戰綫廣大成員切實把思想和行動統一到黨中央關於進一步全面深化改革的各項決策部署上來。

（二）切實細化實化政策舉措。要對標對表黨中央決策部署，完善和落實黨委（黨組）統戰工作責任制，結合自身資源稟賦和工作實際，明確有關方面的統戰工作責任清單和任務清單，統籌推進改革任務落實。要加強對落實情況的監督檢查，補齊影響大統戰工作格局作用發揮的短板和弱項，推動統戰工作更好融入基層黨建和社會治理體系，提升大統戰工作格局的整體效能。

（三）努力提高統戰工作能力。要加強黨的統一戰綫理論方針政策學

習培訓，教育引導黨員、幹部特別是領導幹部提升統戰理論和政策素養，掌握統戰工作特點和規律，善於運用統戰資源和統戰方法，調動各種積極因素、解決各類矛盾問題，推動統戰工作與經濟社會發展各領域工作相互促進、融合發展。要提高政治判斷力、政治領悟力、政治執行力，善於從政治上分析研究、謀劃部署統戰工作，確保完善大統戰工作格局政策舉措落地落實。

完善中國特色社會主義法治體系

陳文清

全面推進依法治國的總目標是建設中國特色社會主義法治體系，建設社會主義法治國家。建設中國特色社會主義法治體系，就是要在黨的領導下，形成完備的法律規範體系、高效的法治實施體系、嚴密的法治監督體系、有力的法治保障體系，形成完善的黨內法規體系。黨的二十屆三中全會站在黨和國家事業發展全局的戰略高度，著眼以中國式現代化推進強國建設、民族復興偉業，對完善中國特色社會主義法治體系作出新的重大決策部署。我們要加快建設中國特色社會主義法治體系，更好發揮法治固根本、穩預期、利長遠的保障作用，為強國建設、民族復興偉業提供堅實法治保障。

一、 深刻認識完善中國特色社會主義法治體系的重大意義

建設中國特色社會主義法治體系，是習近平法治思想的重要內容，是全面推進依法治國的總抓手。完善中國特色社會主義法治體系，對於進一步全面深化改革、推進中國式現代化具有重大而深遠的意義。

（一）完善中國特色社會主義法治體系，是堅持和發展中國特色社會主義的內在要求。習近平總書記強調："中國特色社會主義法治體系，本質上是中國特色社會主義制度的法律表現形式。"中國特色社會主義制度是中國特色社會主義法治體系的根本制度基礎，中國特色社會主義法治體系是中國特色社會主義制度的重要組成部分。走什麼樣的法治道

路、建設什麼樣的法治體系，是由一個國家的基本國情決定的。堅持和發展中國特色社會主義，必須堅定不移走中國特色社會主義法治道路，建設中國特色社會主義法治體系，從法治上為解決黨和國家事業發展面臨的一系列問題提供制度化方案，不斷彰顯中國特色社會主義的制度優勢。

（二）完善中國特色社會主義法治體系，是在法治軌道上全面建設社會主義現代化國家的重要任務。黨的二十大報告明確提出，今後五年全面建設社會主義現代化國家的主要目標任務之一，就是“中國特色社會主義法治體系更加完善”。法治是國家治理體系和治理能力的重要依託，法治體系是國家治理體系的骨幹工程，法治是中國式現代化的重要保障。在法治軌道上全面建設社會主義現代化國家，必然要求把改革發展穩定、內政外交國防、治黨治國治軍等各方面工作納入法治軌道，以法治的理念、法治的思維、法治的程序、法治的方式開展工作，以國家各方面工作的法治化推進中國式現代化。

（三）完善中國特色社會主義法治體系，是全面推進依法治國的總抓手。習近平總書記強調：“全面推進依法治國涉及很多方面，在實際工作中必須有一個總攬全局、牽引各方的總抓手，這個總抓手就是建設中國特色社會主義法治體系。”與法律體系不同，法治體系是法律制定和法治實施、監督、保障各方面的有機統一，是立法、執法、司法、守法各環節的有機統一。我們必須緊緊圍繞完善中國特色社會主義法治體系這個總抓手，堅持依法治國、依法執政、依法行政共同推進，法治國家、法治政府、法治社會一體建設，實現科學立法、嚴格執法、公正司法、全民守法，努力建設更高水平的法治中國。

二、 認真總結中國特色社會主義法治體系建設的偉大成就

黨的十八大以來，以習近平同志為核心的黨中央從堅持和發展中國特色社會主義的全局和戰略高度定位法治、佈局法治、厲行法治，將全面依法治國納入"四個全面"戰略佈局予以有力推進，推動中國特色社會主義法治體系建設取得歷史性成就，為書寫經濟快速發展和社會長期穩定兩大奇跡新篇章提供了有力保障。

（一）形成了習近平法治思想。黨的十八大以來，我們在社會主義法治建設上取得的最重要成就，就是形成了習近平法治思想。習近平法治思想把馬克思主義法治理論同中國法治建設具體實際相結合、同中華優秀傳統法律文化相結合，具有鮮明的理論創新特質、時代特徵和民族特色，為在強國建設、民族復興新征程上推進全面依法治國提供了科學行動指南，為推動構建新型國際法治秩序、推進人類法治文明進步貢獻了中國智慧。

（二）黨對法治建設的領導更加有力。黨中央組建中央全面依法治國委員會，"建設中國特色社會主義法治體系"寫入黨章，黨領導立法、保證執法、支持司法、帶頭守法形成制度性安排。黨的十八屆四中全會和中央全面依法治國工作會議專題研究全面依法治國問題並作出全面部署，黨的十九屆四中全會對堅持和完善中國特色社會主義法治體系進行專章部署。制定《中國共產黨政法工作條例》，制定實施法治中國建設規劃和法治政府建設實施綱要、法治社會建設實施綱要，黨運用法治方式領導和治理國家能力顯著增強。

（三）中國特色社會主義法律體系日趨完善。通過憲法修正案，頒佈民法典，制定香港特別行政區維護國家安全法和維護國家安全條例，國家和社會生活各方面總體實現有法可依。截至 2024 年 6 月，我國現行有效法律 303 件、行政法規 598 件、地方性法規 1.4 萬餘件。現行有效中央黨

內法規 225 部、部委黨內法規 227 部、地方黨內法規 3485 部，形成了比較完善的黨內法規體系。

（四）**法治服務保障大局的作用充分彰顯。**依法打擊違法犯罪活動，深入推進掃黑除惡常態化，2023 年全國群眾安全感為 98.2%，我國是公認的最安全的國家之一。制定實施黨委（黨組）國家安全責任制、維護社會穩定責任制規定，充分發揮法治防範化解重大風險的重要作用。堅持和發展新時代"楓橋經驗"，立足預防、立足調解、立足法治、立足基層，推進矛盾糾紛預防化解法治化。深入推進法治化營商環境建設，依法平等保護各類經營主體，持續激發市場活力。

（五）**社會公平正義保障更為堅實。**司法責任制改革全面推開，法官檢察官辦案主體地位逐步確立，85% 的人力資源集中到辦案一綫。以審判為中心的刑事訴訟制度改革深入推進，依法糾正一批重大冤錯案件，制定實施防止干預司法"三個規定"，著力解決人民群眾反映強烈的立案難、執行難等問題，執法司法質量、效率和公信力持續提升。

（六）**全面依法治國總體格局基本形成。**法治政府建設率先突破，行政執法體制改革深入推進，嚴格規範公正文明執法水平普遍提高。啟動實施"八五"普法規劃，人民群眾法治意識不斷增強。全面加強法治工作隊伍建設，法官、檢察官法學專業出身與本科以上學歷的比例均超過 95%，律師人數十多年來由 30 萬人增至 72.5 萬人，辦成世界上規模最大的法學教育體系，每年培養輸送 10 萬餘名法治專門人才。

同時，我國法治體系建設還存在一些短板和不足，比如法治實施體系還不夠高效、法治監督體系還不夠嚴密、法治保障體系還不夠有力、涉外法治短板還比較明顯等等。推進法治體系建設，必須抓重點、強弱項、補短板，在繼續完善法律規範體系、黨內法規體系基礎上，重點加強法治實施體系、法治監督體系、法治保障體系建設，推進法律正確實施。

三、準確把握完善中國特色社會主義法治體系的正確方向

全面推進依法治國這件大事能不能辦好，最關鍵的是方向是不是正確、政治保證是不是堅強有力。要始終以習近平法治思想為根本遵循和行動指南，站穩政治立場，堅持正確方向，確保中國特色社會主義法治體系建設行穩致遠。

（一）堅持黨的絕對領導。黨的領導是我國社會主義法治之魂，是我國法治同西方資本主義國家法治最大的區別。實踐證明，只有中國共產黨才能擔負起領導人民推進全面依法治國的歷史使命和時代重任，只有在黨的領導下依法治國、厲行法治，人民當家作主才能充分實現，國家和社會生活法治化才能有序推進。堅持黨對全面依法治國的領導，最重要的是深刻領悟"兩個確立"的決定性意義，增強"四個意識"、堅定"四個自信"、做到"兩個維護"，不斷提高政治判斷力、政治領悟力、政治執行力，把黨的主張貫徹到依法治國全過程和各方面。

（二）堅持中國特色社會主義這個定性。中國特色社會主義法治體系，是扎根中國文化、立足中國國情、解決中國問題的法治體系，是我們黨領導中國人民在法治領域進行的偉大歷史實踐，是社會主義的而不是其他的法治體系。要牢牢把握中國特色社會主義這個定性，堅定不移走中國特色社會主義法治道路，決不能被西方錯誤思潮所誤導，決不照搬別國模式和做法，決不走西方所謂"憲政"、"三權鼎立"、"司法獨立"的路子。

（三）堅持以人民為中心。我國社會主義法治是人民的法治，西方資本主義法治是資本的法治。堅持以人民為中心，是中國特色社會主義法治區別於資本主義法治的根本所在。要始終堅持法治建設為了人民，著力解決好人民群眾最關心的公共安全問題、最關切的權益保障問題、最關注的公平正義問題，用法治保障人民美好生活。要始終堅持法治建設依靠

人民，充分調動人民的積極性、主動性、創造性，拓寬人民群眾參與、表達、監督渠道，使法治建設深深扎根於人民創造性實踐中。

四、 全面落實完善中國特色社會主義法治體系的重點任務

《中共中央關於進一步全面深化改革、推進中國式現代化的決定》從深化立法領域改革等方面，明確了完善中國特色社會主義法治體系的重點任務。我們必須全面把握，認真貫徹落實。

（一）堅持立法先行，深化立法領域改革。良法是善治之前提。要健全保證憲法全面實施制度體系，建立憲法實施情況報告制度，完善合憲性審查、備案審查制度，維護國家法制統一、尊嚴、權威。要完善黨委領導、人大主導、政府依託、各方參與的立法工作格局，統籌立改廢釋纂，不斷提高立法質量。要緊緊圍繞重點領域、新興領域、涉外領域，完善以憲法為核心的中國特色社會主義法律體系。要健全黨內法規同國家法律法規銜接協調機制，提高立法系統性、整體性、協同性、時效性。要建設全國統一的法律法規和規範性文件信息平台，推動法律統一正確實施。

（二）聚焦高效實施，深入推進依法行政。法律的生命力在於實施。要推進政府機構、職能、權限、程序、責任法定化，完善重大決策、規範性文件合法性審查機制，加強政府立法審查。要深化行政執法體制改革，完善基層綜合執法體制機制，健全行政執法監督體制機制，完善行政處罰等領域行政裁量權基準制度，推動行政執法標準跨區域銜接，完善行政處罰和刑事處罰雙向銜接制度，做到嚴格規範公正文明執法。要完善垂直管理體制和地方分級管理體制，健全垂直管理機構和地方協作配合機制，穩妥推進人口小縣機構優化，深化開發區管理制度改革，優化事業單位結構佈局。

（三）強化制約監督，健全公正執法司法體制機制。加強制約監督是實現公正的重要保障。要健全監察機關、公安機關、檢察機關、審判機關、司法行政機關各司其職，監察權、偵查權、檢察權、審判權、執行權相互配合、相互制約的體制機制，確保執法司法各環節全過程在有效制約監督下運行。要深化審判權和執行權分離改革，健全國家執行體制，切實解決執行難問題。要完善執法司法救濟保護制度，完善國家賠償制度，深化和規範司法公開，落實和完善司法責任制，推動執法司法權力規範高效行使。要完善涉及公民人身權利強制措施以及查封、扣押、凍結等強制措施的制度，推進刑事案件律師辯護全覆蓋，加強人權執法司法保障。

（四）突出標本兼治，完善推進法治社會建設機制。法治社會是構築法治國家的基礎。要深化律師制度、公證體制、仲裁制度、調解制度、司法鑒定管理體制改革，健全覆蓋城鄉的公共法律服務體系，改進法治宣傳教育，讓法治走到人民群眾身邊。要貫徹教育、感化、挽救方針，加強和改進未成年人權益保護，強化未成年人犯罪預防和治理，制定專門矯治教育規定。要完善以實踐為導向的法學院校教育培養機制，健全法學院校與法治實務部門協同育人機制，提高法治人才培養質量。

（五）注重一體推進，加強涉外法治建設。法治是國家核心競爭力的重要內容。要統籌推進國內法治和涉外法治，建立一體推進涉外立法、執法、司法、守法和法律服務、法治人才培養的工作機制。要完善涉外法律法規體系和法治實施體系，深化執法司法國際合作，更好維護國家主權、安全、發展利益。要完善涉外民事法律關係中當事人依法約定管轄、選擇適用域外法等司法審判制度，健全國際商事仲裁和調解制度，打造國際商事爭端解決優選地。要積極發展涉外法律服務，培育國際一流仲裁機構、律師事務所，為我國公民、企業走出去提供有力法治保障。

（六）抓住領導幹部這個"關鍵少數"。領導幹部是全面依法治國的重要組織者、推動者、實踐者，要貫徹落實黨中央關於全面依法治國的重大決策部署，把自己擺進去，做尊法學法守法用法的模範。要提高運用法治思維和法治方式深化改革、推動發展、化解矛盾、維護穩定、應對風險的能力，做到辦事依法、遇事找法、解決問題用法、化解矛盾靠法。要牢記職權法定，堅持法定職責必須為、法無授權不可為，做到依照"三定"履職、依照法制辦事、依照崗位責任落實。要牢記法律紅綫不可逾越、法律底綫不可觸碰，以身作則、遵紀守法。

深化文化體制機制改革

李書磊

文化關乎國本、國運,文化興則國運興,文化強則民族強。黨的二十屆三中全會通過的《中共中央關於進一步全面深化改革、推進中國式現代化的決定》(以下簡稱《決定》),立足強國建設、民族復興的戰略高度,著眼賡續中華文脈、推動文化繁榮的重大使命,聚焦建設社會主義文化強國,提出深化文化體制機制改革重大任務,明確改革路徑和具體舉措,為新時代新征程文化改革發展提供了根本遵循、指明了前進方向。

一、 充分認識深化文化體制機制改革的重大意義

中國式現代化是物質文明和精神文明相協調的現代化,既要通過經濟體制改革,解放和發展社會生產力,實現物質富裕,也要通過文化體制改革,激發文化生命力、創造力,實現精神富足。當今世界百年未有之大變局加速演進,文化越來越成為綜合國力競爭的重要力量;中華民族偉大復興進入關鍵時期,文化越來越成為強國建設、民族復興的強大支撐。在新的歷史起點上深化文化體制機制改革、推動文化繁榮興盛,事關中國式現代化建設全局,事關國家長治久安、民族永續發展。

(一)深化文化體制機制改革,是擔負新的文化使命的必然要求。中國共產黨是具有高度文化自覺和文化自信的馬克思主義政黨,自覺致力於在賡續歷史文脈中推進文化創造,在傳承中華文明中推動文化進步。黨的十八大以來,以習近平同志為核心的黨中央從全局和戰略高度,對宣傳思

想文化工作作出系統謀劃和部署，推動新時代宣傳思想文化事業取得歷史性成就、發生歷史性變革。特別是我們把馬克思主義基本原理同中國具體實際、同中華優秀傳統文化相結合，造就了一個有機統一的新的文化生命體。面向新時代新征程，習近平總書記提出新的文化使命。完成這一使命，關鍵在改革。必須通過改革進一步破解深層次體制機制障礙，激發文化創新創造活力，為推動文化繁榮、建設文化強國提供強大動力和制度保障。

（二）深化文化體制機制改革，是豐富人民精神文化生活的內在要求。相對於物質滿足，文化是一種精神力量，是一種訴諸長遠、訴諸千秋萬代的視野與情懷。越是物質富足，人們的精神文化需求越是強烈。而且，隨著人們文化素質、文化水準提高，人們對文化作品質量的要求更高了。這些年，我國文藝創作生產能力大幅提升，各種文化產品和服務供給數量高速增長，文化供給的主要矛盾已由“夠不夠”轉向“好不好”。這就要求我們進一步深化改革，加快建立有利於優質文化產品服務不斷湧現的體制機制，更好豐富人民精神世界、增強人民精神力量。

（三）深化文化體制機制改革，是加快適應信息技術迅猛發展新形勢的迫切需要。從歷史上看，每一次信息技術革命都推動傳播革命。當前，新一輪科技革命方興未艾，新的信息技術迅猛發展，在文化領域不斷催生各類新業態、新應用、新模式，深刻改變文化創作生產和傳播消費方式，深刻重塑媒體形態、輿論生態和文化業態，深刻推動不同文化和價值觀念交流交融交鋒。信息技術迅猛發展也推動國際傳播格局和國際話語場深刻調整，為我們佔據國際傳播制高點、構築國際話語新優勢提供了契機。面對新形勢，唯改革者勝。要推進文化體制機制全方位改革，推進工作理念、內容、形式、方法、手段全方位創新，把互聯網思維和信息技術應用系統貫穿到宣傳思想文化工作中，實現全面徹底的數字化賦能、信息化轉型。

（四）深化文化體制機制改革，是提升國家文化軟實力和中華文化影響力的時代要求。當前，世界之變、時代之變、歷史之變正以前所未有的方式展開，人類社會正站在十字路口。一方面，通過文明交流互鑒應對共同挑戰、邁向美好未來的呼聲日益強烈，國際社會對中華文化的關注與日俱增，期待中華文化對人類文明發展進步發揮更大作用。另一方面，宣揚文化競爭並挑起文明衝突、意識形態對抗的傾向也有增無減。尤其是中國快速發展引起個別國家強烈不安，他們憑藉信息優勢和輿論霸權醜化我國形象，歪曲抹黑的輿論攻勢不斷加劇。無論是推動文明交流互鑒，還是應對國際文化競爭，都要求我們深化改革，完善國際傳播體制機制，構建具有鮮明中國特色的戰略傳播體系，不斷提升國家文化軟實力和中華文化影響力，以真正在國際文化激蕩中站穩腳跟。

二、 牢牢把握深化文化體制機制改革的基本要求

文化兼具產業屬性和意識形態屬性，決定了文化體制機制改革更具複雜性。要貫徹《決定》精神，堅持正確改革方向，牢牢把握基本要求，穩妥有序推進改革。

（一）堅持馬克思主義在意識形態領域指導地位的根本制度。堅持以什麼樣的思想理論為指導，是文化改革發展的首要問題。馬克思主義是我們立黨立國、興黨興國的根本指導思想，在新時代，堅持和鞏固馬克思主義指導地位，最重要的就是堅持和鞏固習近平新時代中國特色社會主義思想指導地位。要以高度的政治自覺、思想自覺、行動自覺深入學習貫徹習近平新時代中國特色社會主義思想，堅定擁護"兩個確立"，堅決做到"兩個維護"，確保我國文化改革發展始終沿著正確方向前進。習近平文化思想是習近平新時代中國特色社會主義思想的文化篇，高舉起新時代中國共產黨的文化旗幟，為做好新時代新征程宣傳思想文化工作、擔負起新的文

化使命提供了強大思想武器和科學行動指南。要堅定不移用習近平文化思想指導文化體制機制改革，自覺把這一思想貫徹落實到文化改革全過程各方面。

（二）增強文化自信。文化自信是一個國家、一個民族發展中最基本、最深沉、最持久的力量，有文化自信的民族，才能立得住、站得穩、行得遠。增強文化自信，是深化文化體制機制改革、推動文化繁榮發展的根本前提和先決條件。必須堅持走自己的路，既不盲從各種教條，也不照搬外國理論，該改的、能改的堅決改，不該改的、不能改的堅決不改。文化自信來自於我們的文化主體性，要堅持"兩個結合"，以馬克思主義推動中華文明的生命更新和現代轉型，在更廣闊的文化空間中，充分運用中華優秀傳統文化的寶貴資源，發展面向現代化、面向世界、面向未來的，民族的科學的大眾的社會主義文化，鞏固文化主體性，堅守精神獨立性。

（三）培育形成規模宏大的優秀文化人才隊伍。文化生產是創造性勞動，核心在人，人才濟濟、人物輩出，文化才能繁榮興盛。文化體制機制改革要"目中有人"，把育人才、強隊伍作為十分緊迫的戰略任務，健全符合文化領域特點、遵循人才成長規律的人才選拔、培養、使用機制，改革人才評價激勵機制，努力培育形成規模宏大、結構合理、銳意創新的文化人才隊伍。文化人才的出現有其自身規律和特點，要通過改革營造有利於人才脫穎而出的政策環境，營造有利於人才創新創造的文化生態。要能識才、重才、愛才，健全聯繫服務機制，真正把人才凝聚到黨的宣傳思想文化事業中來。

（四）激發全民族文化創新創造活力。創新創造是文化的生命力，是文化繁榮興盛的活力源泉，也是文明綿延繁盛的不竭動力。中華文化之所以源遠流長，中華文明之所以綿延不絕，一個重要原因是中華民族始終以"苟日新，日日新，又日新"的精神進行文化創新創造，湧現出一個個文化高峰。可以說，一部中華文化發展史，就是一部文化創新創造史。深化文化體制機制改革要把激發全民族創新創造活力作為中心環節，加快完善遵循文化發展規律、有利於激發活力的文化管理體制和生產經營機制。要充分發揚學術民主、藝術民主，鼓勵解放思想、大膽探索，營造積極健康、寬鬆和諧的氛圍，讓一切文化創新源泉充分湧流，讓一切文化創造活力持續迸發。

三、 堅定不移將文化體制機制改革引向深入

文化體制機制改革是文化領域一場廣泛而深刻的變革。要聚焦重點領域、關鍵環節、瓶頸問題，以戰略性、引領性改革舉措不斷深化改革，努力開創新時代宣傳思想文化工作新局面。

（一）完善意識形態工作責任制。意識形態決定文化前進方向和發展道路。黨的十八大以來，我國意識形態領域形勢發生全局性、根本性轉變，但形勢依然複雜嚴峻，鬥爭和較量有時十分尖銳，必須進一步完善意識形態工作責任制，牢牢掌握意識形態領導權。馬克思主義是社會主義意識形態的旗幟和靈魂，要健全用黨的創新理論武裝全黨、教育人民、指導實踐工作體系，完善黨委（黨組）理論學習中心組學習制度，推動學習貫徹習近平新時代中國特色社會主義思想常態化制度化。哲學社會科學是意識形態的重要支撐，要創新馬克思主義理論研究和建設工程，實施哲學社會科學創新工程，面向中國田野、解決中國問題、形成中國理論，構建中國哲學社會科學自主知識體系，使中國特色哲學社會科學真正屹立於世界學術之林。輿論工作是意識形態工作的重要組成部分，要順應數字化、網絡化、智能化趨勢，實施全媒體傳播建設工程，用互聯網思維主導資源配置，構建適應全媒體生產傳播的工作機制和評價體系，推進主流媒體系統性變革，推動主力軍全面挺進主戰場。

全社會共同認可的核心價值觀是意識形態中最持久、最深層的力量，要完善培育和踐行社會主義核心價值觀制度機制，用社會主義核心價值觀引領社會思潮，在全黨全社會形成共同理想信念、強大精神力量、基本道德規範，提高全民族文明程度。農村是精神文明建設的重點，要深入實施文明鄉風建設工程，弘揚新風正氣，倡導科學精神，推進移風易俗，煥發鄉村文明新氣象。要深入實施公民道德建設工程，構建中華傳統美德傳承體系，健全社會公德、職業道德、家庭美德、個人品德建設體制機制，健全誠信建設長效機制，教育引導全社會自覺遵守法律、遵循公序良俗，堅決反對拜金主義、享樂主義、極端個人主義和歷史虛無主義。要積極探索網上思想道德教育分眾化、精準化實施機制，創新方式方法，增強說服力感染力。建立健全道德領域突出問題協同治理機制，解決好群眾反映強烈的道德問題。

（二）優化文化服務和文化產品供給機制。沉實厚重、豐富多彩的文化產品，是一個時代文化高度的重要標誌，也是滿足人民精神文化生活的關鍵所在。文藝作品是文化產品最重要的組成部分，要堅持以人民為中心的創作導向，把提高質量作為文藝創作的生命綫，推出更多優秀作品，從"高原"向"高峰"邁進。要堅持出成果和出人才相結合，尊重文藝人才，尊重文藝創造，形成文藝精品和文藝人才不斷湧現的良好局面；堅持抓作品和抓環境相貫通，積極營造健康的文化生態、活躍的文化環境，形成文藝精品和文化環境相互生成的生動情景。要改進文藝創作生產服務、引導、組織工作機制，引導廣大作家、藝術家立足生活的深厚沃土，自覺運用中華優秀傳統文化的寶貴資源，學習借鑒人類一切優秀文明成果，充分發揮個性與創造力，推出更多熔鑄古今、匯通中西的文化成果。

文化遺產承載燦爛文明，傳承歷史文化，維繫民族精神，是不可再生、不可替代的寶貴財富，保護好祖國的文化遺產是我們的歷史責任、神聖使命。習近平總書記對文化遺產十分珍視，強調要像愛惜自己的生命一樣保護好歷史文化遺產，對文化遺產保護有一系列深刻論述、明確要求，我們要深入貫徹落實。要理順體制機制，建立文化遺產保護傳承工作協調機構，建立文化遺產保護督察制度，組織開展文化遺產保護督察，著力推動文物古跡、古老建築、名城名鎮、歷史街區、傳統村落、文化景觀、非遺民俗等文化遺產系統性保護和統一監管，加快構建大保護格局。

（三）健全網絡綜合治理體系。習近平總書記鮮明指出："人在哪兒，宣傳思想工作的重點就在哪兒。"現在，網絡空間已經成為人們生產生活的新空間，那就也應該成為文化建設的新空間。要深化網絡管理體制改革，統籌和打通網絡內容生產和傳播各環節各領域，按照歸口領導、集中統一、高效協調的原則，進一步整合網絡內容建設和管理職能，推進新聞宣傳和網絡輿論一體化管理，推動形成更加科學高效有序的治網格局。生成式人工智能是目前最具革命性、引領性的科學技術之一，要儘快完善生成式人工智能發展和管理機制，推動這一重要領域的產業發展、技術進步與安全保障，做到趨利避害、安全使用。網絡空間不是法外之地、輿論飛地，要加強網絡空間法治建設，健全網絡生態治理長效機制，使互聯網始終在法治軌道上健康運行。

（四）構建更有效力的國際傳播體系。一個大國發展興盛，必然要求文化傳播力、文明影響力大幅提升。習近平總書記強調："我們有本事做好中國的事情，還沒有本事講好中國的故事？我們應該有這個信心！"要推進國際傳播格局重構，促進宣傳、外交、經貿、旅遊、體育等領域協調配合，推動部門、地方、媒體、智庫、企業、高校等主體協同發力，加快構建多渠道、立體式對外傳播格局。要加快構建中國話語和中國敘事體系，著力打造融通中外的新概念、新範疇、新表述，用好中華文化資源、緊扣國際關切講好新時代中國故事，展現可信、可愛、可敬的中國形象。

善用文化文明的力量，是提升國際傳播效能的必然要求。要建設全球文明倡議踐行機制，推動文明交流雙邊多邊合作機制建設，深入實施中華文明全球傳播工程，廣泛參與世界文明對話，擴大國際人文交流合作，為推動構建人類命運共同體作出積極貢獻。

推進國家安全體系和能力現代化

王小洪

推進國家安全體系和能力現代化，是黨的二十大作出的重大戰略部署。黨的二十屆三中全會通過的《中共中央關於進一步全面深化改革、推進中國式現代化的決定》（以下簡稱《決定》），將推進國家安全體系和能力現代化單列一部分，從黨和國家事業發展全局的高度，進一步明確了新時代新征程推進國家安全體系和能力現代化的目標任務、重點舉措，為我們做好工作進一步指明了前進方向、提供了根本遵循。推進國家安全體系和能力現代化，是積極應對各類風險挑戰，服務保障強國建設、民族復興偉業的內在要求，是續寫兩大奇跡新篇章、有效滿足人民日益增長的美好生活需要的必然舉措，也是主動適應世界之變、時代之變、歷史之變，完善全球安全治理的客觀需要。我們要堅持以習近平新時代中國特色社會主義思想為指導，深入學習貫徹黨的二十屆三中全會精神，深刻領悟“兩個確立”的決定性意義，增強“四個意識”、堅定“四個自信”、做到“兩個維護”，堅定不移貫徹總體國家安全觀，扎實推進國家安全體系和能力現代化，有效防範和化解影響我國現代化進程的各種風險，努力建設更高水平平安中國，為以中國式現代化全面推進強國建設、民族復興偉業提供堅強安全保障。

一、堅定不移貫徹總體國家安全觀

總體國家安全觀是習近平新時代中國特色社會主義思想的國家安全

篇，系統回答了新時代為什麼維護國家安全、維護怎樣的國家安全、怎樣維護國家安全等一系列重大理論和實踐問題，形成了系統全面、邏輯嚴密、內涵豐富、內在統一的科學理論體系，是推進國家安全體系和能力現代化的強大思想武器和行動指南，必須深入學習領會、堅決貫徹落實。

（一）準確把握核心要義。總體國家安全觀的核心要義，集中體現為習近平總書記提出的"十個堅持"，即堅持黨對國家安全工作的絕對領導，堅持中國特色國家安全道路，堅持以人民安全為宗旨，堅持統籌發展和安全，堅持把政治安全放在首要位置，堅持統籌推進各領域安全，堅持把防範化解國家安全風險擺在突出位置，堅持推進國際共同安全，堅持推進國家安全體系和能力現代化，堅持加強國家安全幹部隊伍建設。這"十個堅持"是我們黨對國家安全工作規律性認識的深化、拓展、昇華，深刻回答了新時代新征程如何既解決好大國發展進程中面臨的共性安全問題、又處理好中華民族偉大復興關鍵階段面臨的特殊安全問題這個重大時代課題，既有政治性、理論性，又有歷史性、實踐性。這其中，堅持黨對國家安全工作的絕對領導，是"根"和"魂"。要始終堅持黨對國家安全工作的集中統一領導，堅定不移貫徹中央國家安全委員會主席負責制，完善高效權威的國家安全領導體制，不折不扣把黨中央關於國家安全工作的各項決策部署落到實處。

（二）準確把握大安全理念。當前，我國國家安全的內涵和外延比歷史上任何時候都要豐富，時空領域比歷史上任何時候都要寬廣，內外因素比歷史上任何時候都要複雜。在此背景下，總體國家安全觀強調的是大安全理念，主張國家安全是全面、系統的安全，是共同、整體的安全，涵蓋政治、軍事、國土、經濟、金融、文化、社會、科技、網絡、糧食、生態、資源、核、海外利益、太空、深海、極地、生物、人工智能、數據等諸多領域，突破了傳統的國家安全觀，並且還將隨著時代和實踐的發展不斷豐富。要始終堅持總體為要，注重從整體視角認識國家安全問題的多樣性、關聯性和動態性，構建集各領域安全於一體的國家安全體系，築牢各領域安全底綫。

（三）準確把握原則方法。針對全球化、網絡化時代背景下安全問題的內外聯動性、跨域傳導性、突變放大性等特點，總體國家安全觀把科學統籌作為國家安全工作的重要原則和基本方法。在黨和國家事業層面，強調統籌高質量發展和高水平安全，注重國家安全工作與經濟社會發展各項工作的協同性，做到一起謀劃、一起部署，把國家安全貫穿到黨和國家工作全局各方面各環節。在國家安全本身層面，強調統籌外部安全和內部安全、國土安全和國民安全、傳統安全和非傳統安全、自身安全和共同安全，統籌維護和塑造國家安全。要統籌發展和安全，推動國家安全各方面工作統籌開展、協調同步，有效防範各類風險傳導、疊加。

二、 全力抓好推進國家安全體系和能力現代化的重點舉措

《決定》明確要求，聚焦建設更高水平平安中國，健全國家安全體系，強化一體化國家戰略體系，增強維護國家安全能力，創新社會治理體制機制和手段，有效構建新安全格局。我們要對照《決定》部署的各項重點任務，逐一研究細化，抓好推進落實。

（一）健全國家安全體系。國家安全體系是國家安全制度及其執行能力的集中體現。要強化國家安全工作協調機制，根據國家安全形勢新特點新變化，完善重點領域安全保障體系和重要專項協調指揮體系，健全重大風險跨部門實時監測、分級預警、快速核查、提示通報等機制，健全國家安全審查和監管制度、危機管控機制、督促檢查和責任追究機制等，形成體系性合力和戰鬥力。要完善國家安全法治體系、戰略體系、政策體系、風險監測預警體系，積極推進太空安全、深海安全、數據安全等重要領域國家安全立法，加強對國家安全有關法律法規執行的檢查監督工作，提升

國家安全工作法治化水平;加強國家安全戰略謀劃和頂層設計,優化國家安全戰略指導方針、目標、中長期規劃,統籌用好各種戰略資源和戰略手段;堅持因時而動、因勢而變,完善國家安全政策體系和重點領域政策舉措。要完善國家安全力量佈局,構建聯動高效的國家安全防護體系。要推進國家安全科技賦能,聚焦重大需求加強關鍵核心技術攻關,全面增強科技維護和塑造國家安全能力,更好發揮科技創新對國家安全的支撐保障作用。

(二)完善公共安全治理機制。公共安全一頭連著千家萬戶,一頭連著經濟社會發展,是社會安定有序的風向標。要堅持安全第一、預防為主,不斷完善公共安全治理機制,推動公共安全治理模式向事前預防轉型,提高公共安全治理水平。要健全重大突發公共事件處置保障體系,完善大安全大應急框架下應急指揮機制,增強應對突發公共事件的人力財力物力等各方面支撐保障,強化基層應急基礎和力量,提高防災減災救災能力,有效預防、減輕、消除危害。要完善安全生產風險排查整治和責任倒查機制,加強制度化常態化安全監管,嚴格落實安全生產責任制,從源頭上防範化解重大安全風險,堅決遏制重特大事故發生。要完善食品藥品安全責任體系,全面落實企業安全主體責任,壓實地方政府屬地管理責任和有關部門監管責任,強化全流程、全生命周期安全監管,依法打擊危害食品藥品安全犯罪,守護人民群眾"舌尖上的安全"。要健全生物安全監管預警防控體系,全面提高國家生物安全治理能力,織牢國家生物安全防護網。要加強網絡安全體制建設,完善網絡空間治理法律法規,健全網絡安全等級保護、關鍵信息基礎設施安全保護、數據安全保護等制度,防範抵禦網絡攻擊,築牢網絡安全"防火牆"。要建立人工智能安全監管制度,加快人工智能立法進程,完善科技倫理監管規則,加強分級分類監管,加強對有關風險的動態分析、評估預警、技術攻堅,確保人工智能始終朝著不斷增進人民福祉的方向發展。

（三）健全社會治理體系。社會治理體系科學合理，國家安全工作才能事半功倍。要堅持和發展新時代"楓橋經驗"，健全黨組織領導的自治、法治、德治相結合的城鄉基層治理體系，完善共建共治共享的社會治理制度，形成問題聯治、風險聯控、平安聯創的局面，提升基層治理能力和水平。要探索建立全國統一的人口管理制度。要堅持專群結合、群防群治，健全社會工作體制機制，加強黨建引領基層治理，加強社會工作者隊伍建設，推動志願服務體系建設，更好組織群眾、發動群眾，為國家安全工作贏得最可靠、最牢固的群眾基礎和力量源泉。要推進信訪工作法治化，聚焦"權責明、底數清、依法辦、秩序好、群眾滿意"目標，充分發揮《信訪工作條例》的規範、保障和引領作用，推進預防法治化、受理法治化、辦理法治化、監督追責法治化、維護秩序法治化，確保群眾的每一項訴求都有人辦理、群眾的每一項訴求都依法推進。要準確把握把重大風險防控化解在市域的要求，充分整合資源力量，完善市域社會治理的組織架構和組織方式，提高市域社會治理能力。要強化市民熱綫等公共服務平台功能，推進"12345"、"110"等平台對接；健全"高效辦成一件事"重點事項清單管理機制和常態化推進機制，實現辦事方式多元化、辦事流程最優化、辦事材料最簡化、辦事成本最小化。要健全社會心理服務體系和危機干預機制，塑造自尊自信、理性平和、親善友愛的社會心態。要健全發揮家庭家教家風建設在基層治理中作用的機制。要深化行業協會商會改革，進一步激發內生動力和活力，更好發揮獨特優勢和作用。要健全社會組織管理制度，加強規範管理、擴大有序參與，促進社會組織提升服務質效和社會公信力。要健全鄉鎮（街道）職責和權力、資源相匹配制度，加強鄉鎮（街道）服務管理力量。要完善社會治安整體防控體系，加強重點區域、部位巡防巡控，提升社會治安掌控力；健全掃黑除惡常態化等工作機制，依法嚴懲涉黑涉惡、電信網絡詐騙、跨境賭博、涉槍涉爆、侵害婦女兒童權益和黃賭毒、盜搶騙等群眾反映強烈的違法犯罪活動，全力維護人民群眾生命財產安全。

（四）完善涉外國家安全機制。隨著我國公民、企業走出去越來越多，涉外安全在國家安全工作全局中的地位愈加重要。要深入學習貫徹習近平外交思想，積極踐行全球安全倡議，高站位、高標準謀劃推進涉外國家安全工作，努力創造於我有利的國際環境，堅決捍衛國家主權、安全、發展利益。要建立健全周邊安全工作協調機制，推進同周邊國家安全合作。要強化海外利益和投資風險預警、防控、保護體制機制，建立涉外項目法律風險評估制度，引導中資企業境外依法合規經營，增強海外風險防控意識和能力；深化安全領域國際執法合作，擴大執法安全合作“朋友圈”，有力維護我國公民、法人在海外合法權益。要健全反制裁、反干涉、反“長臂管轄”機制，加強涉外安全領域立法，充實法律“工具箱”。要健全維護海洋權益機制，完善跨軍地、跨部門工作模式，有效防範化解涉海重大安全風險。要完善參與全球安全治理機制，堅持共同、綜合、合作、可持續的安全觀，維護以聯合國為核心的國際體系、以國際法為基礎的國際秩序、以聯合國憲章宗旨和原則為基礎的國際關係基本準則，尊重各國主權、領土完整，重視各國合理安全關切，積極參與聯合國框架下的雙多邊機制，發揮上海合作組織、金磚合作、“中國＋中亞五國”和全球公共安全合作論壇（連雲港）等機制平台作用，推動構建均衡、有效、可持續的安全架構，共同應對地區爭端和全球性安全問題，實現普遍安全、共同安全。

三、 推進國家安全體系和能力現代化的基本要求

推進國家安全體系和能力現代化，必須明確工作要求，科學組織、嚴密推進。

（一）增強系統思維。推進國家安全體系和能力現代化，是一項複雜

的系統工程。要運用系統思維來觀察安全形勢、分析安全問題、謀劃安全對策，善於觀大勢、謀大事，既見樹木、更見森林，加強前瞻性思考、全局性謀劃、戰略性佈局、整體性推進，強化協同高效、狠抓制度貫通，打破部門和地方壁壘，推動各領域各方面國家安全工作銜接協調、一體推進。

（二）夯實基層基礎。基礎不牢，地動山搖。隨著推進國家安全體系和能力現代化逐步走向深入，一些基礎性、深層次的問題愈發凸顯。要準確把握當前面臨的形勢任務特點，扎扎實實做好抓基層、打基礎、利長遠的工作，加強基層力量、基礎工作、基本能力建設，針對性完善機制、創新方法、豐富手段，下大氣力補短板、強弱項、固底板，夯實維護國家安全的根基。

（三）加強宣傳教育。維護國家安全是一項正義的事業，不僅要堅定不移地"做"，也要理直氣壯地"說"。要堅持集中性宣傳教育與經常性宣傳教育相結合，創新內容、方式和載體，開展人民群眾喜聞樂見的宣傳教育活動，並延伸到基層、拓展到各個單位、覆蓋到廣大群眾，營造國家安全人人有責的濃厚氛圍，引導廣大人民群眾增強國家安全意識、擔當國家安全責任、提升維護國家安全能力。

（四）強化責任落實。維護國家安全是全社會的共同責任。要克服"等靠要"思想，主動擔當、積極作為，明確職責、細化分工，形成一級抓一級、層層抓落實的工作格局，做到守土有責、守土負責、守土盡責。特別是對難點問題，要發揚釘釘子精神，加強研究，集中攻關，確保取得突破。同時，要加強溝通協調、攥指成拳，靠前一步、不留縫隙，形成彙聚黨政軍民學各戰線各方面各層級的強大合力。

持續深化國防和軍隊改革

張又俠

　　黨的二十屆三中全會通過的《中共中央關於進一步全面深化改革、推進中國式現代化的決定》，把持續深化國防和軍隊改革納入進一步全面深化改革總盤子，充分體現了以習近平同志為核心的黨中央對國防和軍隊建設的高度重視，彰顯了以改革創新加快國防和軍隊現代化的決心意志和深遠考量。我們要深入學習貫徹黨中央、習主席決策部署，以習近平強軍思想為引領，深入實施改革強軍戰略，推動國防和軍隊建設高質量發展，奮力實現建軍一百年奮鬥目標，加快把人民軍隊建成世界一流軍隊。

　　一、堅定不移深化改革，為加快國防和軍隊現代化提供有力保障。黨的十八大以來，黨中央、習主席以前所未有的決心和力度，領導開展新中國成立以來最為廣泛、最為深刻的國防和軍隊改革，壓茬推進改革"三大戰役"，深入破解長期制約國防和軍隊建設的體制性障礙、結構性矛盾、政策性問題，人民軍隊體制一新、結構一新、格局一新、面貌一新。新時代新征程，習主席站在統籌"兩個大局"的高度，把握新的形勢任務要求，作出持續深化國防和軍隊改革的戰略擘畫，為鞏固拓展改革成果、開創改革強軍新局面指明了前進方向，必將有力推動新時代強軍事業邁出更大步伐。

　　（一）這是推進中國式現代化的重大時代課題。鞏固國防和強大人民軍隊，是實現中華民族偉大復興的戰略支撐。習主席始終堅持強國強軍一體運籌，把國防和軍隊現代化放在中國式現代化的大棋局中謀劃推進，領導開闢出中國特色強軍之路，進一步豐富發展了馬克思主義軍事理論創新和軍事實踐創造。這條適合國情軍情、順應時代發展的我軍現代化新路，極具開拓性探索性艱巨性。面對永葆性質宗旨本色的嚴峻考驗，如何貫徹落實新時代政治建軍方略，深化政治整訓、正風反腐，把我們黨領導的這支英雄軍隊鍛造得更加堅強？面對風高浪急甚至驚濤駭浪的風險挑戰，如何全面提升向強制強的打贏能力，有效履行新時代使命任務？面對跨越發展、邁向一流的歷史重任，如何打掉強軍路上的"攔路虎"，實現軍事理論現代化、軍隊組織形態現代化、軍事人員現代化、武器裝備現代化？回答和解決這些重大時代課題，都必須一以貫之用黨在新時代的強軍目標審視、引領、推進改革，圍繞往哪強、強什麼、怎麼強等重大問題探索創新，不斷解放和發展戰鬥力、解放和增強軍隊活力，按照國防和軍隊現代化新"三步走"戰略安排，一步步把習主席謀定的強軍藍圖變成現實，為推進中國式現代化作出新的更大貢獻。

（二）這是實現建軍一百年奮鬥目標的關鍵一招。習主席明確未來幾年我軍建設的中心任務是實現建軍一百年奮鬥目標，發出打好攻堅戰的政治號令，要求全力以赴、務期必成。完成這一硬任務，必須大力發揚改革創新精神，聚力破解制約高質量發展的卡點堵點，推動我軍建設質量變革、效率變革、動力變革。軍隊建設"十四五"規劃執行已進入能力集成交付關鍵期，打破體系梗阻迫在眉睫，需要創新聚合增效的抓建模式，促進戰鬥力建設加速提質；塑造安全態勢、遏控危機衝突、打贏局部戰爭有機統一的要求更高，需要加快練兵備戰轉型升級，提高捍衛國家主權、安全、發展利益戰略能力；深層次解決我軍建設管理粗放問題，需要全面加強軍事治理，提高軍事系統運行效能和國防資源使用效益；人才供給與打仗需求還不夠完全匹配，需要構建完善新型軍事人才體系，全方位培養用好人才；等等。推進我軍高質量發展，必須深刻領會貫徹習主席關於向改革要戰鬥力的重要指示要求，轉變發展理念，創新發展模式，增強發展質效，為實現建軍一百年奮鬥目標提供強大動力。

（三）這是搶佔國際軍事競爭戰略制高點的迫切需要。習主席深刻洞察科技之變、戰爭之變、對手之變，反覆強調要搶抓世界新軍事革命歷史機遇，抓住了就能掌握先機、贏得主動，抓不住就可能陷入被動、錯過整整一個時代。從戰爭形態演進看，戰爭的信息化程度不斷提高、智能化特徵日益顯現，網絡信息體系成為核心支撐，戰爭制勝觀念、制勝要素、制勝方式發生重大變化。從博弈鬥爭樣式看，國家戰略競爭力、社會生產力、軍隊戰鬥力深度耦合關聯，多領域多手段博弈趨於常態，基於綜合國力的整體較量更加凸顯。從軍事發展態勢看，戰略高新技術群逬發，新興領域軍事佈局加速調整，科技創新對軍事革命的引擎驅動愈發強勁。習主席對制勝未來的變革開新設計，充分體現主動識變應變求變的歷史自覺和戰略遠見，指引我們在國際軍事競爭中謀取新優勢、站上新高地。必須著眼機械化信息化智能化融合發展，下大力打造先進戰鬥力新的增長極，把建設創新型人民軍隊大踏步推向前進，牢牢掌握軍事競爭和戰爭主動權。

二、扭住關鍵要害攻堅，著力破解制約新時代備戰打仗能力提升的深層次矛盾。習主席反覆強調，改革要牢牢把握能打仗、打勝仗這個聚焦點，把主攻方向放在事關戰鬥力生成和提高的重要領域和關鍵環節上。習主席重要指示為持續深化國防和軍隊改革立牢了指揮棒、標定了基準綫，是我們奔著問題去、盯著問題改的根本遵循。必須貫徹新時代軍事戰略方針，堅持軍委管總、戰區主戰、軍種主建總原則不動搖，扭住備戰打仗短板弱項深化改革，推動軍事鬥爭準備走深走實。

（一）完善人民軍隊領導管理體制機制。領導管理體制機制，在軍隊組織形態中處於中樞和主導地位。習主席著眼大力加強政治建軍，領導推進這個領域改革，從立起新體制"四樑八柱"到不斷動態完善，進一步強固黨對人民軍隊的絕對領導，有效提升軍事治理水平。隨著強軍打贏實踐的深化拓展，我軍領導管理體制機制也要跟進調整優化，保證領導掌握部隊更為有力高效。在健全貫徹軍委主席負責制的制度機制上，進一步完善請示報告、督促檢查、信息服務工作機制，推進貫徹軍委主席負責制法治化規範化程序化，確保黨指揮槍要求貫到底、落到位。在深化戰略管理創新上，優化軍委機關部門職能配置，健全戰建備統籌推進機制，加強各領域、全鏈路、各層級治理，以軍事治理新加強助推強軍事業新發展。在健全依法治軍工作機制上，加強頂層謀劃、統籌協調、整體推進和督促落實，突出依法治官、依法治權完善監督體系，加快治軍方式根本性轉變。在體系優化軍事政策制度上，扭住作戰戰備、軍事人力資源等重要領域，完善配套措施，拿出治本之舉，持續釋放改革效能。在深化軍隊院校改革上，把院校教育作為軍事鬥爭準備的關鍵一環，面向戰場、面向部隊、面向未來推進教育教學改革，推動實現內涵式發展、發揮人才培養主渠道作用。通過一系列體制設計和制度安排，把習主席確立的新時代政治建軍方略貫徹到軍隊建設各領域全過程，把中國特色社會主義軍事制度優勢轉化為推進國防和軍隊現代化的強大力量。

（二）深化聯合作戰體系改革。建好聯合作戰體系是打勝仗的重要保障。習主席深刻把握現代戰爭規律和戰爭指導規律，對構建一體化聯合作戰體系作出一系列戰略提領，強調指揮是一個決定性因素，要打造堅強高效的聯合作戰指揮機構；強調精兵作戰、精兵制勝關鍵在一個"精"字，要形成以精銳力量為主體的聯合作戰力量體系；強調發展新領域、新技術、新手段是我軍謀取發展優勢的主要突破口，要加快生成和提高基於網絡信息體系的聯合作戰能力、全局作戰能力。我們必須把習主席重要指示領悟好貫徹好，綱舉目張把聯合作戰體系改革引向深入。著重建強指揮中樞，完善軍委聯合作戰指揮中心職能，健全重大安全領域指揮功能，優化戰區聯合作戰指揮中心編成，推動聯合作戰指揮向下延伸，確保作戰指揮鏈順暢高效運行。著重優化力量佈局，統籌各戰略方向力量佈勢和軍兵種轉型發展需要，加快發展戰略威懾力量，統籌加強傳統作戰力量，深化部隊編成改革創新，以體系結構迭代發展促進作戰能力整體提升。著重培育新質能力，搞好新興領域戰略預置，加快無人智能作戰力量發展，增加新型作戰力量比重，成體系推進新域新質作戰能力建設。當前最緊要的是重塑網絡信息體系，推動實現網信賦能聯合作戰的新跨越。習主席親自決策組建信息支援部隊，親自授予軍旗並致訓詞，在構建新型軍兵種結構佈局、完善中國特色現代軍事力量體繫上寫下濃墨重彩的一筆。必須深刻領會習主席決心意圖，把這支戰略性力量建設好，把網信組織形態重構好，驅動聯合作戰能力實現質的躍升。

（三）深化跨軍地改革。習主席著眼更好統籌發展和安全、統籌經濟建設和國防建設，對鞏固提高一體化國家戰略體系和能力作出戰略部署，要求深化改革創新，形成各司其職、緊密協作、規範有序的跨軍地工作格局。必須按照黨中央、習主席決策部署，健全一體化國家戰略體系和能力建設工作機制，推動實現各領域戰略佈局一體融合、戰略資源一體整合、戰略力量一體運用；健全國防建設軍事需求提報和軍地對接機制，促進軍地之間雙向支撐和拉動；深化國防科技工業體制改革，優化國防科技工業佈局，增強產業鏈供應鏈韌性，改進武器裝備採購制度，建立軍品設計回報機制，構建武器裝備現代化管理體系；優化邊海防領導管理體制機制，完善黨政軍警民合力治邊機制，提升強邊固防綜合能力。還有完善軍地標準化工作統籌機制，加強航天、軍貿等領域建設和管理統籌，深化民兵制度改革等，也要科學論證設計、扎實推進落實。跨軍地改革是一篇大文章，必須在黨中央、習主席堅強領導下，軍地協力向更高層次、更廣領域拓展，促進新質生產力同新質戰鬥力高效融合，努力推動國防實力與經濟實力同步提升。

三、注重體系謀劃推進，確保各項改革強軍戰略部署落地見效。持續深化國防和軍隊改革是重大政治任務和複雜系統工程，必須用習近平強軍思想蘊含的軍事觀和方法論來推進實施，增強改革落實的系統性、整體性、協同性，確保取得實效、達到預期目標。

（一）強化政治引領。改革重大部署體現的是黨的意志主張，一定要從政治上讀懂改革、吃透改革、落實改革，始終做到與黨中央、習主席保持高度一致。要深學深悟習主席關於進一步全面深化改革的重要論述，準確把握改革強軍的新部署新要求，始終堅持堅定正確的政治方向。尤其是改革無論怎麼改，都必須做到守正創新，在根本政治原則問題上不能有絲毫差池。要嚴肅政治紀律和政治規矩，自覺做改革的促進派、實幹家，不折不扣貫徹執行黨中央、習主席決策指示，切實把改革初衷堅守好、實現好。

（二）貫徹治理理念。改革越往深處走，體系關聯性越強，觸及的矛盾問題越複雜。要把全局統籌貫穿始終，加強改革各項舉措的協調聯動，加強改革備戰建設各項任務的協力攻堅，加強軍地改革各項工作的協同對接，確保形成總體效應。要把群眾路綫貫穿始終，群策群力搞好改革方案深化細化，注重試點探索和實踐驗證，堅持目標導向和問題導向相結合及時動態調優。要把厲行法治貫穿始終，在法治下推進改革，在改革中完善法治，有針對性做好法規制度立改廢釋工作，充分發揮好法治的引導、推動、規範、保障作用。

（三）突出精準施策。改革重在落實、也難在落實，必須在精準謀劃實施上下足功夫。一方面，盯住最難啃的硬骨頭靶向用力，打出換腦筋、改體制、調編制、立規章等多措並舉的"組合拳"，以釘釘子精神狠抓落實、務求突破，堅決將改革進行到底。另一方面，緊跟改革進程完善配套措施，每項改革任務都要把政策保障、資源條件、力量支撐、運行機制等各條綫壓緊壓實，打通改革落地"最後一公里"，防止重大改革舉措踏虛走樣。

（四）堅持穩中求進。改革牽一髮而動全身，必須把方方面面的工作想全落細做實，確保改革蹄疾步穩、有力有序推進。要把控節奏，區分輕重緩急，排出任務表、路綫圖，力避打亂仗、"翻燒餅"。要防範風險，穩妥審慎化解各種矛盾和隱患，把安全穩定的底守住兜牢。要搞好引導，加大宣傳闡釋力度，靠上去做好一人一事工作，凝聚擁護支持改革的意志力量。要規範秩序，釐清權責界面，理順內外關係，做到初始即從嚴、起步就正規，以嶄新面貌推進改革、奮鬥強軍。

深化黨的建設制度改革

李幹傑

　　黨的二十屆三中全會通過的《中共中央關於進一步全面深化改革、推進中國式現代化的決定》（以下簡稱《決定》），著眼黨所處的歷史方位和肩負的使命任務，對當前和今後一個時期深化黨的建設制度改革作出戰略部署，充分體現了以習近平同志為核心的黨中央堅持用改革精神和嚴的標準管黨治黨、以黨的自我革命引領社會革命的高度自覺，必將有力推動新時代黨的建設新的偉大工程向縱深發展，為以中國式現代化全面推進強國建設、民族復興偉業提供堅強保證。

一、 充分認識新起點上深化黨的建設制度改革的重大意義

　　治國必先治黨，黨興才能國強。在新時代全面從嚴治黨取得歷史性開創性成就的堅實基礎上，《決定》把黨的建設制度改革擺在重要位置統籌謀劃、接續推進，有著深遠的戰略考量。

　　（一）這是應對重大風險挑戰、推進中國式現代化的迫切需要。推進中國式現代化是前無古人的開創性事業，必然會遇到大量從未出現過的全新課題、遭遇各種艱難險阻、經受許多風高浪急甚至驚濤駭浪的重大考驗。特別是當前世界百年變局加速演進，局部衝突和動蕩頻發，來自外部的打壓遏制隨時可能升級；我國經濟持續回升向好面臨諸多挑戰，不少深層次矛盾躲不開、繞不過，各種"黑天鵝"、"灰犀牛"事件隨時可能發生。確保中國式現代化這艘航船乘風破浪、行穩致遠，關鍵在黨，關鍵是

要把黨建設好建設強。這就需要通過持續深化黨的建設制度改革，完善黨的領導體制和執政方式，充分發揮黨總攬全局、協調各方的領導核心作用，團結帶領人民群眾依靠頑強鬥爭打開事業發展新天地。

（二）這是進一步全面深化改革、推進國家治理體系和治理能力現代化的應有之義。黨的建設制度改革既是全面深化改革的重要內容，也是重要保證。黨的十八大以來，以習近平同志為核心的黨中央把黨的建設制度改革納入全面深化改革一體謀劃部署，扎實推進黨的組織制度、幹部人事制度、基層組織建設制度、人才發展體制機制改革，不斷把黨的政治優勢、組織優勢、制度優勢轉化為黨和國家的治理優勢。新時代以來，新制定修訂的黨內法規佔現行有效黨內法規的比例超過70%，成為黨的歷史上制度成果最豐碩、制度體系最健全、制度執行最嚴格的時期。全面深化改革永遠在路上，全面從嚴治黨永遠在路上。這就需要通過持續深化黨的建設制度改革，固根基、揚優勢、補短板、強弱項，增強黨內法規權威性和執行力，不斷提高管黨治黨的制度化規範化科學化水平，更好以"中國共產黨之治"引領保障"中國之治"。

（三）這是解決大黨獨有難題、建設更加堅強有力的馬克思主義政黨的必然要求。我們黨作為世界上最大的馬克思主義政黨，在14億多人口的大國長期執政，既有辦大事、建偉業的巨大優勢，也面臨治黨治國的特殊難題。從時間上看，我們黨已經走過100多年光輝歷程，在全國執政近75年，將長期面臨"四大考驗"、"四種危險"，需要時刻警惕會不會變得老態龍鍾、疾病纏身。從體量上看，截至2023年底，全國共有黨組織532.9萬個、黨員9918.5萬名，把每個組織建強、每名黨員管好，保持黨的團結統一、步調一致極為不易。習近平總書記深刻指出，黨要永葆先進性和純潔性，集中性的打掃、洗滌很有必要，但從長計議還得靠改革、靠制度。這就需要通過持續深化黨的建設制度改革，健全全面從嚴治黨體系，解決好"六個如何始終"的大黨獨有難題，不斷推進黨的自我淨化、自我完善、自我革新、自我提高，確保黨始終成為時代先鋒、民族脊樑。

二、準確把握深化黨的建設制度改革的方向原則

《決定》緊扣推進中國式現代化這個主題，明確了進一步全面深化改革的指導思想、總目標和原則。我們要深入學習領會、準確理解把握，貫徹落實到黨的建設制度改革全過程各方面。

（一）必須以習近平新時代中國特色社會主義思想為科學指引。習近平新時代中國特色社會主義思想是堅持"兩個結合"的光輝典範，是我們做好一切工作的根本指針。特別是習近平總書記關於全面深化改革的一系列新思想、新觀點、新論斷，深刻回答了"為什麼改"、"往哪裏改"、"怎麼改"的時代課題，把黨的改革理論和改革實踐推向新的歷史高度；習近平總書記關於黨的建設的重要思想，深刻回答了建設什麼樣的長期執政的馬克思主義政黨、怎樣建設長期執政的馬克思主義政黨的重大問題，極大豐富和發展了馬克思主義建黨學說。深化黨的建設制度改革，就要以此為總遵循、總依據、總指引，經常對標對表、及時校正糾偏，確保改革始終沿著正確政治方向前進。

（二）必須以堅持黨的全面領導為根本原則。黨的領導是進一步全面深化改革、推進中國式現代化的根本保證。深化黨的建設制度改革，一定要朝著有利於堅持和加強黨的全面領導、鞏固黨的執政地位去推進。堅持黨的領導，首要的是堅持黨中央權威和集中統一領導；維護黨中央權威和集中統一領導，最關鍵的是堅決維護習近平總書記黨中央的核心、全黨的核心地位。要完善加強和維護黨中央集中統一領導的各項制度，完善黨中央重大決策部署落實機制，健全黨的全面領導制度，推動全黨堅定擁護"兩個確立"、堅決做到"兩個維護"，始終在思想上政治上行動上同以習

近平同志為核心的黨中央保持高度一致。

（三）必須以提高黨的領導水平和長期執政能力為重要目標。堅持黨的領導，需要不斷改善黨的領導。現在，形勢環境變化之快、改革發展穩定任務之重、矛盾風險挑戰之多、治國理政考驗之大前所未有，對黨的執政能力建設提出了新的更高要求。深化黨的建設制度改革，就要注重創新和改進領導方式、執政方式，不斷提高黨把方向、謀大局、定政策、促改革能力，提高各級領導班子和領導幹部推動高質量發展本領、服務群眾本領、防範化解風險本領，使黨的領導更好適應時代發展、實踐需要、人民期盼。

（四）必須以調動全黨抓改革、促發展的積極性、主動性、創造性為著力點。全面深化改革的根本指向，是堅決破除妨礙推進中國式現代化的思想觀念和體制機制弊端，著力破解深層次體制機制障礙和結構性矛盾，進一步解放和發展社會生產力、激發和增強社會活力。深化黨的建設制度改革，就要通過立規明矩、獎優罰劣、激濁揚清，持續釋放重實幹、重實績、重擔當的強烈信號，推動各級黨組織和廣大黨員、幹部爭做改革發展的促進派和實幹家，帶動全社會理解改革、支持改革、參與改革，為中國式現代化注入強勁動力。

三、 全面落實深化黨的建設制度改革的重點任務

《決定》從頂層設計的高度對深化黨的建設制度改革作出部署安排，明確了路綫圖、任務書。我們要提高政治站位、強化責任擔當，以釘釘子精神把改革任務一項一項抓落地、抓到位、抓見效。

（一）建立健全以學鑄魂、以學增智、以學正風、以學促幹長效機制。理論武裝越徹底，理想信念就越堅定，思想就越敏銳，行動就越自覺。要鞏固拓展主題教育成果，突出學習貫徹習近平新時代中國特色社會主義思

想主題主綫，扎實開展大規模、體系化、全覆蓋教育培訓，引導廣大黨員、幹部深學細悟蘊含其中的世界觀、方法論特別是"六個必須堅持"的精髓要義，自覺做堅定信仰者和忠實實踐者。要健全黨的創新理論學習制度，認真落實領導班子讀書班、"第一議題"、專題黨課、專題研討等具體制度，建立經常性和集中性相結合的紀律教育機制，把理論武裝不斷引向深入。要大力弘揚理論聯繫實際的馬克思主義學風，創新學習方式方法，完善理論學習考核評價機制，推動學習成效轉化為立足崗位推進中國式現代化的實際行動。

（二）持續深化幹部人事制度改革。應變局、育新機、開新局、謀復興，關鍵是要把領導班子配優建強、把幹部隊隊管好用好。要堅持黨管幹部原則，鮮明樹立選人用人正確導向，大力選拔政治過硬、敢於擔當、銳意改革、實績突出、清正廉潔的幹部。要聚焦解決亂作為問題，健全有效防範和糾治政績觀偏差工作機制，加強正確政績觀教育，改進推動高質量發展的政績考核，督促引導領導幹部悟透以人民為中心的發展思想，樹立和踐行正確政績觀。要聚焦解決不作為問題，研究制定推進領導幹部能上能下實施細則，進一步明確"下"的情形、優化"下"的程序、拓寬"下"的渠道、壓實"下"的責任，加大調整不適宜擔任現職幹部力度，推動形成能者上、優者獎、庸者下、劣者汰的良好局面。要聚焦解決不敢為問題，研究制定落實"三個區分開來"實施辦法，正確看待幹部在履職中的失誤和錯誤，把從嚴管理監督和鼓勵擔當作為高度統一起來，旗幟鮮明為擔當者擔當、為負責者負責、為幹事者撐腰、為創新者鼓勁。要聚焦解決不善為問題，健全常態化培訓特別是基本培訓機制，強化專業訓練和實踐鍛煉，有組織有計劃地把幹部放到改革發展主戰場、重大鬥爭最前沿、服務群眾第一綫去磨煉，全面提高幹部現代化建設能力。要完善和落實領導幹部任期制，保持黨政領導班子成員任職穩定，健全領導班子主要負責人變動交接制度，防止頻繁調整滋長浮躁情緒、誘發短期行為，防止搞"擊鼓傳花"、"新官不理舊賬"。要健全政治監督具體化、精準化、常態化機制，健全加強對"一把手"和領導班子監督配套制度，強化日常管理監督的穿透力，管好關鍵人、管到關鍵處、管住關鍵事、管在關鍵時。

（三）增強黨組織政治功能和組織功能。黨的力量來自組織，黨的領導、黨的全部工作要靠黨的堅強組織體系去實現。要著眼橫向到邊、縱向到底，統籌推進各層級各領域黨組織建設，完善上下貫通、執行有力的組織體系，推動各級黨組織全面進步、全面過硬。要深入推進抓黨建促鄉村振興，運用"千萬工程"經驗，突出抓好鄉鎮黨委和村黨組織建設，優化駐村第一書記和工作隊選派管理，常態化防範和整治"村霸"問題。要加強黨建引領基層治理，健全黨組織領導的自治、法治、德治相結合的城鄉基層治理體系，堅持和發展新時代"楓橋經驗"，制定鄉鎮（街道）履行職責事項清單，健全為基層減負長效機制，持續破解基層治理"小馬拉大車"突出問題。要探索加強新經濟組織、新社會組織、新就業群體黨的建設有效途徑，加快構建統得起、兜得住、管得好的黨建工作格局，擴大黨在新興領域的號召力凝聚力影響力。

（四）完善黨員教育管理、作用發揮機制。黨的先進性和純潔性要通過黨員的先進性和純潔性來體現，黨的執政使命要通過黨員卓有成效的工作來完成。要嚴格把好黨員隊伍入口關，把政治標準放在首位，加強政治審查，重點考察入黨動機和政治素質，源源不斷把各方面先進分子特別是優秀青年吸收到黨內來。要健全新時代黨員教育培訓體系，善於運用信息化手段抓好基層黨員的直接培訓，嚴格執行"三會一課"、組織生活會、民主評議黨員、主題黨日等基本制度。要加強和改進流動黨員管理，落實流入地、流出地黨組織和流動黨員本人責任，做細做實組織關係轉接工作，使每名黨員都納入黨組織有效管理。要認真實施不合格黨員組織處置辦法，進一步暢通出口、純潔隊伍。要針對不同群體黨員實際，設立黨員示範崗、黨員責任區，開展設崗定責、承諾踐諾等，引導黨員立足崗位建功立業。要健全黨組織和黨員在網絡空間發揮作用的機制，走好網上群眾路綫，推動正能量形成大流量並始終充盈網絡空間。

（五）實施更加積極、更加開放、更加有效的人才政策。人才是最寶貴的資源，是推進中國式現代化的基礎性、戰略性支撐。要統籌推進教育科技人才體制機制一體改革，以建設國家高水平人才高地和吸引集聚人才平台為總抓手，加快建設國家戰略人才力量，著力培養造就戰略科學家、一流科技領軍人才和創新團隊，著力培養造就卓越工程師、大國工匠、高技能人才，建設一流產業技術工人隊伍，提高各類人才素質。要完善人才自主培養機制，建立科技發展、國家戰略需求牽引的學科設置調整機制和人才培養模式，加強基礎學科、新興學科、交叉學科建設和拔尖人才培養，完善青年創新人才發現、選拔、培養機制。要完善人才有序流動機制，打通高校、科研院所和企業人才交流通道，深化東中西部人才協作，促進人才區域合理佈局。要強化人才激勵機制，堅持向用人主體授權、為人才鬆綁，賦予科學家更大技術路綫決定權、更大經費支配權、更大資源調度權，健全保障科研人員專心科研制度，更好保障青年科技人員待遇。要建立以創新能力、質量、實效、貢獻為導向的人才評價體系，持續深化"唯帽子"問題治理，避免簡單以人才稱號、學術頭銜確定薪酬待遇、配置學術資源。要完善海外引進人才支持保障機制，探索建立高技術人才移民制度，加快形成具有國際競爭力的人才制度體系，更好地聚天下英才而用之。

為進一步全面深化改革、推進中國式現代化營造良好外部環境

王　毅

　　服務於以中國式現代化全面推進強國建設、民族復興偉業，是中國特色大國外交的光榮使命。黨的二十屆三中全會通過的《中共中央關於進一步全面深化改革、推進中國式現代化的決定》（以下簡稱《決定》）強調，對外工作必須"為進一步全面深化改革、推進中國式現代化營造良好外部環境"。這是以習近平同志為核心的黨中央統攬中華民族偉大復興戰略全局和世界百年未有之大變局，立足進一步全面深化改革、推進中國式現代化的目標任務，對當前和今後一個時期對外工作提出的明確要求。我們要深刻領會、堅決貫徹《決定》精神，緊緊圍繞黨和國家中心工作謀劃和推進外交工作，為實現黨在新時代新征程的中心任務營造更有利國際環境、提供更堅實戰略支撐。

一、 深刻領會進一步全面深化改革、推進中國式現代化的時代價值和世界意義

　　《決定》強調，"中國式現代化是走和平發展道路的現代化"，繼續把改革推向前進"是推動構建人類命運共同體、在百年變局加速演進中贏得戰略主動的必然要求"。今日之中國是世界之中國，改革開放是中國攜手世界共同發展進步的偉大歷史進程。黨的十八大以來，全面深化改革向縱深推進，許多領域實現歷史性變革、系統性重塑、整體性重構，推動我國

邁上全面建設社會主義現代化國家新征程，為人類和平與發展崇高事業作出了新的重大貢獻。

為維護世界和平穩定彰顯中國力量。習近平總書記指出："改革開放這場中國的第二次革命，不僅深刻改變了中國，也深刻影響了世界"。我們貫徹新發展理念、構建新發展格局、推進高質量發展，14億多中國人民昂首邁向現代化，帶動發展中國家整體實力不斷壯大，推動國際力量對比發生近代以來最具進步意義的重大變化。書寫了經濟快速發展和社會長期穩定兩大奇跡的新篇章，實現近1億農村貧困人口全部脫貧，對世界減貧貢獻率超過70%，對世界經濟增長貢獻率連續多年超過30%，有力推進了全球發展事業。我們把堅持走和平發展道路寫入黨章和憲法，提出推動構建相互尊重、公平正義、合作共贏的新型國際關係，走出了一條與傳統大國崛起截然不同的新路。提出堅持共同、綜合、合作、可持續的新安全觀，是安理會常任理事國中派遣維和人員最多的國家。推動五核國發表關於防止核戰爭的聯合聲明，探索並踐行中國特色熱點問題解決之道，取得促成沙特伊朗和解復交等重要成果。一個矢志改革創新的中國不斷發展壯大，必將成功跨越所謂"修昔底德陷阱"、"中等收入陷阱"，必將進一步增強世界和平與國際正義的力量。

為推動全球開放合作展現中國擔當。習近平總書記指出，要"以擴大開放促進深化改革，以深化改革促進擴大開放"。面對保護主義逆流，習近平總書記在世界經濟論壇高舉經濟全球化旗幟，指引推動建設開放型世界經濟的前進方向。在國內，深入推進高水平制度型開放，全面實行外商投資准入前國民待遇加負面清單管理制度，全面取消製造業領域外資准入限制措施，有力強化知識產權保護，營商環境全球排名從96位躍升至31位，貨物貿易和吸引外資總額居世界前列。在國際，堅定維護以世界貿易組織為核心的多邊貿易體制，同世界上超過3/4的國家攜手高質量共建"一帶一路"，打造中國國際進口博覽會新平台，推動達成並高水平實施

《區域全面經濟夥伴關係協定》，構建面向全球的高標準自由貿易區網絡。國際社會普遍認為，中國堪稱當今世界推動貿易和投資自由化便利化的最大旗手、引領開放合作潮流的中堅力量。

為引領全球治理體系變革完善提供中國方案。習近平總書記指出："隨著國際力量對比消長變化和全球性挑戰日益增多，加強全球治理、推動全球治理體系變革是大勢所趨。"對外工作頂層設計更加科學，成立中央外事工作委員會，召開中央外事工作會議，不斷完善對外工作體制機制。創立習近平外交思想，提出構建人類命運共同體重要理念和全球發展倡議、全球安全倡議、全球文明倡議，倡導平等有序的世界多極化、普惠包容的經濟全球化，給出世界之問的中國答案。倡導踐行共商共建共享的全球治理觀，堅持真正的多邊主義，推動達成氣候變化《巴黎協定》，支持金磚國家、上海合作組織發展壯大，推動全球治理體系朝著更加公正合理方向發展。聯合國秘書長古特雷斯表示，中國已成為多邊主義的重要支柱。

為攜手實現世界現代化注入中國活力。習近平總書記指出："中國追求的不是獨善其身的現代化，願同各國一道，實現和平發展、互利合作、共同繁榮的世界現代化"。我們黨團結帶領中國人民全面深化改革，不斷實現理論和實踐上的創新突破，成功推進和拓展了中國式現代化，創造了人類文明新形態，使廣大發展中國家看到了新的希望，堅定了自主選擇發展道路的信心。我們平等開展治國理政經驗交流，全力支持發展中國家增強自主發展能力，設立全球發展和南南合作基金，成立全球發展促進中心，同非洲國家共同實施"九項工程"，為太平洋島國量身打造應對氣變等"六大合作平台"。中國式現代化道路越走越寬廣，為世界現代化進程注入新的活力。

方向決定道路，道路決定命運。《決定》提出全面建成高水平社會主義市場經濟體制等一系列重大目標，具有極為重要和深遠的影響，將是人類社會首次在 10 億以上人口超大規模層級上整體推進現代化，實現人的全面發展。中國在改革開放中走到今天、融入世界，也必將在全面深化改革中邁向未來、惠及全球，以中國式現代化新成就為世界發展提供新機遇，發揮更具國際影響力、創新引領力、道義感召力的負責任大國作用。

二、 正確認識外部環境中的戰略機遇和風險挑戰

《決定》牢牢堅持統籌國內國際兩個大局，科學研判紛繁複雜的國際國內形勢，準確把握改革發展前進道路上的外部環境，充分體現了黨中央高瞻遠矚的世界眼光和戰略思維。

當前，世界之變、時代之變、歷史之變正以前所未有的方式展開。世界百年未有之大變局加速演進，新一輪科技革命和產業變革深入發展，國際力量對比深刻調整，"全球南方"聲勢卓然壯大，和平、發展、合作、共贏已是人心所向、大勢所趨，我國發展面臨新的戰略機遇。同時，國際形勢變亂交織，逆全球化思潮抬頭，單邊主義、保護主義明顯上升，局部衝突和動蕩頻發，全球性挑戰不斷加劇，個別大國大搞強權霸凌、肆意圍堵打壓新興力量，我國發展進入戰略機遇和風險挑戰並存、不確定難預料因素增多的時期。

不畏浮雲遮望眼，亂雲飛渡仍從容。放眼世界，人類發展進步的大方向不會改變，世界歷史曲折前進的大邏輯不會改變，國際社會命運與共的大趨勢不會改變。中華民族偉大復興已進入不可逆轉的歷史進程。今天，我們已能夠更多把握歷史主動、更大程度影響世界發展方向。

習近平總書記指出，中華民族以改革開放的姿態繼續走向未來，有著深遠的歷史淵源、深厚的文化根基。只要保持信心定力、積極擔當作為，敢於善於鬥爭、主動識變應變求變，就一定能逢山開路、遇水架橋，依靠頑強鬥爭不斷打開事業發展新天地。

三、全力推進新時代對外工作，營造良好外部環境

《決定》擘畫了進一步全面深化改革、推進中國式現代化的宏偉藍圖，就對外工作為此營造良好外部環境提出了明確要求。當前和今後一個時期，對外工作要以習近平新時代中國特色社會主義思想為指導，深入學習貫徹黨的二十屆三中全會精神，高舉構建人類命運共同體旗幟，堅持自信自立、開放包容、公道正義、合作共贏的方針原則，奮力開創中國特色大國外交新局面，為進一步全面深化改革、推進中國式現代化營造良好外部環境。

（一）堅定奉行獨立自主的和平外交政策，維護和平穩定的國際環境。要堅持依據事情本身的是非曲直決定自己的立場和政策，維護國際關係基本準則，維護國際公平正義。堅持在和平共處五項原則基礎上同各國發展友好合作，推動構建新型國際關係。堅持促進大國協調和良性互動，推動中俄新時代全面戰略協作夥伴關係全方位發展，以相互尊重、和平共處、合作共贏為努力方向探索中美正確相處之道，推動中歐全面戰略夥伴關係健康穩定發展。堅持親誠惠容和與鄰為善、以鄰為伴周邊外交方針，深化同周邊國家友好互信和利益融合。堅持真實親誠理念和正確義利觀加強同發展中國家團結合作，維護發展中國家共同利益。堅持拓展平等、開放、合作的全球夥伴關係，擴大同各國利益的匯合點，構建遍佈全球的"朋友圈"。

（二）積極推進高水平對外開放，服務構建新發展格局。開放是中國式現代化的鮮明標識。要堅持以開放促改革，在擴大國際合作中提升開放能力，同各國共享發展機遇和紅利。加強中外交流互鑒，助力高水平社會主義市場經濟體制建設。完善推進高質量共建"一帶一路"機制，構建立體互聯互通網絡。積極開展經濟外交，便利中外人員往來，為外資外貿創造市場化、法治化、國際化一流營商環境。主動對接國際高標準經貿規

則，擴大面向全球的高標準自由貿易區網絡。擴大自主開放，擴大對最不發達國家單邊開放。推動金融高水平開放，穩慎扎實推進人民幣國際化。支持實施高水平教育開放，推進國際科技交流合作。鞏固提升香港國際金融、航運、貿易中心地位，健全香港、澳門在國家對外開放中更好發揮作用機制。

（三）推進"三大全球倡議"走深走實，引領共謀發展、共築安全、共興文明的國際潮流。全面推進落實全球發展倡議，充分發揮"之友小組"作用，用好全球發展項目庫和資金庫、全球發展促進中心網絡，共建全球發展夥伴關係，培育全球發展新動能。全面踐行全球安全倡議，推動各國堅持共同、綜合、合作、可持續的新安全觀，踐行中國特色熱點問題解決之道，積極參與全球安全治理，推動落實《全球人工智能治理倡議》、《全球數據安全倡議》。建設全球文明倡議踐行機制，弘揚平等、互鑒、對話、包容的文明觀，用好文明古國論壇等平台，擴大國際人文交流合作，全面提升國際傳播效能，展現可信、可愛、可敬的中國形象。

（四）倡導平等有序的世界多極化、普惠包容的經濟全球化，推動全球治理體系變革完善。堅持"平等"，國家不分大小強弱都應在多極化進程中平等參與、享受權利、發揮作用，切實推進國際關係民主化，增強廣大發展中國家的代表性和發言權，反對霸權主義和強權政治。堅持"有序"，堅定維護以聯合國為核心的國際體系、以國際法為基礎的國際秩序、以聯合國憲章宗旨和原則為基礎的國際關係基本準則，秉持真正的多邊主義，反對陣營化、碎片化、無序化。堅持"普惠"，做大並分好經濟發展的蛋糕，妥善解決國家間和各國內部發展失衡問題，促進國際宏觀經濟政策協調，實現互利共贏和共同繁榮。堅持"包容"，支持各國走符合自身國情的發展道路，維護以世界貿易組織為核心的多邊貿易體制，積極參與全球經濟治理體系改革和國際金融治理，反對各種形式的單邊主義、保護主義，抵制歧視性排他性的標準、規則，維護全球產業鏈供應鏈穩定暢通。

（五）推動構建人類命運共同體，攜手建設世界現代化。構建人類命運共同體是世界各國人民的前途所在。要高舉這一光輝旗幟，在世界變局亂局中開闢長治久安、共同繁榮的人間正道，在複雜風險挑戰中把握團結合作、同舟共濟的正確方向。弘揚和平、發展、公平、正義、民主、自由的全人類共同價值，促進各國人民相知相親。推動更多雙邊和地區命運共同體建設落地生根，推動衛生健康、氣候變化、網絡安全等各領域命運共同體建設走實見效。倡導以和平發展超越衝突對抗，以共同安全取代絕對安全，以互利共贏摒棄零和博弈，以交流互鑒防止文明衝突，以綠色發展呵護地球家園，同各國一道建設持久和平、普遍安全、共同繁榮、開放包容、清潔美麗的世界，為推進世界現代化進程、開創人類更加美好未來彙聚合力。

（六）全面貫徹總體國家安全觀，為現代化建設提供堅強安全保障。堅決捍衛黨的領導和中國特色社會主義制度，堅決維護國家統一和領土完整，堅決反對外部勢力利用台灣、涉港、涉疆、涉藏、人權等問題干涉我國內政、攻擊抹黑我國形象。建立健全周邊安全工作協調機制，為營造長治久安的周邊環境提供堅實依託。強化海外利益和投資風險預警、防控、保護體制機制，深化安全領域國際執法合作，維護我國公民、法人在海外合法權益。加強涉外法治建設，健全反制裁、反干涉、反“長臂管轄”機制，健全維護海洋權益機制，健全追逃防逃追贓機制。

（七）堅持和加強黨的領導，建設堪當時代重任的外交隊伍。毫不動搖堅持外交大權在黨中央，自覺堅持黨中央集中統一領導，認真落實黨領導外事工作條例，進一步強化黨領導對外工作的體制機制，確保黨中央對外工作決策部署不折不扣貫徹落實。深化援外體制機制改革，實現全鏈條管理。全面加強外交戰綫黨的建設，堅持守正創新，加強思想理論武裝，建立健全以學鑄魂、以學增智、以學正風、以學促幹長效機制。深化外事工作機制改革，推動外交工作在觀念、體制、能力等方面不斷革新提升。堅持以嚴的基調強化正風肅紀，馳而不息推進外交隊伍建設，鍛造一支對黨忠誠、勇於擔當、敢鬥善鬥、紀律嚴明的新時代外交鐵軍。

藍圖已經繪就，奮鬥開創未來。我們要更加緊密地團結在以習近平同志為核心的黨中央周圍，深刻領悟"兩個確立"的決定性意義，增強"四個意識"、堅定"四個自信"、做到"兩個維護"，以更加積極主動的歷史擔當、更加富有活力的創造精神，全面推進中國特色大國外交，為進一步全面深化改革、推進中國式現代化不懈奮鬥！

黨的二十屆三中全會《決定》學習輔導百問

1. 如何認識新時代全面深化改革的重大成就？

《決定》提出："黨的十一屆三中全會是劃時代的，開啟了改革開放和社會主義現代化建設新時期。黨的十八屆三中全會也是劃時代的，開啟了新時代全面深化改革、系統整體設計推進改革新征程，開創了我國改革開放全新局面。"黨的十八屆三中全會的劃時代意義和由此開創的改革開放全新局面，是建立在新時代全面深化改革重大成就基礎上的。對此，可以從以下幾個方面來認識和把握。

第一，新時代以來黨中央一以貫之、一抓到底推進改革，決心之大、變革之深、影響之廣前所未有。以習近平同志為核心的黨中央團結帶領全黨全軍全國各族人民，以偉大的歷史主動、巨大的政治勇氣、強烈的責任擔當開啟了氣勢如虹、波瀾壯闊的改革進程，推動中國特色社會主義制度自我完善和發展。黨的十八大對全面深化改革作出戰略部署，強調不失時機推進重要領域和關鍵環節改革。黨的十八屆三中全會對經濟體制、政治體制、文化體制、社會體制、生態文明體制、國防和軍隊、黨的建設制度改革作出部署，確定全面深化改革的總目標、戰略重點、優先順序、主攻方向、工作機制、推進方式和時間表、路綫圖，拉開新時代全面深化改革的大幕，打響改革攻堅戰。黨的十八屆四中、五中、六中全會，黨的十九大、二十大及黨的十九大以來有關中央全會都對改革作出部署，也都納入全面深化改革大盤子統籌謀劃、接續推進，先後推出 3100 多項改革舉措，開創了以改革開放推動黨和國家各項事業取得歷史性成就、發生歷史性變革的新局面。貫徹落實黨的二十大戰略部署，黨的二十屆三中全會站在新的歷史起點上，科學謀劃進一步全面深化改革，既是黨的十八屆三中全會以來全面深化改革的實踐續篇，也是新征程推進中國式現代化的時代新篇，彰顯了我們黨將改革進行到底的強大決心和堅強意志，必將為推進中國式現代化注入強大動力。

第二，新時代全面深化改革是全方位、深層次、根本性的，啃下了不少硬骨頭，闖過了不少急流險灘，攻克了不少難關。改革敢於突進深水區，刀刃向內、砥礪前行、攻堅克難，解決了許多長期想解決而沒有解決的難題，辦成了許多過去想辦而沒有辦成的大事要事。全面深化改革始終堅持從理論上正本清源、從制度上立柱架樑、從實踐上有力推進。黨中央提出的一系列創新理論、採取的一系列重大舉措、取得的一系列重大成就，都是革命性的。比如，創造性提出使市場在資源配置中起決定性作用和更好發揮政府作用，深化了對社會主義市場經濟規律性的認識，對完善社會主義市場經濟體制具有重大而長遠的指導意義。比如，在堅持和落實"兩個毫不動搖"、深化國資國企改革、促進民營經濟發展、構建支持全面創新體制機制、深化財稅金融體制改革、完善現代市場體系、健全城鄉發展一體化體制機制、設立自由貿易試驗區、建設中國特色自由貿易港、黨和國家機構改革、行政管理體制改革、依法治國體制改革、司法體制改革、外事體制改革、社會治理體制改革、生態環境督察體制改革、國家安全體制改革、國防和軍隊改革、黨的建設制度改革、紀檢監察制度改革等方面，都是堅持正確改革方向，衝破思想觀念束縛，突破利益固化藩籬，大刀闊斧地幹，真刀真槍地改，堅決破除各方面體制機制弊端。

第三，新時代全面深化改革取得的成就是歷史性、革命性、開創性的，各領域基礎性制度框架基本建立，許多領域實現歷史性變革、系統性重塑、整體性重構，進一步解放和發展了社會生產力，推動了生產關係和生產力、上層建築和經濟基礎、國家治理和社會發展更好相適應。新時代全面深化改革堅持發揮經濟體制改革的牽引作用，完善和發展社會主義基本經濟制度，市場機制有效、微觀主體有活力、宏觀調控有度的經濟體制不斷完善，推動我國經濟邁上更高質量、更有效率、更加公平、更可持續、更為安全的發展之路；健全全過程人民民主制度體系，全面、廣泛、有機銜接的人民當家作主制度體系更加健全，中國特色社會主義政治制度優越性得到更好發揮，為黨和國家事業發展提供了長期性制度保障；完善中國特色社會主義法治體系，健全科學立法、嚴格執法、公正司法、全民守法體制機制，社會公平正義保障更為堅實，推動開創法治中國建設新局面；堅持和完善繁榮發展社會主義先進文化的制度，建立健全堅持馬克思主義在意識形態領域指導地位的根本制度，中華優秀傳統文化得到創造性轉化和創新性發展，為新時代開創黨和國家事業新局面提供了堅強思想保證和強大精神力量；健全統籌城鄉的民生保障制度，推進收入分配、就業、教育、醫療、社會保障等重點領域制度創新，推動建成世界上規模最大的教育體系、社會保障體系、醫療衛生體系，人民群眾獲得感、幸福感、安全感持續增強；建立健全精準扶貧體制機制，助力打贏了人類歷史上規模最大的脫貧攻堅戰；建立健全生態文明制度體系，完善山水林田湖草沙一體化保護和系統治理的體制機制，建立起源頭嚴防、過程嚴管、損害賠償、後果嚴懲的生態文明基礎性制度框架，推動生態環境保護發生歷史性、轉折性、全局性變化；完善集中統一、高效權威的國家安全領導體制，完善國家安全法治體系、戰略體系和政策體系，建立國家安全工作協調機制和應急管理機制，建設共建共治共享的社會治理制度，推動發展了人民安居樂業、社會安定有序的良好局面；堅持和完善黨對人民軍隊的絕對領導制度，開展新中國成立以來最為廣泛、最為深刻的國防和軍隊改革，實現了人民軍隊的整體性革命性重塑；健全黨的領導制度體系，完善黨和國家監督體系，建立健全一體推進不敢腐、不能腐、不想腐體制機制，推動全面從嚴治黨不斷向縱深發展，黨在革命性鍛造中更加堅強。

　　無論從改革廣度和深度看，還是從黨和國家各項事業發展對改革的實際檢驗看，全面深化改革都是一場思想理論的深刻變革、一場改革組織方式的深刻變革、一場國家制度和治理體系的深刻變革、一場人民廣泛參與的深刻變革。放眼全世界，沒有哪個國家和政黨，能有這樣的政治氣魄和歷史擔當，能在這麼短的時間內推動這麼大範圍、這麼大規模、這麼大力度的改革。這根本在於有習近平總書記領航掌舵，有習近平新時代中國特色社會主義思想科學指引。

2. 怎樣理解緊緊圍繞推進中國式現代化進一步全面深化改革的重要性和必要性？

《決定》提出："面對紛繁複雜的國際國內形勢，面對新一輪科技革命和產業變革，面對人民群眾新期待，必須繼續把改革推向前進。這是堅持和完善中國特色社會主義制度、推進國家治理體系和治理能力現代化的必然要求，是貫徹新發展理念、更好適應我國社會主要矛盾變化的必然要求，是堅持以人民為中心、讓現代化建設成果更多更公平惠及全體人民的必然要求，是應對重大風險挑戰、推動黨和國家事業行穩致遠的必然要求，是推動構建人類命運共同體、在百年變局加速演進中贏得戰略主動的必然要求，是深入推進新時代黨的建設新的偉大工程、建設更加堅強有力的馬克思主義政黨的必然要求。改革開放只有進行時，沒有完成時。全黨必須自覺把改革擺在更加突出位置，緊緊圍繞推進中國式現代化進一步全面深化改革。"對此，可以從以下幾個方面來理解。

第一，從進一步全面深化改革同推進中國式現代化的關係看，圍繞黨的中心任務謀劃改革是改革取得成功的重要經驗。黨的二十大確立了團結帶領全國各族人民全面建成社會主義現代化強國、實現第二個百年奮鬥目標，以中國式現代化全面推進中華民族偉大復興的中心任務，闡述了中國式現代化的中國特色、本質要求、重大原則等，對推進中國式現代化作出了戰略部署。要把這些戰略部署落到實處，把中國式現代化藍圖變為現實，根本在於進一步全面深化改革，需要研究思考如何從強國建設、民族復興戰略全局高度，分領域分階段提出中國式現代化更加明確清晰的戰略目標願景，解決好中國式現代化是什麼、幹什麼、怎麼幹的問題，解決好進一步全面深化改革圍繞什麼來改、改什麼和怎麼改的問題，使我們的改革舉措更好地解決中國式現代化面臨的體制機制問題，不斷完善各方面體制機制，掃除各種障礙，源源不斷為中國式現代化激發活力、增添動力。

第二，從進一步全面深化改革的總目標看，完善和發展中國特色社會主義制度、推進國家治理體系和治理能力現代化是一個動態的歷史過程，必然隨著實踐的發展而不斷向更高水平邁進。黨的十八大以來，我們突出制度建設這條主綫，堅決破除各方面體制機制弊端，各領域基礎性制度框架基本建立，中國特色社會主義制度更加成熟更加定型，國家治理體系和治理能力現代化水平明顯提高。同時要看到，有些制度還不夠完善、體系還不夠健全，有些改革舉措尚未完成，有的甚至需要相當長的時間去落實，治理體系和治理能力還不完全適應經濟社會發展需要。我們決不能停下腳步，決不能有鬆口氣、歇歇腳的想法，必須深刻把握我國發展要求和時代潮流，把制度建設和治理能力建設擺到更加突出的位置，繼續深化各領域各方面體制機制改革，固根基、揚優勢、補短板、強弱項，推動各方面制度更加完善，不斷把我國制度優勢更好轉化為國家治理效能。

第三，從推動高質量發展要求看，高質量發展是全面建設社會主義現代化國家的首要任務，需要通過改革來清道排障。當前，我國改革發展穩定面臨不少深層次矛盾躲不開、繞不過，突出表現在，發展不平衡不充分問題仍然突出，推進高質量發展仍有不少體制機制障礙和卡點瓶頸，科技創新能力還不強，確保糧食、能源、產業鏈供應鏈可靠安全和防範金融風險還須解決許多重大問題，城鄉區域發展和收入分配差距仍然較大，群眾在就業、教育、醫療、託育、養老、住房等方面面臨不少難題，生態環境保護任務依然艱巨。在推進中國式現代化的關鍵當口，容不得任何停留、遲疑、觀望，必須一鼓作氣繼續全面深化改革，堅持以經濟建設為中心，用改革的方法解決發展中的問題。

第四，從應對風險挑戰看，推進中國式現代化是一項全新的事業，前進道路上必然會遇到各種矛盾和風險挑戰，完善的制度是防範化解各種風險挑戰的有力保證。當前，世界百年未有之大變局加速演進，局部衝突和動盪頻發，全球性問題加劇，我國發展面臨的外部環境日益嚴峻。我國發展進入戰略機遇和風險挑戰並存、不確定難預料因素增多的時期，各種"黑天鵝"、"灰犀牛"事件隨時可能發生。有效應對這些風險挑戰，需要我們進一步全面深化改革，用完善的制度防範化解風險、有效應對挑戰，在危機中育新機、於變局中開新局。

3. 如何理解把握習近平總書記關於全面深化改革的一系列新思想、新觀點、新論斷？

《決定》提出："深入學習貫徹習近平總書記關於全面深化改革的一系列新思想、新觀點、新論斷"。這一要求，闡明了進一步全面深化改革的重要指導思想和根本行動指南，必須深刻理解把握，堅決貫徹落實。

黨的十八大以來，習近平總書記創造性提出關於全面深化改革的一系列新思想、新觀點、新論斷，形成了內涵豐富、科學系統的思想體系，科學回答了在新時代舉什麼旗、走什麼路，為什麼要全面深化改革、怎樣全面深化改革等一系列重大理論和實踐問題，以全新的視野深化了對社會主義改革規律的認識，實現了改革理論和政策的一系列新的重大突破，把中國特色社會主義改革理論推進到新的高度。

在全面深化改革的重要地位上，習近平總書記鮮明指出，改革開放是決定當代中國命運的關鍵一招，也是決定實現"兩個一百年"奮鬥目標、實現中華民族偉大復興的關鍵一招。強調改革開放是當代中國發展進步的活力之源，是我們黨和人民大踏步趕上時代前進步伐的重要法寶，是堅持和發展中國特色社會主義的必由之路。強調實踐發展永無止境，解放思想永無止境，改革開放也永無止境，停頓和倒退沒有出路。強調新時代堅持和發展中國特色社會主義，根本動力仍然是全面深化改革，必須堅持方向不變、道路不偏、力度不減，推動新時代改革開放走得更穩、走得更遠。這些重要論述，闡明了全面深化改革在黨和國家事業全局中的坐標定位，明確了新時代全面深化改革的職責使命。

在全面深化改革的政治方向上，習近平總書記強調，推進改革的大方向是堅持中國共產黨的領導和社會主義制度不能動搖，而不是對社會主義制度改弦更張，既不走封閉僵化的老路，也不走改旗易幟的邪路。這些重要論述，是總結長期歷史經驗得出的基本結論，是抓改革必須把握的根本政治方向。

在全面深化改革的總目標上，習近平總書記第一次從國家治理體系和治理能力的總體角度考慮全面深化改革問題，創造性提出完善和發展中國特色社會主義制度、推進國家治理體系和治理能力現代化的總目標。強調必須更加注重改革的系統性、整體性、協同性，加快發展社會主義市場經濟、民主政治、先進文化、和諧社會、生態文明，各項改革都要朝著總目標聚焦發力，在推進國家治理體系和治理能力現代化上形成總體效應，為黨和國家事業發展、人民幸福安康、社會和諧穩定、國家長治久安提供一整套更完備、更穩定、更管用的制度體系。這些重要論述，使我們進一步堅定了新時代全面深化改革的目標指向和著力點。

在全面深化改革的價值取向上，習近平總書記強調，人民是歷史的創造者，必須以人民為中心推進改革，以促進社會公平正義、增進人民福祉為出發點和落腳點，堅持從人民利益出發謀劃改革思路，人民群眾關心什麼、期盼什麼，改革就抓住什麼、推進什麼，做到人民有所呼、改革有所應。必須緊緊依靠人民推動改革，尊重人民首創精神，尊重實踐、尊重創造，最大限度集中全黨全社會智慧，最大限度調動一切積極因素，敢於啃硬骨頭，敢於涉險灘，以更大決心衝破思想觀念的束縛、突破利益固化的藩籬。必須把是否促進經濟社會發展、是否給人民群眾帶來實實在在的獲得感，作為改革成效的評判標準。這些重要論述，為我們處理好全面深化改革的重大關係提供了科學的理論和實踐指導，有利於全黨在全面深化改革上統一思想、統一行動，推動改革落地見效。

在全面深化改革的戰略佈局上，習近平總書記創造性開啟了全面深化改革、系統整體設計推進改革的新局面，強調新時代改革開放具有許多新的內涵和特點，改革更多面對的是深層次體制機制問題，對改革頂層設計的要求更高，對改革的系統性、整體性、協同性要求更強，相應地建章立制、構建體系的任務更重，必須加強前瞻性思考、全局性謀劃、戰略性佈局、整體性推進，科學作出頂層設計、進行總體構架。指出全面深化改革涉及黨和國家工作全局，涉及經濟社會發展各領域，涉及許多重大理論和實際問題，是一個複雜的系統工程。必須統籌謀劃深化改革的各個方面、各個層次、各個要素，注重抓主要矛盾和矛盾的主要方面，注重抓重要領域和關鍵環節，努力做到全局和局部相配套、治本和治標相結合、漸進和突破相銜接，實現整體推進和重點突破相統一。這些重要論述，貫穿了辯證唯物主義的基本觀點，為改革提供了科學的思維和實踐路徑。

在全面深化改革的方法論上，習近平總書記強調，堅持黨中央的集中統一領導，堅持辯證唯物主義和歷史唯物主義世界觀和方法論，處理好解放思想和實事求是、整體推進和重點突破、全局和局部、頂層設計和摸著石頭過河、膽子要大和步子要穩、改革發展穩定等關係。強調堅持加強黨的領導和尊重人民首創精神相結合，堅持問題導向和目標導向相統一，堅持試點先行和全面推進相促進，堅持改革決策和立法決策相銜接，既鼓勵大膽試、大膽闖，又堅持實事求是、善作善成，以釘釘子精神抓好改革落實。這些重要論述，為正確謀劃推進改革提供了根本的方法論指導。

總之，習近平總書記關於全面深化改革的一系列新思想、新觀點、新論斷，內涵豐富、思想深刻、指導性強，是對我們黨領導全面深化改革豐富實踐和寶貴經驗的科學總結，是引領進一步全面深化改革走實走深的思想旗幟。

4. 為什麼進一步全面深化改革要做到"三個更加注重"？

《決定》在進一步全面深化改革的指導思想中提出："更加注重系統集成，更加注重突出重點，更加注重改革實效"。注重系統集成，注重突出重點，注重改革實效，是新時代以來我們黨領導改革事業的重要思想方法和工作方法。《決定》在指導思想中突出"三個更加注重"，既是對過去成功做法的充分肯定，也是對進一步全面深化改革的更高要求，需要認真領會好貫徹好。

第一，更加注重系統集成，要求進一步全面深化改革強化系統觀、全局觀，加強改革舉措協調聯動，增強改革系統性、整體性、協同性，發揮制度整體效能。黨的十八大以來，以習近平同志為核心的黨中央堅持以系統觀念謀劃和推進改革，加強前瞻性思考、全局性謀劃、戰略性佈局、整體性推進，特別是注重釐清改革邏輯關係，抓好方案協同、落實協同、效果協同，推動有條件的地方和領域實行綜合改革，打造改革開放新高地，對一些關係全局的重大改革，從一開始就加強頂層設計，明確改革時間表、路綫圖、優先序，在提高改革整體效能上取得積極成效。改革越往後推進，改革的關聯性互動性會越強，觸及利益也會越深，對系統集成要求必然越來越高。《決定》突出強調注重系統集成，在頂層設計上就把系統性文章做足，以關係全局的重要方面和重大問題為提領，加強對改革整體謀劃、系統佈局，促進改革目標相互兼容、改革舉措相互配合、政策取向協同一致，就是要引導各地區各部門把握各項改革舉措內在邏輯性和關聯性，注意在落實中抓好協同，推動改革聚焦聚力、握指成拳、協同高效，實現改革目標集成、政策集成、效果集成。

第二，更加注重突出重點，要求在抓改革上更加聚焦，率先抓好重點領域和關鍵環節改革，集中抓好牽一髮動全身的重大改革，以重點突破帶動改革整體推進。新時代全面深化改革涉及範圍之廣、觸及利益之深、推進力度之大前所未有，以習近平同志為核心的黨中央把握當前和長遠、力度和節奏、主要矛盾和次要矛盾的關係，把解決重大體制機制問題放在突出位置，重點推進國資國企、財稅、金融、科技、土地、民生保障、生態文明建設等具有四樑八柱性質的改革舉措，發揮其對相關改革的帶動作用和支撐作用，是改革取得重大成效的一條重要經驗。同時要看到，一些地方和部門抓改革思路不清晰，有的把改革當作筐，什麼都往裏裝；有的眉毛鬍子一把抓，看似面面俱到，實則重點不明、靶心分散。進一步全面深化改革，形勢更為複雜，任務更加繁重，我們既要有全局觀，對各種矛盾和問題做到心中有數，又要優先解決主要矛盾和矛盾的主要方面，以此帶動其他矛盾的解決。要緊緊抓住深化經濟體制改革這個"牛鼻子"，敢於啃硬骨頭，攻堅克難，以此牽引和帶動其他領域改革。其他領域其他方面改革也要突出重點，做到哪裏矛盾和問題最突出，哪裏的疙瘩最難解，就把改革指向哪裏，防止四面出擊、分散用力。

第三，更加注重改革實效，要求在改革抓落實上投入更多精力、拿出更多務實辦法，以釘釘子精神抓好落實，推動改革舉措落地見效。習近平總書記多次強調，再好的目標、再好的藍圖，如果不沉下心來抓落實，也只是鏡中花、水中月。黨的十八大以來，以習近平同志為核心的黨中央堅持一手抓改革方案出台，一手抓改革舉措落地，強化各級黨委和"一把手"抓落實責任，推動形成上下貫通、層層負責的主體責任鏈條，並注重發揮改革督察在打通關節、疏通堵點、提高質量方面的重要作用，推動各項改革相繼落地、漸次開花，取得扎扎實實成效。同時要看到，隨著改革向縱深推進，改革的長期性複雜性艱巨性特徵進一步凸顯，地方和部門抓落實壓力增大，也出現不少問題。有的抓改革勁頭有所鬆懈，以會議落實會議，以文件落實文件，工作流於形式；有的遲遲不能在關鍵問題上突破；有的抓落實不切實際，盲目搞"一刀切"。進一步全面深化改革，是黨的十八屆三中全會以來全面深化改革的實踐續篇，也是新征程推進中國式現代化的時代新篇，任務極為繁重，需要我們在更好推動改革落地見效上多想辦法、多下功夫，從改革方案設計到改革組織實施，都要奔著有利於抓落實、有利於解決問題去，推動改革在更大範圍更深層次取得新突破新成效。

5. 如何理解進一步全面深化改革的總目標？

《決定》在進一步全面深化改革的總目標中提出："繼續完善和發展中國特色社會主義制度，推進國家治理體系和治理能力現代化。到二〇三五年，全面建成高水平社會主義市場經濟體制，中國特色社會主義制度更加完善，基本實現國家治理體系和治理能力現代化，基本實現社會主義現代化，為到本世紀中葉全面建成社會主義現代化強國奠定堅實基礎。"同時，通過"七個聚焦"對總目標作了具體展開，明確"到二〇二九年中華人民共和國成立八十週年時，完成本決定提出的改革任務"。這可以從 3 方面來理解。

第一，從目標指向看，同黨的十八屆三中全會確定的全面深化改革總目標一脈相承、一以貫之。黨的十八屆三中全會提出，全面深化改革總目標是完善和發展中國特色社會主義制度、推進國家治理體系和治理能力現代化，這是我們黨對改革開放理論的一個重大創新。這個總目標是需要長期堅持的，我們推進各個階段、各個領域、各個方面改革，都要聚焦於這個總目標、服務於這個總目標。黨的十八屆三中全會以來，我們黨在全面深化改革上持續發力、久久為功，黨的十八屆四中、五中、六中全會，黨的十九大、二十大及黨的十九大以來有關中央全會都對改革作出接續安排，既有改革任務的遞進深化，也有對以往理論制度實踐成果的整合提升，但不管各個階段的目標任務怎麼深化、怎麼提升，全面深化改革的總目標是一以貫之的。《決定》明確進一步全面深化改革的總目標是"繼續完善和發展中國特色社會主義制度，推進國家治理體系和治理能力現代化"，就是要再次亮明我們黨領導改革的目標導向，再度宣示一張藍圖繪到底的堅強決心。

第二，從實現路徑看，需要牢牢把握"七個聚焦"分領域有重點地推動改革目標實現。新時代全面深化改革是在總目標引領下統籌部署、分領域推進的。黨的十八屆三中全會提出"六個緊緊圍繞"，分別明確了經濟體制改革、政治體制改革、文化體制改革、社會體制改革、生態文明體制改革、黨的建設制度改革的目標指向和工作重點，使各領域改革既有總目標引領，又有針對本領域的具體目標指引，方向明確，路徑清晰，有利於改革全綫作戰、同向發力、形成合力。《決定》適應新形勢新任務提出"七個聚焦"，增加了安全領域，對各領域目標要求也與時俱進作了豐富和完善。比如，經濟領域"聚焦構建高水平社會主義市場經濟體制"，提出"推進高水平科技自立自強，推進高水平對外開放，建成現代化經濟體系，加快構建新發展格局，推動高質量發展"；政治領域"聚焦發展全過程人民民主"，提出"推動人民當家作主制度更加健全、協商民主廣泛多層制度化發展、中國特色社會主義法治體系更加完善"；文化領域"聚焦建設社會主義文化強國"，提出"堅持馬克思主義在意識形態領域指導地位的根本制度"、"豐富人民精神文化生活"；社會領域"聚焦提高人民生活品質"，提出"推動人的全面發展、全體人民共同富裕取得更為明顯的實質性進展"；生態文明領域"聚焦建設美麗中國"，提出"加快經濟社會發展全面綠色轉型，健全生態環境治理體系，推進生態優先、節約集約、綠色低碳發展"；安全領域"聚焦建設更高水平平安中國"，提出"健全國家安全體系，強化一體化國家戰略體系，增強維護國家安全能力，創新社會治理體制機制和手段，有效構建新安全格局"；黨建領域"聚焦提高黨的領導水平和長期執政能力"，提出"創新和改進領導方式和執政方式"、"健全全面從嚴治黨體系"。這些目標要求都是進一步全面深化改革、推進中國式現代化的應有之義。我們要全面理解和把握，既準確領會每個"聚焦"的鮮明指向和豐富內涵，又對照總目標把握好相互之間的內在聯繫，確保各領域改革相互促進、協同配合，形成推進中國式現代化的總體效應。

第三，從時間安排看，改革目標需要有計劃推進、分階段實施。實現全面深化改革總目標是一個長期的過程，必須處理好當前和長遠的關係，分步推進。黨的十八屆三中全會以來，我們黨堅持把改革總目標同黨的中心任務結合起來，一步一個腳印扎扎實實地幹，蹄疾步穩、有力有序地推動改革，各個階段任務如期完成，向著實現全面深化改革總目標不斷邁進，為全面建成小康社會、實現黨的第一個百年奮鬥目標提供了有力制度保障。實踐證明，這樣的推進方式符合客觀規律，符合改革實際，是富有成效的。《決定》提出到 2035 年的目標，這是同黨的二十大作出的戰略安排相匹配、相銜接的，各領域各方面改革都要奔著這個目標前進。具體實施上，《決定》以 5 年為期，按照到 2029 年這個時間段來提出改革任務，就是要穩扎穩打，有步驟、有重點地抓好落實，積小勝為大勝。

6. 如何把握進一步全面深化改革的原則？

《決定》總結和運用改革開放以來特別是新時代全面深化改革的寶貴經驗，提出進一步全面深化改革需要遵循的"六個堅持"的重大原則。準確領會和把握這些重大原則，對於確保改革繼續深入推進並取得成功具有重大意義。

第一，關於"堅持黨的全面領導，堅定維護黨中央權威和集中統一領導，發揮黨總攬全局、協調各方的領導核心作用，把黨的領導貫穿改革各方面全過程，確保改革始終沿著正確政治方向前進"。黨的領導是我們的最大政治優勢，是我國改革開放成功推進的根本保證。黨的十八大以來，面對艱巨繁重的改革任務和各種風險挑戰，黨中央舉旗定向、謀篇佈局，自上而下建立集中統一的改革領導體制機制，習近平總書記親自掛帥出征，親力親為指導推動改革工作，在許多重大改革、重大關頭、重大問題上果斷決策、一錘定音，為改革提供了最堅強有力的領導保障。進一步全面深化改革，仍然要發揮好這個政治優勢，把黨的領導貫穿改革各方面全過程，確保改革始終沿著正確政治方向前進。

第二，關於"堅持以人民為中心，尊重人民主體地位和首創精神，人民有所呼、改革有所應，做到改革為了人民、改革依靠人民、改革成果由人民共享"。以人民為中心是改革的根本立場。我們黨推進全面深化改革，把促進社會公平正義、增進人民福祉作為出發點和落腳點，把增強人民群眾獲得感、幸福感、安全感作為檢驗改革成效的根本標準，做到謀劃改革汲取人民智慧，推進改革凝聚人民力量，檢驗改革依靠人民評判，得到人民群眾衷心擁護。進一步全面深化改革任務越是繁重，越要站穩人民立場，尊重人民主體地位和首創精神，堅持人民有所呼、改革有所應，善於彙集民智、凝聚民心，使改革成果更多更公平惠及全體人民。

第三，關於"堅持守正創新，堅持中國特色社會主義不動搖，緊跟時代步伐，順應實踐發展，突出問題導向，在新的起點上推進理論創新、實踐創新、制度創新、文化創新以及其他各方面創新"。守正創新是改革的本質要求。新時代以來，改革發展面臨新形勢新挑戰，我們黨始終沿著正確方向推動改革創新，既不走封閉僵化的老路，也不走改旗易幟的邪路，以前所未有的決心和力度衝破思想觀念束縛，突破利益固化藩籬，破除各方面體制機制障礙，開創了我國改革開放全新局面。進一步全面深化改革，既要有道不變、志不改的強大定力，堅持四項基本原則、堅定"四個自信"不動搖，又要有敢創新、勇攻堅的銳氣膽魄，推動改革不斷取得新突破。

第四，關於"堅持以制度建設為主綫，加強頂層設計、總體謀劃，破立並舉、先立後破，築牢根本制度，完善基本制度，創新重要制度"。堅持以制度建設為主綫是新時代全面深化改革的鮮明特點。我們黨推進全面深化改革，總目標就是完善和發展中國特色社會主義制度、推進國家治理體系和治理能力現代化，制度建設是關鍵。黨的十八大以來，我們黨通過改革完善各方面制度，從夯基壘台、立柱架樑，到全面推進、積厚成勢，再到系統集成、協同高效，推動中國特色社會主義制度更加成熟更加定型，國家治理體系和治理能力現代化水平明顯提高。進一步全面深化改革，必須更加注重制度建設，加強頂層設計、總體謀劃，固根基、揚優勢、補短板、強弱項，破立並舉、先立後破，為中國式現代化提供有力制度保障。

第五，關於"堅持全面依法治國，在法治軌道上深化改革、推進中國式現代化，做到改革和法治相統一，重大改革於法有據、及時把改革成果上升為法律制度"。全面依法治國是改革的重要保障。黨的十八大以來，我們黨把全面深化改革、全面依法治國納入"四個全面"戰略佈局協調推進，堅持在法治下推進改革、在改革中完善法治，注重改革決策和立法決策相統一、相銜接，立法主動適應改革發展需要，為改革提供了有力法治保障。進一步全面深化改革，許多制度創新難題需要用法治方式來破解，許多重大改革成果需要用法律形式來鞏固，必須更加注重運用法治思維和法治方式推進改革，充分發揮法治的引導、推動、規範、保障作用。

第六，關於"堅持系統觀念，處理好經濟和社會、政府和市場、效率和公平、活力和秩序、發展和安全等重大關係，增強改革系統性、整體性、協同性"。堅持系統觀念是改革的重要思想方法和工作方法。黨的十八大以來，我們黨加強改革頂層設計和整體謀劃，注重把握各領域改革關聯性和各項改革舉措耦合性，統籌改革發展穩定的關係，協調影響改革推進的各個方面、各個層次、各個要素，推動改革系統集成、協同高效。

進一步全面深化改革，面臨的各種矛盾及其關係更為錯綜複雜，必須統籌兼顧、辯證施策，處理好涉及改革發展全局的重大關係，增強改革系統性、整體性、協同性。

7. 如何理解促進各種所有制經濟優勢互補、共同發展？

《決定》提出："促進各種所有制經濟優勢互補、共同發展。"這是堅持和完善我國社會主義基本經濟制度、落實"兩個毫不動搖"體制機制、促進各種所有制經濟發展壯大的重大戰略部署。

公有制為主體、多種所有制經濟共同發展是我國的基本經濟制度。黨的十八大以來，習近平總書記高度重視各種所有制經濟發展，發表了一系列重要論述，多次強調堅持"兩個毫不動搖"，為促進各種所有制經濟發展提供了根本遵循。黨中央出台一系列支持各種所有制經濟發展的政策文件，我國公有制經濟和非公有制經濟發展取得顯著成效。與此同時，公有制經濟和非公有制經濟在發展過程中，相互取長補短、深化合作，逐步形成產業協作、協同創新的發展格局。同時要看到，公有制經濟佈局和結構還不夠優化，效益效率仍然不高，一些公有制企業主責主業不突出、功能定位不清晰，監管機制有待完善；非公有制經濟發展也面臨一些挑戰，許多非公有制企業管理水平不高、內部治理規範性不足，企業營商環境需要提升改善；促進各種所有制經濟優勢互補、共同發展的體制機制仍不健全，有效實現形式仍有待探索完善。

當前，我國發展進入戰略機遇和風險挑戰並存、不確定難預料因素增多的時期，推動高質量發展，推進中國式現代化，對各種所有制經濟發展提出新的更高要求。促進各種所有制經濟優勢互補、共同發展，有利於增強公有制經濟發展活力和競爭力，進一步鞏固公有制經濟主體地位；有利於鼓勵、支持、引導非公有制經濟發展，破除非公有制經濟發展面臨的體制機制障礙，促進非公有制經濟發展壯大，更好發揮非公有制經濟穩定增長、促進創新、增加就業、改善民生作用；有利於推進公有制經濟和非公有制經濟相互取長補短、優勢互補，形成各種所有制經濟相互促進、相得益彰的發展格局。

按照《決定》要求，促進各種所有制經濟優勢互補、共同發展，需要著力抓好幾方面工作：**一是**引導全社會正確全面認識促進各種所有制經濟發展。把公有制經濟鞏固好、發展好，同鼓勵、支持、引導非公有制經濟發展不是對立的，而是有機統一的，二者不是相互排斥、相互抵消，而是相輔相成、相得益彰，在優勢互補、互促互進中共同發展壯大。要加大理論研究和宣傳，堅決抵制、及時批駁"國進民退"、"民營經濟離場論"等質疑社會主義基本經濟制度、否定和弱化非公有制經濟的錯誤言論和做法。**二是**優化各種所有制經濟發展的政策制度環境。從法律和制度上把平等對待各種所有制經濟的要求落實下來，使各種所有制經濟依法平等使用生產要素、公平參與市場競爭、同等受到法律保護。健全支持各種所有制經濟發展的政策舉措，完善政策執行方式，加強政策協調性，及時回應企業關切和訴求。**三是**更好發揮公有制經濟主導作用，更加有力促進非公有制經濟發展壯大。加強和改進公有制經濟管理，推動公有制經濟佈局優化和結構調整，更好履行戰略使命功能，更好發揮科技創新、產業控制、安全支撐作用。完善促進非公有制經濟發展壯大體制機制，加大政策支持力度，不斷提升非公有制經濟發展活力和質量。**四是**加強各種所有制經濟協同合作。支持各種所有制企業圍繞產業鏈、供應鏈、價值鏈、創新鏈建立長期穩定合作關係，在合作中實現互促互進，共同發展。完善中國特色現代企業制度，鼓勵和引導各類企業加快建設中國特色現代企業制度，加快建設更多世界一流企業。

8. 為什麼要推進國有經濟佈局優化和結構調整？

《決定》提出："推進國有經濟佈局優化和結構調整"。這是黨中央進一步深化國資國企改革，推動國有經濟更好服務國家戰略目標、有力支持中國式現代化建設的重大部署。

國有經濟佈局優化和結構調整是縱深推進國資國企改革、做強做優做大國有資本和國有企業的內在要求，是增強國有經濟戰略使命功能、充分發揮國有經濟在國民經濟中主導作用的重要途徑，關係公有制主體地位的鞏固，關係中國特色社會主義制度，關係黨和國家事業發展。黨的十八大以來，習近平總書記親自謀劃、親自部署、親自推動新時代國資國企改革，國有經濟佈局優化和結構調整取得重要進展，國資國企改革取得重大成就。產業佈局不斷完善，進一步向重要行業和關鍵領域集中；區域佈局不斷優化，更好服務區域重大戰略實施；戰略性重組、專業化整合取得重要進展，國有資本配置和運行效率不斷提高。國資國企改革在許多領域發生了一系列根本性、轉折性、全局性重大變革，對經濟社會發展、科技進步、國防建設、民生改善等作出了重大貢獻。同時要看到，當前國有經濟佈局結構與新時代新征程上國有企業承擔的重要使命還不相適應，一些國有企業功能定位不清，戰略性新興產業佈局相對滯後，創新能力和服務支撐能力不足，資源要素配置效率不高，制約了科技創新、產業控制、安全支撐作用的發揮。此外，部門間統籌協調不夠、合力發揮不充分，國有企業分類考核評價體系不健全，影響了結構優化調整的實施和成效。

當前和今後一段時期，世界百年未有之大變局加速演進，我國發展面臨新的戰略環境、新的戰略任務，推進中國式現代化、推動高質量發展，必須更好發揮國有經濟戰略使命功能，進一步強化國有經濟支撐作用，進一步推進國有經濟佈局優化和結構調整。優化國有經濟佈局結構，明晰國有企業功能定位，推動國有經濟更多投向保障國家安全、支持科技進步、關係國計民生、提供公共服務等服務國家重大戰略領域，有利於強化國有經濟核心功能；優化國有經濟佈局結構，推動國有企業把有限資源集中到核心業務和擅長領域上，有利於提升資源配置的效率，增強企業核心競爭力；優化國有經濟佈局結構，促進充分競爭領域國有資本市場化流動，有利於構建高水平社會主義市場經濟體制。

推進國有經濟佈局優化和結構調整，要堅持調整存量結構，優化增量投向，推動國有資本合理流動、優化配置，確保國有經濟實現質的有效提升和量的合理增長。一是圍繞增強核心功能、提升核心競爭力，推動國有資本向關係國家安全、國民經濟命脈的重要行業和關鍵領域集中，向關係國計民生的公共服務、應急能力、公益性領域等集中，向前瞻性戰略性新興產業集中。二是建立國有經濟佈局優化和結構調整指引制度，動態發佈指引目錄，明確國有資本重點投資領域和方向，增強指引的適應性和可操作性，適時開展效果評估。三是完善國有企業主責主業管理，進一步明晰不同類型國有企業功能定位，釐清國有企業主責功能和主業標準，健全國有企業推進原始創新制度安排，引導企業做強做優做大主業。四是深化國有資本投資、運營公司改革，建立充分競爭領域國有資本市場化流動機制，推進國有企業戰略性重組和專業化整合。五是完善管理監督體制機制，增強各有關管理部門戰略協同，建立國有企業履行戰略使命評價制度，完善國有企業分類考核評價體系，開展國有經濟增加值核算。

9. 怎樣理解推進能源、鐵路、電信、水利、公用事業等行業自然壟斷環節獨立運營和競爭性環節市場化改革？

《決定》提出："推進能源、鐵路、電信、水利、公用事業等行業自然壟斷環節獨立運營和競爭性環節市場化改革"。這是深化經濟體制改革，推動相關行業高質量發展，加快建設現代化基礎設施體系的重要舉措。

能源、鐵路、電信、水利、公用事業等重點行業在經濟社會發展全局中起戰略性、基礎性作用，關係國民經濟命脈和人民群眾切身利益。這些行業具有共同特徵，上中下游各環節呈現出不同的經濟特性和發展規律。行業中游的網絡型基礎設施具有明顯的規模經濟和範圍經濟特性，需要集中建設運營才能更好發揮效益，具有自然壟斷屬性，屬自然壟斷環節；行業上下游生產、銷售、運輸服務、設備製造等環節可以有效發揮市場機制作用，實現資源優化配置，屬競爭性環節。黨的十八大以來，黨中央高度重視壟斷行業改革和健全自然壟斷環節監管工作，深入推進能源、鐵路、電信、水利、公用事業等重點行業改革，深化以政企分開、政資分開、特許經營、政府監管為主要內容的改革，根據行業特點實行網運分開、主輔分離、放開競爭性業務，取得重要進展。油氣行業組建國家石油天然氣管網集團有限公司，實現幹線管網獨立運營；電力行業按照管住中間、放開兩頭的體制架構，實行廠網分開、主輔分離，加快構建全國統一電力市場體系；電信行業推動實現鐵塔站址和衛星網絡等通信網絡基礎設施獨立運營；水利行業實現以南水北調工程為代表的幹線水網獨立建設運營。

　　重點行業自然壟斷環節獨立運營和競爭性環節市場化改革在推進過程中，雖然取得積極進展，但還存在一些問題：一些行業自然壟斷環節與競爭性環節尚未有效分離，自然壟斷環節總體功能定位不清晰，對自然壟斷環節監管不到位；部分行業競爭性環節沒有充分放開，有效競爭的市場格局尚未形成。持續推進重點行業自然壟斷環節獨立運營和競爭性環節市場化改革，有利於增強國有經濟對自然壟斷環節控制力，保障國有經濟在重點行業和重點領域更好發揮戰略支撐作用，更好優化網絡型基礎設施佈局，提升骨幹網絡可靠性，提升普遍服務能力和水平；有利於更好統籌發展和安全，推動經營自然壟斷環節業務企業落實好國家重大戰略和規劃任務，切實發揮自然壟斷環節在服務國家安全方面的積極作用，更好防範和化解風險；有利於推動各類經營主體進入競爭性環節，有效發揮市場機制作用，拓展市場空間，推動行業健康發展。

深化自然壟斷環節獨立運營和競爭性環節市場化改革，要堅持該壟斷的要監管有效，該競爭的要放開、競爭有序，尊重行業特點和市場規律，區分自然壟斷環節與競爭性環節分類改革，科學施策。對於重點行業自然壟斷環節，要統籌推進自然壟斷環節獨立運營和加強自然壟斷環節監管，推動重點行業自然壟斷環節在國家監管下獨立運營。要推動自然壟斷環節業務與競爭性環節業務分離，對於暫不具備條件的，對自然壟斷環節業務實行獨立核算。要有效規範經營自然壟斷環節業務企業的經營範圍，建立對經營自然壟斷環節業務企業履行使命功能的評價制度。要明確自然壟斷環節監管範圍和重點，加強與市場監管、行業監管、國資監管的貫通協同。對於重點行業競爭性環節要進一步放開，穩步推進行政職能與競爭性業務剝離，激發各類經營主體活力，更好發揮市場機制作用。

10. 堅持致力於為非公有制經濟發展營造良好環境和提供更多機會的方針政策需要把握哪些重點？

《決定》指出："堅持致力於為非公有制經濟發展營造良好環境和提供更多機會的方針政策。"這是完善落實"兩個毫不動搖"體制機制，進一步鼓勵、支持、引導非公有制經濟發展的重大戰略部署。

公有制經濟和非公有制經濟都是社會主義市場經濟的重要組成部分，都是我國經濟社會發展的重要基礎。改革開放以來，在黨的路線方針政策指引下，我國非公有制經濟從小到大、從弱到強，不斷發展壯大，在穩定增長、促進創新、增加就業、改善民生等方面發揮了重要作用。黨的十八大以來，習近平總書記高度重視非公有制經濟發展，多次強調要堅持"兩個毫不動搖"。黨的十九大把"兩個毫不動搖"寫入新時代堅持和發展中國特色社會主義的基本方略，作為黨和國家一項大政方針進一步確定下來。中共中央、國務院先後印發《關於營造更好發展環境支持民營企業改革發展的意見》、《關於促進民營經濟發展壯大的意見》等多個政策文件，使支持非公有制經濟發展的政策體系更加系統完備，促進非公有制經濟不斷發展壯大，成為推動我國經濟社會發展不可或缺的重要力量和推進中國式現代化的生力軍。同時要看到，當前非公有制經濟發展仍面臨一些困難，既有國內外經濟環境等外部因素影響，也有市場准入、產權保護、融資支持、要素保障等方面的現實障礙，一些企業自身也存在治理管理不規範、經營風險較大等問題。促進非公有制經濟發展壯大，推動非公有制經濟在全面建設社會主義現代化國家新征程中發揮更大作用具有重大意義。

促進非公有制經濟健康發展是一項系統工程，涉及經營主體、市場體系、要素配置、監管機制等多領域政策舉措，必須始終堅持“兩個毫不動搖”，找準關鍵著力點，堅持致力於為非公有制經濟發展營造良好環境和提供更多機會的方針政策，充分激發非公有制經濟活力和創造力，讓非公有制經濟在更加公平、競爭有序的環境中加快發展壯大。按照《決定》要求，需要把握的重點有：**一是**健全平等保護的法治環境。加快推動出台民營經濟促進法，通過立法形式把對國企民企平等對待的要求落實下來，使各類經營主體依法平等使用生產要素、公平參與市場競爭、同等受到法律保護。**二是**優化公平競爭的市場環境。進一步放寬市場准入、完善市場准入體系，深入破除市場准入壁壘，更大力度支持民營企業參與國家重大項目建設，支持有能力的民營企業牽頭承擔國家重大技術攻關任務，向民營企業進一步開放國家重大科研基礎設施。**三是**完善競爭有序的政策環境。健全涉企收費長效監管和拖欠企業賬款清償法律法規體系。完善民營企業融資支持政策制度，破解融資難、融資貴問題。引導金融機構對各類所有制企業一視同仁、平等對待，加快建立民營企業信用狀況綜合評價體系，健全民營中小企業增信制度，推動“信易貸”等服務模式擴大覆蓋面、提升增信力度。**四是**支持引導民營企業完善治理結構和管理制度。引導民營企業健全公司治理、加強合規建設、完善風險管理、強化內部監督和廉潔風險防控，實現治理規範和有效制衡。加強事中事後監管，規範涉民營企業行政檢查。此外，還要統籌做好政策輿論、統計監測、常態化溝通交流等工作，引導全社會客觀正確全面認識非公有制經濟，營造促進非公有制經濟發展壯大的輿論氛圍；建立健全非公有制經濟統計制度體系，健全非公有制經濟發展監測指標；持續構建親清政商關係，完善多層次的溝通交流機制。

11. 為什麼要規範地方招商引資法規制度，嚴禁違法違規給予政策優惠行為？

《決定》提出："規範地方招商引資法規制度，嚴禁違法違規給予政策優惠行為。"這是黨中央對推進構建全國統一大市場作出的重大部署，是在準確認識我國經濟發展階段性特徵、深刻把握市場規律基礎上，從全局高度作出的重大決策。

招商引資是地方發展經濟的重要手段，在提升營商環境、優化資源配置、促進產業發展、培育經營主體、帶動居民增收等方面發揮了重要作用。各地通過積極開展招商引資，吸引大量外部資金，引進先進技術和管理經驗，推動了地方經濟發展、財政收入增加、居民生活水平提升。但一段時間以來，一些地方片面追求本地局部利益，為爭奪投資、項目，違規實施稅費、用地等各類優惠，人為製造政策窪地，使招商引資陷入盲目無序競爭，干擾了要素合理流動，降低了資源要素整體配置效率，阻礙了經濟循環暢通，一定程度上導致產業低水平重複建設和產能過剩，制約了全國統一大市場優勢的有效發揮。規範地方招商引資法規制度，嚴禁違法違規給予政策優惠行為，有利於進一步理清政府與市場關係，從根本上剷除地方招商引資亂象生存土壤，破除地方保護和市場分割，推動要素資源在全國範圍內的高效配置，提高各地建設全國統一大市場的自覺性；有利於引導各地將招商引資工作重點從拚財稅、土地等政策優惠，轉移到優化營商環境、提高服務水平上來，促進形成規範招商、良性招商新模式，實現招商引資高質量發展；有利於有效防止重複建設，防範產能過剩，營造良好的產業競爭秩序，促進產業健康發展；有利於嚴肅財經紀律，規範地方財政支出，防止財政資源過度消耗，提升地方財政可持續性。

規範地方招商引資法規制度，嚴禁違法違規給予政策優惠行為，要深入貫徹落實黨中央決策部署，按照全國統一大市場建設要求，不斷完善體制機制，建立健全高水平良性招商引資新機制，強化對招商引資宏觀統籌引導。**一是**建立規範地方招商引資法規制度，開展全國統一大市場立法研究，將全國統一大市場建設納入法治軌道，有效保障執行統一的市場基礎制度規則、防範不當行政干預。**二是**強化全國統一大市場政策落實，制定全國統一大市場建設標準指引，明確標準規則統一、規劃監管統一、基礎設施互聯互通等階段性目標並動態調整，對地方及行業推進統一市場建設提供指引，切實引導各地樹立算大賬、全國一盤棋理念，為招商引資高質量發展創造良好的制度環境。**三是**明確嚴格禁止招商引資不當行為，不折不扣落實財經紀律，嚴格禁止各地在招商引資中違規實施財政、稅費和用地優惠，懲處突破環境資源制度和政策規定、違規舉債招商引資等各類不當招商引資行為。**四是**構建高水平招商引資新模式，從正面引導出發倡導規範招商、良性招商的工作方向，推動各地以優化營商環境為重點提升招商引資水平，健全地方招商引資決策和評價機制，完善招商引資考核機制，大力推進科學、精準、透明、合規招商引資。**五是**加強招商引資統籌協調和政策指導，強化國家層面對重點產業佈局規劃引導，引導各地按照區域主體功能定位，科學分析當地資源稟賦條件，因地制宜發揮比較優勢招商引資，切實促進招商引資高質量發展。**六是**強化招商引資違法違規和惡性競爭行為監督問責，對政府採購、招標投標等重點領域環節開展專項治理，對違反招商引資政策規定造成不良影響的，依規依紀嚴肅問責，加大負面案例通報力度，發揮警示作用。

12. 如何理解完善要素市場制度和規則，推動生產要素暢通流動、各類資源高效配置、市場潛力充分釋放？

《決定》提出："完善要素市場制度和規則，推動生產要素暢通流動、各類資源高效配置、市場潛力充分釋放。"這是深化要素市場化改革、加快構建高水平社會主義市場經濟體制、推動高質量發展的重要舉措。

黨的十八大以來，以習近平同志為核心的黨中央高度重視要素市場化改革工作，對構建更加完善的要素市場化配置體制機制作出總體部署，明確勞動、資本、土地、技術、數據等領域要素市場化改革的目標方向與任務舉措。近年來，要素市場制度和規則建設持續深化，土地要素供應方式不斷豐富，用地審批權、土地計劃管理方式、集體經營性建設用地入市、農村宅基地改革試點等推進實施，勞動力戶籍制度改革、人才流動與評價機制加快健全，資本要素基礎制度改革順利實施，技術要素市場建設與成果轉化有力推進，數據要素政策立法與標準制定取得重要進展，資源環境市場制度體系穩步健全，要素價格、交易、監管等治理機制持續完善，傳統要素配置方式不斷創新，新型要素加快向現實生產力轉化，各要素領域改革系統性、整體性、協同性進一步提升，為激發經營主體活力、增強發展內生動力、推動經濟高質量發展提供重要支撐。

同時要看到，與構建高水平社會主義市場經濟體制的要求相比，要素市場制度和規則仍不健全，市場決定要素配置作用發揮不夠，要素市場政府調節和監管制度有待完善，要素分配政策制度不健全，新業態新領域發展對要素市場制度和規則提出新的要求。完善要素市場制度和規則，深化要素市場化改革，有利於明晰市場和政府的關係，充分發揮市場在資源配置中的決定性作用，更好發揮政府作用，保障不同經營主體平等獲取生產要素，激發各類經營主體活力；有利於優化資源要素配置，使生產要素能夠從低質低效領域向優質高效領域流動，擴大優質增量供給，提高要素配置效率，推動要素配置實現效率最優化和效益最大化；有利於將各類生產要素全面融入經濟價值創造過程，共同支撐實體經濟發展，形成協同發展的產業體系，推動經濟高質量發展。

貫徹落實《決定》部署要求，要堅持目標導向和問題導向，持續健全要素市場體系，擴大要素市場化配置範圍，促進要素協同配置，扎實推進相關任務落實落地。一是聚焦要素市場制度建設，著力破除要素自由流動的體制機制障礙，暢通要素流動渠道，豐富要素供應方式。構建城鄉統一的建設用地市場，暢通勞動力和人才社會性流動渠道，加大人才引進力度，完善促進資本市場規範發展基礎制度，發展多層次債券市場，加快培育全國一體化技術和數據市場，加強用海、用能、用水等資源環境市場制度建設，積極探索新型生產要素配置方式，推進新質生產力加快發展。二是健全要素市場運行機制，完善主要由市場供求關係決定要素價格機制，加強要素價格管理和監督，防止政府對價格形成的不當干預。健全生產要素由市場評價貢獻、按貢獻決定報酬的機制。三是深化要素市場化配置改革試點，鼓勵基層大膽探索、先行先試，統籌推進勞動、資本、土地、技術、數據等要素領域改革，增強要素配置的靈活性、協同性和適應性。

13.完善流通體制需要把握哪些重點？

《決定》提出："完善流通體制"。流通在國民經濟中發揮著基礎性作用，必須把建設流通體制作為一項戰略任務來抓。

黨的十八大以來，我國流通體制建設成果豐碩，國家骨幹流通網絡日益健全，流通領域新業態新模式不斷湧現，全國統一大市場建設步伐加快，商品和要素流通制度環境進一步完善。以商貿流通為例，產業規模不斷擴大，2023 年批發和零售業增加值達 12.3 萬億元，佔國內生產總值的 9.8%；流通設施不斷完善，農產品批發市場超過 4000 家，農貿市場、菜市場和集貿市場近 4 萬家；流通新業態加快發展，全國網上零售額 15.4 萬億元；農村、農產品網絡零售額同比增長 12.9% 和 12.5%；開放融合持續深化，市場准入和貨物跨境流動的障礙減少，16 家流通企業進入世界 500 強榜單。

同時，我國流通體制仍有待進一步完善，支撐高質量發展的作用有待進一步發揮。從流通佈局看，物流網絡分佈不均衡，農村地區物流基礎設施建設滯後，不少地方缺少對大型商業綜合體等商業網點的規劃引導，存在重複建設情況。從物流建設看，標準化、現代化水準有待提高，效率低、成本高的矛盾比較突出，各種運輸方式融合銜接不夠順暢，商品和服務跨區域流通仍不順暢。從動能培育看，流通發展的新舊動能轉換任重道遠，實體商店等傳統商貿主體面臨巨大轉型壓力，一些地方存在"重生產、輕流通"的現象，缺少國際水準的大型流通企業。從管理體制看，流通領域涉及部門多，一些地方多頭管理、職能交叉和監管空白、留有盲點並存，現代流通的立法工作仍有待加強，信用體系建設有待進一步完善。完善流通體制，需打好"軟硬"組合拳。

第一，健全一體銜接的流通規則和標準，提升治理水平。完善流通規則和標準體系，加強對我國流通領域現有法律、法規和部門規章的修訂和完善，推動流通領域的法規體系與國際接軌。加快推動農產品市場公益性立法工作，提高政府宏觀調控和保供穩價水平。完善流通治理機制，推動綫下商貿流通數字化、智能化、融合化進程，支持流通領域新技術新業態新模式成長壯大。促進供應鏈協同創新，推進數字化、智能化改造和跨界融合，支持流通企業健康發展，防止惡性競爭，培育世界一流流通企業。推動流通領域信用體系建設，形成以信用監管為基礎的新型監管機制。

第二，健全現代流通網絡，促進供需銜接。打通關鍵堵點、拓展流通空間，形成供需互促、產銷並進的良性循環。加快發展物聯網，健全商品交易市場網絡，將發展商貿流通規劃納入本地區國民經濟和社會發展規劃，統籌考慮商貿流通網點、設施用地或空間需求，優先保障農產品批發市場、菜市場、便利店等民生設施用地。加強標準化建設和綠色發展，支持關係居民日常生活的商貿流通設施改造升級、健康發展。健全農產品流通網絡，完善農產品流通骨幹網絡，開展國家骨幹冷鏈物流基地建設工程，加快貫通縣鄉村電子商務體系和快遞物流配送體系，加強對中西部地區政策支持。健全城鄉多層次商貿網絡，加強郵政、供銷、電商、快遞、益農信息社等資源協作，提高農村商業網點便民綜合服務水平和可持續運營能力。

第三，完善物流基礎設施，降低全社會物流成本。推動農村市場升級，鼓勵社會資本進入，加大對冷鏈設施、農產品產地預處理設施等具有一定公益性項目的引導和財政扶持，鼓勵龍頭企業牽頭打造農產品供應鏈。推動城市商業提質升級，統籌推進縣域商業體系建設，打造城市一刻鐘便民生活圈，發展特色街區和商圈，提升和改善消費環境，滿足個性化多樣化的消費需求。加快智能物聯技術應用，提高數字技術在物流業全過程的滲透率，推動物流要素在綫化數據化，實現物流資源的綫上綫下聯動。統籌規劃物流樞紐，優化交通基礎設施建設，同時完善合作機制，加強分工協作和優勢互補。

14. 加快培育完整內需體系主要有哪些要求？

《決定》提出："加快培育完整內需體系"。這是加快構建以國內大循環為主體、國內國際雙循環相互促進的新發展格局的內在要求，是黨中央作出的重大部署，對推動經濟高質量發展具有重大意義。

培育擴大內需是經濟發展的基本動力，也是滿足人民日益增長的美好生活需要的必然要求。黨的十八大以來，在以習近平同志為核心的黨中央堅強領導下，我國堅定實施擴大內需戰略，把擴大內需作為加快構建新發展格局的關鍵著力點，促進形成強大國內市場。2022 年，中共中央、國務院印發《擴大內需戰略規劃綱要（2022—2035 年）》，對推動實施擴大內需戰略進行了長遠謀劃部署。2023 年中央經濟工作會議指出，著力擴大國內需求。當前，我國國內市場基礎更加扎實，空間更趨廣闊，內需對經濟發展的支撐作用明顯增強。同時要看到，我國擴大內需仍面臨不少制約，資源要素流動不暢、一些地方保護和市場分割影響制約內需潛力釋放，勞動、土地、環境等要素趨緊制約投資增長，群眾個性化多樣化消費需求難以得到有效滿足。內需市場一頭連著經濟發展，一頭連著社會民生，是經濟發展的主要依託。加快培育完整內需體系，有利於加快構建新發展格局，發揮我國超大規模市場優勢，充分激發內需潛力，有效發揮需求對供給的牽引作用，推動經濟長期健康發展，更好滿足人民對美好生活的需要；有利於防範化解內外部風險挑戰，牢牢把握發展主動權，培育新形勢下我國參與國際經濟合作和競爭新優勢。

　　加快培育完整內需體系，要強化各項重點任務舉措落地見效。**一是**健全投融資體制機制，優化投資結構。完善投資管理模式，建立政府投資支持基礎性、公益性、長遠性重大項目建設長效機制，健全政府投資有效帶動社會投資體制機制，深化投資審批制度改革，形成市場主導的有效投資內生增長機制，加強投資審批數據部門間共享。強化投資支持政策，完善激發社會資本投資活力和促進投資落地機制，發揮政府資金引導帶動作用，引導社會資本參與新型基礎設施、新型城鎮化、交通水利等重大工程和補短板領域建設。加大對民間投資支持和引導力度，加強投資項目特別是備案類項目的事中事後監管。創新融資機制，聚焦關鍵領域和薄弱環節，健全投資項目融資機制，提高直接融資比重，增強資本市場對實體

經濟的融資功能。二是完善消費支持政策，持續釋放消費潛力。加快完善
"想消費"、"敢消費"和"能消費"的政策環境，完善擴大消費長效機制，
提高人民收入水平，改善收入和財富分配格局，增強人民消費能力。聚焦
汽車、住房等關鍵領域，減少限制性措施，對可以依靠市場充分競爭提升
供給質量的服務消費領域取消准入限制，持續釋放服務消費潛力。合理增
加公共消費，多元擴大普惠性非基本公共服務供給，提高教育、醫療、養
老、育幼等公共服務支出效率，積極推進首發經濟。建立健全適應消費新
業態新模式發展特點的新型監管機制，加強消費者權益保護。三是健全現
代市場和流通體系，促進產需有機銜接。優化現代商貿體系，加快物聯
網、人工智能等技術與商貿流通業態融合創新。發展現代物流體系，促進
現代物流業與農業、製造、商貿等產業融合發展，加快形成內外聯通、安
全高效的物流網絡。四是完善內外貿一體化調控體系，全面提升我國商品
和服務質量。充分利用國內國外兩個市場兩種資源，積極促進內需和外
需、進口和出口、引進外資和對外投資協調發展。促進內外貿法律法規、
監管體制、經營資質、質量標準、檢驗檢疫、認證認可等相銜接，推進同
線同標同質。

15. 如何理解完善市場准入制度，優化新業態新領域市場准入環境？

《決定》提出："完善市場准入制度，優化新業態新領域市場准入環
境。"這是構建高水平社會主義市場經濟體制、完善市場經濟基礎制度、
建設全國統一大市場、推動經濟高質量發展的重要舉措。

市場准入制度是市場經濟基礎制度之一，是推動有效市場和有為政府
更好結合的關鍵。黨的十八大以來，黨中央、國務院對實行統一的市場准
入制度作出了一系列重要部署。2018 年起，市場准入負面清單制度全面實

施，公平開放透明的市場准入規則逐步建立，清單歷經 3 次動態修訂，事項大幅縮減。"全國一張清單" 管理模式全面確立，市場准入效能評估穩步開展，一批人民群眾關心、企業關切的典型准入壁壘有效破除。海南、深圳、橫琴粵澳深度合作區、廣州南沙等放寬准入政策措施出台落地，市場准入制度體系逐步建立，為完善市場經濟基礎制度，建設高標準市場體系，構建高水平社會主義市場經濟體制提供了有力支撐。同時要看到，市場准入制度還不完善，市場准入效能評估指標體系不健全，市場准入制度落實執行存在不足，新業態新領域市場准入規則標準不明確，准入環境有待優化。伴隨我國進入高質量發展階段，對構建高標準市場准入制度體系提出新的更高要求。完善市場准入制度，優化新業態新領域市場准入環境，有利於釐清政府和市場的邊界，減少政府對市場的不當干預，破除各類地方保護、市場分割等市場隱性壁壘，推動實現公開公平市場准入，營造市場化、法治化、國際化一流營商環境，提高各類經營主體經濟活動的可預期性，充分釋放經營主體活力，為建設全國統一大市場、構建高水平社會主義市場經濟體制提供制度保障；有利於為新業態新領域創造良好發展環境，促進新業態新領域更好更快發展，推動加快發展新質生產力。

完善市場准入制度，優化新業態新領域市場准入環境，要強化宏觀統籌協調，持續健全市場准入制度體系，推動市場准入制度框架更加完備。一是加強市場准入制度頂層設計，推動構建開放透明、規範有序、平等競爭、權責清晰、監管有力的市場准入制度新體系。二是完善市場准入負面清單管理，嚴格落實 "全國一張清單" 管理模式，市場准入負面清單實行動態調整，清單事項內容向社會全面公開。嚴禁在清單之外違規設立准入許可和增設准入條件，保障各類經營主體依法平等准入。三是科學確定市場准入規則，實施寬進嚴管，放開充分競爭領域准入，減少對經營主體的准入限制。對關係國家安全和涉及全國重大生產力佈局、戰略性資源開發、重大公共利益的領域，兼顧社會效益和經濟效益，依法實施准入管理。**四是**創新優化新業態新領域市場准入環境，按照標準引領、場景開放、市場推動、產業聚集、體系升級的原則路徑，分領域制定優化市場准入環境實施方案，提高市場准入效率。**五是**加大放寬市場准入試點力度，圍繞戰略性新興產業、未來產業重點領域和重大生產力佈局，以法規政策、技術標準、檢測認證、數據體系為抓手，選擇重點地區開展放寬市場准入試點，分批制定和推出放寬市場准入特別措施，做好特別措施的落地實施，及時進行政策評估和推廣應用。**六是**加強市場准入制度落實和監督管理，加強准入效能評估，實現市場准入效能評估全覆蓋，鼓勵地方結合實際加強評估結果應用。強化准入監管，建立與市場准入相適應的監管模式，推動形成政府監管、企業自覺、行業自律、社會監督良好格局。

16. 為什麼要健全社會信用體系和監管制度？

《決定》提出："健全社會信用體系和監管制度。"社會主義市場經濟是信用經濟和法治經濟。健全社會信用體系和監管制度是現代經濟社會發展的重要基石，對於促進社會主義市場經濟健康發展、提升社會治理能力、增強國家競爭力具有重要意義。

近年來，我國社會信用體系日臻完善，守信激勵和失信懲戒制度基本形成，信用觀念逐步深入人心，知信、守信、用信意識不斷增強，信用在優化營商環境、促進金融服務實體經濟、提升政府治理和服務效能、弘揚社會主義核心價值觀等方面發揮了重要作用。與此同時，社會信用體系仍存在制度規則不夠統一、信用信息共享開放不足、守信激勵和失信懲戒機制不健全、市場化社會化應用不深、信用監管效能有待進一步提升等問題，需要進一步健全社會信用體系和監管制度，弘揚誠信文化，健全誠信建設長效機制，為經濟社會高質量發展提供基礎性支撐。

第一，這是構建高水平社會主義市場經濟體制的客觀要求。信用制度是市場經濟的基石，社會信用正在成為維繫市場經濟中各個主體之間經濟關係的重要紐帶。誠實守信是市場經濟的基本法則，良好的信用關係是激發經濟活力的重要基礎，也是促進國民經濟持續健康運行的基本保證。誠信是商品和服務大範圍流通交易、降低制度性交易成本的基本條件，貨暢其流、商行天下，靠的就是信用商譽。生產力水平越高，市場化程度越深，對社會信用的要求也越高，健全與高水平社會主義市場經濟體制相適應的社會信用體系和監管制度已成為當務之急。

第二，這是全面推進依法治國的社會基礎。社會信用體系和依法治國相輔相成、相互促進，共同推動國家治理體系和治理能力現代化。一方面，社會信用體系建設離不開法治的保障和支撐。社會信用體系作為社會主義市場經濟體制和社會治理體制的重要組成部分，致力於提高全社會的誠信意識和信用水平，這一體系的構建和運行，離不開法治化水平的持續提升，以法治保障信用。另一方面，法律的有效實施需要相應的社會信用依託，需要社會風尚和道德水平的整體改善。社會信用體系和監管制度的健全，將有力地提升全社會的誠信意識、規則意識和法律意識，提升全民的道德素養，從而為全面依法治國奠定良好的社會基礎。

第三，這是持續優化營商環境的迫切需要。優化營商環境，重點在於培育各類主體契約精神，形成守信用信自覺意識，構建穩定、透明、可預期的發展環境。一方面，政府機關要守信用信。強化政務誠信建設，兌現和履行依法作出的政策承諾和訂立的各類合同，增強政府公信力。創新信用治理理念，構建守信聯合激勵和失信聯合懲戒機制，以信用狀況為導向科學配置監管資源，規範市場經濟秩序，營造公平競爭市場環境。另一方面，經營主體要守信用信。加強自身信用管理，做到誠信經營，在全社會形成強烈的信用意識和文化氛圍。

第四，這是弘揚社會主義核心價值觀的必然選擇。"誠者，天之道也；思誠者，人之道也。"良好的信用環境不僅關乎社會的經濟利益，更關乎國家的長治久安。中華民族有幾千年文明史，一直倡導人無誠信不立、家無誠信不睦、商無誠信不富、業無誠信不興、政無誠信不威、國無誠信不穩、世無誠信不寧。加強社會信用體系建設是對中華優秀傳統文化的繼承和發揚，是踐行社會主義核心價值觀的必然要求，誠信應當成為全國人民共同的價值取向和行為規範。

健全社會信用體系和監管制度、推動社會信用體系高質量發展需要綜合施策：一是推動社會信用體系法規制度建設，加快社會信用立法進程。二是夯實社會信用體系數據基礎，建立健全信用信息歸集共享機制，推動信用信息依法合規流通交易。三是健全守信聯合激勵和失信聯合懲戒機制，拓展信用在行政管理、社會治理、金融服務實體經濟、民生保障等方面的深層次應用。四是培育社會信用體系建設市場化社會化力量，支持信用服務市場發展。五是加強誠信文化宣傳教育，推動形成守信踐諾良好社會風尚。

17. 怎樣理解發展以高技術、高效能、高質量為特徵的生產力？

《決定》提出："發展以高技術、高效能、高質量為特徵的生產力。"高技術、高效能、高質量，揭示了新質生產力的基本特徵，明確了新時代新征程對發展生產力的新的重大要求，需要我們準確把握。可以從以下幾個方面理解。

第一，新質生產力以科技創新為核心驅動力，離不開高技術。生產力是人類利用自然、改造自然的能力，是推動經濟社會發展的根本力量。在生產力各要素中，科學技術是第一生產力，對生產力的質態具有決定性影響。從工業革命的歷程看，從 18 世紀的機械化，到 19 世紀的電氣化，到 20 世紀的信息化，每次重大科技創新都帶來社會生產力大解放。當前，新一輪科技革命和產業變革加快發展，新一代信息技術、人工智能、量子科技、生物科技、新能源、新材料等技術廣泛滲透，帶動了以數字化、智能化、綠色化為特徵的重大產業和技術變革。新質生產力正是在這樣的背景下，在基礎研究重大突破及原創性、顛覆性技術創新成果應用基礎上產生的，是社會生產力的又一次解放。近年來，我國科技創新能力穩步提高，量子信息、腦科學等基礎研究領域取得一批具有國際影響力的原創成果，人工智能、光伏、鋰電池、合成生物等新技術創新成果加快應用，進入創新型國家行列，有力支撐了新質生產力發展。

第二，新質生產力以資源優化配置為支撐，應具有高效能。新質生產力以勞動者、勞動資料、勞動對象優化組合和更新躍升為基本內涵，優化要素投入配置，提升要素組合效能，帶來全要素生產率大幅提升。從生產力發展歷史看，每次生產力水平的躍升，都伴隨著生產要素範圍及其相對重要性的不斷拓展變化。從勞動、土地到資本、技術，再到知識、管理，再到數據等，生產要素的內涵在持續拓展；同時資本、技術要素密集度不斷提升，人力資本、知識、管理等的作用大幅提高，數據等新型生產要素的倍增作用凸顯。近年來，我國經濟發展的資源稟賦條件已經發生深刻變化，經濟增長動力正逐步從主要依靠資源要素外延式投入轉向依賴生產要素優化組合和更新躍升，帶來全要素生產率的提升。過去 10 年我國全員勞動生產率年均增速高於經濟增速，到 2023 年已經提高到 16.2 萬元／人的新水平。

第三，新質生產力以產業深度轉型升級為表徵，必然是高質量。產業是生產力的載體，產業轉型升級是生產力變革的表現形式。人類每一次重大科技革新都會深刻改變產業形態和生產組織方式，帶來主導產業和支柱產業的迭代升級，從蒸汽機、紡織機、鐵路，到電力、石油、化學、汽車，再到原子能、計算機、航天技術等。新質生產力同樣帶來產業結構、企業形態、產品質量發生重大變革。其中，戰略性新興產業和未來產業具有創新活躍、技術密集、價值高端、前景廣闊等特點，是產業轉型升級的重要方向。近年來，我國戰略性新興產業蓬勃發展，2023 年戰略性新興產業增加值佔國內生產總值比重超過 13%，新能源汽車、鋰電池、光伏產品等優勢領域加快發展，在數字經濟、低空經濟等新興領域也形成一定領先優勢，發展新質生產力的產業基礎不斷夯實。

發展新質生產力作為一個新的戰略舉措，在理解和落實中有兩點需要注意把握：一是發展新質生產力不是忽視、放棄傳統產業。傳統產業在我國製造業中的佔比超過 80%，是現代化產業體系的底座。傳統產業不代表落後生產力，通過技術革新可以激發傳統產業煥發新生機，成為發展新質生產力的重要來源。二是發展新質生產力不要一哄而上、泡沫化，而要因地制宜、穩扎穩打。我國幅員遼闊，區域發展差異大，不同地區資源稟賦、產業基礎、科研條件等不盡相同，發展新質生產力的著力點就有差異。各地區要找準自身在國家發展全局中的戰略定位，尊重產業發展客觀規律，充分發揮本地區發展潛能和比較優勢，打好"特色牌"、下好"先手棋"，穩扎穩打發展新質生產力。

18. 為什麼要建立保持製造業合理比重投入機制，合理降低製造業綜合成本和稅費負擔？

《決定》提出："建立保持製造業合理比重投入機制，合理降低製造業綜合成本和稅費負擔。"這是從製造業是立國之本、強國之基的戰略高度，對推動製造業高質量發展、夯實實體經濟根基作出的重要制度安排。其重要性緊迫性可以從兩個方面理解。

第一，製造業是實體經濟的主體，是一個國家實現現代化和成為經濟強國的基礎。保持製造業合理比重，就是要將製造業增加值在國內生產總值中的佔比維持在一個合理區間，為國民經濟持續健康發展提供基礎性、全方位支撐。保持製造業合理比重投入，是指促進勞動、資本、土地、知識、技術、管理、數據等要素有效向製造業聚集，促進製造業保持合理比重。製造業綜合成本是製造業投入的總成本，既包括顯性成本如稅費負擔、物流成本、要素成本等，也包括隱性成本如法治環境、營商環境等。從世界經濟發展史看，英國、美國、德國、日本能夠先後成為經濟大國強國，無一不是因為大力發展製造業。進入後工業化階段後，英國、美國製造業在國內生產總值中的比重下降較快，產業空心化問題凸顯，直到近年來美國等開始重視解決這一問題，加大力度吸引製造業回流本土。而德國、日本製造業在國內生產總值中的比重則長期穩定在 20% 以上，製造業一直是其參與國際競爭的"殺手鐧"。

第二，我國製造業發展面臨新形勢新挑戰。長期以來我國高度重視製造業發展，我國製造業已覆蓋 31 個製造業大類、179 個中類、609 個小類，增加值佔全球比重約 30%，500 多種主要工業產品中，我國有 220 多種產品產量位居世界第一，貨物貿易出口連續 15 年保持全球第一。製造業不僅是我國國民經濟的支柱，也是我國參與國際競爭、立於不敗之地的底氣和本錢。同時要看到，製造業增加值佔國內生產總值的比重由 2016 年的 28.1% 下降至 2020 年的 26.3%，到 2023 年為 26.2%，2013 年至 2022 年製造業城鎮單位就業人員佔全部城鎮單位就業人員的比重也下降了近 7 個百分點。製造業穩定投入機制不健全、綜合成本高是制約製造業保持合理比重的重要因素，主要有金融支持不足，稅費負擔偏重，產業人才有缺口，製造業同房地產、金融等行業的成本收益關係不合理，資源要素存在"脫實向虛"的傾向等。此外，我國製造業在全球產業分工中總體上仍處於價值鏈中低端，在一些重要細分領域存在短板，關鍵核心技術存在"卡脖子"問題。我國保持製造業合理比重既重要而緊迫，又有很大潛力和空間。

建立保持製造業合理比重投入機制，合理降低製造業綜合成本和稅費負擔，重點要有效解決體制機制堵點卡點。一是強化要素保障。推進製造業人才供給結構改革，優化製造業人才激勵機制，打造高技能人才隊伍。建立金融服務實體經濟激勵約束機制，激勵金融機構擴大製造業中長期貸款、信貸規模。積極發展天使投資、風險投資、私募股權投資等直接融資工具。完善要素市場制度和規則，加快健全數據要素治理制度。健全完善碳排放權、用能權、用水權等交易機制。二是降低綜合成本和稅費負擔。深化財稅體制改革，優化稅制結構，完善消費稅制，推進徵收環節後移並穩步下劃地方，發揮好研發費用加計扣除、技術轉讓稅收優惠等政策作用。進一步清理各種不合理收費。建立高效的知識產權綜合管理體制，改革完善知識產權審查制度，研究制定適應人工智能、生物醫藥、低空經濟等新領域新賽道發展需要的知識產權保護制度。三是持續優化營商環境。堅持把發展經濟的著力點放在實體經濟上。大力弘揚工匠精神、企業家精神。建立健全與企業常態化溝通交流機制，協調解決企業面臨的問題。積極營造幹事創業的社會環境，鼓勵和引導企業堅守實業、做強主業、做精專業，打造中國品牌，建成百年老店。

19. 如何理解促進平台經濟創新發展，健全平台經濟常態化監管制度？

《決定》提出："促進平台經濟創新發展，健全平台經濟常態化監管制度。"這是對我國平台經濟發展和監管提出的重要要求，可以從以下幾個方面理解。

第一，推動平台經濟創新發展對搶抓新一輪科技革命和產業變革先機、推動經濟高質量發展有重要意義。平台經濟是以互聯網為平台提供各類生產生活服務的經濟活動總稱。平台經濟是經濟發展新動能新形態，是新質生產力的重要代表和載體，為擴大需求提供了新空間，為創新發展提供了新引擎，為就業創業提供了新渠道，為公共服務提供了新支撐。近年來，我國平台經濟快速發展，在發展全局中的地位和作用日益凸顯。平台經濟吸納了超過 2 億靈活就業人員，截至 2023 年 6 月底，市場價值超過 10 億美元、超過 100 億美元的平台企業分別有 148 家、26 家，總市值規模達到 1.93 萬億美元。特別是，平台經濟打造了前所未有的全新創新生態，集聚了大量的創新資源，成為前沿技術的策源地和試驗場，成為推動通用人工智能等前沿技術變革的關鍵力量。

第二，把握平台經濟特徵規律、健全完善平台經濟治理工作十分緊迫。平台經濟利用巨大規模效應和網絡效應以及跨領域、上下游生態系統粘性，容易形成強者愈強的馬太效應，形成寡頭甚至一家獨大的壟斷市場結構。平台企業往往擁有海量用戶，掌握巨量數據、涉及眾多領域、連接海量主體，容易出現藉助市場優勢地位侵害消費者和平台從業者利益等問題。如何把握平台經濟發展規律，加以合理規範和引導，是各國共同面臨的監管難題。美國對平台企業採用"避風港"原則，強調第三方責任，更多豁免平台的直接責任；歐盟創立"守門人"規則，連續引入《通用數據保護條例》、《數字服務法案》等，旨在強化平台企業治理責任。2022 年中央經濟工作會議強調，要大力發展數字經濟，提升常態化監管水平，支持平台企業在引領發展、創造就業、國際競爭中大顯身手。按照中央部署要求，近年來我國堅持統籌發展和規範、活力和秩序，不斷健全平台經濟治理機制。我國相繼修訂反壟斷法、發佈經營者集中反壟斷合規指引，出台促進平台經濟規範健康發展的指導意見、維護新就業形態勞動者勞動保障權益的指導意見等一系列重要制度和政策舉措，平台經濟監管取得積極進展。但從總體上看，不少工作仍處於探索中，尚未形成系統性經驗。

第三，健全平台經濟常態化監管制度，加快推動平台經濟治理轉入常態化監管階段是工作重點。我國平台經濟監管模式和治理體系與平台經濟自身特徵還沒有完全匹配，要遵循數字經濟和平台經濟發展規律，系統謀劃、綜合施策，在監管理念、體系、模式等方面改革創新，著力打造鼓勵創新包容創新、讓企業敢闖敢幹敢於長期投入的制度環境。**一是**堅持在法治軌道上完善監管。持續提升平台經濟領域監管法治化水平，提升監管體系的穩定性和可預期性。重大監管政策在制定過程中要加強與企業、社會公眾的常態化溝通，加強合法性審核、宏觀政策取向一致性評估等。把握好監管法規和政策出台調整的時度效。**二是**提升數據安全治理監管能力。數據是平台經濟的關鍵生產要素，要加快建立數據產權歸屬認定、市場交易、權益分配、利益保護制度，促進數據合規高效便捷使用，把我國海量數據和應用場景優勢充分發揮出來。**三是**強化反壟斷和反不正當競爭。強化平台經濟領域反壟斷和反不正當競爭，維護好消費者、平台從業人員等相關群體利益。更好維護市場秩序，有效鼓勵創新創造。**四是**提升市場綜合監管能力和水平。健全完善平台經濟跨部門監管協同機制，加強跨區域跨層級監管聯動，強化市場准入、公平競爭、網絡安全審查等常態化監管工作的協同配合。

20. 為什麼要完善中介服務機構法規制度體系，促進中介服務機構誠實守信、依法履責？

《決定》提出："完善中介服務機構法規制度體系，促進中介服務機構誠實守信、依法履責。"中介服務機構是重要的市場經濟主體，運用專業知識向委託人提供會計審計、法律服務、評估諮詢等中介服務。完善相關法規制度體系，促進中介服務機構誠實守信、依法履責，是促進社會主義市場經濟健康發展的重要保障。

近年來，我國中介服務機構快速發展，覆蓋會計審計、法律服務、資產評估、信用評級、涉稅服務、知識產權、房產經紀、招投標代理、計量質檢、公證仲裁、信息諮詢等多個領域，其中會計師事務所超過 1 萬家，律師事務所超過 4 萬家，資產評估機構超過 5000 家，在經濟金融活動中發揮了 "潤滑劑"、"看門人" 的積極作用。行業自律組織設立行業執業標準，通過對本行業中介服務機構開展行業自律，培育和促進中介服務機構獨立公正、規範運作。相關行業主管部門完善行業監管制度，建立健全會計法、律師法、資產評估法等法律法規，在引導中介服務機構規範服務、履職盡責方面取得積極成效。

也要看到，我國中介服務機構在快速發展中暴露出一些問題，與滿足社會主義市場經濟發展需要之間存在一定差距，突出表現在：一些中介服務機構缺乏職業道德和操守，有的與服務對象串通造假，損害社會公眾合法權益，對市場風氣造成不良影響；一些領域的法律法規不健全，行業自律約束不足，監管執法存在漏洞，對違法違規行為的處罰力度不夠。

完善中介服務機構法規制度體系，促進中介服務機構誠實守信、依法履責具有重要意義。一是維護市場經濟秩序、促進經濟社會健康發展的需要。中介服務機構誠實守信、依法履責，有利於為市場提供客觀公正的信息和專業意見，敦促經營主體依法合規經營，提升信息披露的真實性，維護投資者和消費者合法權益，營造公平、透明、法治的市場環境。二是降低交易成本、提升市場經濟效率的需要。中介服務機構堅持誠信盡責，為市場交易對手和廣大投資者提供可信賴的專業服務，可以幫助廣大投資者更好作出決策，減少財務和人力投入成本，降低信息不對稱風險，提高市場經濟活力和效率。三是轉變政府職能、完善社會治理的需要。發展社會主義市場經濟，需要轉變政府職能，把政府不該管的事交給市場，為此要求中介服務機構以誠信的職業操守、勤勉盡責的作風，發揮補位作用，強化市場機制約束，加強社會公眾監督，構建相互協調、有機合作的社會治理體系。

完善中介服務機構法規制度體系，促進中介服務機構誠實守信、依法履責，需要堅持問題導向和目標導向，著力開展以下幾方面的工作。一是壓實中介服務機構主體責任。增強中介服務機構及其從業人員的服務意識、社會責任意識和知法守法意識，形成專業為本、信譽為重、責任至上、質量制勝的執業生態，塑造誠信高效、具有社會公信力的行業風氣。同時，加快培育高水平的本土中介服務機構，提升中介服務安全性，優化行業競爭格局。二是發揮行業自律組織作用。建立健全行業規範和標準，建設行業文化，樹牢誠實守信、勤勉盡責的執業操守，強化行業自律和懲戒，加強自律信息公開披露，開展監督評價，形成社會監督和約束合力。三是加強行業主管部門監管。強化行政監管手段和措施，根據不同行業特點完善准入管理，加強日常持續性監管，嚴格監管執法，依法打擊會計造假、審計造假，確保數據真實性。懲處違法違規行為，大幅提高違法成本。四是完善法律法規和制度體系。加快註冊會計師法、律師法、資產評估法等法律修訂，完善各行業中介服務機構管理制度，健全中介服務機構內部治理要求，形成促進規範發展的法律法規和制度環境。

21. 如何理解構建新型基礎設施規劃和標準體系，健全新型基礎設施融合利用機制？

《決定》提出："構建新型基礎設施規劃和標準體系，健全新型基礎設施融合利用機制"。這是加快推進新型基礎設施建設和應用，大力發展新質生產力，夯實建設現代化強國先進物質基礎的重要舉措。

新型基礎設施是指提供數字轉型、智能升級、融合創新等服務的基礎設施體系，主要包括信息基礎設施、融合基礎設施和創新基礎設施。信息基礎設施是指基於新一代信息技術演化生成的基礎設施，如第五代移動通信技術、物聯網、數據中心、人工智能、衛星通信、區塊鏈基礎設施等。融合基礎設施是指傳統基礎設施應用新一代信息技術進行智能化改造後所形成的基礎設施形態，包括以工業互聯網、智慧交通物流設施、智慧能源系統為代表的新型生產性設施，和以智慧民生基礎設施、智慧環境資源設施、智慧城市基礎設施等為代表的新型社會性設施。創新基礎設施是指支撐科學研究、技術開發、新產品和新服務研製的具有公益屬性的基礎設施，包括重大科技基礎設施、科教基礎設施、產業技術基礎設施等。

構建新型基礎設施規劃和標準體系，健全新型基礎設施融合利用機制具有重要意義。**一是**有利於規範新型基礎設施的建設和應用。構建新型基礎設施規劃和標準體系，有利於明確新型基礎設施建設和應用規範，引導投資、建設和應用行為，強化需求導向，暢通供需循環，形成穩定預期，也為參與國際標準制定、打造國際競爭優勢奠定基礎。**二是**有利於促進新型基礎設施的互聯互通。健全新型基礎設施融合利用機制，將不同行業和領域的新型基礎設施高效、安全地連接在一起，可以形成和發揮合力，更好支撐產業的升級、融合和創新，也可以促進各類基礎設施集約共建、優化佈局、開放共享，提高建設和應用效率，節約社會資金和資源，避免各行其是、重複建設和無序競爭。**三是**有利於提升科技創新能力。新型基礎設施聚焦新一輪科技革命重點方向，是實現科學技術突破、促進科技成果轉化、支撐創新創業的重要載體。構建新型基礎設施規劃和標準體系，可以發揮政策引導作用，加大支持科技創新力度，吸引民間資本和科技人才力量，解決關鍵技術的"卡脖子"難題。**四是**有利於促進經濟轉型升級。新型基礎設施以新發展理念為引領，以技術創新為驅動，以信息網絡為基礎，健全融合利用機制，可以催生新技術、新產品、新模式和新業態，優化供給質量，以供給改善牽引新的需求，培育經濟增長新動能，推動經濟高質量發展。

構建新型基礎設施規劃和標準體系，健全新型基礎設施融合利用機制，需著力做好以下工作。**一是**健全制度規則標準體系。加強新型基礎設施頂層設計，優化佈局、結構、功能和發展模式，強化區域、行業協同。健全新型基礎設施制度規則，明確建設和應用要求。構建國家標準、行業標準和團體標準體系，加強與傳統基礎設施標準銜接融合。二是深化融合利用。深化新型基礎設施應用融合，"建""用"統一、以"用"促"建"，拓展應用場景，促進協調發展，支持應用範圍廣、賦能能力強、帶動效應好的新型基礎設施建設，促進其在產業轉型升級等方面發揮積極作用。三是聚力核心技術攻關。整合資源投入，強化政策支持，集中力量攻堅突破新型基礎設施所需關鍵核心技術。發揮新型基礎設施在構建技術創新平台方面的作用，培育創新性強的高技術公司。健全機制和條件，加強人才培養、引進、使用和合理流動。四是構建相適應的投融資模式。建立政府引導、企業主導、市場運作的投融資機制，政府加強統籌協調，創造條件和環境，引導各類資源向新型基礎設施傾斜。更好發揮市場作用，健全激勵機制，促進經營主體積極參與新型基礎設施投資和建設，分享和應用建設成果。

22. 健全提升產業鏈供應鏈韌性和安全水平制度需要把握哪些重點？

《決定》強調"健全提升產業鏈供應鏈韌性和安全水平制度"，並作出了系統全面部署。我們要深入把握理解，認真貫徹落實。

產業鏈是經濟體系中各產業環節和上下游在一定的技術經濟聯繫基礎上形成的鏈條式關係形態。產業鏈供應鏈韌性和安全水平是指這種關係形態具有內在穩定性、自主性和柔韌性，能夠在受到外部衝擊後較快自我適應，在受到封鎖打壓時維持有效運轉，在極端情況下保證基本功能。產業鏈供應鏈韌性和安全水平取決於關鍵環節的自主可控和產業體系的完整穩定。我國擁有全球最齊全的產業門類、最強大的產業配套能力，不僅為贏得大國博弈提供了戰略支撐，也為全球經濟的順暢運行提供了保障。

習近平總書記強調："產業鏈、供應鏈在關鍵時刻不能掉鏈子，這是大國經濟必須具備的重要特徵。"一直以來,我國製造業"大而不強、全而不精",部分關鍵核心技術受制於人。同時,全球產業鏈供應鏈正面臨重構,產業鏈供應鏈外部環境的複雜性和不確定性上升,特別是近年來美國等西方國家對我國發展遏制打壓升級,與我國強行"脫鈎斷鏈",我國提升產業鏈供應鏈韌性和安全水平的重要性和緊迫性進一步凸顯。一個時期以來,國家圍繞重點製造業產業鏈薄弱環節,在集中優質資源合力攻關、提升產業體系自主可控和安全可靠水平等方面取得了積極進展。健全相關制度要著重把握以下幾個重點。

第一,健全強化重點產業鏈發展體制機制。一方面,要加快產業鏈"補短板",統籌推進關鍵核心技術攻關工程、產業基礎再造工程和重大技術裝備攻關工程,加快技術攻關突破和成果應用,提升集成電路、工業母機、醫療裝備、儀器儀表、基礎軟件、工業軟件、先進材料等重點產業鏈供應鏈自主可控能力。另一方面,要加強重點優勢領域產業鏈"鍛長板",健全提升優勢產業領先地位體制機制,深入開展工業產品質量提升行動,聚焦新一代信息技術、高端裝備、新材料、新能源等重點領域,大力發展新技術、新產品、新業態,提高科技成果轉化和產業化水平,增強產業鏈根植性和競爭力。

第二,全鏈條推進技術攻關、成果應用。發揮社會主義市場經濟條件下新型舉國體制優勢,注重"點""鏈"結合,提升共性技術供給,注重場景牽引,強化政策支撐,全鏈條推進技術攻關、成果應用、生態構建,實現"化點成珠、串珠成鏈"。充分發揮"鏈主"企業的關鍵作用,有效利用我國市場規模巨大優勢,帶動產業鏈上下游企業成長,保持和發展好完整產業體系。

第三,完善產業在國內梯度有序轉移的協作機制。推進產業鏈供應鏈上下游對接合作模式,聚焦強鏈補鏈搭建產業轉移合作平台。創新區域間產業轉移合作模式,鼓勵產業轉出地和承接地建立產值、收益、用地等指標的分享機制。建設國家戰略腹地和關鍵產業備份。構築產業轉移"攔水壩",引導產業鏈關鍵環節留在國內,開展境外基礎設施建設和產能合作。

第四,完善戰略性礦產資源探產供儲銷統籌和銜接體系。加快推進新一輪找礦突破戰略行動,堅持急用先行,突出緊缺戰略性礦產,實現找礦新突破,增強戰略性礦產資源長遠保障能力。健全石油、天然氣、煤炭、電力等能源產供儲銷體系,完善石油、天然氣等重要能源資源儲備動用機制,推動油氣管網互聯互通。推進大宗商品儲運基地佈局規劃建設,夯實糧食、能源、礦產品原材料等穩產保供能力。

23. 為什麼要完善學生實習實踐制度?

《決定》提出:"完善學生實習實踐制度。"這一部署對於促進學生德智體美勞全面發展、培養高素質人才具有重要意義。對此,可以從以下 3 個方面加深認識。

第一,完善學生實習實踐制度,是新時代全面貫徹黨的教育方針、更好落實立德樹人根本任務的迫切需要。教育必須與生產勞動和社會實踐相結合,是馬克思主義的一個基本觀點,是我們黨的一貫要求,也是黨的教育方針的重要內容。習近平總書記對新時代貫徹黨的教育方針提出明確要求,特別強調要堅持社會主義辦學方向,落實立德樹人的根本任務,扎根中國大地辦教育,同生產勞動和社會實踐相結合,努力培養擔當民族復興大任的時代新人,培養德智體美勞全面發展的社會主義建設者和接班人。實習實踐是落實教育同生產勞動和社會實踐相結合的具體途徑,通過加強實習實踐教育,讓學生走出教室、走出校園,走向火熱的社會主義現代化強國建設的一綫實踐,可以幫助學生樹立正確的世界觀、人生觀、價值觀,不斷增強對人民的感情、對社會的責任、對國家的忠誠,把自己的人生追求同國家發展進步、人民偉大實踐緊密結合起來,自覺成為社會主義建設者和接班人。

第二，完善學生實習實踐制度，是全面提高人才自主培養質量、完善拔尖創新人才培養體系的重要舉措。當前，新一輪科技革命和產業變革深入發展，圍繞高素質人才和科技制高點的國際競爭空前激烈，拔尖創新人才成為促進和提升國家核心競爭力最重要的戰略資源。習近平總書記在黨的二十大報告中強調，全面提高人才自主培養質量，著力造就拔尖創新人才。通過實習實踐教育，學生可以接觸到真實的問題、置身於真實的場景，從而強化對知識的現實運用、對創新的切身感知，實現理論與實踐相統一，提高科學思維能力、探索未知的興趣和創新意識。受多方面因素影響，當前一些地方和學校教育還存在重知識傳授、輕實踐養成的問題，對學生基於實際情境、運用知識解決問題的實習實踐教育重視不夠。全面提高人才自主培養質量，亟須把實習實踐教育擺在更加重要的位置，創新教育方法和組織形式，在實習實踐中提高教育質量，培養造就更多拔尖創新人才。

第三，完善學生實習實踐制度，是提升學生就業技能、促進公平就業和高質量就業的有效途徑。實習是學校實踐教學的重要環節，高質量實習也是學生高質量就業的重要基礎。通過實習實踐，學生豐富了社會經驗，接觸到了實際工作崗位，明確了就業意願和方向，將為畢業生順利就業奠定堅實的基礎。黨的十八大以來，教育部等部門先後印發了《關於加強和規範普通本科高校實習管理工作的意見》、《職業學校學生實習管理規定》，持續推動實習工作的規範化、制度化建設。目前，學生實習實踐還存在不少障礙，部分高校對實習不夠重視、實習經費投入不足、實習組織管理不到位的現象不同程度存在，學生獲得優質實習資源靠關係、託人情的現象一定程度存在，部分用人單位接收學生實習實踐的熱情不高。這些問題，影響了學生全面發展、成長成才，也影響了公平就業、高質量就業，應當高度重視，切實加以解決。

完善學生實習實踐制度，需要在全社會樹立科學的人才觀、成才觀、教育觀，把大中小學實習實踐教育放在更加重要的位置來統籌謀劃，從組織、管理、安全等方面進行全鏈條設計。要把實習實踐教育有機納入各級各類教育，改善學校實習實踐教育條件，創新教學形式與內容，全面提升實習實踐教育質量。建立健全機關企業事業單位接收學生實習的激勵機制，進一步加強高校實習環節的資源投入，規範實習教學組織與管理，面向所有學生提供公平的就業實習機會，提升實習的規範性、公平性、有效性。

24. 怎樣理解優化區域教育資源配置，建立同人口變化相協調的基本公共教育服務供給機制？

《決定》提出："優化區域教育資源配置，建立同人口變化相協調的基本公共教育服務供給機制。"這一部署對於促進教育公平、增強基本公共服務均衡性和可及性，有效應對人口發展趨勢、促進人口高質量發展具有重要意義。可以從以下 3 個方面加深理解。

第一，優化區域教育資源配置，建立同人口變化相協調的基本公共教育服務供給機制，是解決我國教育發展不平衡問題、促進區域協調發展的客觀需要。受自然歷史條件和經濟社會發展水平限制，我國中西部地區、欠發達地區整體辦學條件和質量相對滯後。黨的十八大以來，在以習近平同志為核心的黨中央堅強領導下，中西部地區和欠發達地區教育發展力度切實加大，中央財政教育轉移支付資金 80% 以上用於中西部省份，累計改造貧困地區義務教育薄弱學校 10.8 萬所，實現 20 多萬建檔立卡輟學學生動態清零，為全面建成小康社會、實現第一個百年奮鬥目標作出了歷史性貢獻。邁上新征程，國家區域協調發展戰略的實施對優化區域教育資源配置提出了更高要求。2023 年 5 月，中共中央辦公廳、國務院辦公廳印發的《關於構建優質均衡的基本公共教育服務體系的意見》明確提出，到2027年，優質均衡的基本公共教育服務體系初步建立，均等化水平明顯提高；到2035年，基本公共教育服務總體水平步入世界前列。要實現這一目標，必須進一步優化區域教育資源配置，加大對中西部困難地區的支持力度，推進基本公共教育服務覆蓋全民、優質均衡。

第二，優化區域教育資源配置，建立同人口變化相協調的基本公共教育服務供給機制，是適應人口變化形勢、服務支撐人口發展戰略的必然要求。人口是教育資源配置的重要依據。當前，我國人口發展呈現少子化、老齡化、區域人口增減分化的趨勢性特徵。2016年出生人口出現波峰達到1883萬人，從2017年起持續走低，2023年出生人口下降到902萬人。出生人口數量的下降迫切要求推動人口高質量發展，實現由人口紅利到人才紅利的轉變。同時，我國城鎮化水平大幅提升，2023年常住人口城鎮化率達到66.16%，人口持續從農村遷移至城市，從欠發達地區向發達地區流動。我國教育學齡人口的總體規模和區域分佈持續發生重大變化。教育強國建設是人口高質量發展的戰略工程。到2035年建成教育強國，必須深入研判人口規模結構變化對教育提出的新挑戰新要求，不斷優化區域教育資源配置，形成與人口分佈相匹配、相適應的教育資源佈局，提高教育資源使用效益效能，增強教育體系的服務能力，讓每個學生都能享受到更好的教育，以人口高質量發展支撐中國式現代化。

第三，優化區域教育資源配置，建立同人口變化相協調的基本公共教育服務供給機制，需要找準推進工作的著力點和落腳點。要堅持規劃引領，將教育納入國民經濟和社會發展規劃，以及國家區域協調發展戰略、主體功能區戰略等規劃，落實教育優先發展，強化教育資源的投入和前瞻性配置。完善中央財政教育轉移支付制度，確保有效滿足欠發達地區教育需求，補齊教育發展短板。完善教育東西部協作和對口支援機制，充分發揮教育數字化對教育資源有效配置、高效配置的作用，進一步推動優質教育資源向欠發達地區供給和輸入。優化城鄉學校佈局，推動城鎮學校擴容增位，辦好必要的鄉村小規模學校，加強寄宿制學校建設，推進師資配備均衡化，加快城鄉教育一體化。推進教育關愛制度化，加大對農村留守兒童、困境兒童等群體的教育保障力度，健全農業轉移人口隨遷子女入學保障政策，以公辦學校為主將隨遷子女納入流入地義務教育保障範圍，確保不同群體適齡兒童平等接受義務教育。

25.如何理解完善義務教育優質均衡推進機制？

《決定》提出："完善義務教育優質均衡推進機制"。這一部署對於進一步促進教育公平、建設高質量教育體系、提升人力資源開發水平和國家競爭力具有重要意義。可以從以下 3 個方面加深理解。

第一，完善義務教育優質均衡推進機制，是促進教育發展成果更多更公平惠及全體人民的必然要求。義務教育是國家統一實施的所有適齡兒童、少年必須接受的教育，是國家必須予以保障的公益性事業。黨的十八大以來，以習近平同志為核心的黨中央高度重視義務教育，立足確保黨的事業後繼有人、夯實人才培養基礎、辦好人民滿意的教育，全面謀劃義務教育工作，促進義務教育均衡發展，推動我國義務教育取得新的歷史性成就，建成世界最大規模的義務教育體系，義務教育普及程度達到世界高收入國家平均水平，全國 2895 個縣級行政單位全部實現縣域義務教育基本均衡發展，成為一個新的里程碑。2023 年，全國小學淨入學率保持在99.9% 以上，義務教育鞏固率達到 95.7%，進城務工人員隨遷子女在公辦學校就讀和享受政府購買學位服務的比例超過 95%。隨著經濟社會發展，教育內外部形勢發生了深刻變化。從人民群眾的訴求看，在"有學上"的問題得到解決後，對"上好學"的願望更加強烈，對教育公平和質量有了更高期待。習近平總書記在黨的二十大報告中明確提出，加快義務教育優質均衡發展和城鄉一體化。只有完善義務教育優質均衡推進機制，加快義務教育優質均衡發展，才能讓學生不分城鄉、不分地域都能享有優質教育機會，更好地促進教育公平、辦好人民滿意的教育。

第二，完善義務教育優質均衡推進機制，是全面提升人力資源開發水平、強化現代化建設人才支撐的重要舉措。黨的二十大對教育、科技、人才進行統籌安排、一體部署，提出到 2035 年建成教育強國，比全面建成社會主義現代化強國提前了 15 年，凸顯了教育強國建設的戰略先導和支撐引領作用。黨的十八大以來，我國各級各類教育加速發展，人力資源開發水平持續提升，2023 年新增勞動力平均受教育年限超過 14 年，為經濟社會發展提供了有力的人力資源支撐。從經濟社會發展的階段看，我國正處於人口紅利加速向人才紅利邁進的關鍵時期，必須進一步提高國民受教育程度，全面提升人力資源開發水平，不斷促進人的全面發展，厚植高素質人才培養的基礎。九年義務教育是人生連續受教育時間最長的階段，是打牢人生基礎的關鍵階段，既夯實學生的知識基礎，又培養其探索性、創新性思維品質。今天的義務教育質量，決定了明天的勞動人口素質，決定了國家的創新能力水平。完善義務教育優質均衡推進機制，有利於健全德智體美勞全面培養的教育體系，有效提高人口整體素質，更好滿足現代化建設對人才數量、質量、結構的全方位需求。

第三，完善義務教育優質均衡推進機制，加快義務教育優質均衡發展，必須納入教育強國建設的大局中來定位、謀劃。義務教育是國民教育的重中之重，在國民教育體系中居於最基礎最關鍵的地位。要堅持社會主義辦學方向，完善立德樹人機制，促進學生德智體美勞全面發展，成為擔當民族復興大任的時代新人。義務教育是國家事權，要堅持政府主責，強化發展規劃、財政投入、教師隊伍建設、評價督導，不斷完善促進優質均衡發展的配套政策體系。要健全城鄉統一的義務教育經費保障機制，推進學校建設標準化，切實改善學校教學生活和安全保障條件。要著力擴大優質教育資源覆蓋面，加快集團化辦學和城鄉學校共同體建設，大力推進教育數字化，有效提升薄弱學校、農村學校辦學水平，切實解決人民群眾急難愁盼的教育問題。

26. 為什麼要優化重大科技創新組織機制？

重大科技創新是大規模有組織的科技創新活動，能夠集中力量進行科技攻關，解決國家經濟和社會發展中的重大問題，對於增強國家的科技實力、經濟實力和綜合國力具有重要作用。《決定》提出："優化重大科技創新組織機制"。這是完善科技管理工作的一項重要改革舉措，將進一步提高科技創新的效能，更好保障重大科技創新的順利實施。

第一，優化組織機制是完成重大科技創新的必要保障。新一輪科技革命和產業變革突飛猛進，科學研究範式發生深刻變革，科研活動複雜性顯著增加。重大科技創新具有前沿性、引領性、顛覆性等特點，投入大、風險高、周期長，是系統性社會化大生產的一種形式，必須要有強大的組織機制。同時，我國科技事業發展迅速，科技創新由原來的學習型、追趕型逐漸轉變為並跑型、引領型，迫切需要優化重大科技創新組織機制，以適應科技發展趨勢和我國科技創新工作的需要。特別是中央科技委員會成立後，科技領導體制和管理機制發生重大變化。加強黨中央對科技工作的集中統一領導，發揮對重大科技創新組織者作用，強化國家層面的統籌和佈局並組織推動實施，需要進一步優化重大科技創新組織機制。優化組織機制，有利於發揮社會主義制度集中力量辦大事的優勢，集聚戰略科技力量，調動重要創新資源，保障重大科技創新順利實現戰略目標。

第二，優化組織機制有利於提高重大科技創新的效能。重大科技創新需要大量創新資源，而創新資源是相對稀缺的。優化組織機制，發揮好市場配置資源的決定性作用和政府的組織協調作用，建立符合科技創新規律的資源配置模式，有利於提高資源配置效率，把好鋼用在刀刃上，實現科技創新效益最大化。重大科技創新往往涉及多個部門、領域、團隊和學科，優化組織機制，有利於增強創新協同性。針對不同創新任務形式，採取不同的管理模式，完善"揭榜掛帥"、"賽馬"制、"業主制"等方式，建立起適宜的組織模式，可以系統地提升創新效率。通過優化組織機制，可以進一步促進科技產業的融合，增強科技創新對產業和經濟的源頭供給能力，加快成果轉化，儘快形成新質生產力。

第三，優化組織機制必須解決好重大科技創新實施中的突出問題。當前我國重大科技創新實施中還存在國家戰略需求和市場需求轉化為重大科技任務的機制不健全，多元化資源配置格局尚未形成，戰略科技力量組織動員以及產學研、部門間、領域間的協同不夠等問題，亟待通過優化組織機制解決。一是加強統籌佈局，完善需求導向和問題導向的國家重大科技任務選題方式，建立將企業、地方符合國家戰略需求的項目納入國家科技計劃體系的選擇機制。二是完善科技創新全鏈條聯動機制，建立科技創新重點領域一體規劃和部署機制，統籌部署創新鏈、產業鏈、人才鏈、資金鏈，建立貫穿全鏈條的多部門聯動實施、接力實施工作機制。三是探索建立重大科技任務分類管理組織模式，針對不同領域、目標和特點，選擇合適的部門、地方、總承單位和業主單位負責實施。四是加快轉變科技資源配置方式，探索建立市場驅動的關鍵核心技術突破機制，實現政府有為、市場有效、創新主體有擔當的有機統一。五是強化任務實施督查、動態調整和考核驗收，設置里程碑節點，引入科技項目監理機制，強化對主責單位、專業機構監督管理。同時，發揮社會監督作用，形成內部管理與社會監督相互促進的管理模式。

27. 如何理解改進科技計劃管理？

科技計劃是根據國家科技發展規劃和戰略安排，以財政支持或以宏觀政策調控、引導，由政府部門組織和實施的科學研究或試驗發展活動及相關的其他科學技術活動。《決定》提出："改進科技計劃管理，強化基礎研究領域、交叉前沿領域、重點領域前瞻性、引領性佈局。"這項重要改革舉措將進一步優化科技計劃管理模式，激發創新活力，使科技計劃更符合科技發展趨勢和國家戰略需求。對此，可以從 3 個方面來理解。

第一，改進科技計劃管理很有必要。目前的科技計劃體系是 2015 年改革後形成的，包括國家自然科學基金、國家科技重大專項、國家重點研發計劃、技術創新引導專項（基金）、基地和人才專項等 5 大類。面對新形勢，國家科技計劃迫切需要進一步深化改革。一是科技管理體制改革的要求。根據 2023 年中共中央、國務院印發的《黨和國家機構改革方案》，調整科學技術部的中央財政科技計劃（專項、基金等）協調管理、科研項目資金協調評估等職責，強化統籌協調職能。根據機構改革的要求，需要進一步改進科技計劃管理，適應科技管理體制改革的要求，更符合發展新質生產力、建設科技強國的需要。二是更好擔負起關鍵核心技術攻關重要使命的要求。科技計劃承擔著關鍵核心技術攻關的重要使命，必須從國家急迫需求和長遠目標出發，聚焦高端芯片、生物科技、工業軟件、新材料、科研儀器等領域全力組織攻堅，用原創技術解決這些重要領域的"卡脖子"問題，實現關鍵核心技術的自主可控，把創新的主動權和發展的主動權牢牢掌握在自己手中。三是進一步提高科技計劃管理水平的需要。當前，科技計劃管理還存在薄弱環節，需要進一步提高管理的綜合性、專業化，壓實科技計劃各環節主體責任，強化專業管理機構的責任，加強研發單位和研發者的考核和目標管理。

第二，改進科技計劃管理重在加強前瞻性、引領性佈局。加強前瞻性、引領性佈局是科技計劃管理的關鍵環節，對於確保科技計劃與經濟社會發展需求、國家戰略發展目標的一致性至關重要。只有佈好局定好位，才能明確科技創新的重點領域和關鍵任務，確保科技計劃在科技創新和經濟社會發展中發揮應有的作用，更好地應對挑戰，滿足國家的戰略需求。一是有利於更好發揮科技基礎性戰略性支撐作用。只有做好前瞻性、引領性佈局，選準方向和目標，才能更好地搶佔科技制高點，打牢未來發展的技術基礎，發揮科技的戰略先導作用。二是有利於強化科技創新的策源能力。習近平總書記深刻指出：“我國面臨的很多‘卡脖子’技術問題，根子是基礎理論研究跟不上，源頭和底層的東西沒有搞清楚。”通過強化前瞻性、引領性佈局，使科技計劃更加聚焦原創性、顛覆性、戰略性創新，從源頭和底層打牢技術基礎，創造更多原創理論和技術。三是有利於識別具有巨大潛力的新技術、新產業。要圍繞創新鏈佈局產業鏈，提前進行資源配置和人才培養，強化科技與新興產業和未來產業的融合。

第三，加強統籌協調，抓好科技計劃的實施。要強化協同創新，以科技計劃為載體，加強部門、企業、高校和科研院所的協同，強化戰略科技力量聯合攻關，推動國家實驗室、重大科技基礎設施、國家技術創新中心等國家科技創新平台建設，探索項目、基地、人才一體化機制，以項目支持基地建設，以基地建設培育戰略科技人才，以人才支撐科技攻關，形成良性循環。要加強央地協同，根據國家戰略需求，梳理凝練適合地方或企業承擔的重大項目，納入國家科技計劃體系，由地方或龍頭企業全面負責資金籌集、項目實施，真正形成全國一盤棋。要加強科技計劃監督評估體系建設，堅持目標導向和問題導向，聚焦重大標誌性成果分類考核，根據不同任務特點，建立健全分類評價考核方式，抓住關鍵環節和關鍵主體，將監督評估壓力層層傳導到位，形成監督閉環。

28.怎樣理解建立專家實名推薦的非共識項目篩選機制？

非共識項目是指在科技創新活動中，因其創新性、顛覆性的理念而與現有知識體系和共識不一致的項目。《決定》提出："建立專家實名推薦的非共識項目篩選機制。"這一重要改革舉措為非共識性創新提供了新的支持模式和路徑，體現了對原始創新、顛覆性創新的重視，對於鼓勵科研人員大膽探索、挑戰未知、促進原始創新和顛覆性創新具有重要意義。

第一，深刻理解非共識項目的重要性。習近平總書記強調："必須加強科技創新特別是原創性、顛覆性科技創新，加快實現高水平科技自立自強，打好關鍵核心技術攻堅戰，使原創性、顛覆性科技創新成果競相湧現，培育發展新質生產力的新動能。"非共識項目的特點是創新性強、風險高、難識別、爭議大，挑戰現有的知識體系、標準和規則，蘊藏著重大創新思維和原創性、顛覆性創新機遇，可能帶來科學技術的重大發現、重大突破，從而促進新質生產力的發展。隨著我國科技創新能力的提升，我們將迎來更多"從 0 到 1"的科技創新成果，原始創新在我國科技創新中的比重越來越大，這意味著會出現更多非共識性創新。因此，建立非共識項目的篩選機制是我國科技發展新階段的必然要求。要看到，非共識項目研究難度大、不確定性高、可識別性不強、失敗風險較大，在同行評議中可能會引起較大的分歧，難以通過常規的同行專家評審程序達成有效共識，通常較難獲得研究資助，必須採取符合非共識項目特徵的評選方式。因此，建立非共識項目的篩選機制勢在必行。

第二，發揮專家實名推薦的作用。習近平總書記強調："在項目評價上，要建立健全符合科研活動規律的評價制度，完善自由探索型和任務導向型科技項目分類評價制度，建立非共識科技項目的評價機制。"專家實名推薦的非共識項目篩選機制是符合非共識項目特點的一種評價機制。採用專家實名推薦，不問出處、不設門檻、不唯申請者過往業績，更加有利於打破常規、識別人才。實名制有利於發揮專家個人影響力，激勵評審專家發揮伯樂作用，也有利於強化專家個人推薦責任，對專家行為形成約束，避免項目評審專家因個人動機而出現的低水平評審和投機行為，降低推薦風險。要發揮好這一機制的作用，一是推薦專家要有強烈的責任感。在推薦時出以公心，以對科技創新負責、對國家發展負責的態度，推薦出真正具有原創性、顛覆性的項目。二是推薦專家要有獨到眼光。深刻把握未來方向，能夠洞悉非共識項目的可行性和巨大創新機遇。三是推薦專家要堅持創新意識。堅持源頭創新，破除跟隨思想，不能以國外有沒有類似研究、有沒有先例、是不是國際熱點等作為評判標準，而應建立鼓勵重大原始創新和顛覆性創新的思維觀念和評價導向，引導我國科學家勇闖“無人區”，突破現有科學技術理論框架，加快原始創新和顛覆性創新。

第三，建立科學有效的監管、評價和全過程責任制度。強化負責任評審，建立權責一致的責任機制，既要充分發揮專家個人在整個非共識項目實施過程中的主觀能動性，也要壓實責任，避免人情圈子、學術壟斷等對項目遴選帶來的負面影響，增加篩選的透明度和可信度。建立激勵機制，鼓勵科學家在評價活動中堅持真理、勇於創新。另外，對非共識項目的管理，科研管理部門要建立體系化制度，完善資助方式，形成適應非共識項目開展研發活動的制度保障。

29. 為什麼要建立職務科技成果資產單列管理制度？

《決定》提出：“建立職務科技成果資產單列管理制度”。通過科技成果資產單列管理，建立符合科技成果轉化特徵的管理制度，將進一步激發科技人員成果轉化積極性，更好保護國家利益和科研人員合法權益，發揮科技成果的效益，促進加快形成新質生產力。

多年來，我國不斷加強科技成果轉化工作，修正《中華人民共和國促進科技成果轉化法》、印發《實施〈中華人民共和國促進科技成果轉化法〉若干規定》、制定《促進科技成果轉移轉化行動方案》，形成科技成果轉化"三部曲"。出台《賦予科研人員職務科技成果所有權或長期使用權試點實施方案》，進一步下放科技成果管理權限，在科技成果管理改革上邁出一大步。科技部、財政部等部門開展了職務科技成果資產單列管理試點，一些地方因地制宜進行了改革探索，取得良好效果。

之所以要對職務科技成果資產單列管理，主要是因為科技成果具有不同於一般資產的特徵。**一是**科技成果的價格具有明顯的時效性。如果沒有轉化，不僅價值得不到體現，大部分科技成果的價格會隨著時間快速衰減。科技成果只有及時進入經濟領域，才能產生效益。**二是**科技成果僅表現出應用潛力，尚未真正走向市場，具有高度不確定性，對此難以通過評估確定科學、合理、可信的價格。科技成果作價投資形成股權的價格往往變化幅度巨大，既有企業自身經營發展的原因，也有市場需求變化的影響，股權價格變化不可控。**三是**科技成果轉化風險較大，轉化過程包括中試熟化、生產等不同階段，面臨諸多未知因素，轉化失敗率較高。

職務科技成果資產單列管理改革包括兩個方面：**一是**轉化前對職務科技成果的單列管理，要建立職務科技成果及其作價投資形成股權的單列管理模式。**二是**轉化後對職務科技成果作價投資形成國有股權的單列管理，要簡化股權管理方式，適應科技成果轉化的特點。當前科技成果資產管理在成果初始記賬和定價、成果轉化形成的國有股權保值增值考核和管理等方面還存在一些問題，使得成果定價不準確，高校院所科研人員和管理人員對國有股權的管理有較大顧慮，相關企業在後續融資、併購、重組等涉及股權變動的事項上，程序複雜，周期較長，不利於企業根據市場情況快速融資、靈活決策，也影響科研人員積極性。因此，需要盡快建立符合市場經濟規律以及科技成果特徵的國有資產管理制度，解決科技成果管理與國有資產保值增值考核要求之間的矛盾，完善作價投資形成國有股權的單列管理機制。進一步縮短管理鏈條、簡化審批流程，建立對職務科技成果作價投資等方式形成的國有股權劃轉、轉讓、退出、損失核銷等處置制度以及資產評估備案、國有產權登記等事項的專門管理制度。

通過單列管理，能夠更好地促進科技成果轉化。單列管理後，可以更切合實際地制定專門管理制度和監管機制。一是在成果轉化中，加強科技安全和科技倫理管理，特別是加強對涉及國家秘密或出口管制成果的管理，更好保護相關領域國家安全。二是更好地強化成果轉化全過程管理，制定切實可行的管理制度和監管機制，規範職務科技成果轉化工作，簡化流程，提高轉化效率，開展風險控制，更好地保護國有資產。三是通過明確科技成果的歸屬和權益分配，提高對科技成果轉化的信心和動力，激勵科研機構和科研人員更好地開展科技成果轉化，加快形成新質生產力。

30. 如何理解構建同科技創新相適應的科技金融體制？

科技金融是通過銀行、證券、保險、創業投資、抵押、擔保等金融方式和服務，支持科研、成果轉化和科技型企業發展的金融模式。《決定》提出：「構建同科技創新相適應的科技金融體制，加強對國家重大科技任務和科技型中小企業的金融支持，完善長期資本投早、投小、投長期、投硬科技的支持政策。」這項重要改革舉措對於促進科技與金融深度融合，實現科技、產業、金融三者的良性循環，建設科技強國和金融強國具有重要意義。

面對科技強國建設和國際競爭的嚴峻形勢，強大的科技投入是支撐人工智能、信息技術、量子、生物等前沿科技領域和未來產業發展的必要條件，從科學研究到成果轉化再到產業化，每一步都離不開金融的支持。目前，我國的科技投入總量相對不足、結構不盡合理，急需更多金融投資進入科技創新領域，加快形成多元化投入格局，支撐高水平科技自立自強。

習近平總書記強調：科技金融要迎難而上、聚焦重點；引導金融機構健全激勵約束機制，統籌運用好股權、債權、保險等手段，為科技型企業提供全鏈條、全生命周期金融服務。近年來，科技管理部門會同金融管理部門和金融機構陸續制定了一批科技金融政策措施。但同時還存在以間接融資為主的社會融資模式與科技型企業的融資需求不匹配、金融機構支持科技創新的內生動力需要提升、金融監管剛性要求對科技創新融資形成抑制等問題。發展科技金融，構建同科技創新相適應的科技金融體制，需要著重抓好以下幾點。

第一，加強對科技企業全鏈條、全生命周期金融服務。對於種子期和初創期的科技企業，其規模小、資產輕、估值難而資金需求度高，可加強天使投資基金、產業投資基金的支持。對於成長期的科技企業，具備一定商業模式和盈利能力的，可加強專利權質押融資、商標權質押融資、訂單融資等科技信貸服務。對於成熟期科技企業，可支持其在科創板、創業板、新三板等資本市場獲得更多融資機會。

第二，加大對國家科技重大任務的金融支持。對事關國家發展與安全的重大科技任務，加強銀行信貸、資本市場、科技保險、創業投資、債券以及財政引導等多項政策聯動，重點對國家科技重大任務、關鍵核心技術攻關、戰略科技力量建設等給予全方位金融支持。支持承擔國家科技重大項目、在關鍵核心技術上取得重大突破的科技領軍企業上市融資。

第三，構建豐富的科技金融產品體系。強化科技政策性貸款，常態化實施科技創新再貸款政策，提高在再貸款中的結構比例。建立專門機制，推動商業銀行將支持科技創新作為主要政策性業務。對天使投資和專注投早、投小、投長期、投硬科技的創業投資機構進一步給予支持。培育一流投資銀行和投資機構，拓寬金融支持科技創新的資金來源。壯大耐心資本，探索社保基金、保險資金、年金資金等長期資金支持科技創新的機制。

第四，打造科技與金融良性互動的生態。加強科技諮詢、科技創新評價標準、知識產權交易、信用信息系統等基礎設施建設，為各類金融服務更加標準化、精準化提供支持。完善風險分擔機制，有效發揮政策性融資擔保體系的增信、分險和引領功能，著力解決市場的科技創新風險規避問題。充分考慮科技金融的發展規律，強化科技創新的金融風險防範，提高監管的包容性。優化政府引導基金的考核，採取"長周期"、"算總賬"等的考核辦法，帶動長期資本投早、投小、投長期、投硬科技。

31. 為什麼要建立以創新能力、質量、實效、貢獻為導向的人才評價體系？

《決定》強調："建立以創新能力、質量、實效、貢獻為導向的人才評價體系。"這明確了進一步深化人才評價改革的目標任務，對創新人才評價機制、激發人才創新創造活力具有重要意義。

人才評價是人才發展的指揮棒。黨的十八大以來，黨中央堅持黨管人才原則，不斷改革人才評價體系，制定印發《關於深化人才發展體制機制改革的意見》等一系列重要文件，對包括人才評價機制改革在內的人才發展體制機制改革作出頂層設計和制度安排。有關部門和各地區堅決落實黨中央決策部署，深化職稱制度改革，分類推進人才評價機制改革，深化項目評審、人才評價、機構評估改革，開展"唯論文、唯職稱、唯學歷、唯獎項"專項清理，優化整合部委和地方人才計劃，在創新人才評價機制方面積極探索，取得顯著成效。同時應當看到，與推動高質量發展、推進中國式現代化的需要相比，我國人才評價體系還存在不適應、不合理的地方，需要進一步深化改革，提升評價體系的科學性、合理性、公平性。

首先，建立以創新能力、質量、實效、貢獻為導向的人才評價體系，是以正確評價導向引領幹事創業導向的需要。人才評價體系對於人才的選拔、培養、使用、保障具有重要導向作用。如何讓廣大人才通過更科學合理的評價機制脫穎而出，關係人才成長和作用發揮。強調以創新能力、質量、實效、貢獻為導向，能夠全面準確反映成果創新水平、轉化應用績效和對經濟社會發展的實際貢獻，充分體現創新驅動發展戰略的要求，體現發展新質生產力、推動高質量發展的要求，體現對人才成長規律和人才價值的尊重。同時，有利於打通人才流動、使用、發揮作用的體制機制障礙，充分發揮人才評價正向激勵作用，促進人才潛心研究和創新，把精力放到通過創新創業施展才幹、實現價值上，有效激發人才創新創造活力，更好地把我國制度優勢轉化為人才優勢、科技競爭優勢。

其次，建立以創新能力、質量、實效、貢獻為導向的人才評價體系，是解決人才評價中突出問題的需要。當前我國人才評價體系還不夠完善，主要體現在 3 個方面：一是新的評價標準還沒完全立起來。現有的人才分類標準認可度不夠高，對人才創新能力、質量、實效、貢獻的評價缺乏可量化、成體系、立得住、有說服力的指標支撐。二是舊的評價慣性依然存在。在人才計劃評審中，論文、專利、項目、獎項以及已獲得的人才"帽子"等指標仍然是主要依據。三是"唯帽子"問題治理還需進一步加大力度。不少單位仍然存在把"帽子"大小作為人才招聘引進、定崗定薪直接依據的現象，導致科研人員競相去爭"帽子"。解決以上問題，亟待明確"破四唯"後怎麼"立"的評價方式和標準，建立科學的人才評價體系。

建立以創新能力、質量、實效、貢獻為導向的人才評價體系，必須堅持"破四唯"和"立新標"並舉，深化人才評價改革。一要分類構建符合科研活動特點、體現人才成長規律的評價指標和評價方式。發揮評價指揮棒和風向標作用，按照承擔國家重大攻關任務、基礎研究、應用研究和技術開發、社會公益研究等，分類建立科學合理、各有側重的人才評價標準。二**要**聚焦經濟社會發展新技術、新業態、新模式，制定新職業、新領域人才評價辦法。深化工程教育評價改革，改變“唯論文”傾向，把重大工程設計、新產品或新裝置研製等作為工程碩博士畢業和學位授予的重要依據。加快新興職業領域人才評價標準開發工作。三**要**持續開展專項整治，防止人才“帽子”滿天飛等問題反彈回潮。鞏固深化部委和地方人才計劃優化整合工作成果，健全人才計劃備案管理制度。建立項目評審、人才評價、機構評估自查自糾機制，清理各類考核評價條件、指標中涉及“四唯”以及與人才稱號、學術頭銜直接掛鈎的規定。

32. 完善海外引進人才支持保障機制有哪些主要要求？

《決定》提出：“完善海外引進人才支持保障機制”。這是黨中央深入實施人才強國戰略，努力形成具有國際競爭力的人才制度體系，穩步提升我國在全球配置人才資源能力的重要舉措。

海外人才是我國高層次人才隊伍的重要來源。推進中國式現代化，既需要培養用好國內人才，也需要堅持需求導向，用好全球創新資源，精準引進“高精尖缺”人才。改革開放後，我國有大批留學人員學成後留在海外工作，許多人活躍在國際科技前沿和產業發展高端。把這些優秀人才吸引回來，是解決我國科技領軍人才匱乏的現實、快捷、有效的途徑。黨的十八大以來，黨中央著眼國家戰略需求，不斷加大海外人才引進工作力度，越來越多的海外優秀人才回國（來華）創新創業，對推動我國教育、科技、人才發展發揮了重要作用。新時代新征程上，要實施更加積極、更加開放、更加有效的人才政策，加快形成具有國際競爭力的人才制度體系，為海外人才回國（來華）從事研究開發、學習、工作和生活提供良好環境和服務保障，切實做到引得進、留得住、用得好。

第一，拓展事業平台。引進海外高層次人才，使用好是關鍵。海外高層次人才回國（來華）的目的和動力，主要是國內有更多的發展機遇和更大的發展空間。但與發達國家相比，我國的創新創業環境和條件仍有差距。要以建設國際科技創新中心和國家高水平人才高地為契機，以國家重點科技創新項目、國有重點骨幹企業研發項目、高校和科研院所重點學科、國家實驗室、高新技術產業開發區和留學生創業園等為載體，充分發揮用人單位的主體作用，借鑒運用國際通行、靈活有效的辦法，推動人才政策創新突破和細化落實，為引進的海外高層次人才提供良好事業平台和工作生活條件。要營造尊重個性、鼓勵創新、寬容失敗的寬鬆環境，充分信任、放手使用，讓引進的海外高層次人才幹得好、留得住，產生良好擴散效應。

第二，完善服務保障。海外高層次人才是世界各國競相爭奪的寶貴資源。當今世界，圍繞科技制高點和高端人才的競爭空前激烈，各國紛紛出台吸引人才的戰略和政策，包括調整移民政策、提供豐厚薪金待遇、實行優惠的留學政策、為創業提供稅收優惠等。這些年，為改善吸引人才的條件和環境，各地先後推出一系列行之有效的辦法措施。要聚焦解決海外高層次人才關心的重點難點問題，在待遇保障、出入便利、子女配偶保障等方面不斷完善相關政策，對國家急需的頂尖人才實施特殊支持政策，採取各種措施創造拴心留人的條件，幫助海外引進人才解除後顧之憂，讓他們安心安身安業。

第三，加強政治引領。加強對人才的政治引領和政治吸納，是堅持黨管人才原則的重要內容，是集聚愛國奉獻各方面優秀人才的重要舉措，也是弘揚我們黨聯繫服務專家優良傳統的具體體現。早在新中國成立之初，在毛澤東、周恩來等老一輩革命家的親自關懷和協調聯繫下，錢學森等一批傑出海外專家毅然放棄國外優裕的工作生活條件回到祖國，成為新中國工業、教育、科研和國防事業發展的骨幹力量。加強對海外引進人才的政治引領和政治吸納，要以思想聯繫為重點，加強思想溝通和情感交流，認真聽取他們的意見建議。要關心海外引進人才身心健康，真心關懷、真情服務，幫助解決實際困難。要通過教育培訓、國情考察等，增強海外引進人才的政治認同感和向心力，實現增人數和得人心有機統一。

33. 如何理解完善國家戰略規劃體系和政策統籌協調機制？

《決定》提出："完善國家戰略規劃體系和政策統籌協調機制。" 這是發揮中國特色社會主義制度的獨特優勢、推進國家治理體系和治理能力現代化的重要舉措。

國家戰略規劃體系集中體現了黨和國家的戰略意圖和中長期發展目標，具有全局性、長遠性、根本性的影響，是推動實現國家長治久安、高質量發展的重要依託。建立完善國家戰略規劃體系是我們加強宏觀經濟治理體系的重要方式，是推進國家治理體系和治理能力現代化的重要手段。黨的十八大以來，習近平總書記親自謀劃部署國家戰略規劃體系建設，推動實施科教興國戰略、人才強國戰略、創新驅動發展戰略、區域協調發展戰略、區域重大戰略、主體功能區戰略、新型城鎮化戰略、就業優先戰略等一系列國家戰略，使我國國家戰略體系更加科學完善。編制實施國民經濟和社會發展 "十三五"、"十四五" 規劃，建立統一規劃體系和國家發展規劃實施機制，實現各領域專項規劃與國家發展規劃同步部署編制實施。"十三五" 規劃引領我國如期全面建成小康社會、實現第一個百年奮鬥目標，"十四五" 規劃各項舉措正在穩步實施，確保全面建設社會主義現代化國家開好局、起好步。同時要看到，當前仍存在國家戰略融合不足，規劃目標與政策工具不協同，專項規劃對總體規劃支撐不足，財稅、金融、產業、區域等政策與國家戰略、國家發展規劃統籌協調不夠等問題，影響了國家戰略和規劃作用的更好發揮。

新時代新征程上，面對嚴峻複雜的國際環境和艱巨繁重的國內改革發展穩定任務，推進中國式現代化、推動高質量發展，迫切需要發揮好國家戰略規劃體系的引領和指導作用，進一步完善國家戰略規劃體系和政策統籌協調機制。這有利於更好發揮中國特色社會主義制度優勢，將各部門、各地方的發展目標、發展任務、工作重點納入國家發展全局予以考慮和安排，集中力量辦大事，朝著既定目標和方向前進，確保把中國式現代化宏偉藍圖一步步變成美好現實；有利於更好推進戰略、規劃、政策的統籌協同，增強短期政策與長期政策的銜接配合，保持政策連續性和穩定性，強化各類政策的保障和支撐作用，形成目標一致、步調統一的工作合力，保障國家戰略和規劃順利實施。

完善國家戰略規劃體系和政策統籌協調機制，要緊緊圍繞以中國式現代化全面推進強國建設、民族復興偉業這一黨的中心任務，突出高質量發展目標引領，堅持發揮戰略規劃導向作用，加強政策協調配合，保障戰略規劃落實。一是健全國家戰略深度融合推進機制。構建國家戰略制定和實施機制，加強國家重大戰略深度融合，增強國家戰略宏觀引導、統籌協調功能。二是健全國家戰略規劃銜接落實機制。強化國家發展規劃和國家戰略的有機銜接，強化專項規劃、區域規劃、空間規劃、地方規劃與國家發展規劃的有機銜接。發揮國家發展規劃戰略導向作用，強化空間規劃基礎作用，增強專項規劃和區域規劃實施支撐作用。健全戰略規劃推進落實機制，細化落實政策體系，加強規劃實施評估，健全規劃動態調整、修訂完善、監督考核機制，強化重點任務落實。三是健全政策統籌協調機制。圍繞實施國家戰略和國家發展規劃，加強宏觀政策協調配合，增強宏觀政策取向一致性，將經濟政策和非經濟性政策都納入宏觀政策取向一致性評估，統籌把握好政策出台時機、力度、節奏，強化各方面對政策的理解、執行和傳導，推進財政、貨幣、產業、價格、就業、投資、消費、環保等政策協同發力，最大限度調動各方面積極性，形成政策合力。

34.為什麼要探索實行國家宏觀資產負債表管理？

《決定》提出："探索實行國家宏觀資產負債表管理。"這是黨中央對完善宏觀經濟治理作出的重大部署，對於增強宏觀經濟分析能力、提高宏觀經濟政策的有效性、提升政府宏觀管理水平、防範化解經濟風險具有重要意義。

國家資產負債表是綜合反映一個國家資產、負債總量及結構的核算表，也是分析經濟、識別和防範風險、穩定金融的重要方法。資產負債表以資產和負債的存量分析為主，提供了從企業、居民等微觀層面分析宏觀經濟的新視角，與國內生產總值等傳統流量分析形成互補認識，更容易透視國家經濟增長"累積效應"。探索實行國家宏觀資產負債表管理，有利於揭示主要經濟活動之間的對應關係，展現國民財富及其部門分佈狀況信息，為科學調整和優化國家資產負債結構和各部門經濟結構提供決策依據；有利於把經濟增量分析與存量分析、總供給與總需求分析有機結合起來，更加準確提出宏觀經濟政策，提高宏觀經濟政策時效性；有利於準確刻畫全國、地方和各部門的資產負債狀況，評估償債能力，反映結構性矛盾及宏觀風險的累積，為科學調整槓桿、識別潛在風險儲備政策工具。

依據聯合國等五大國際組織發佈的《國民賬戶體系 2008》，美國、德國、英國、法國、加拿大、澳大利亞等國編制了國家資產負債表，普遍認為資產負債表的功能作用不局限於傳統的統計與核算，還具有較強的宏觀經濟分析和管理功能。2013 年，黨的十八屆三中全會提出編制全國和地方資產負債表這一重要改革任務，目的是摸清國家的"家底"，進而對國民經濟狀況作出更全面的判斷和分析。2017 年，國務院辦公廳印發《全國和地方資產負債表編制工作方案》，自 2018 年起，國家統計局連續編制年度全國資產負債表。雖然國家宏觀資產負債表編制工作不斷推進並取得積極進展，但實踐中資產負債表時效不能滿足宏觀經濟管理需要，運用資產負債表進行宏觀經濟管理的理論和實踐尚不夠充分，資產負債表尚未充分參與決策和有效發揮作用。

探索實行國家宏觀資產負債表管理，需要在實踐中不斷拓展資產負債表的監測、預警、管理功能。一是全面提高資產負債表編制質量。建立系統全面的資產負債統計數據庫，提高資產負債表編制的時效性，構建我國國家資產負債表編制理論體系。二是加強基於資產負債表的宏觀經濟管理研究。宏觀經濟管理部門要加強對全國和地方資產負債表的研究，注重資產負債表流量指標、存量指標的銜接，為監測、預警宏觀經濟運行，參與宏觀經濟決策提供參考。三是挖掘和拓展資產負債表的管理功能。研究利用資產負債表對不同部門的資產負債總量和結構進行協調，對貨幣政策、財政政策實施效果進行評估，研究在國民經濟和社會發展中長期規劃中增加資產負債相關指標的可行性，不斷完善管理原則、目標、手段和方式，充分發揮資產負債表管理效用。

35.怎樣理解健全預算制度？

《決定》提出"健全預算制度"，並從加強財政資源和預算統籌、強化對預算編制和財政政策的宏觀指導、統一預算分配權、完善權責發生制政府綜合財務報告制度等多個方面作出部署，為進一步深化預算制度改革指明了方向。

預算體現黨和國家意志，服務保障黨和國家的重大方針、重大方略、重大決策、重大工作。科學的預算管理以法治化、規範化、透明化為主要特徵，堅持預算法定、實行全面預算管理，收入依法組織，支出標準科學，運行規範透明，約束嚴格有力，注重資金績效。健全預算制度，既是加強財政資源統籌、強化國家重大戰略任務財力保障的必然要求，也是推動高質量發展和推進中國式現代化的客觀需要。

黨的十八大以來，我國預算制度改革不斷向縱深推進，修改（訂）了預算法及其實施條例，出台實施一系列重大改革舉措，政府預算體系不斷完善，預算績效管理改革全面實施，預算公開日益規範，政府債務管理得到加強，基本搭建起了預算制度的主體框架。但也要看到，預算制度和相關管理工作也存在一些需要改進的地方：預算分配權仍不夠統一，財政資源統籌力度有待加大；一些領域財政支出不夠規範透明，存在結構固化、資金浪費的現象，預算約束和績效管理有待進一步加強；有的地方不顧自身承受能力，在民生領域作出超出財力可能的承諾和安排，影響財政可持續性；等等。

　　深入推進預算改革，健全預算制度，要圍繞更好發揮集中財力辦大事的體制優勢，堅持守正創新，突出問題導向，進一步破除體制機制障礙，補齊制度短板，持續提升預算管理水平和財政治理效能。一是加強財政資源和預算統籌。把依託行政權力、政府信用、國有資源資產獲取的收入全部納入政府預算管理。將部門和單位的所有收入全部編入預算。加強一般公共預算、政府性基金預算、國有資本經營預算統籌和有機銜接。完善國有資本經營預算和績效評價制度，強化國家重大戰略任務和基本民生財力保障。加強預算、資產、債務等資源統籌，優化資源配置，完善集中力量辦大事的財政保障機制。二是強化對預算編制和財政政策的宏觀指導。健全支出標準體系，建立完善動態調整機制，為預算編制提供科學依據。深化零基預算改革，打破基數概念和支出固化格局。完善中期財政規劃對年度預算的約束機制，加強財政政策逆周期和跨周期調節。三是統一預算分配權，提高預算管理統一性、規範性。大力壓縮代編預算規模和年中二次分配，防止和克服"錢等項目"現象，全面提高年初預算到位率，增強預算編制的科學性和準確性。推進預算安排與存量資金的有機結合，加大財政資金統籌和支出結構調整力度，推動資金項目科學整合，規範各領域、部門和單位預算支出管理，結合實際合理確定預算收支規模。**四是深化預**

算績效管理改革。加強公共服務績效管理，強化事前功能評估。加快完善全方位、全過程、全覆蓋的預算績效管理體系，強化績效評價結果運用。**五是**完善預算公開和監督制度，提高預算公開工作質量。**六是**完善權責發生制政府綜合財務報告制度，探索編制全國政府綜合財務報告，加強數據分析應用。

在推進上述改革的同時，要不斷健全財政法律制度，完善財會監督體系，加強財政科學管理，健全財政支出全鏈條管理制度，全面推進預算管理一體化建設，加強政府採購監管，提升國庫管理水平，全面落實預算管理要求。各級領導幹部應牢固樹立科學的預算管理理念，帶頭堅持預算法定原則，落實黨政機關過緊日子要求，強化預算約束，嚴肅財經紀律，切實把各方面資金管好用好。

36. 健全有利於高質量發展、社會公平、市場統一的稅收制度，優化稅制結構，需要把握哪些重點？

《決定》提出："健全有利於高質量發展、社會公平、市場統一的稅收制度，優化稅制結構。"推進落實這一部署，要深刻領會黨中央關於稅收制度方面的改革意圖和總體要求，準確把握深化稅制改革、優化稅制結構的重點。

稅收制度具有籌集財政收入、調控經濟運行、調節收入分配等重要功能，涉及國家與企業、個人以及不同地區、群體之間的利益分配。黨的十八大以來，我國稅制改革扎實有序推進，改革完善增值稅制度，調整優化消費稅徵收範圍、稅率，初步建立了綜合與分類相結合的個人所得稅制度；探索建立綠色稅制體系，實施資源稅、環境保護稅改革；加快落實稅收法定原則，13個稅種已完成立法，修改完善稅收徵管法。同時，與推進國家治理體系和治理能力現代化的要求相比，稅收制度也還存在一些不相適應的方面。稅收收入佔國內生產總值的比重相對較低，地方稅種普遍收入規模較小，直接稅體系還不夠完善，各種隱形變相的稅收優惠政策大量存在，影響了資源配置的效率、調控經濟運行和調節收入分配的效果。

落實黨中央決策部署和《決定》要求，健全稅收制度，需要聚焦推動高質量發展、促進社會公平正義、推進統一市場建設，進一步優化稅制結構，強化稅收功能，使財政收入來源更加平衡穩固，稅收調控更加科學有力，收入調節更加精準高效，更好發揮稅收在國家治理中的基礎性、支柱性、保障性作用。具體需要重點把握好以下幾個方面。

第一，全面落實稅收法定原則。規範稅收優惠政策，完善對重點領域和關鍵環節支持機制。圍繞支持創新發展、綠色發展和協調發展，完善政策、提升效率，進一步增強規範性、針對性和有效性。加強稅收立法修法工作，研究與新業態相適應的稅收制度，穩步推進增值稅、消費稅、土地增值稅等稅收立法，積極穩妥推進非稅收入立法研究，提升政府收入體系規範化和法治化水平，助力優化營商環境，有力促進全國統一大市場建設。

第二，健全直接稅體系。完善綜合和分類相結合的個人所得稅制度，規範經營所得、資本所得、財產所得稅收政策，實行勞動性所得統一徵稅。完善房地產稅收制度。更好發揮直接稅在組織財政收入和調節收入分配等方面的作用，促進社會公平正義。

第三，完善地方稅體系。增加地方自主財力，拓展地方稅源，適當擴大地方稅收管理權限。推進消費稅徵收環節後移並穩步下劃地方，完善增值稅留抵退稅政策和抵扣鏈條，優化共享稅分享比例。研究把城市維護建設稅、教育費附加、地方教育附加合併為地方附加稅，授權地方在一定幅度內確定具體適用稅率。通過合理配置地方稅權，理順稅費關係，培育壯大地方財源，逐步建立規範、穩定、可持續的地方稅體系。

第四，完善綠色稅制。落實水資源剛性約束制度，全面推行水資源費改稅。改革環境保護稅，研究將揮發性有機物納入環境保護稅徵收範圍。完善增值稅、消費稅、企業所得稅等有關促進綠色發展的政策體系。健全碳市場交易制度、溫室氣體自願減排交易制度，完善碳定價機制，建立健全有利於碳減排的稅收政策體系，積極穩妥推進碳達峰碳中和，推動綠色低碳發展，促進人與自然和諧共生。

第五，深化稅收徵管改革。全面推進稅收徵管數字化升級和智能化改造，完善稅務監管體系，進一步增強納稅服務和稅務執法的規範性、便捷性和精準性。規範和加強收入徵管，依法徵收、應收盡收，堅決防止收"過頭稅費"。

37. 如何把握建立權責清晰、財力協調、區域均衡的中央和地方財政關係？

《決定》提出"建立權責清晰、財力協調、區域均衡的中央和地方財政關係"，並就增加地方自主財力、完善財政轉移支付體系、優化共享稅分享比例等方面作出部署，提出明確要求。

中央和地方財政關係是政府間權責劃分的基本組成部分。改革開放初期，我國財政體制由原來的"統收統支"改為"分灶吃飯"，先後探索實行了多種形式的財政包乾制。1994 年，適應建立社會主義市場經濟體制的目標要求，國家實施了分稅制改革，確立了中央和地方財政關係的基本框架。黨的十八大以來，以習近平同志為核心的黨中央高度重視政府間財政關係的調整完善，從國家治理的高度部署持續推進財政體制改革。基本完成主要領域財政事權和支出責任劃分改革，適時調整中央和地方收入劃分，逐步完善財政轉移支付制度，深入推進省以下財政體制改革。從實際運行情況看，財政體制的調整在增強中央宏觀調控能力、調動地方發展經濟的積極性、促進全國統一大市場形成等方面發揮了非常重要的作用，有力推動經濟社會持續健康發展，國家財政實力也日益壯大。但也要看到，與推進中國式現代化的要求相比，現行財政體制還存在一些不相適應的地方。部分領域中央和地方財政事權劃分還不夠清晰，地方自主稅源不夠穩定，一些地方對上級轉移支付依賴程度過高，轉移支付激勵約束機制尚未完全建立，等等。

財政體制改革涉及面廣、利益觸動大、影響十分深遠，必須緊緊圍繞保持和增強中央調控能力，圍繞更好發揮中央和地方兩個積極性，圍繞促進基本公共服務均等化，統籌考慮多方面因素，加快推動建立適應推動高質量發展和推進中國式現代化要求的中央和地方財政關係。推進落實中，需要著重把握好“權責清晰、財力協調、區域均衡”3個方面的要求。

第一，權責清晰。遵循受益範圍、信息對稱和激勵相容原則，完善中央和地方財政事權和支出責任劃分。適當加強中央事權、提高中央財政支出比例。中央財政事權原則上通過中央本級安排支出，減少委託地方代行的中央財政事權。不得違規要求地方安排配套資金，確需委託地方行使事權的，通過專項轉移支付安排資金。規範中央和地方共同財政事權設置，探索建立財政事權和支出責任劃分動態評估調整機制，健全事權和支出責任相適應的制度。

第二，財力協調。進一步完善地方稅體系，結合稅制改革穩步推進中央和地方收入劃分，優化共享稅分享比例。完善財政轉移支付體系，清理規範專項轉移支付，增加一般性轉移支付，提升市縣財力同事權相匹配程度。建立促進高質量發展轉移支付激勵約束機制。健全轉移支付定期評估和動態調整、退出機制。規範非稅收入管理，適當下沉部分非稅收入管理權限，由地方結合實際差別化管理。在清晰界定財政事權與支出責任的基礎上，通過優化政府間收入劃分和轉移支付結構，推動形成穩定的各級政府事權、支出責任和財力相適應的制度。

第三，區域均衡。我國幅員遼闊、人口眾多，東西南北差異大、各地發展不平衡。財力分配不能簡單看人均財政收支水平高低，需要根據不同地區所處發展階段、資源稟賦、公共服務提供成本等多方面因素，科學測算均衡調節。要遵循客觀經濟規律調整完善區域政策體系，研究完善差異化財稅支持政策，促進各區域發揮自身優勢持續做大財政經濟 "蛋糕"。加強對履行特定功能地區的財政支持，增強其財政保障能力。通過完善財政體制安排，加大政策調節力度，有力推動區域協調發展，促進基本公共服務均等化。

同時，省以下財政體制是中央和地方財政關係的延伸，是政府間財政關係的重要組成部分。應繼續按照黨中央決策部署，深入推進省以下財政體制改革，優化省以下財力分配，使權責配置更為合理，收入劃分清晰規範，財力分佈相對均衡，基層保障更加有力。

38.怎樣理解完善政府債務管理制度？

《決定》提出 "完善政府債務管理制度"，並強調要合理擴大地方政府專項債券支持範圍，適當擴大用作資本金的領域、規模、比例，建立全口徑地方債務監測監管體系和防範化解隱性債務風險長效機制，加快地方融資平台改革轉型。

黨的十八大以來，黨中央高度重視政府債務管理工作，統籌內債與外債、中央與地方政府債務管理，部署推動完善制度機制，加強分配使用、支出管理和風險防範，有效發揮債券資金促進經濟社會發展的積極作用。特別是我國地方政府債務管理制度建設從無到有不斷加強，堅持 "開前門、堵後門"，依法賦予地方政府適度舉債權限，加快構建規範的舉債融資機制和閉環管理制度體系，不斷加強法定債務管理，積極穩妥化解地方政府隱性債務風險，牢牢守住不發生系統性風險的底綫。但也要看到，當前政府債務管理仍存在一些需要改進和加強的地方，全口徑政府債務統計監測和管理體系還不夠健全，違法違規新增地方政府隱性債務的情況仍然存在，有的地方政府債務負擔較重、償債壓力較大，部分地區融資平台債務風險不容忽視，等等。

政府適度舉債有利於加快發展、造福後人，符合代際公平原則，是國際上的通行做法。但不顧客觀條件過度舉債、管理失控，則會得不償失，帶來過於沉重的債務負擔，影響經濟社會發展的後勁和可持續性，這方面其他一些國家的教訓也非常深刻。《決定》強調完善政府債務管理制度，對於增強經濟社會發展的可持續性，具有十分重要的意義。我們要準確把握改革要求，統籌發展和安全，兼顧當前和長遠，堅決落實好這一決策部署。

第一，加快建立同高質量發展相適應的政府債務管理機制。完善政府債務分類和功能定位，優化中央和地方政府債務結構，強化源頭治理，遠近結合、堵疏並舉、標本兼治，有效滿足各方面宏觀調控需求，支持落實國家重大戰略任務。加強地方政府法定債務管理，科學合理確定債務規模，統籌安排公益性項目債券，完善管理約束機制，更好發揮資金效用，有力推動高質量發展。

第二，建立全口徑地方債務監測監管體系和防範化解隱性債務風險長效機制。健全部門之間的工作協調機制，加強數據信息共享應用，堅決遏制新增隱性債務，有序化解存量隱性債務。加強對違規違法舉債問題的監督問責，嚴格落實地方政府舉債終身問責制和債務問題倒查機制，對新增隱性債務和化債不實等行為，發現一起、查處一起、問責一起，加大問責結果公開力度，發揮典型案例警示作用。

第三，加強地方政府專項債券管理。合理擴大地方政府專項債券支持範圍，適當擴大用作資本金的領域、規模、比例。完善債務限額分配機制，債券額度分配向項目準備充分、投資效率較高、債務風險較低的地區傾斜。加強專項債券資金借用管還全生命周期管理，提高資金使用效益，確保專項債按期償還。

第四，加快地方融資平台改革轉型。加強對融資平台公司的綜合治理，分類推進融資平台公司市場化轉型，嚴禁新設融資平台公司。持續規範融資管理，禁止各種變相舉債行為。妥善處理融資平台公司債務和資產，剝離其政府融資功能，防範地方國有企事業單位"平台化"。推動形成政府和企業界限清晰、責任明確、風險可控的良性機制，促進地方財政經濟可持續發展。

同時，要深入推動一攬子化債方案落地見效，壓實防範化解隱性債務風險的主體責任，夯實債務管理基礎，通過安排財政資金、壓減支出、盤活存量資產資源等方式逐步化解風險，在債務化解過程中找到新的發展路徑，在高質量發展中逐步化解地方政府債務風險。

39. 怎樣理解完善金融機構定位和治理，健全服務實體經濟的激勵約束機制？

《決定》提出："完善金融機構定位和治理，健全服務實體經濟的激勵約束機制。"這是加快健全金融機構體系，提升金融服務實體經濟質效，有效防範化解金融風險的重要舉措。

黨的十八大以來，在黨中央集中統一領導下，我國金融業快速發展，已形成覆蓋銀行、證券、保險、信託、基金、期貨等各個領域，多層次、廣覆蓋、差異化的金融機構體系。截至 2024 年一季度末，金融業機構總資產超過 476 萬億元，其中銀行業機構數量超過 4000 家、資產規模居全球第一，保險、股票和債券市場規模居全球第二。近年來，金融系統有力支持經濟社會發展大局，金融機構不斷提升服務實體經濟能力，融資總量合理增長、結構持續優化、成本穩中有降。脫貧攻堅期間，共發放精準扶貧貸款 9.2 萬億元。2019 年以來，普惠小微貸款餘額增長近 3 倍，綠色貸款餘額居全球首位。2021 年以來，科技型中小企業貸款餘額、高技術製造業中長期貸款餘額平均增速分別達到 25%、30% 以上。

同時要看到，當前金融服務實體經濟的質效有待進一步提升，間接融資和直接融資尚不平衡不協調，金融支持科技創新、綠色轉型、中小微企業不夠充分有力；一些地區高風險中小金融機構偏離定位、治理失效，大股東操縱、內部人控制問題突出，內外部激勵約束機制尚不健全。

完善金融機構定位和治理，健全服務實體經濟的激勵約束機制具有重要意義。一是提供高質量金融服務的需要。我國金融機構已經門類齊全，要通過完善定位和治理、健全激勵約束機制，實現定位準確、分工協作、功能協調，為經濟社會提供相適應的高質量金融服務。二是服務實體經濟的需要。金融是國民經濟的血脈，為實體經濟服務是金融的天職和立業之本，在服務實體經濟中金融機構才能充分實現自身價值、獲得合理回報。三是防範化解金融風險的需要。經濟風險和金融風險互為因果、相互交織，很多情況下金融是經濟的鏡像。各類金融機構聚焦主責主業，樹立正確的經營、業績和風險理念，防止盲目發展和無序擴張，既能強化對實體經濟的金融服務，也能有效防範化解金融風險。

完善金融機構定位和治理，健全有效的激勵約束機制，需著力做好以下工作。一是準確定位，堅守主責主業。立足提供高質量金融服務，金融系統要著力做好科技金融、綠色金融、普惠金融、養老金融、數字金融 5 篇大文章。國有大型金融機構要做優做強，提升綜合服務水平，當好服務實體經濟的主力軍。中小金融機構要減量提質、優化佈局，立足當地開展特色化經營。政策性金融機構要強化職能定位，聚焦服務國家戰略，主要做商業性金融機構幹不了、幹不好的業務。保險、信託、理財、證券等金融機構要專注主業，規範發展。二是健全公司治理，加強內部管理。深化黨建與公司治理的有機融合，充分發揮金融機構黨委把方向、管大局、保落實的領導作用。加強內部管理和風險控制，加強董事會、高級管理層履職行為監督。按照市場化法治化原則，健全服務實體經濟的經營要求，健全服務實體經濟的盡職免責規定，建立敢貸願貸能貸會貸的長效機制，不搞偏離實體經濟、自我循環、自我膨脹的"偽創新"。三是完善監管和考核，強化激勵約束機制。發揮貨幣政策工具作用，加強宏觀審慎評估，強化對服務實體經濟的引導和激勵。完善金融監管規則標準，對服務國民經濟重點領域和薄弱環節實施差別化監管政策。加強監督檢查，及時糾正金融機構偏離定位和盲目擴張行為。完善國有金融資本管理，優化股東利潤考核和評價機制，支持金融機構實現適當利潤。健全資本補充機制，提高服務實體經濟的可持續性。

40.為什麼要健全投資和融資相協調的資本市場功能？

《決定》提出："健全投資和融資相協調的資本市場功能"。這一重要部署為進一步深化資本市場改革指明了方向，對促進資本市場良性循環、更好發揮資本市場樞紐功能、推動資本市場規範健康發展具有關鍵作用。

資本市場主要包括股票市場和債券市場等，在金融運行中牽一髮而動全身。我國資本市場經過 30 多年的發展，取得舉世矚目的成就，特別是黨的十八大以來，資本市場監管制度不斷完善，股票發行註冊制改革穩步推進，多層次資本市場建設扎實進行，資本市場在促進資源優化配置、推動經濟發展方面發揮了積極作用。截至 2023 年末，上海、深圳、北京 3 家證券交易所共有上市公司 5346 家，總市值約 78 萬億元。新上市企業中科技創新類佔比超過 70%，高科技行業上市公司市值佔比超過 40%。債券市場規模居全球第二，債券市場託管餘額 158 萬億元。

同時要看到，我國資本市場健康平穩發展的基礎尚不牢固。2020 年以來，全國新增上市公司超過 1500 家，2022 年、2023 年融資額連續兩年居全球第一，但同期主要股指較為低迷，股民獲得感不強，這表明股票市場的投資、融資功能存在失衡。原因主要在於，市場擴容較快，流動性有所失衡；有的上市公司財務數據失真、上市後"業績變臉"；投資者保護不到位，對財務造假、違規分紅和減持、內幕交易、操縱市場等違法違規行為的監管力度有待加強。

促進投資和融資功能相協調，對資本市場長期健康發展具有重要意義。一是符合資本市場發展普遍規律。資本市場一方面為實體經濟供給資金，提供融資服務；一方面為投資者創造投資渠道，使投資者獲取投資回報。投資功能和融資功能是資本市場功能的一體兩面，資本市場的健康發展離不開投資、融資功能的相輔相成，二者失衡不僅抑制資本市場功能的正常發揮，也影響資本市場的健康發展，必須樹立投資、融資並重的發展理念。二是有利於進一步提升資本市場投資功能。促進資本市場投資、融資功能相協調，可以吸引社會資金入市，促進居民儲蓄轉換為股權投資，為資本市場提供源頭活水，不僅有利於推動資本市場穩步發展，改善資本市場預期，增加居民財產性收入，促進消費和擴大有效需求，也有利於實體經濟獲得資金支持，發揮資本市場有效配置資源的作用。三是能夠更好發揮資本市場融資功能。投資、融資功能協調發展，能夠提升直接融資比重，優化融資結構，引導資金流向國民經濟重點領域、重要行業和薄弱環節，為實體經濟提供優質金融服務。

促進資本市場投資和融資功能相協調，需要做好以下工作。一是提升對投資者的服務和回報。完善保險、銀行理財、信託資金、社保基金、基本養老金、企業年金、個人養老金等權益投資，推出與投資者需求相匹配的金融產品和服務，改革行業綜合費率，向投資者讓利。構建支持"長錢長投"的政策體系，完善有利於長期投資行為的考核評價、稅收、投資賬戶等制度。二是嚴格規範融資行為。發行上市是市場融資的第一步。要深化股票發行註冊制改革，提高主板、創業板上市標準，完善科創板科創屬性評價標準，強化信息披露要求，健全新股發行定價機制。進一步規範強制退市標準，嚴格執行和實施退市。三是強化持續監管。加強上市公司監管，嚴格信息披露和公司治理要求，加強減持、分紅、併購重組等環節監管，強化上市公司及其股東、實際控制人、董事、高管等人員責任。加強交易環節監管，嚴肅查處操縱市場、惡意做空等行為。加強中介機構監管，懲治財務造假等違法違規行為。加強證券基金機構監管，強化履職盡責要求，推動建立長周期考核機制，由規模導向向投資者回報導向轉變。四是加強投資者保護。進一步提升證券行業違法成本，健全投資者賠償救濟機制，對違法違規行為負有責任的控股股東、實際控制人、董事、高管、中介機構等要依法賠償投資者損失。落實好證券糾紛特別代表人訴訟制度。普及金融投資和風險知識，加強投資者教育。

41. 如何理解完善金融監管體系，依法將所有金融活動納入監管？

《決定》提出："完善金融監管體系，依法將所有金融活動納入監管"。這是加強和完善金融監管、提升金融風險防控能力的重要部署，是促進金融高質量發展、建設金融強國的關鍵舉措。

金融是國民經濟的血脈，與人民群眾利益密切聯繫，關係中國式現代化建設全局。金融自帶風險基因，且風險隱蔽性、複雜性、突發性、傳染性、危害性強，必須切實強化金融監管。可以說，金融監管是金融安全網第一道防綫，是金融體系穩健運行的重要保障。國際上金融危機的爆發，都與放鬆金融監管、監管失效和不足密切相關。

黨的十八大以來，金融監管體制機制改革持續推進，中央銀行、金融監管部門、地方金融管理機構分工協作架構逐步形成，金融監管法律法規制度不斷健全，以中國人民銀行法、商業銀行法、銀行業監督管理法、保險法、證券法為主體的金融法治體系逐步完善，市場准入、公司治理資本監管、流動性、貸款質量五級分類、信息披露等金融監管制度建立健全，金融監管能力和水平持續提升，"風險為本"的審慎監管理念明顯加強，金融機構穩健性進一步強化，非法金融活動受到嚴厲打擊，金融消費者權益得到切實保護，金融穩定保障體系和金融安全網不斷夯實，守住了不發生系統性金融風險的底綫。

當前，我國的金融監管仍然存在一些問題，主要表現為：監管執法不嚴、責任落實不到位，央地間、部門間監管不協調，監管精準性、專業性、全面性亟待提高；只管合法的、持牌的，一些領域存在監管空白和短板，對非法金融活動處置責任不清、推諉塞責。

完善金融監管體系，依法將所有金融活動納入監管，實現金融監管全覆蓋，需重點做好以下工作。一是依法將所有金融活動納入監管。堅持管合法更要管非法，管行業必須管風險，消除監管空白和盲區。建立兜底監管機制，落實性質模糊、責任不清的金融活動的監管責任歸屬，確保無死角、無盲區、無例外。嚴厲打擊非法金融活動，嚴禁"無照駕駛"、"有照違章"。二是切實加大金融監管力度。著眼於監管"長牙帶刺"、有棱有角，加強機構監管、行為監管、功能監管、穿透式監管、持續監管，實現行政審批、非現場監管、現場檢查、行政處罰等各項監管流程的嚴格執法。強化機構監管，嚴把市場准入關，推動金融機構健全法人治理和內部管理，嚴守會計準則和審慎監管要求；強化行為監管，嚴格規範金融機構的經營活動及交易行為，嚴厲整治金融機構排他性安排、惡意低價攬客、違規返費、虛假倒量、利益輸送、虛假信息披露等亂象，加大金融消費者權益保護力度；強化功能監管，對同類金融業務實施一致監管標準，防止監管套利，健全跨部門市場准入協同、監管信息共享和重點工作聯動機制；強化穿透式監管，穿透識別金融機構股東及其關聯方、資金真實性和關聯交易等隱蔽行為；強化持續監管，貫穿金融機構全周期、金融風險全過程、金融業務全鏈條，強化金融風險預警、糾正和處置。完善監管數據治理，提高數據真實性。及時調適監管理念、改進監管方法，充分運用科技監管手段，加強監管隊伍專業性建設。三是堅決壓實監管責任。確保監管責任覆蓋市場准入、非現場監管、現場檢查、股權穿透、消費者保護、防止過度槓桿、打擊犯罪等各環節、全鏈條。落實兜底監管責任，杜絕對監管任務層層發包、轉包。健全監督問責機制，對監管不擔當不作為、推諉扯皮的，嚴肅問責追責。**四是**加強中央和地方監管協同。堅持金融管理主要是中央事權原則，中央金融管理部門統一制定監管規則，對地方金融管理機構加強業務指導和監督。地方金融管理機構專司監管職責，重點加強對地方金融組織監管。加強央地監管協同，建立健全中央地方監管協同機制。

42.為什麼要完善區域一體化發展機制，構建跨行政區合作發展新機制？

《決定》提出："完善區域一體化發展機制，構建跨行政區合作發展新機制"。這是新時代新征程黨中央對統籌區域協調發展作出的重大部署，對於健全宏觀經濟治理體系，推動構建新發展格局和高質量發展具有重大意義。

區域差異大、發展不平衡是我國一個基本國情，統籌區域協調發展始終是關係黨和國家事業發展全局的重大問題。黨的十八大以來，以習近平同志為核心的黨中央高瞻遠矚、統攬全局，把統籌區域協調發展作為黨治國理政的重要內容，擺在突出重要的位置。習近平總書記親自謀劃、親自部署、親自推動了京津冀協同發展、長江經濟帶發展、粵港澳大灣區建設、長三角一體化發展、黃河流域生態保護和高質量發展等區域重大戰略，取得令世人矚目的重大成就。黨的二十大報告強調，推動西部大開發形成新格局，推動東北全面振興取得新突破，促進中部地區加快崛起，鼓勵東部地區加快推進現代化。隨著這些區域重大戰略、區域協調發展戰略持續實施，我國區域一體化不斷發展、經濟佈局持續優化、區域發展協調性不斷增強，優勢互補、高質量發展的空間佈局框架初現，區域發展相對差距逐步縮小，高質量發展的動力系統加快構建，欠發達地區等特殊區域發展水平明顯提升，人民基本生活保障水平總體趨近，基礎設施通達程度更加均衡，區域一體化協調發展呈現嶄新局面。

雖然我國區域一體化發展取得顯著成效，但實踐中還存在區域一體化發展機制不健全，區域間地區分割保護和行政壁壘影響資源要素配置效率，跨行政區域產業協同水平較低，行政區域間基本公共服務均等化程度不足等問題。隨著我國進入新發展階段，加快構建新發展格局、實現中國式現代化宏偉目標對區域一體化發展提出了新的更高要求。完善區域一體化發展機制，構建跨行政區合作發展新機制，是打破各地自我小循環，暢通國內大循環，促進各類要素合理流動和高效集聚，推動經濟高質量發展的必然要求，也是更好協調中央和地方關係、地方間關係，推進國家治理體系和治理能力現代化的重要手段。具體說來，這有利於打破區域壁壘，促進資源要素高效流動和優化配置，更大範圍發揮市場在資源配置中的決定性作用，更好發揮政府作用；有利於不同行政區發揮各自優勢，通過跨行政區合作實現優勢互補，形成促進發展的合力；有利於促進先發地區帶動後發地區加快發展，縮小區域差距，實現共同發展、共同富裕。

完善區域一體化發展機制，構建跨行政區合作發展新機制，要進一步深化改革創新。**一是**健全區域戰略統籌機制，加快構建地區間融合發展新模式。統籌推動發達地區和欠發達地區共同發展，健全區際利益補償機制，推動建立跨行政區合作的收益共享成本共擔機制，構建醫療、教育、就業等公共服務一體化體系。**二是**推進實行統一的市場准入和公平競爭制度，破除地方保護和區域壁壘，加快推動要素自主有序流動。優化人口流動機制，促進勞動力、人才跨地區順暢流動。健全協同創新機制，完善科技資源共享服務體系，鼓勵不同區域科技信息流動。三是優化區域產業互助機制，創新完善跨區域產業轉移建設運營模式，鼓勵轉出地和承接地合作共建等新路徑。深化東中西部產業協作，強化交通、通信、能源等基礎設施互聯互通水平，促進人才區域合理佈局，深化東中西部組團式人才協作，促進東部地區高素質人才向中西部地區流動。四是支持部分區域率先推進一體化建設。在京津冀、長三角、粵港澳大灣區等經濟發展優勢地區，率先推進實施一體化發展戰略，提高政策協同，深化區域間環境保護、基礎設施、產業等方面合作，推進區域市場一體化建設。

43. 為什麼要深化城市建設、運營、治理體制改革，加快轉變城市發展方式？

《決定》提出："深化城市建設、運營、治理體制改革，加快轉變城市發展方式。"這是對通過深化改革推動城市發展方式轉變的重要要求。可以從以下幾個方面理解。

第一，這是新時代貫徹人民城市理念的內在要求。城市是人民的城市，城市發展要讓人民群眾生活更幸福。老百姓滿意不滿意、生活方便不方便，是評判城市工作做得好不好的重要標準。近年來，我國城市發展成就顯著。以人為本的新型城鎮化深入推進，2023 年末常住人口城鎮化率達到 66.16%；城鎮居民居住條件顯著改善，第七次人口普查數據顯示城鎮居民人均住房建築面積達到 38.6 平方米；城市人居環境更加優美，2023 年全國地級以上城市空氣質量優良天數比例達到 86.8%。但是，城市治理仍有提升空間，一些城市存在交通擁堵、環境污染、生活成本高、房價貴、看病難、上學難等 "城市病" 現象。要聚焦人民對高品質生活的期待，轉變城市發展方式，合理安排生產、生活、生態空間，走內涵式、集約型、綠色化的高質量發展路子，讓人民群眾有更多獲得感、幸福感、安全感。

第二，這是適應城市發展規律和趨勢的必然要求。城市發展是一個自然歷史過程，有其自身規律。主要是城市和經濟發展兩者相輔相成、相互促進；城市發展是農村人口向城市集聚、社會結構和生產生活方式持續變遷的過程；城市是一個複雜的巨系統，是生命體、有機體；城市規模要同資源環境承載能力相適應；等等。在經濟高速增長階段，在我國城市建設發展過程中，一些城市粗放擴張，城市管理簡單粗放，人地失衡、破壞環境，城市文脈和風貌受到破壞，城市安全韌性保障不足，城市發展可持續性受到影響。要認識、尊重、順應城市發展規律，城市發展不能只考慮做大規模和經濟效益，必須統籌城市發展的生產需要、生活需要、生態需要和安全需要，推動城市高質量發展、可持續發展。

第三，這是推進國家治理體系和治理能力現代化的應有之義。城市是各類要素資源和經濟社會活動最集中的地方，是經濟、政治、文化、社會等方面活動的中心承載地。2023年我國19個城市群承載了全國70%以上的人口、貢獻了80%以上的國內生產總值。可以說，城市建設關乎中國式現代化建設順利推進，城市治理關乎國家治理體系和治理能力現代化水平，必須抓好這個"火車頭"。從各國現代化過程看，一些國家沒有處理好工農關係、城鄉關係，大量失業農民湧向城市貧民窟，工業化和城鎮化進程受阻，甚至造成社會動盪和現代化進程中斷。要堅定不移加快轉變城市發展方式，推動形成超大特大城市智慧高效治理新體系，不斷提升城市要素吸引力和綜合競爭力，為現代化強國建設提供有力支撐和強大引擎。

深化城市建設、運營、治理體制改革，加快轉變城市發展方式，需要著重抓好以下幾點：一是合理控制城市規模，樹立"精明增長"、"緊湊城市"理念，根據環境容量和城市綜合承載能力等科學確定人口規模，以水定城、以水定產，科學劃定城市開發邊界。二是優化城市空間結構，加快編制城市國土空間規劃，科學合理規劃城市的生產空間、生活空間、生態空間，推進產城融合、職住平衡，建立可持續的城市更新模式和政策法規。**三是**提升數字化治理水平，運用大數據、雲計算、人工智能等前沿技術推動城市規劃、建設、管理、運營全生命周期智能化，提升城市的智慧度與便利度，推進智慧城市建設。**四是**加強生態環境保護，處理好城市生產生活和生態環境保護關係，修護生態空間，加強環境保護，推進生產生活低碳化。**五是**提高城市歷史人文底蘊，做好城市歷史、人文的保護傳承、創意開發與創新利用，延續城市歷史文脈。**六是**深化城市安全韌性提升行動，健全規劃、建設、投入機制，加強地下綜合管廊建設和老舊管綫改造升級，加強防災減災、公共衛生、城市內澇治理等。

44. 如何理解鞏固和完善農村基本經營制度？

《決定》提出："鞏固和完善農村基本經營制度。"這對堅持農村基本經營制度前提下，順應農業農村現代化需要，不斷完善並賦予經營體制新的內涵和長久制度活力，提出了明確要求。以家庭承包經營為基礎、統分結合的雙層經營體制，是我國農村基本經營制度，是我們黨的農村政策的基石。改革開放以來的實踐充分證明，農村基本經營制度符合我國國情農情實際，適應社會主義市場經濟發展要求，極大解放和發展了農村社會生產力，受到廣大農民的擁護歡迎。鞏固和完善農村基本經營制度，主要需把握好4個方面。

第一，穩定農村土地承包關係。從安徽小崗村實行"大包乾"開始，我國農村土地陸續開始第一輪承包，承包期一般為15年。1993年，中央明確第一輪承包到期之後，再延長30年不變。2017年，黨的十九大報告提出，保持土地承包關係穩定並長久不變，第二輪土地承包到期後再延長30年，給農民吃上了長效"定心丸"。2023年開始，農村第二輪土地承包相繼到期，今後 5 年是高峰期。《決定》提出，有序推進第二輪土地承包到期後再延長 30 年試點。這項工作涉及億萬農民切身利益，政策性強，要按照中央有關政策要求，堅持“大穩定、小調整”，因地制宜細化實化政策措施，確保絕大多數農戶原有承包地保持穩定、順利延包，保護和促進生產力發展，維護農村社會穩定。

第二，深化承包地“三權分置”改革。實行承包地集體所有權、農戶承包權、土地經營權“三權分置”，是繼家庭聯產承包責任制後農村改革又一次重大制度創新。要在依法保護集體土地所有權和農戶承包權的前提下，平等保護土地經營權，健全農村土地流轉市場和服務體系，完善承包地經營權流轉價格形成機制。要把握好土地經營權流轉、集中、規模經營的度，與城鎮化進程和農村勞動力轉移規模相適應，與農業科技進步和生產手段改進程度相適應，與農業社會化服務水平提高相適應，因地制宜發展多種形式適度規模經營。

第三，完善農業經營體系。家庭經營在極大調動農戶生產積極性、解放和發展農村社會生產力的同時，也面臨經營規模過小、組織化程度低、與大市場銜接難等現實挑戰。當前和今後一個時期，小農戶仍是我國農業生產經營的基本面，必須在堅持家庭經營基礎性地位前提下，以小農戶為基礎、新型農業經營主體為重點、社會化服務為支撐，構建現代農業經營體系，解決好“誰來種地”問題。一方面，要加快培育新型農業經營主體，引導有條件有意願的小農戶發展家庭農場，促進農民合作經營，推動新型農業經營主體扶持政策同帶動農戶增收掛鈎，發揮新型農業經營主體帶動作用。另一方面，要健全便捷高效的農業社會化服務體系，在小農生產基礎上促進生產規模化、經營現代化，將小農戶引入現代農業發展軌道。

第四，發展新型農村集體經濟。集體經營是統分結合的雙層經營體制中的重要一層，只有發揮好農村集體經濟組織“統”的功能和作用，我國農村基本經營制度的優勢才能充分釋放和彰顯出來。發展新型農村集體經濟，要適應社會主義市場經濟要求，構建產權明晰、分配合理的運行機制，充分利用農村集體自身資源條件、經營能力，因地制宜探索資源發包、物業出租、居間服務、資產參股等多樣化發展途徑，增強集體經濟發展活力。發展新型農村集體經濟，要實事求是，不能層層下指標、搞"一刀切"，健全農村集體資產監管體系，嚴格控制集體經營風險，堅決遏止新增債務，充分保障集體成員的知情權、參與權、表達權、監督權，確保集體經濟收益造福農民群眾。

45. 為什麼要完善覆蓋農村人口的常態化防止返貧致貧機制，建立農村低收入人口和欠發達地區分層分類幫扶制度？

《決定》提出："完善覆蓋農村人口的常態化防止返貧致貧機制，建立農村低收入人口和欠發達地區分層分類幫扶制度。"這是鞏固拓展脫貧攻堅成果、健全農村低收入人口幫扶體系的必然要求。

第一，這是鞏固拓展脫貧攻堅成果的需要。黨的十八大以來，以習近平同志為核心的黨中央把脫貧攻堅作為全面建成小康社會的底綫任務和標誌性工程，舉全黨全國之力全面打響脫貧攻堅戰，到 2020 年底 9899 萬農村貧困人口全部脫貧，832 個貧困縣全部摘帽，區域性整體貧困得到解決，徹底消除了困擾中華民族數千年的絕對貧困。實現脫貧目標不易，鞏固拓展脫貧成果同樣不容易。黨中央決定，脫貧攻堅目標任務完成後，設立 5 年過渡期，做到扶上馬、送一程。正是因為有了過渡期的政策安排，構建了完善的防止返貧監測幫扶機制，儘管近幾年經歷了重大疫情、自然災害等多重衝擊和挑戰，脫貧地區始終牢牢守住了不發生規模性返貧的底綫。但要看到，即使過渡期以後，因疾病、事故、災害等各種原因造成一些低收入農民家庭甚至局部區域規模性返貧致貧的風險仍然存在。必須立足當前、著眼長遠，完善覆蓋農村人口的常態化防止返貧致貧機制，讓脫貧基礎更加穩固、成效更可持續，築牢防止返貧的堤壩。

第二，這是激發農村低收入人口內生發展動力的需要。精準幫扶，是打贏脫貧攻堅戰的一大法寶，也是鞏固拓展脫貧攻堅成果、常態化幫扶低收入人口的根本途徑。如果用一兜了之的辦法大包大攬、包辦代替，就會形成“等靠要”依賴症，甚至造成“養懶漢”的逆向激勵。必須把激發農村低收入人口內生發展動力作為常態化幫扶的重要取向，根據農村低收入人口家庭具體情況，分析返貧的風險、低收入原因是什麼，幫助他們擺脫困境、過上好日子的門路在哪裏，區分有沒有勞動能力，實行分層分類幫扶，精準施策，提高幫扶效能。

第三，這是建設全體人民共同富裕的現代化的需要。黨的二十大報告明確提出，中國式現代化是全體人民共同富裕的現代化。扎實推進共同富裕，最艱巨最繁重的任務仍然在農村。讓全體人民共享現代化成果，重點和難點仍然是農村低收入人口。許多農村低收入人口自我發展能力和發展條件不足，過渡期後乃至今後更長一個時期，仍然離不開國家必要的扶持。需要堅持以人民為中心的發展思想，完善覆蓋農村人口的常態化防止返貧致貧機制，健全讓農村低收入人口和欠發達地區跟上現代化步伐的制度安排，採取有力措施保障和改善民生，讓發展成果更多更公平惠及全體人民。

完善覆蓋農村人口的常態化防止返貧致貧機制，建立農村低收入人口和欠發達地區分層分類幫扶制度，要健全動態監測機制，推動防止返貧幫扶政策和農村低收入人口常態化幫扶政策銜接並軌，把符合條件的對象全部納入常態化幫扶範圍。對沒有勞動能力的，要通過綜合性社會保障措施兜底，兜牢最低生活保障底綫，完善社會救助舉措，實現應保盡保，確保基本生活無憂。對有勞動能力的，要在保障基本生活基礎上，實行扶志扶智相結合，加大開發式幫扶力度，注重激發自我發展主動性，引導他們自強自立，通過支持發展特色產業、開展技能培訓、組織轉移就業等方式，幫助他們增強“造血”能力，靠自己辛勤的雙手創造更加美好生活。要建立欠發達地區常態化幫扶機制，補上公共服務短板，發展壯大特色產業。脫貧期間形成了龐大扶貧資產，要健全脫貧攻堅國家投入形成資產的長效管理機制，確保持續發揮作用。

46. 為什麼要統籌建立糧食產銷區省際橫向利益補償機制？

《決定》提出：“統籌建立糧食產銷區省際橫向利益補償機制，在主產區利益補償上邁出實質步伐。”這是健全主產區利益補償機制的有效途徑，是全面夯實糧食安全根基的重大舉措。

統籌建立糧食產銷區省際橫向利益補償機制，有利於激勵糧食主產區重農抓糧。我國目前糧食產銷格局是各地資源稟賦、區位條件、經濟基礎、人口流動、區域政策等因素綜合作用而形成的。2003—2004年，國家根據各省（區、市）糧食產量、人均佔有量、商品庫存量等，確定了13個主產區、7個主銷區和11個產銷平衡區。糧食主產區在全國糧食生產中塊頭大、增產多，是保障國家糧食安全的“壓艙石”。2003—2023年，河北、內蒙古、遼寧、吉林、黑龍江、江蘇、安徽、江西、山東、河南、湖北、湖南、四川等13個主產區糧食播種面積增加3.1億畝，佔全國增量的105.6%，糧食產量增加4718.5億斤，佔全國增量的89.1%，糧食主產區貢獻了全國75%以上的糧食產量、80%以上的商品糧、90%左右的糧食調出量。但長期以來，由於種糧比較收益低、糧食對財政貢獻小，糧食主產區往往面臨“產糧多、經濟弱、財政窮”的困境，人均財力水平低，民生事業欠賬較多，經濟社會發展受到影響。國家為扶持糧食主產區出台了一系列政策舉措，持續加大中央財政對主產區的轉移支付力度，提高均衡性轉移支付投向主產區的比例，增加產糧大縣獎勵資金，等等，基本構建起對糧食主產區縱向利益補償機制。但僅靠國家縱向利益補償還是不夠的，必須創新利益補償方式、拓展補償渠道，在加大縱向補償力度的同時，建立糧食產銷區橫向補償機制，讓主產區抓糧得實惠、不吃虧，進一步激發地方發展糧食生產積極性。

統籌建立糧食產銷區省際橫向利益補償機制，有利於構建飯碗一起端、責任一起扛的糧食安全格局。保障糧食安全，是主產區、主銷區和產銷平衡區的共同責任。一個時期以來，主銷區受資源狀況、種植結構調整、經濟建設佔地、人口流動需求增加等因素影響，糧食產銷缺口擴大。2004—2023年，北京、天津、上海、浙江、福建、廣東、海南這7個主銷區糧食播種面積減少2693萬畝，糧食產量佔全國的比重下降3.1個百分點，2023年常住人口糧食人均產量比全國低396公斤。主銷區承擔糧食安全保障的責任，需要從內外兩個方面共同發力。從內部看，就是抓好本區域糧食生產、流通、儲備，努力提高自給水平和保障能力。從外部看，就是對主產區進行必要的利益補償，支持主產區多種糧、多打糧。主銷區從主產區調糧食，一定意義上相當於調耕地、調水資源，也相當於調走了其他高效產業的發展機會，對主產區給予一定經濟補償是合理的也是應該的。同時，多數主銷區經濟較為發達，量力而行承擔一定的利益補償，是有條件有能力的。建立糧食產銷區省際橫向利益補償機制，既是督促主銷區扛起糧食安全責任的重要體現，也是促進區域協調發展的有力措施。

統籌建立糧食產銷區省際橫向利益補償機制，涉及產銷區利益的重大調整，既要考慮中央和地方、產區和銷區等關係，也要考慮效率和公平、激勵和約束等政策取向。需要統籌糧食生產、流通、消費等相關因素，兼顧區域發展實際和財力條件，合理確定誰補償、補償誰、補多少、怎麼補等問題。同時，探索多樣化利益補償方式，深化產銷和經濟協作，鼓勵具有較好協作基礎的不同省份之間，探索拓展產業、人才、技術服務等多渠道補償。要把握好工作節奏和力度，讓銷區可承受、產區得實惠。需要強調的是，統籌建立糧食產銷區省際橫向利益補償機制，並不意味著減輕主銷區生產保供的責任，主銷區決不能以此為藉口放鬆糧食生產。

47.怎樣理解改革完善耕地佔補平衡制度？

《決定》提出："改革完善耕地佔補平衡制度，各類耕地佔用納入統一管理，完善補充耕地質量驗收機制，確保達到平衡標準。" 耕地是糧食生產的命根子，是中華民族永續發展的根基。長期堅持並不斷完善耕地佔補平衡制度，是牢牢守住耕地保護紅綫、確保國家糧食安全的根本要求。

我國人口眾多、耕地資源相對短缺，解決好14億多人的吃飯問題是治國理政的頭等大事。我們黨始終高度重視耕地保護問題，全方位夯實糧食安全基礎，強調依靠自己的力量把中國人的飯碗端穩端牢。黨的十八大以來，黨中央部署實施農田水利骨幹工程、高標準農田建設工程、黑土地保護工程、耕地土壤污染治理和修復工程等，劃定耕地和永久基本農田保護紅綫，建立省級黨委和政府落實耕地保護責任制。這一系列硬措施，守住了耕地保護紅綫，初步遏制了耕地總量持續下滑趨勢。同時，也要清醒地認識到，我國人多地少的基本國情沒有變，耕地佔用和補充之間的矛盾仍然突出。現行耕地佔補平衡制度設計主要針對非農建設，耕地轉為園地、林地等其他農用地不需要補充；非農建設補充耕地主要來源於耕地後備資源開發，園地、林地等其他農用地轉為耕地後不作為補充耕地管理。但一段時間以來，一些地方耕地大量轉為園地、林地等其他農用地，成為耕地減少的主要原因；一些地方耕地後備資源匱乏，耕地開墾和生態保護的衝突越來越大；一些地方耕地佔補平衡責任落實不到位，存在佔多補少、佔優補劣、佔整補散甚至弄虛作假等問題。新時代新征程上，耕地保護任務沒有減輕，而是更加艱巨。針對當前耕地保護出現的新情況新問題，必須改革完善耕地佔補平衡制度，著力從根子上堵住制度漏洞，強化制度剛性約束。

　　習近平總書記強調，耕地是我國最為寶貴的資源；耕地紅綫一定要守住，千萬不能突破，也不能變通突破；耕地佔補平衡，不能成為簡單的數量平衡，必須實現質量平衡、產能平衡，決不能再搞"狸貓換太子"的把戲。改革完善耕地佔補平衡制度，必須把握好這些重大要求，帶著保護耕地的強烈意識做好耕地佔補平衡工作。一是改革耕地佔補平衡管理方式。將非農建設、造林種樹、種果種茶等各類佔用耕地行為統一納入耕地佔補平衡管理，明確佔補平衡責任，同時將鹽鹼地等未利用地、低效閒置建設用地以及適宜恢復為優質耕地的園地、林地、草地等其他農用地統籌作為補充耕地來源。第三次全國國土調查結果顯示，全國有 8700 多萬畝即可恢復為耕地的其他農用地，相當一部分位於一年兩熟、三熟區域，光熱水土條件較好。在尊重農民意願和土地權利人合法權益的前提下，穩妥有序恢復部分耕地，有利於穩定耕地總量，優化耕地佈局。二是嚴格補充耕地質量管理。堅持以恢復優質耕地為主、新開墾為輔，確保補充耕地不造成生態破壞，質量達到高標準農田建設要求，實現可長期穩定利用。嚴格按照標準驗收審查墾造和恢復的耕地，質量不達標的不得通過驗收。完善補充耕地後續管護、再評價機制，落實補充耕地主體培肥管護責任。三是完善耕地佔補平衡責任機制。按照"國家管總量、省級負總責、市縣抓落實"的原則，建立分級負責、職責明確、監管有力的耕地佔補平衡責任機制。建立"以補定佔"機制，以省域內穩定利用耕地淨增加量作為下年度非農建設允許佔用耕地的規模上限，對違法建設佔用耕地的凍結相應的補充耕地指標。四是健全耕地保護激勵約束機制。實施耕地保護經濟獎懲機制，加強對補充耕地主體的補償激勵。強化"長牙齒"的硬措施，以"零容忍"態度嚴肅查處違法佔用耕地行為。落實耕地保護黨政同責，將耕地佔補平衡作為省級黨委和政府耕地保護和糧食安全責任制考核的重要內容，對突破耕地保護紅綫等重大問題嚴肅問責、終身追責。

48. 如何理解健全保障耕地用於種植基本農作物管理體系？

　　《決定》提出：“健全保障耕地用於種植基本農作物管理體系。”這是加強耕地用途引導和管控的有效手段，是保障糧食安全和重要農產品供給的重大舉措。

　　黨中央始終把保障糧食安全作為治國理政的頭等大事，採取一系列有力有效舉措促生產、保供給。近年來，我國糧食連年豐收，2023年糧食產量達到13908億斤，棉花產量達到562萬噸、油料達到3864萬噸、糖料達到11376萬噸、蔬菜達到82868萬噸，農業綜合生產能力和穩定性顯著增強，為穩大局、安民心發揮了至關重要的作用。我國用佔世界9%的耕地、6%的淡水，養活了世界近20%的人口，也為世界糧食安全作出了重要貢獻。

　　但要看到，全球糧食安全形勢依然嚴峻，國內糧食結構性矛盾仍然突出，龐大人口基數和消費結構持續升級情況下，我國糧食供求緊平衡的格局沒有根本改變。現階段我國已成為全球第一大糧食進口國，2023年進口糧食1.62億噸，佔國內總產量23.3%，確保國家糧食安全的任務越來越艱巨。一個國家只有保障糧食、棉花、油料、糖料、蔬菜等基本農作物生產供給，才能掌握保障國家糧食安全的主動權，進而才能掌握發展自主權。因此，我們必須緊繃糧食安全這根弦，抓緊抓好基本農作物生產，確保糧食安全和重要農產品供給。

　　耕地是農產品生產的物質基礎，農作物歸根結底是在耕地上種出來的。近年來，耕地利用存在過度趨利傾向，有的地方違法佔用耕地開展非農建設，有的違規佔用永久基本農田綠化造林、挖塘養魚，有的大規模挖湖造景，有的把農業結構調整簡單理解為壓減糧食生產。對此，國務院辦公廳連續印發《關於堅決制止耕地“非農化”行為的通知》、《關於防止耕地“非糧化”穩定糧食生產的意見》，中央有關部門出台了嚴格耕地用途管控措施，取得明顯成效。但要看到，耕地“非農化”、“非糧化”現象在許多地方仍大量存在，如果任其發展，將對國家糧食安全構成威脅，必須健全耕地農用、良田糧用的制度機制。

健全保障耕地用於種植基本農作物管理體系，就是要著眼科學合理利用耕地資源，明確耕地利用優先序，將有限的耕地資源優先用於基本農作物生產，集中力量把重要農產品保住守好。健全保障耕地用於種植基本農作物管理體系，既涉及土地資源利用和農產品生產，也涉及農民利益和農村社會穩定，政策性很強，需要統籌糧食安全和重要農產品供給，統籌農業發展、生態安全和農民增收。要遵循自然規律和經濟規律，尊重農民生產經營合法權益，因地制宜確定基本農作物目錄，建立耕地種植用途監測體系，構建高效、科學、合理的耕地利用結構，形成同市場需求相適應、同資源環境承載能力相匹配的現代農業生產結構和區域佈局，不斷提高管理科學水平。需要強調的是，各地種植基本農作物不能不顧實際，盲目下指標、擴面積，必須立足資源稟賦、氣候條件、種植制度、區位條件等，把發揮區域比較優勢與保障國家戰略需求相結合，積極發展基本農作物生產，為保障糧食和重要農產品供給安全作出應有貢獻。

49. 如何理解盤活存量土地和低效用地這一要求？

《決定》提出："優化城市工商業土地利用，加快發展建設用地二級市場，推動土地混合開發利用、用途合理轉換，盤活存量土地和低效用地。"存量土地和低效用地是指已經批准為建設用地但尚未使用的土地，以及現狀建設用地中佈局散亂、利用粗放、用途不合理的土地等。推進以人為本的新型城鎮化，必須落實最嚴格的節約用地制度，促進城市發展用地從增量依賴向存量挖潛轉變。

改革開放以來，我國經歷了世界歷史上規模最大、速度最快的城鎮化進程，2023 年末城鎮常住人口達到近 9.33 億人，形成全球最大的城市體系，城市現代化水平不斷提高。與此同時，城市土地利用也積累了一些突出問題。比如，一些城市"攤大餅"式發展，存量土地規模大，園區土地利用粗放；一些城市空間結構不合理，有的工商業用地佔比大，生態用地、公共服務設施用地等不足，有的城中村夾雜其中，空間佈局散亂、功能不完善。近年來，國家大力推動存量土地盤活利用，鼓勵各地尤其是東部地區城市開展低效用地再開發，促進挖潛改造、高效利用。比如，有的城市實施低效建設用地減量化，有效緩解了耕地保護壓力，改善了郊野地區生態環境；有的地區持續實施舊城鎮、舊廠房、舊村莊改造，推動低效用地轉型利用，為新產業新業態發展騰出了空間。實踐證明，盤活存量土地和低效用地，有利於提高城市土地利用結構的協調性，促進城市內涵式、集約型、綠色化發展。但盤活存量土地和低效用地涉及土地權利人多、利益關係複雜，資金投入量大、盤活周期長，經營主體積極性有待提高，需要進一步強化政策激勵。推進盤活存量土地和低效用地需要著力抓好以下 4 個方面工作。

第一，堅持城市國土空間規劃統籌和引領。城市規劃在城市發展中起著重要引領作用，規劃科學是最大的效益，規劃失誤是最大的浪費，規劃折騰是最大的忌諱。城市國土空間總體規劃應當根據城市空間功能分區，統籌新增用地、存量土地和低效用地等各類土地利用，提出規劃目標、實施策略、階段工作重點和管控引導要求。城市國土空間詳細規劃應當合理劃分規劃單元，明確土地利用、建築佈局、交通系統、公共設施、綠地系統等具體規劃內容，為核發規劃許可、實施開發保護建設提供法定依據。

第二，加快發展建設用地二級市場。建設用地二級市場是建設用地使用權人之間交易的市場，包括建設用地使用權的轉讓、出租、抵押等。在二級市場中，交易價格反映供求關係靈敏，有利於提高土地要素的配置效率。盤活存量土地和低效用地涉及建設用地使用權的流轉，必須高度重視二級市場建設，著力完善二級市場規則，規範交易流程，推進交易信息公開，健全市場監管機制，完善相關稅費政策。

第三，推動土地混合開發利用、用途合理轉換。隨著產業轉型和市民生活需求的變化，傳統單一功能和用途的用地方式難以很好適應城市發展，這就需要增強土地用途管理的適應性和靈活性。一方面，需要健全土地混合開發利用相關制度，在國土空間規劃中合理確定土地用途兼容性正負面清單和比例控制要求，支持空間複合利用，促進產城融合、職住平衡，營造高品質社區。另一方面，需要健全土地用途轉換規則，在符合國土空間規劃、保障安全的前提下，允許存量土地、存量建築依法調整土地用途，完善土地收益管理政策，促進提升土地要素利用效益。

第四，健全促進土地節約集約利用的政策。提高城市建設用地集約化程度，需要綜合運用經濟、法律和行政多種措施。要嚴格城鎮開發邊界管理，強化規劃期內新增建設用地總量剛性約束。大力推動批而未供土地利用，採取依法收回、協議收回、調整用途和規劃條件後使用等方式分類處置閒置土地。根據低效用地再開發的特點，完善土地收儲機制，優化土地收益分享政策；完善土地供應方式，鼓勵土地使用權人自行改造開發。

50. 如何理解主動對接國際高標準經貿規則？

《決定》提出："主動對接國際高標準經貿規則"。這一重要部署，深刻指出了新時代高水平對外開放的關鍵著力點。我國作為經濟全球化的重要推動者，主動對接國際高標準經貿規則、以實際行動促進貿易和投資自由化便利化，具有重大意義。

當前，國際經貿規則正進行新一輪重塑，以《全面與進步跨太平洋夥伴關係協定》（CPTPP）、《數字經濟夥伴關係協定》（DEPA）等為代表的國際高標準經貿規則，呈現出與時俱進的特點。一是自由化水平提高。高標準區域貿易協定趨向全面市場開放，取消所有關稅和非關稅壁壘。貨物貿易零關稅產品佔比基本達到 99% 以上。服務貿易和投資採用負面清單模式開放，除涉及國家安全、金融穩定、傳統文化保護等方面，承諾給予外商全面國民待遇。二是議題範圍拓展。由與市場准入相關的“邊境上”措施，逐步延伸至以國內規制為主的“邊境後”措施，更多納入數據流動、國有企業、環境、勞工、反腐敗等“邊境後”新規則議題。三是紀律約束變強。更加強調規則紀律的執行力和約束力，注重各國監管政策和法律法規的制定、實施、程序保障及透明度，普遍要求相關規則議題與爭端解決機制掛鉤。主動對接國際高標準經貿規則，既十分必要又切實可行。

第一，這是擴大高水平對外開放的題中之義。改革開放 40 多年來，我國開放水平不斷提高。但我國開放指數世界排名在 40 位左右，與國際高標準經貿規則相比還有差距，特別是服務領域的開放水平有待提高，“邊境後”開放有待深化，合規意識有待增強。推動高水平對外開放，要求我們主動對接國際高標準經貿規則，進一步放寬市場准入，推動電信、互聯網、教育、文化、醫療等領域有序擴大開放。在產權保護、產業補貼、環境標準、勞動保護、政府採購、電子商務、金融領域等實現規則、規制、管理、標準相通相容，逐步構建與國際高標準經貿規則相銜接的制度體系和監管模式，有利於穩步擴大制度型開放，打造透明穩定可預期的制度環境。

第二，這是以開放促改革促發展的必然選擇。以開放促改革促發展是我國現代化建設不斷取得新成就的重要法寶。進入新時代，深化體制機制改革與推進制度型開放是一體兩面。一些國際高標準經貿規則的開放要求與我國改革方向一致。比如知識產權保護等“邊境後”規則，與我國建設知識產權強國的方向是一致的。通過主動對接國際高標準經貿規則，可以為深化改革注入強大動力。同時，一些國際高標準經貿規則要求所體現的原則和趨勢，也與我國建設高標準市場體系的內在要求一致。比如完善市場准入管理、促進公平競爭等。對接國際高標準經貿規則，有利於提升我國在全球範圍內聚集和配置資源要素的能力，助力高質量發展。

第三，這是彰顯負責任大國形象的主動作為。我國改革開放是不斷對接國際經貿規則，參與、融入世界經濟的過程，也是從商品和要素流動型開放向規則、規制、管理、標準等制度型開放轉變的過程。在這一過程中，我國不僅是國際經貿規則的學習者、遵守者，也逐步成為重要參與者和貢獻者。新時代新征程上，中國堅持經濟全球化正確方向，推動貿易和投資自由化便利化，需要進一步了解國際高標準經貿規則，學習規則、對接規則，更好發揮示範引領作用，為推動構建公正、合理、透明的國際經貿規則作出更大貢獻。

要積極推進與國際高標準經貿規則更全面、更深入、更高水平的對接，以高水平開放促進深層次改革、推動高質量發展。**一是**持續擴大面向全球的高標準自由貿易區網絡。積極拓展"朋友圈"，與更多國家簽署高水平自由貿易協定，特別是結合我國改革之需，提升自由貿易協定開放水平。**二是**結合加入《全面與進步跨太平洋夥伴關係協定》、《數字經濟夥伴關係協定》進程，持續推進相關領域改革。積極推進有關法律和行政法規制定修訂，與國際高標準經貿規則兼容對接。提升貨物貿易自由化便利化水平，深入推進跨境服務貿易和投資高水平開放，擴大數字產品等市場准入，深化國有企業、數字經濟、知識產權、政府採購等領域改革。**三是**繼續做好先行先試和壓力測試。協同推進在有條件的自貿試驗區、海南自由貿易港開展先行先試和壓力測試，做好成果集成和創新經驗推廣。支持上海自貿試驗區全面對接國際高標準經貿規則，加大壓力測試力度，在擴大開放中動態維護國家經濟安全。

51.怎樣理解擴大自主開放，擴大對最不發達國家單邊開放？

《決定》提出"擴大自主開放"、"擴大對最不發達國家單邊開放"，揭示了新形勢下高水平對外開放的新內涵和新要求，具有重要現實意義和長遠指導意義。自主開放和單邊開放都是我國主動向世界開放的重要形式，是我國以對外開放的主動贏得經濟發展主動、國際競爭主動的必然選擇，也是不斷以中國新發展為世界提供新機遇的實際行動。

第一，擴大自主開放是新時代對外開放的重要特徵。自主開放反映了主動擴大開放的意願，與被動開放、被迫開放相對應。黨的十八大以來，我國實行更加積極主動的開放戰略。比如建設自由貿易試驗區和海南自由貿易港，就是自主開放的重要實踐。在自貿試驗區率先實施外商投資准入前國民待遇加負面清單管理模式；率先推出跨境服務貿易負面清單，在自然人職業資格、專業服務、金融、文化等領域作出主動開放安排；支持有條件的自貿試驗區和海南自由貿易港試點對接國際高標準經貿規則。新時代新征程上，擴大自主開放是高水平對外開放的題中之義。自主開放可以理解為在沒有國際條約和承諾約束下，立足我國自身發展需要、兼顧與世界良性互動需要，結合不同行業和領域特點，有節奏、有範圍、有層次地主動開放。一方面體現在"以我為主"，既不是只能在對等原則下才開放，也不是迫於外界壓力不得已開放，而是根據我國現代化建設需要，統籌推進深層次改革和高水平開放、統籌高質量發展和高水平安全。另一方面體現在"合作共贏"，在我國經濟與世界經濟深度交融背景下，注重我國開放發展的外部效應，通過推進自身開放促進世界共同開放，實現良性互動。可以說，擴大自主開放，對內是更好發揮以開放促改革促發展的動力作用，對外是更好發揮以開放促合作促共贏的引領作用，有利於推動高質量發展、推進中國式現代化，也有利於推動建設開放型世界經濟、構建人類命運共同體，是對中國好、對世界也好的雙贏之舉。

第二，擴大單邊開放是我國對最不發達國家的一貫政策。單邊開放與對等開放、互惠開放、條約開放相對應，是指無論對方是否對自己開放，一國或經濟體都單方面、主動向對方擴大開放，因而具有不尋求對應開放、基本不受協議約束、不違反現行規則的特點。我國對最不發達國家單邊開放、單邊給惠，可幫助其更好融入國際市場，實現共同發展，也彰顯了我國負責任大國形象。關稅待遇方面，中國是最早給予最不發達國家零關稅待遇的發展中國家之一。目前同中國建交的最不發達國家享受95%—98%稅目產品零關稅待遇。市場准入方面，在涉及最不發達國家的自貿協定談判中，對其貨物貿易和投資服務開放範圍要求更小、給予更長過渡期；為非洲農產品輸華建立"綠色通道"。多雙邊合作方面，在世界貿易組織捐資實施"最不發達國家及加入世貿組織中國項目"，幫助其更好融入多邊貿易體制；開展能力建設合作，幫助有關國家提升經貿合作水平。

　　第三，當前擴大自主開放和單邊開放可以多措並舉。一是放寬市場准入。有序擴大我國商品市場、服務市場、資本市場、勞務市場等對外開放。擴大鼓勵外商投資產業目錄，合理縮減外資准入負面清單，推動電信、互聯網、教育、文化、醫療等領域有序擴大開放。二是發揮開放平台先行先試作用。更好發揮自由貿易試驗區、海南自由貿易港等示範作用，及時將具備條件的試點措施推廣至其他自貿試驗區。主動對接國際高標準經貿規則，推動在產權保護、產業補貼、環境標準、勞動保護、政府採購、電子商務、金融領域等實現規則、規制、管理、標準相通相容。三是參與全球經濟治理體系改革。堅決反對貿易保護主義，維護多邊貿易體制，推動貿易和投資自由化便利化，提供更多國際公共產品。加強涉及利率、匯率、資本流動、人民幣國際化等國際宏觀經濟政策多雙邊協調。擴大面向全球的高標準自由貿易區網絡，建立同國際通行規則銜接的合規機制，優化開放合作環境。四是擴大對最不發達國家單邊開放，在多邊、區域和雙邊合作中充分考慮其關切，堅持支持最不發達國家等有關發展中國家立場。同時，實施單方面免簽入境政策，擴大中外人員交流，讓更多外國人親身感受真實的中國，壯大知華友華力量。

52. 創新發展數字貿易需要把握哪些重點？

《決定》提出："創新發展數字貿易"。數字貿易是指以數據為關鍵生產要素、數字服務為核心、數據訂購與交付為主要特徵的貿易，是數字經濟和高水平對外開放的重要組成部分。當前，新一輪科技革命和產業變革深入發展，全球數字經濟蓬勃興起，數字貿易正成為國際貿易發展的新趨勢和未來經濟發展的新增長點。《決定》對創新發展數字貿易作出部署，具有重大意義。

黨的十八大以來，我國數字貿易保持良好發展態勢。2023 年，我國可數字化交付的服務進出口規模達 27193.7 億元，同比增長 8.5%。其中，出口 15435.2 億元，增長 9.0%；進口 11758.5 億元，增長 7.8%。2023 年，我國跨境電商進出口 2.38 萬億元，增長 15.6%。數字貿易創新發展，既面臨經濟社會數字化帶來的歷史機遇，又需要妥善應對一系列挑戰。**一是數字貿易領域開放不足。**經濟合作與發展組織（OECD）發佈的 2022 年 "數字服務貿易限制指數" 顯示，我國限制指數較高，在統計的 85 個經濟體中排名第 71 位。我國數字貿易領域開放程度仍有不足，知識產權保護、數據本地化等方面還存在一些限制。數據跨境流動不暢，多個領域數據分級分類標準和重要數據目錄尚不明確。**二是數字貿易治理體系有待完善。**數字貿易治理主要集中於網絡安全、個人隱私保護、源代碼開放等 "邊境後" 規則。目前數字貿易治理還是以 "管" 為主，"促" 的政策環境還未形成，跨部門、跨領域的治理機制有待健全。**三是**全球數字貿易規則構建面臨挑戰。數字貿易規則分歧較難彌合、存在治理碎片化風險，亟待加強國際協調合作，共同構建適應數字全球化發展的有利制度環境。

創新發展數字貿易，要統籌協調各部門力量，形成促進數字貿易發展合力。具體可從以下 4 個方面重點著力。

　　第一，分領域支持數字貿易發展。加強數字應用場景和模式創新，不斷增強數字貿易發展動力活力。積極支持數字產品貿易，營造數字產品走出去的良好環境。持續優化數字服務貿易，促進數字金融、在綫教育、遠程醫療等業態創新發展。穩步推進數字技術貿易，加快發展通信、物聯網、雲計算等領域對外貿易。積極探索數據貿易，逐步形成較為成熟的數據貿易模式。加快貿易全鏈條數字化賦能。培育具有較強創新能力和國際競爭力的數字貿易領軍企業，提升在全球範圍內配置資源、佈局市場網絡的能力。積極培育具有獨特競爭優勢的中小型數字貿易企業，支持企業走"專精特新"發展道路。

　　第二，推進數字貿易制度型開放。放寬數字領域市場准入，提高數字貿易領域外資企業在境內投資運營便利化水平。健全數據出境安全管理制度，促進數據跨境安全有序流動。打造數字貿易高水平開放平台，對接國際高標準經貿規則，鼓勵數字領域各類改革和開放措施開展先行先試和壓力測試。發揮好中國國際進口博覽會、中國國際服務貿易交易會、全球數字貿易博覽會等平台作用。

　　第三，完善數字貿易治理體系。積極參與世界貿易組織、二十國集團、亞太經合組織等多雙邊和區域數字貿易相關規則制定，營造開放、公平、公正、非歧視的數字發展環境。積極推進加入《全面與進步跨太平洋夥伴關係協定》和《數字經濟夥伴關係協定》進程。加強與東盟國家、中亞國家、金磚國家、上海合作組織成員國等數字貿易合作。優化調整禁止、限制進出口技術目錄。維護數字領域產業安全，持續推動全球數字技術、產品和服務供應鏈開放、安全、穩定、可持續。

　　第四，加強數字貿易規則構建。推進數字貿易領域相關立法，統籌推進國內法治和涉外法治。鼓勵有條件的地方出台數字貿易地方性法規。加強數字貿易標準化技術組織建設，加快數字貿易領域標準制定修訂。研究構建數據知識產權保護規則，加強數字貿易領域知識產權公共服務，加強涉及數字貿易的商標註冊和保護。強化數字貿易人才智力支撐，支持高等學校設置數字貿易相關學科，加強拔尖創新人才培養，深化校企、政企合作，支持企業加強專業人才培訓。

53.營造市場化、法治化、國際化一流營商環境主要有哪些要求？

《決定》提出"營造市場化、法治化、國際化一流營商環境"，並作出了新的部署。這是在新的歷史起點上把優化營商環境進一步引向深入的動員令。我們要深刻領會、全面落實這一部署要求，持續塑造更高水平開放型經濟新優勢，為高質量發展提供有力支撐。

黨的十八大以來，我國持續推進營商環境建設，在經濟合作與發展組織發佈的全球營商環境排名中，位次逐步提升。積極推動實施高水平投資自由化便利化政策，提升對外開放水平，加大對企業服務力度，優化外商投資環境，不斷增強對外資的吸引力。確立外資准入前國民待遇加負面清單管理制度，以方便快捷的信息報告制度，取代了自此前實施了30多年的外商投資企業設立及變更的"逐案審批"制度，增進投資便利度。7次縮減外資准入負面清單，製造業限制措施在自由貿易試驗區實現"清零"、在全國範圍內基本放開，農業、礦業開放程度大幅提高，服務業有序開放，投資自由化程度不斷提升。

營商環境優化永無止境，我國打造一流營商環境也不會止步。營造市場化、法治化、國際化一流營商環境的具體要求，可從以下3個方面理解和把握。

第一，完善現代市場體系，營造公平高效的市場化營商環境。統一開放、競爭有序、制度完備、治理完善的高標準市場體系，是一流營商環境的重要體現。當前，推動高質量發展仍存在不少體制機制障礙，我國市場體系還不健全、市場發育還不充分，還存在市場激勵不足、要素流動不暢、資源配置效率不高、微觀經濟活力不強等問題。這要求我們加快構建更加系統完備、更加成熟定型的高水平社會主義市場經濟體制，建設高標準市場體系，全面完善產權、市場准入、公平競爭等制度。更加尊重市場經濟一般規律，最大限度減少政府對市場資源的直接配置和對微觀經濟活動的直接干預，充分發揮市場在資源配置中的決定性作用，更好發揮政府作用，推動有效市場和有為政府更好結合。持續改善市場環境，加快建設高效規範、公平競爭、充分開放的全國統一大市場，進一步激發全社會創造力和市場活力。

第二，深入推進法治建設，營造公開透明的法治化營商環境。法治是最好的營商環境。近年來，我國營商環境制度體系不斷完善，《中華人民共和國外商投資法》、《優化營商環境條例》、《中華人民共和國海南自由貿易港法》等法律法規陸續出台，同時修訂完善對外貿易法，為各類經營主體創造良好條件。要持續提升營商環境法治化水平，不斷健全營商環境法律制度體系，加快完成與《中華人民共和國外商投資法》、《優化營商環境條例》等要求不一致的法規政策文件修訂廢止工作，不斷完善政策制定實施機制。規範涉企行政執法，突出體現公平執法的要求。根據企業信用狀況，採取差異化監管措施，推動監管信息共享互認，避免多頭執法、重複檢查。加強對經營主體權益保護，保障各類企業公平參與市場競爭。不斷加強營商環境法治建設，更好發揮法治固根本、穩預期、利長遠的保障作用。

第三，加快制度型開放，營造開放包容的國際化營商環境。加快規則銜接，吸收借鑒國際成熟市場經濟制度經驗和人類文明有益成果，加快國內制度規則與國際接軌，推動由商品和要素流動型開放向規則、規制、管理、標準等制度型開放轉變，建設更高水平開放型經濟新體制，以高水平開放促進深層次改革和高質量發展。優化管理體制，深化外資管理體制改革和外商投資促進體制機制改革，依法保護外商投資權益，保障外資企業在要素獲取、資質許可、標準制定、政府採購等方面的國民待遇。擴大市場准入，合理縮減外資准入負面清單，落實全面取消製造業領域外資准入限制措施，推動電信、互聯網、教育、文化、醫療等領域有序擴大開放。完善服務保障，加大吸引外商投資力度，擴大鼓勵外商投資產業目錄，完善外資企業圓桌會議制度和投訴工作機制，完善境外人員入境居住、醫療、支付等生活便利制度。

54. 為什麼要優化區域開放功能分工，打造形態多樣的開放高地？

《決定》提出："優化區域開放功能分工，打造形態多樣的開放高地。"這既是對我國區域開放經驗的總結，也是對今後進一步優化區域開放佈局提出的明確要求，對我國提升開放質量和水平具有重要意義。

改革開放 40 多年來，我國對外開放從 "經濟特區—沿海開放城市—沿海經濟開放區—內地" 逐步深入推進，特別是黨的十八大以來，區域開放佈局進一步優化，進入陸海內外聯動、東西雙向互濟的新階段，全面開放新格局加快形成。但是，區域開放佈局仍然存在一些堵點痛點，不同地區對外開放程度存在一定差異，中西部對外開放的潛力尚未充分發揮，區域開放高地的帶動作用有待提升，區域間協同開放仍需加快推進等，需要進一步優化區域開放功能分工，打造形態多樣的開放高地，更好發揮開放對區域經濟發展的促進作用。

第一，這是貫徹國家區域發展戰略的要求。西部大開發、東北全面振興、中部地區加快崛起、東部地區加快推進現代化、京津冀協同發展、長三角一體化高質量發展、粵港澳大灣區建設、長江經濟帶高質量發展、黃河流域生態保護和高質量發展等區域協調發展戰略，其開放功能各有側重。粵港澳大灣區發展重點在於結合灣區經濟特色優勢，促進不同制度、貨幣和語言的區域優勢互補，打造開放、包容、多元發展的示範樣板。優化區域開放功能分工、打造形態多樣的開放高地，有利於將對外開放舉措同區域發展重大戰略精準對接、靶向發力，促進對外開放與對內開放有機結合，推動區域內完善營商環境，暢通要素流動，優化生產力佈局，加快產業結構優化升級，更好將開放紅利轉化為區域發展動力，推動區域發展重大戰略落實落細。

第二，這是發揮區域特色和優勢的需要。不同區域產業、人才、資源、生態條件等優勢各不相同，開放發展的基礎、水平和任務也各不相同，需要根據各地區條件，走合理分工、優化發展之路。根據區域特點因地制宜、揚長避短推進開放，有利於發揮不同區域比較優勢，鞏固區域優勢產業領先地位，構建區域經濟新增長引擎。沿海地區，需要鞏固開放先導地位，增強制度型開放的示範引領作用。沿邊地區，需要發揮內引外聯作用，增強對內輻射帶動和對外開放能力。內陸地區，需要打造開放增長極，增強高水平對外開放腹地支撐能力，特別是西部地區，正逐步走向對外開放的前沿，同時承載著築牢國家生態安全屏障的重任，要堅持以大開放促進大開發，提高西部地區對內對外開放水平。

第三，這是推動經濟高質量發展的需要。推動優化不同區域開放功能分工，打造形態多樣的開放高地，有利於統籌優化沿海沿邊和內陸地區開放佈局，縮小中西部地區與東部地區在產業配套等硬性條件、制度型開放等方面的差距，構建優勢互補高質量發展的區域經濟佈局，逐步解決區域發展過程中出現的不平衡性、不包容性和不可持續性問題。同時，結合不同區域情況優化開放功能分工，有利於促進各地優勢互補、錯位競爭，避免重複建設和同質競爭，從而提高發展質量和效率，推動高質量發展。

在推進舉措上，需要鞏固東部沿海地區開放先導地位，推動沿海地區制度型開放取得重大突破，形成一批引領性開放型經濟發展戰略高地；更好發揮沿邊地區內引外聯作用，建成若干有效輻射內陸、聯通外部的對外開放大通道大樞紐；提高中西部和東北地區開放水平，增強內陸地區對外開放戰略腹地功能，建成若干支撐保障能力強的通道樞紐和要素聚集能力強的開放平台，顯著提升國際合作競爭新優勢。同時，健全優化區域開放佈局政策制度，大力清除制約區域間要素流動的隱性壁壘，穩步拓展國際規則標準等軟聯通，統籌優化對外開放通道網絡和平台建設，發揮沿海、沿邊、沿江和交通幹綫等開放元素聚集優勢，加快形成陸海內外聯動、東西雙向互濟的全面開放格局。

55. 實施自由貿易試驗區提升戰略怎樣體現鼓勵首創性、集成式探索的要求？

《決定》提出："實施自由貿易試驗區提升戰略，鼓勵首創性、集成式探索。"建設自貿試驗區是以習近平同志為核心的黨中央在新時代推進改革開放的重要戰略舉措。《決定》作出新的部署，體現了黨中央對自貿試驗區建設一以貫之的引領和推動。

自貿試驗區建設以來，已在全國部署設立 22 個自貿試驗區，形成了覆蓋東西南北中的改革開放創新格局。推出了外資准入負面清單、跨境服務貿易負面清單、國際貿易 "單一窗口"、"證照分離" 改革等一大批基礎性、開創性改革開放舉措，在國家層面複製推廣 349 項、地方自主推廣 3200 餘項制度創新成果，有效發揮了改革開放綜合試驗平台作用。實施自貿試驗區提升戰略，關鍵詞是 "提升"，抓手是規則對接，重點是規則、規制、管理、標準等制度型開放，目的是牽引國內相關領域改革，以開放促改革促發展。深入貫徹落實《決定》部署，加快推進實施自貿試驗區提升戰略，鼓勵首創性、集成式探索，主要有以下重點。

第一，對接國際高標準經貿規則，為高水平開放探索新路徑。國務院於 2023 年先後印發了首批有條件的自貿區自貿港試點對接文件和上海自貿試驗區全面對接總體方案，系統對接《全面與進步跨太平洋夥伴關係協定》、《數字經濟夥伴關係協定》中的規則條款，並開展先行先試。

要把"提升"的著力點放在對接國際高標準經貿規則、推進制度型開放上，更好發揮自貿試驗區改革開放綜合試驗平台作用，率先建立同國際投資和貿易通行規則相銜接的制度體系，積極探索更高水平自主開放，統籌發展和安全，努力在打造開放型的功能平台、產業生態、營商環境等方面取得更大進展。發揮好對接國際高標準經貿規則試點作用，在實施好現有試點措施基礎上，及時開展總結評估，將具備條件的措施儘快推廣至其他自貿試驗區。加強規則前瞻性研究，繼續主動開展新的試點試驗，重點在實現貨物貿易更高水平自由便利、引領服務貿易創新發展、深化重點領域改革開放、探索構建跨境數據管理新模式、對接"邊境後"規則等方面積極試點，為我國參與國際競爭贏得主動。同時，進一步擴大市場准入，在外商投資准入和跨境服務貿易領域加大開放壓力測試力度，合理縮減自貿試驗區外商投資准入負面清單，實施好自貿試驗區跨境服務貿易負面清單，不斷擴大服務領域自主開放。

第二，持續推進制度創新，為全面深化改革積累新經驗。自貿試驗區在制度創新方面發揮了"頭雁"效應，先後出台一批含金量較高的政策文件，累計部署 3400 多項改革試點任務，形成了較為完善的自貿試驗區政策制度框架體系，在貿易和投資自由化便利化、政府管理改革、金融開放創新等領域推出一大批標誌性、引領性制度創新成果。

要通過制定出台實施自貿試驗區提升戰略的政策文件，明確自貿試驗區建設的目標定位，圍繞貿易、投資、數據、金融、人才、科技創新和產業發展等重點領域，開展新一輪系統性、集成化改革賦權。集中推出一批引領性、集成性改革舉措，推動解決科技創新、數據流動、貿易新業態新模式發展等重點領域的痛點難點問題。加大以制度創新為核心的改革探索，深入推進制度型開放，加強改革整體謀劃和系統集成，為建設更高水平開放型經濟新體制積累經驗。

第三，推動全產業鏈創新發展，為高質量發展培育新動能。自貿試驗區堅持以深化改革開放驅動產業創新發展，建成了一批世界領先的產業集群。各自貿試驗區明確產業發展方向，推動產業集成創新，助力加快建設現代化產業體系。

要支持有條件的自貿試驗區，圍繞生物醫藥、海洋經濟、大宗商品貿易等重點領域，開展全鏈條集成創新，更好服務國家戰略。跟蹤研究自貿試驗區新興產業，推動科技創新和制度創新雙輪驅動，培育發展新質生產力。支持各地因地制宜發揮好輻射帶動作用，在支撐中西部地區承接產業轉移和引領區域經濟發展等方面作出更大貢獻。在推動產業發展上加強自貿試驗區聯動發展，豐富自貿政策應用場景，促進特色產業開放發展和協同佈局，在更大範圍內實現資源的有效配置，壯大現代產業發展新動能。

56. 完善推進高質量共建"一帶一路"機制需要把握哪些重點？

《決定》提出："完善推進高質量共建'一帶一路'機制。"這為我們推動共建"一帶一路"實現更高質量、更高水平的新發展指明了方向。

10多年來，共建"一帶一路"取得豐碩成果，成為深受歡迎的國際公共產品和國際合作平台。目前，中國已經與150多個共建國家和30多個國際組織簽署了230多份合作文件，相繼開展了數千個務實合作項目，全方位推進政策溝通、設施聯通、貿易暢通、資金融通、民心相通。共建

"一帶一路"堅持共商共建共享,從"大寫意"進入"工筆畫"階段,從硬聯通擴展到軟聯通,為世界經濟增長注入了新動能,為全球發展開闢了新空間,為國際經濟合作打造了新平台。

當前,共建"一帶一路"進入高質量發展的新階段,要堅持目標導向、行動導向,扎實落實高質量共建"一帶一路"八項行動,推動"一帶一路"國際合作行穩致遠。要著力抓好以下 5 項工作任務。

第一,構建"一帶一路"立體互聯互通網絡。深化與重點共建國家在能源、交通、通信等領域基礎設施合作,完善陸海天網一體化佈局,深化設施聯通。加強與共建國家發展戰略和市場需求對接,充分考慮共建國家政府、地方和民眾多方利益和關切,統籌打造鐵路、港口、機場以及"絲路海運"、中歐班列、西部陸海新通道等標誌性工程。深化三方和多方市場合作,實現優勢互補、共同發展。落實好境外項目風險防控政策體系,保障項目和人員安全。

第二,推動"一帶一路"科技創新。深入實施"一帶一路"科技創新行動計劃,共同培育創新增長動力,拓展數字經濟、人工智能、生命科學、綠色能源、先進製造等領域合作空間。共同營造開放創新生態,促進知識、技術、人才等創新要素順暢流動。共同完善全球科技治理,加強知識產權保護,反對知識封鎖和人為擴大科技鴻溝。推動落實《全球人工智能治理倡議》,呼籲各國在人工智能治理中加強信息交流和技術合作,提升人工智能技術的安全性、可靠性、可控性、公平性。

第三,促進"一帶一路"綠色發展。堅持建設綠色絲綢之路,對接聯合國 2030 年可持續發展議程,高標準建設更多生態環境友好型項目,鼓勵企業開展綠色基建、能源、交通等領域合作。積極商簽投資合作備忘錄,推動綠色低碳發展信息共享和能力建設,支持發展中國家綠色低碳轉型。加大對"一帶一路"綠色發展國際聯盟的支持,建設光伏產業對話交流機制和綠色低碳專家網絡。落實"一帶一路"綠色投資原則,到 2030

年為夥伴國開展 10 萬人次培訓。

第四，開展 "一帶一路" 務實合作。深化與共建國家在智慧城市、物聯網、人工智能、大數據、雲計算等領域的務實合作。支持共建國家發展數字經濟，擴大 "絲路電商" 全球佈局，夯實上合、中阿等電商合作機制，深化與東盟電商合作，推進 "中非數字創新夥伴計劃"。發揮好絲路基金的金融支持作用，聚焦環保、農業、綠色能源、衛生、教育、減貧等領域，高效組織 "小而美、見效快、惠民生" 項目實施，做優做強 "菌草"、魯班工坊、"光明行" 等品牌項目，推動更多接地氣、聚人心的成果落地。

第五，完善 "一帶一路" 國際合作機制。推動建設更多貿易暢通、投資合作、服務貿易等雙邊經貿合作機制，運籌好經貿聯委會、貿易暢通工作組、投資合作工作組、中非合作論壇、"中國—中亞五國" 經貿部長會、中國—海合會 6 ＋ 1 經貿部長會等機制。推動與共建國家一道，打造開放、包容、均衡、普惠的區域經濟合作框架。充分發揮已有的各類合作平台作用，推動建立適合共建國家需求特點的技術、標準和規則。繼續舉辦 "一帶一路" 國際合作高峰論壇。加強與共建國家在世界貿易組織框架下的合作，促進能源、稅收、金融、減災等領域多邊合作平台建設，積極推進亞洲基礎設施投資銀行等新型多邊治理機制建設。

57. 如何理解強化人大預算決算審查監督和國有資產管理、政府債務管理監督？

《決定》提出："強化人大預算決算審查監督和國有資產管理、政府債務管理監督。" 這對人大行使監督權、履行監督職責提出新的任務和要求。

黨的十八大以來，以習近平同志為核心的黨中央把加強人大預算決算審查監督和國有資產管理、政府債務管理監督職能，作為堅持和完善人民代表大會制度、完善國家監督體系、推進國家治理體系和治理能力現代化的重要任務，作出一系列重要決策部署。提出人大預算審查監督重點向支出預算和政策拓展、預算審查前聽取人大代表和社會各界意見建議、建立國有資產管理情況報告制度、建立政府債務管理情況報告制度、加強地方人大對政府債務審查監督、實施聯網監督、改進審計查出突出問題整改情況報告機制以及修改預算法、審計法等一系列改革舉措，人大預算決算審查監督和國有資產管理、政府債務管理監督工作得到有力加強和推進。同時要看到，這方面的監督制度機制和方式方法還需進一步完善，監督工作針對性和實效性還需進一步增強，監督職能作用發揮還需進一步加強。強化人大預算決算審查監督和國有資產管理、政府債務管理監督，有利於推動黨中央重大方針政策和決策部署貫徹執行，推動增強國家重大戰略任務財力保障，推動國有資產更好服務發展、造福人民，推動穩增長與防風險保持長期均衡，更好實現經濟社會安全運行和高質量發展；有利於人大更好履行憲法法律賦予的監督職權職責，提高監督工作質量和水平，以高效能監督服務黨和國家中心工作。

預算決算關乎經濟社會發展方方面面，關乎人民群眾利益福祉。要完善人大預算審查批准制度，深化人大預算審查監督重點向支出預算和政策拓展改革，加強預算決算全口徑審查和全過程監管，強化對重要財稅政策、重點專項資金、重大投資項目、轉移支付、預算績效等的審查監督。

國有資產是全體人民共同的寶貴財富。要加強國有資產管理情況監督，健全全口徑、全覆蓋的國有資產管理情況報告制度，完善國有資產報表體系和經營管理評價指標體系，建立健全人大監督評價、跟蹤督辦、督促整改問責等機制。

政府債務管理是統籌穩增長與防風險的關鍵一環。要堅決守住不發生系統性風險的底綫，依法推動政府嚴格規範債務管理，建立健全向人大報告政府債務制度機制，明確人大審查監督的程序和方法。要深入開展政府債務全過程監管，圍繞政府債務規模、結構、資金使用、償還能力等加強風險評估預警，提高政府債務資金使用效率。

人大監督是國家權力機關代表人民進行的、具有法律效力的監督。要認真落實黨中央關於財政預算和國有資產管理、政府債務管理等部署要求，嚴格執行預算法、監督法等法律規定，做到正確監督、有效監督、依法監督。要發揮人大代表作用，充分聽取人大代表意見和建議，主動回應人大代表關切。有關國家機關要依法按規定及時通報工作情況、提供信息和資料，確保數據、報表、材料真實可靠，維護人大監督的公信力和權威性。要豐富和探索監督形式，推進聯網監督工作，用好聽取審議工作報告、開展詢問、質詢、特定問題調查、專題調研、辦理群眾綫上綫下來信來訪等，提升監督實效。要深化審計查出突出問題整改情況跟蹤監督，推動建立健全整改長效機制。要完善人大監督同紀檢監察監督、審計監督、財會監督等的貫通協調機制，形成監督合力。

58. 為什麼要健全吸納民意、彙集民智工作機制？

《決定》提出："健全吸納民意、彙集民智工作機制。"這是加強人民當家作主制度建設的重要內容，充分彰顯了人民立場、人民權利、人民利益、人民力量。

人民民主是我們黨始終高舉的旗幟，是社會主義的生命。黨的十八大以來，以習近平同志為核心的黨中央堅持走中國特色社會主義政治發展道路，全面發展全過程人民民主，全面推進社會主義民主政治建設，鞏固發展了生動活潑、安定團結的政治局面，彙聚起14億多中國人民攜手奮進中國式現代化的磅礴偉力。黨和國家事業越是向前發展，社會主義民主政治建設越是向前推進，越要扎實做好吸納民意、彙集民智的工作，不斷從人民群眾中汲取智慧和力量。

第一，健全吸納民意、彙集民智工作機制，是發展全過程人民民主的根本要求。全過程人民民主是社會主義民主政治的本質屬性，人民代表大會制度是實現我國全過程人民民主的重要制度載體。發展全過程人民民主，堅持好完善好運行好人民代表大會制度，就是要充分體現人民意志、保障人民權益、激發人民創造活力，用制度體系保障人民當家作主。健全吸納民意、彙集民智工作機制，能夠更好把人民當家作主具體地、現實地體現到黨治國理政的政策措施上來，體現到黨和國家機關各個方面各個層級工作上來，體現到實現人民對美好生活響往的工作上來；能夠更好保證廣大人民的知情權、參與權、表達權、監督權，確保黨和國家在決策、執行、監督落實各個環節都能聽到來自人民的聲音。

第二，健全吸納民意、彙集民智工作機制，是提高黨和政府決策和決策執行科學性有效性的有力保證。我們黨始終堅持群眾路綫，重視根據各方面意見建議來決定和完善決策和工作，使各項決策和工作更好順乎民意、合乎實際。人民群眾身處實踐最前沿，對實踐變化感知最敏感、感受最深切。健全吸納民意、彙集民智工作機制，有利於廣泛暢通各種利益要求和訴求進入決策程序的渠道、廣泛達成決策和工作的最大共識、廣泛促進人民群眾參與各層次管理和治理；有利於從人民群眾的實踐創造和發展要求中完善政策主張、找到解決問題的思路辦法，讓越來越多來自基層的聲音直達各級決策層，越來越多的群眾意見轉化為黨和政府的重大決策。

第三，健全吸納民意、彙集民智工作機制，有利於激發全體人民投身中國式現代化建設的積極性主動性創造性。習近平總書記強調："人民是中國式現代化的主體，必須緊緊依靠人民，尊重人民創造精神，彙集全體人民的智慧和力量，才能推動中國式現代化不斷向前發展。"中國式現代化是全體人民的共同事業，必須堅持全體人民共同參與、共同建設、共同享有。健全吸納民意、彙集民智工作機制，充分尊重人民所表達的意願、所創造的經驗、所擁有的權利、所發揮的作用，能夠更好彙聚起蘊藏在人民群眾中的無窮智慧和力量，激發起人民群眾以主人翁精神投身中國式現代化建設。

做好吸納民意、彙集民智工作，要發揮人大作為同人民群眾保持密切聯繫的代表機關作用，完善人大代表聯繫群眾制度，豐富人大代表連絡人民群眾的內容和形式，建好用好基層立法聯繫點、人大代表之家、人大代表聯絡站等平台，積極反映人民群眾的意願呼聲。要發揮協商民主優勢和作用，堅持協商於民、協商為民，健全各種制度化協商平台，豐富有事好商量、眾人的事情由眾人商量的制度化實踐。要完善民主民意表達平台和載體，運用大數據、雲計算、人工智能等現代信息技術，拓展吸納民意、彙集民智的途徑和方法。要加強同基層群眾面對面交流，到群眾中聽真話實話、聽意見建議，自覺問計於民、問需於民。要用好民智民意，把人民的智慧、人民的探索、人民的創造轉化為黨和政府的政策措施，轉化為推動工作的強大動力。

59.怎樣理解完善人民政協民主監督機制？

《決定》提出："完善人民政協民主監督機制。"這對發揮人民政協專門協商機構作用、發展協商民主提出了重要任務。

黨的十八大以來，以習近平同志為核心的黨中央高度重視人民政協事業發展，對加強和改進人民政協民主監督工作提出新的部署要求。習近平總書記強調："要加強人民政協民主監督，完善民主監督的組織領導、權益保障、知情反饋、溝通協調機制"；"要從制度上保障和完善民主監督，探索開展民主監督的有效形式"；"加強人民政協民主監督，重點監督黨和國家重大方針政策和重要決策部署的貫徹落實"。2017 年 2 月,中共中央辦公廳印發《關於加強和改進人民政協民主監督工作的意見》。黨的二十大作出完善人民政協民主監督制度機制的重要部署。習近平總書記重要指示精神和黨中央部署,為做好人民政協民主監督工作提供了根本遵循。

人民政協民主監督是我國社會主義監督體系的重要組成部分,是社會主義協商民主的重要實現形式。履行好人民政協民主監督職能,發揮好人民政協民主監督的獨特優勢和重要作用,必須推動人民政協民主監督機制不斷完善、更加有效。

第一,把握人民政協民主監督工作正確方向。在人民政協開展民主監督工作,源自中國共產黨與各民主黨派、無黨派人士團結合作、互相監督的理論和實踐,是我國社會主義民主政治的獨特創造和一項重要制度安排。要深入學習貫徹習近平總書記關於加強和改進人民政協工作的重要思想,堅持黨的領導、統一戰綫、協商民主有機結合,切實把黨的領導落實到人民政協民主監督的全過程和各方面。要聚焦黨和國家中心任務,牢牢把握民主監督的重點內容,著力圍繞黨和國家重大方針政策和重要決策部署貫徹落實情況開展民主監督。要堅持團結和民主兩大主題,在民主監督中加強思想政治引領、廣泛凝聚社會共識。要依照憲法法律和政協章程有序開展民主監督,營造暢所欲言、各抒己見、理性有度、合法依章的良好氛圍。

第二,堅持協商式監督定位。人民政協民主監督是在堅持中國共產黨的領導、堅持中國特色社會主義基礎上,參加人民政協的各黨派團體和各族各界人士在政協組織的各種活動中,依據政協章程,以提出意見、批評、建議的方式進行的協商式監督。要緊扣協商式監督的特點,堅持協商是方式和原則、監督是手段和途徑,把握監督的方向和重點、節奏和力度,發揚民主、坦誠協商,把協商民主貫穿於監督工作始終。要把人民政協民主監督同履行政治協商、參政議政職能結合起來,寓監督於協商會議、視察、提案、專題調研、大會發言、反映社情民意等工作之中，提升民主監督效力。要發揚"團結 —— 批評 —— 團結"的優良傳統，通過開展民主監督促進不同思想觀點的深入交流，做到敢監督、真監督、善監督。

第三，提高人民政協民主監督實效。人民政協民主監督的目的是協助黨和政府解決問題、改進工作、增進團結、凝心聚力。要聚焦民主監督的主要內容，增強監督議題的精準性、議政建言的深入度，更好服務黨和國家中心工作。要堅持問題導向，深入調查研究，實事求是反映情況，認真負責開展民主監督，務實提出意見、批評、建議。要完善民主監督形式，開展會議監督、視察監督、提案監督、調研監督、專項監督。要規範民主監督工作程序，形成監督有計劃、工作有方案、實施有組織、審議有程序、辦理有反饋、結果有報告的工作格局。要健全民主監督工作機制，從知情明政、協調落實、辦理反饋、成果運用、權益保障等方面，加強機制保障。要加強人民政協民主監督同黨內監督、人大監督、行政監督、司法監督、社會監督、輿論監督等的協調配合，增強監督合力。

60.如何理解完善發揮統一戰綫凝聚人心、彙聚力量政治作用的政策舉措？

《決定》提出："完善發揮統一戰綫凝聚人心、彙聚力量政治作用的政策舉措。"這將推動統一戰綫作為黨的政治優勢和重要法寶，發揮更大作用，彰顯更大力量。

習近平總書記強調："人心是最大的政治，統一戰綫是凝聚人心、彙聚力量的強大法寶。"黨的十八大以來，以習近平同志為核心的黨中央全面部署加強新時代黨的統一戰綫工作，推動統戰工作取得歷史性成就。新征程上，統一戰綫在維護國家主權、安全、發展利益上的作用更加重要，在圍繞中心、服務大局上的作用更加重要，在增強黨的階級基礎、擴大黨的群眾基礎上的作用更加重要。面對當前紛繁複雜的國際形勢和艱巨繁重的國內改革發展穩定任務，面對把各方面思想和行動統一起來、智慧和力量凝聚起來的現實需要，面對統一戰線內部構成複雜多樣、新的群體新的階層不斷湧現的新情況新特徵，統一戰線工作的面更廣、量更大、任務更重、難度更高。要始終堅持和加強黨對統一戰線工作的全面領導，不斷鞏固、發展、壯大最廣泛的愛國統一戰線，充分發揮統一戰線凝聚人心、彙聚力量的政治作用。

第一，堅持好、發展好、完善好中國新型政黨制度。以加強中國共產黨的全面領導為根本，以發揮制度效能為重點，以健全制度機制為保障，努力建設自信自立、務實有效、規範有序、生動活潑的中國新型政黨制度。發揮我國社會主義新型政黨制度優勢，加強中國共產黨同民主黨派和無黨派人士的團結合作，支持民主黨派加強自身建設、更好履行職能。

第二，健全鑄牢中華民族共同體意識制度機制。把鑄牢中華民族共同體意識作為新時代黨的民族工作和民族地區各項工作的主綫，從建設中華民族共同體理論體系、構築中華民族共有精神家園、促進各民族廣泛交往交流交融、推動各民族共同走向現代化、依法治理民族事務、講好中華民族故事、防範化解民族領域風險隱患等方面完善政策舉措，推動鑄牢中華民族共同體意識貫穿於民族工作的全過程和各方面、貫徹到民族地區發展的全過程和各方面，增強中華民族凝聚力。堅持和完善民族區域自治制度，制定民族團結進步促進法。

第三，系統推進我國宗教中國化。貫徹黨的宗教工作基本方針，堅持我國宗教中國化方向，積極引導宗教與社會主義社會相適應。加強宗教事務治理法治化，健全宗教事務管理制度體系，運用法治思維和法治方式處理解決宗教領域矛盾和問題。

第四，完善黨外知識分子和新的社會階層人士政治引領機制。加強黨外知識分子思想政治工作，做好新的社會階層人士工作，強化共同奮鬥的政治引領，發揮他們在中國特色社會主義事業中的重要作用。全面構建親清政商關係，健全促進非公有制經濟健康發展、非公有制經濟人士健康成長工作機制，引導非公有制經濟人士做愛國敬業、守法經營、創業創新、回報社會的典範。

第五，完善港澳台和僑務工作機制。發展壯大愛國愛港、愛國愛澳力量，發展壯大台灣愛國統一力量。做好海外統一戰綫工作和僑務工作，更好凝聚僑心、彙集僑智、發揮僑力、維護僑益。

第六，完善大統戰工作格局。落實統戰工作責任制，研究制定黨委（黨組）落實統戰工作責任制規定，把黨委（黨組）統戰工作主體責任落到實處。健全黨外代表人士隊伍建設制度，努力培養造就一支與黨同心同德、高素質的黨外代表人士隊伍。做好網絡統戰工作，構建網上網下同心圓。

61. 完善黨委領導、人大主導、政府依託、各方參與的立法工作格局主要有哪些要求？

《決定》提出："完善黨委領導、人大主導、政府依託、各方參與的立法工作格局。"這是貫徹落實黨的二十大精神，進一步健全我國立法體制機制的基本要求。

全面依法治國必須堅持立法先行。黨的十八大以來，以習近平同志為核心的黨中央和有立法權地方的黨委進一步加強對立法工作的領導，有力支持和保證立法機關充分行使立法權，立法工作科學化、制度化、規範化程度明顯提高，有效促進了立法效率和質量的提高，以憲法為核心的中國特色社會主義法律體系更加完善，為以中國式現代化全面推進強國建設、民族復興偉業打下堅實的法律制度基礎。新時代新征程，進一步推進科學立法、民主立法、依法立法，必須堅持和完善黨委領導、人大主導、政府依託、各方參與的立法工作格局。

加強黨對立法工作的領導，包括黨中央領導全國立法工作、研究決定國家立法工作中的重大問題，有立法權地方的黨委按照黨中央大政方針領導本地區立法工作。做好黨領導立法工作，必須堅持主要實行政治領導、堅持民主決策集體領導、堅持充分發揮立法機關作用、堅持依法依規開展工作，重點是確定立法工作方針、研究部署立法工作佈局、領導重要法律法規規章制定工作、支持和保證立法機關充分行使立法權、加強立法隊伍建設。黨和國家事業發展對立法工作提出新的更高的要求，需要各級黨委進一步增強責任感和使命感，把領導立法工作擺在更加突出位置抓緊抓好，不斷提高領導立法工作的能力和水平。

發揮人大在立法工作中的主導作用，就是要發揮好人大及其常委會在確定立法選題、組織法律起草、重大問題協調、審議把關等方面的主導作用，在黨的領導下與各有關方面形成工作合力，共同做好立法工作。黨的十八大以來，有立法權的各級人大及其常委會強化立法規劃對立法工作的統籌作用，健全人大相關專門委員會、人大常委會法制工作機構牽頭起草重要法律法規草案機制，發揮人大代表和常委會組成人員在立法中的主體作用，完善備案審查制度，建好用好基層立法聯繫點，人大在立法工作中的主導作用得到有效發揮。新時代新征程，有立法權的各級人大及其常委會要堅持在黨的領導下，充分履行立法職責，進一步發揮主導作用，緊緊抓住提高立法質量這個關鍵，著力統籌立改廢釋纂，切實增強立法系統性、整體性、協同性、時效性。

發揮立法工作中的政府依託作用，就是要發揮好政府在提出法律、地方性法規草案，制定行政法規、規章等方面的職能作用。黨的十八大以來，各級政府切實加強政府立法制度建設，完善行政法規、規章制定程序，在機構改革中重組司法行政部門、加強其立法協調和審查職能，加大對重要立法事項的協調決策力度，積極有序推動制定一系列重要行政管理法律法規。新時代新征程，要堅持在黨的領導下，充分發揮政府職能優勢，切實增強政府立法與人大立法的協同性，科學制定立法計劃，統籌安排相關聯相配套的法律法規規章的立改廢釋工作，進一步健全立法工作機制，完善立法論證評估制度，不斷提高立法精細化精準化水平。

支持和引導各方參與立法，就是要拓寬人民群眾和社會各界有序參與立法途徑，健全立法機關和社會公眾溝通機制，推動立法更好體現最廣大人民的共同意願。黨的十八大以來，各級立法機關健全立法徵求意見機制，對立法涉及的重大利益調整事項加強論證諮詢包括引入第三方評估，穩步推進立法協商，通過座談、聽證、網絡徵求意見等方式，擴大人民群眾和社會各界對立法的有序參與，取得了積極成效。新時代新征程，各級立法機關要恪守以民為本、立法為民理念，進一步落實公正、公平、公開原則，暢通渠道、創新方式，最大限度吸納民意，廣泛凝聚全社會立法共識。積極推進立法協商，充分發揮政協委員、民主黨派、工商聯、無黨派人士、人民團體、社會組織在立法協商中的作用。

62.怎樣理解促進政務服務標準化、規範化、便利化？

《決定》提出："促進政務服務標準化、規範化、便利化"。這是進一步轉變政府職能，建設人民滿意的法治政府、創新政府、廉潔政府和服務型政府，推進國家治理體系和治理能力現代化，更好推動高質量發展、滿足人民日益增長的美好生活需要的必然要求。

促進政務服務標準化、規範化、便利化，要堅持以習近平新時代中國特色社會主義思想為指導，全面貫徹落實黨的二十大和二十屆二中、三中全會精神，以推進“高效辦成一件事”為牽引，堅持目標導向和問題導向相結合，堅持求真務實、力戒形式主義，加強整體設計、推動模式創新，注重改革引領和數字賦能雙輪驅動，統籌發展和安全，推動綫上綫下融合發展，實現辦事方式多樣化、辦事流程最優化、辦事材料最簡化、辦事成本最小化，最大限度利企便民，激發經濟社會發展內生動力。

政務服務標準化，就是要著力實現政務服務精準、統一、協調。主要包括 3 個方面：一是推進政務服務事項標準化，明確政務服務事項範圍，建立健全國家政務服務事項基本目錄審核制度和政務服務事項動態管理機制。二是推進政務服務事項實施清單標準化，依據國家政務服務事項基本目錄，推動逐步實現同一政務服務事項受理條件、服務對象、辦理流程、申請材料、辦結時限、辦理結果等要素在全國範圍內統一。三是健全政務服務標準體系，建立健全政務服務事項管理、政務服務中心建設、政務服務實施、便民熱綫運行、服務評估評價等標準規範，持續完善全國一體化政務服務平台標準規範體系。地方政府結合本地實際，加強與國家政務服務事項基本目錄的對接，推進本地區政務服務標準化。

政務服務規範化，就是要著力實現政務服務流程、行為、要素保障、考核評價的統一規制。主要包括 5 個方面：一是規範審批服務，包括審批服務行為、中介服務行為和審批監管協同。二是規範政務服務場所辦事服務，包括政務服務場所設立、窗口設置、業務辦理。三是規範網上辦事服務，包括統籌網上辦事入口、規範網上辦事指引、提升網上辦事深度。四是規範政務服務綫上綫下融合發展，包括規範政務服務辦理方式，合理配置政務服務資源。五是規範開展政務服務評估評價，落實政務服務“好差評”制度，建立健全政務服務督查考核機制。

政務服務便利化，就是要著力實現政務服務高效、便捷、低成本。主要包括 6 個方面：一是推進政務服務事項集成化辦理，優化業務流程，提升系統對接整合和數據共享水平，減少辦事環節、精簡申請材料、壓縮辦理時限。二是推廣"免證辦"服務，重點推進電子證照在政務服務領域應用和全國互通互認。三是推動更多政務服務事項"就近辦"，將群眾經常辦理且基層能有效承接的政務服務事項下沉到便民服務中心（站）辦理，積極推廣自助服務和自助辦理。四是推動更多政務服務事項"網上辦、掌上辦"，除涉及國家秘密等情形外，加快實現"一網通辦"，加強政務服務平台移動端建設、拓展政務服務移動應用。五是推行告知承諾制和容缺受理服務模式，最大限度利企便民。六是提升智慧化精準化個性化服務水平，運用大數據、人工智能等新技術，不斷規範和拓展各類場景應用。

優化政務服務、提升行政效能永無止境。進一步促進政務服務標準化、規範化、便利化，要著力推進政府機構、職能、權限、程序、責任法定化，完善覆蓋全國的一體化在綫政務服務平台。要鼓勵地方和基層積極探索實踐，及時推廣行之有效的好經驗、好做法。要堅持以人民群眾滿意為衡量標準，暢通人民群眾意見反映渠道，順應民意改進工作、提高服務質量，不斷增強人民群眾獲得感、幸福感、安全感。

63. 為什麼要完善行政處罰等領域行政裁量權基準制度？

行政裁量權基準是行政機關結合本地區本部門行政管理實際，按照裁量涉及的不同事實和情節，對法律法規規章中的原則性規定或者具有一定彈性的執法權限、裁量幅度等內容進行細化量化，以特定形式向社會公佈並施行的具體執法尺度和標準。《決定》提出："完善行政處罰等領域行政裁量權基準制度"。這一重要部署，對規範行政處罰等領域行政裁量權基準制定和管理工作，防止濫用行政裁量權，促進嚴格公正文明規範執法，具有重大意義。

第一，這是推進依法行政，提升行政執法精準度和規範化水平的重要舉措。賦予行政機關一定的自由裁量權，是行政機關有效應對經濟社會變化、提高行政效率所必需，是應對法律法規規章的不完備性、實現國家行政管理目標的重要手段。而為保障行政相對人合法權益，必須對行政裁量權加以限制和規範。行政處罰裁量權基準包括違法行為、法定依據、裁量階次、適用條件和具體標準等內容。按照行政處罰法有關規定，應明確不予處罰、免予處罰、從輕處罰、從重處罰的裁量階次，有處罰幅度的要明確情節輕微、情節較輕、情節較重、情節嚴重的具體情形。完善行政處罰等領域行政裁量權基準制度，能夠使行政執法更加精準、更加規範，確保行政裁量權在法定範圍內正當行使。

第二，這是維護人民群眾合法權益，保障行政執法公平公正的客觀需要。行政執法一頭連著政府，一頭連著群眾。執法人員是否公正嚴明，執法行為是否規範文明，直接關係群眾對黨和政府是否信任、對法治是否有信心。近年來，各地區各部門不斷加強制度建設，細化量化行政裁量權基準，執法能力和水平有了較大提高，但仍存在行政裁量權基準制定主體不明確、制定程序不規範、裁量幅度不合理等問題。完善行政處罰等領域行政裁量權基準制度，能夠有效解決行政處罰等領域存在的畸輕畸重、類案不同罰等問題，讓人民群眾在每一個執法行為中都能看到風清氣正、從每一項執法決定中都能感受到公平正義。

第三，這是維護公平競爭的市場秩序，打造市場化、法治化、國際化一流營商環境的必然要求。行政裁量權涉及行政處罰、行政許可、行政徵收徵用、行政確認、行政給付、行政強制、行政檢查等領域，是否正當行使，與能否有效維護經營主體合法權益、維護公平競爭的市場秩序密切相關。完善行政處罰等領域行政裁量權基準制度，有利於保障行政執法機關平等對待各類經營主體，防止行業壟斷、地方保護、市場分割，消除影響投資創業和要素流動的隱性壁壘，進一步激發各類經營主體活力，加快打造市場化、法治化、國際化一流營商環境。

第四，這是推進清廉執法，防範執法腐敗的重要保障。行政主體具有一定範圍內、一定程度上的執法選擇權、決定權，這本身為執法人員藉機以權謀私留下了可能，也給行政相對人謀求自身利益最大化而藉此實施"圍獵"留下了可能，往往容易滋生執法腐敗問題。行政裁量權運用得當，可以實現個案正義；運用失當，則會對法治的正常運行和行政相對人合法權益造成極大損害。完善行政處罰等領域行政裁量權基準制度，能夠細化量化執法尺度和標準，將行政處罰權力進一步關進制度的籠子，壓縮權力尋租空間，有利於防範執法中的不正之風甚至腐敗問題，為營造風清氣正的執法環境提供前提條件。

按照《決定》的新部署新要求，要著力完善行政處罰等領域行政裁量權基準的制定主體、職責權限、制發程序、監督管理等規定，嚴肅查處和糾正執法不規範、不清廉等行為，進一步提升嚴格公正文明規範執法水平。

64. 深化開發區管理制度改革主要有哪些要求？

《決定》提出："深化開發區管理制度改革。"這是貫徹落實黨的二十大精神，進一步發揮開發區改革開放排頭兵作用、推動開發區高質量發展的重要舉措。

開發區建設是我國改革開放的成功實踐。多年來，開發區建設有力促進了改革開放、產業發展和新型城鎮化。同時，一些地區的開發區建設也出現統籌規劃不夠科學合理、功能定位不夠清晰、與屬地行政區職責關係尚未理順、管理機制不夠完善等問題，導致部分開發區出現重複建設、資源浪費、投資效益不高、存在債務隱患等經濟風險。解決這些問題，推動開發區高質量發展，必須進一步深化開發區管理制度改革。

深化開發區管理制度改革，要以習近平新時代中國特色社會主義思想為指導，深入貫徹黨的二十大和二十屆二中、三中全會精神，完整、準確、全面貫徹新發展理念，堅持目標導向和問題導向相結合，推動有效市場和有為政府更好結合，以發展模式創新為主綫，加快建設全國統籌、權責清晰、規範高效的開發區管理制度，推進開發區產業轉型升級、科技創新突破、綠色低碳轉型、協調平衡發展，努力把開發區建設成為實體經濟高質量發展示範區和引領區。

深化開發區管理制度改革，需要抓好以下 7 個方面。**一是**健全開發區管理體制。加強黨對開發區工作的領導，把黨的領導貫徹到深化開發區管理制度改革、推動開發區高質量發展的全過程各方面。進一步理順開發區和屬地行政區關係，具備條件的開發區逐步剝離社會事務管理職能，交由屬地政府承擔。制定完善開發區權責清單，開發區確實需要且能有效承接的經濟管理權限依照法定程序下放給開發區。健全開發區工作協調機制，完善開發區監督管理體制。**二是**強化開發區基礎管理。完善開發區審批、規劃、管理、建設、運營、考核評價機制。加強審核公告管理，動態調整《中國開發區審核公告目錄》。建立健全開發區滾動開發機制。有序推進政企分離、管運分開，支持開發區探索“管委會＋公司”等運營模式。健全開發區統計制度，做好開發區信息採集和統計工作。**三是**優化開發區區域佈局。加強開發區發展統籌規劃，做好開發區發展規劃與國土空間規劃的銜接，科學確定開發區的區域佈局、發展方向。推動開發區整合優化，開展各類產業園區專項治理整頓，清理違規設立的園區。建立健全開發區產業轉移利益共享機制，支持區域之間合作共建開發區、開辦“區中園”，實現互利共贏。**四是**完善開發區功能定位。因地制宜確定開發區主導產業，著力打造製造業高質量發展平台，避免同質化競爭。加大創新基礎設施投入、提升產學研協同效率，培育壯大優勢產業集群，促進數字經濟和實體經濟深度融合，加快發展新質生產力。全面開展清潔生產評價認證和審核，大力推行清潔生產，支持開發區創建生態工業園區，建立綠色發展長效機制。**五是規範開發區招商引資行為。**鼓勵開發區提升招商引資工作規範化、專業化水平，創新招商引資方式。落實構建全國統一大市場和公平競爭的要求，嚴禁在招商引資中違法違規給予政策優惠，切實防範惡性競爭和廉政風險。**六是促進開發區土地集約節約利用。**依據國土空間規劃，嚴格用地管理，完善開發區土地集約節約評價考核指標體系，健全開發區用地"增存掛鈎"機制，鼓勵盤活存量建設用地。規範有序實施不同產業用地類型合理轉換，加強土地綜合治理，推進工業用地供應方式由以出讓為主向租賃、出讓並重轉變。**七是優化開發區人財物管理。**推進機構改革，探索實行開發區黨工委、管委會合署辦公，減少開發區管理層級，支持開發區與行政事業單位之間人才流動。健全開發區公共資產、負債登記、規範管理制度，創新投融資機制，支持開發區盤活存量資產，有序化解債務等風險。

65. 如何理解確保執法司法各環節全過程在有效制約監督下運行？

《決定》提出："健全監察機關、公安機關、檢察機關、審判機關、司法行政機關各司其職，監察權、偵查權、檢察權、審判權、執行權相互配合、相互制約的體制機制，確保執法司法各環節全過程在有效制約監督下運行。"這是貫徹落實黨的二十大精神，健全公正執法司法體制機制、規範執法司法權力運行，確保嚴格執法、公正司法的重要舉措。

我國憲法明確規定，一切國家機關和武裝力量、各政黨和各社會團體、各企業事業組織都必須遵守憲法和法律。對監察機關、公安機關、檢察機關、審判機關、司法行政機關的職能及其所行使的監察權、偵查權、檢察權、審判權、執行權，我國憲法和法律都有明確規定，各執法司法機關必須依法履行各自的法定職權。與此同時，監察權、偵查權、檢察權、審判權、執行權在實際運行中緊密相關，既需要相互配合、形成合力，也需要相互制約、防止權力濫用。比如，憲法第一百二十七條規定，監察機關辦理職務違法和職務犯罪案件，應當與審判機關、檢察機關、執法部門互相配合，互相制約；第一百四十條規定，人民法院、人民檢察院和公安機關辦理刑事案件，應當分工負責，互相配合，互相制約，以保證準確有效地執行法律。只有進一步健全這方面的體制機制，才能確保各執法司法機關既獨立負責、又協調有序開展工作，才能切實維護社會公平正義，為推進國家治理體系和治理能力現代化奠定堅實的法治基礎。

落實《決定》提出的"確保執法司法各環節全過程在有效制約監督下運行"要求，需要把握以下4點。一是科學合理配置執法司法各環節的權力和責任。依據憲法和法律賦予各執法司法機關的職責，緊密結合各機關履行職能的實際需要，科學確定各機關在執法司法各環節行使權力的內容、範圍和承擔執法司法責任的條件、形式，確保各機關權力定位準確、權力邊界清晰、權力和責任相統一，形成系統完備、科學規範、運行有效的執法司法權力和責任體系。二是把相互制約和監督的要求落實到執法司法權力運行的程序規則之中。遵循執法司法權力的本質屬性和各環節權力運行的內在規律，抓住關鍵點、管住要害處，在制定各機關和機關內部權力運行的程序規則中充分體現相互制約、相互監督的要求，推動制約監督進入程序、形成"閉環"，切實把權力關進制度的籠子，確保每一個環節的權力運行都處在有效的制約監督之下。三是健全執法司法權力運行的信息共享機制。這是強化制約監督的必要條件。對執法司法各環節權力運行所取得和形成的信息，要進一步健全相應的共享機制，充分運用信息化手段，綫上綫下相結合，拓展信息共享的渠道和載體，確保各執法司法機關能夠及時有效獲取自身權力運行和開展相互制約監督所需的信息。四是不斷增強執法司法工作人員自覺接受制約監督的意識。教育引導廣大執法司法工作人員大力弘揚社會主義法治精神，牢固樹立法律面前人人平等的理念，確立有權必有責、用權受監督、失職要問責、違法要追究的觀念，養成自覺接受制約監督、善於樂於在制約監督中開展工作的良好作風。

加強對執法司法活動的制約監督，在著力健全監察權、偵查權、檢察權、審判權、執行權相互配合、相互制約的體制機制的同時，必須同步加強黨內監督、人大監督、民主監督、社會監督、輿論監督等各方面的監督。堅持在黨的全面領導下，通過進一步健全公正執法司法體制機制，通過上下、左右、內外部各種監督的協調聯動，切實增強監督合力和實效，更加有效地規範執法司法行為，努力讓人民群眾在每一項執法決定、每一宗司法案件中感受到公平正義。

66. 怎樣理解深化審判權和執行權分離改革，健全國家執行體制？

《決定》提出：＂深化審判權和執行權分離改革，健全國家執行體制＂。這是完善我國司法管理體制和司法權力運行機制的重要舉措，對從根本上解決＂執行難＂等問題，更好實現當事人訴權，維護司法公正、公信，必將產生重大而深遠的影響。

生效法律文書的執行，是整個司法程序中的關鍵一環，事關人民群眾合法權益的及時實現，事關經濟社會發展的誠信基礎，事關司法權威和司法公信力的有效提升。近年來，各級人民法院會同有關部門，推進網絡執行查控系統建設，健全執行案件流程信息管理系統，加強失信被執行人信用監督、警示和懲戒機制建設，執行工作取得長足進步，朝著切實解決＂執行難＂目標不斷邁出堅實步伐。但必須看到，仍有一些生效法律文書得不到執行，被人民群眾稱為＂執行難＂，執行不了的法律文書被稱為＂法律白條＂。＂執行難＂是長期困擾人民法院的突出問題，也是人民群眾反映強烈、社會各界極為關注的問題。"執行難"主要表現在查人找物難、財產變現難、排除非法干預難、清理歷史欠賬難，也有一部分案件被執行人完全喪失履行能力，存在"執行不能"的情況。生效法律文書得不到執行，將嚴重損害勝訴當事人合法權益，損害法律權威和司法公信力，影響黨和國家形象，影響人民群眾對全面依法治國的信心。"執行難"成因複雜，是各種社會問題和矛盾疊加、交織的集中體現。解決"執行難"問題，必須綜合施策、多措並舉、系統治理。深化審判權和執行權分離改革，健全國家執行體制，是立足當前、著眼長遠的治本之舉。

第一，深化審判權和執行權分離改革，進一步明確了這一領域司法權力配置的改革方向。黨的十八屆四中全會明確提出："完善司法體制，推動實行審判權和執行權相分離的體制改革試點。"各地認真貫徹落實黨中央決策部署，積極推進審判權和執行權相分離體制改革試點工作，取得階段性成效，積累了寶貴經驗。《決定》進一步明確了審判權與執行權分離的改革方向和著力重點。審判權與執行權分離，涉及刑事、民事、行政審判與執行領域。深化審判權和執行權分離改革的著力點，主要在民事、行政審判與執行領域。

第二，健全國家執行體制，是深化司法體制改革的重大任務。司法裁判的主要任務是明確權利義務，實現定分止爭，而執行工作則是依靠國家強制力實現勝訴當事人合法權益，最終化解矛盾，徹底解決糾紛。執行的過程很可能出現各方矛盾衝突甚至是激烈對抗。健全國家執行體制，就是堅持以國家強制力為後盾，在審判權與執行權分離的基礎上，對現行執行體制機制和管理模式進行優化完善，不斷提高執行質量和效率。

第三，強化當事人、檢察機關和社會公眾對執行活動的全程監督，有助於解決"執行難"問題。深化執行公開，將執行過程和程序依法予以公開，自覺接受當事人、檢察機關和社會公眾監督，對於防止執行不規範和執行腐敗、促進解決"執行難"問題至關重要。應發揮當事人、檢察機關、社會公眾作用，完善執行工作社會監督制度，健全民事執行檢察監督機制，規範監督程序，確保對執行工作全程監督。

67. 如何理解完善涉及公民人身權利強制措施以及查封、扣押、凍結等強制措施的制度？

《決定》提出："完善涉及公民人身權利強制措施以及查封、扣押、凍結等強制措施的制度"。這一重要改革舉措，對於保障和規範執法機關實施強制措施，強化對人權的執法司法保障和對產權的依法保護，具有重大意義。

第一，完善涉及公民人身權利強制措施以及查封、扣押、凍結等強制措施的制度，是保障公民基本權利和保護產權的重要舉措。人身權、財產權是公民的基本權利。我國憲法和法律規定，公民的人身自由和人格尊嚴不受侵犯，公民的合法的私有財產不受侵犯。涉及公民人身權利強制措施，分為行政強制措施和刑事強制措施。行政強制措施主要包括行政傳喚、行政拘留、強制隔離戒毒等，刑事強制措施主要包括刑事拘留、取保候審、監視居住、逮捕等。查封、扣押、凍結等強制措施，是執法辦案機關依據法律規定和法定程序，查封、扣押與案件有關的財物、文件、郵件、電報，凍結有關存款、匯款、債券、股票、基金份額等財產。我國行政強制法、刑事訴訟法等法律法規，對涉及公民人身權利強制措施以及查封、扣押、凍結等強制措施的實施機關、範圍、條件、程序、責任等，作了明確規定。涉及公民人身財產權利的強制措施，應依法依規實施，並接受審查監督，以保障執法辦案機關嚴格依法履行職責，保護公民、法人和其他組織的合法權益，維護公共利益和社會秩序。

第二，完善涉及公民人身權利強制措施以及查封、扣押、凍結等強制措施的制度，既要保障執法辦案順利進行，又要規範執法辦案行為。近年來，各級執法辦案機關持續推進執法規範化建設，不斷完善對涉及公民人身財產權利強制措施的審核審批程序和標準，強化全流程管理和執法監督，司法機關依法實施審查監督，保障了執法辦案質量。但實踐中，濫用涉及公民人身權利強制措施，以及超權限、超範圍、超數額、超時限查封、扣押、凍結財產，甚至以刑事案件名義插手民事糾紛、經濟糾紛現象，仍時有發生，對人民群眾的財產權益、企業正常生產經營活動造成不利影響。完善涉及公民人身權利強制措施以及查封、扣押、凍結等強制措施的制度，一方面要保障執法辦案機關依法實施強制措施，制止違法行為、防止證據損毀、避免危害發生，防止犯罪嫌疑人逃避偵查和處分、轉移涉案財產，嚴厲打擊違法犯罪行為；另一方面要規範執法辦案機關實施強制措施，進一步明確強制措施的設定、實施和監督、救濟，防止權力濫用，保障當事人合法權益。

第三，堅持執法辦案機關內部審查監督與司法審查監督相結合，完善事前審查、事中監督、事後糾正等工作機制。執法司法權的行使，直接關係人民群眾的人身權、財產權，必須不斷完善執法司法制約監督機制，提高執法司法公信力。涉及公民人身權利強制措施以及查封、扣押、凍結等強制措施，都應在嚴格的監督制約下實施。要加強內部審查監督，完善執法辦案機關內部審批制度和程序，同時強化外部審查監督，逐步將有重大影響的強制措施納入司法審查範圍。完善事前審查、事中監督、事後糾正等工作機制，通過事前嚴把受理審查關，事中實施動態監控執法辦案流程，事後組織評查，對執法辦案質效進行綜合評價，及時糾正不合法不合規行為，實現審查監督全覆蓋，提高執法辦案質量和水平。

68. 為什麼要建立輕微犯罪記錄封存制度？

《決定》提出："建立輕微犯罪記錄封存制度。"這是刑事司法制度的創新改革舉措，有利於加強人權司法保障，彰顯法治文明，最大限度地減少社會對立面，化消極因素為積極因素，促進社會進步。對此可從以下 3 個方面理解。

第一，這一制度體現和落實寬嚴相濟刑事政策，適用於輕微犯罪，不適用於重罪。近年來，我國刑事犯罪結構發生重大變化，重罪案件比例下降，輕罪案件比例、輕刑率明顯上升。相比重罪案件，大多數輕罪案件社會危害較小、罪責更輕，有過輕微犯罪的人認罪悔過可能性較大、重新融入社會較快，社會關係較好修復。犯罪記錄封存制度，區分輕罪與重罪，僅適用於輕微犯罪這一特定情形，不適用於危害國家安全犯罪、黑社會性質組織犯罪、嚴重暴力犯罪以及嚴重影響人民群眾安全感的多發性犯罪。這與我國寬嚴相濟的刑事政策相契合，體現了該寬則寬、當嚴則嚴、寬嚴相濟、罰當其罪的要求。

第二，這一制度有助於完善犯罪附隨後果制度機制，實現懲治犯罪、預防和減少犯罪的目的。輕微犯罪記錄封存制度，屬犯罪附隨後果制度範疇。在我國，犯罪附隨後果是指犯過罪的人及其親屬、特定關係人因其犯罪或刑事處罰記錄所產生的權利或資格限制、禁止或者剝奪等後果。輕微犯罪也是犯罪，具有社會危害性，應依法予以懲治。輕微犯罪記錄封存，就是在輕微犯罪得到懲治的前提下，對輕微犯罪記錄依法予以封存處置。犯罪記錄被封存的，不得向任何單位和個人提供，但司法機關為辦案需要或者有關單位根據國家規定進行查詢的除外。依法進行查詢的單位，應當對被封存的犯罪記錄情況予以保密。建立這一制度，既有助於懲治輕微犯罪，又可避免犯罪記錄給有過輕微犯罪的人帶來法律規定以外的後果，使其依法享有權利、履行義務，從而打破回歸社會的屏障，達到預防和減少犯罪的目的。

第三，這一制度有助於防止輕微犯罪記錄對其親屬的不當影響，促進社會治理創新。我國古代有"連坐"、"株連"。現代法治的一項基本原則，則是任何違法犯罪行為的法律責任，都應當由違法犯罪行為人本人承擔，而不能株連或及於他人。實踐中，有的地方出台規範性文件，對涉罪人員的配偶、子女和父母及其他近親屬在受教育、就業、社保等方面的權利進行限制，違背了罪責自負原則，不符合憲法關於公民基本權利和義務規定的原則和精神。我國現行法律法規，已對未成年人犯罪記錄封存制度作了規定。刑事訴訟法規定，犯罪的時候不滿 18 週歲，被判處 5 年有期徒刑以下刑罰的，應當對相關犯罪記錄予以封存。2022 年 5 月，最高人民法院、最高人民檢察院、公安部、司法部聯合發佈《關於未成年人犯罪記錄封存的實施辦法》，對封存主體及程序、查詢主體及申請條件、解除封存的條件及後果、保密義務及相關責任等，作了具體規定。建立輕微犯罪記錄封存制度，明確這一制度的適用對象和範圍，使其不僅適用於未成年人輕微犯罪，也適用於成年人輕微犯罪，同時規範輕微犯罪附隨後果，防止輕微犯罪記錄對其親屬入學、就業等方面的不當影響，有利於減少對抗、促進和諧。

要貫徹落實《決定》的重要部署，圍繞建立輕微犯罪記錄封存制度，進一步完善立法，健全輕微犯罪記錄封存管理制度，完善輕微犯罪治理體系。

69. 如何理解完善推進法治社會建設機制？

法治社會是構築法治國家的基礎，法治社會建設是實現國家治理體系和治理能力現代化的重要組成部分。《決定》提出："完善推進法治社會建設機制。"這一重要部署，對加快推進法治社會建設，提升法治國家、法治政府、法治社會一體建設水平，具有重大意義。

　　黨的十八大以來，以習近平同志為核心的黨中央高度重視法治社會建設，加強戰略謀劃和頂層設計，制定《法治社會建設實施綱要（2020—2025年）》，加快健全社會領域法律制度和社會規範，完善多元化糾紛解決機制，加強法治宣傳教育，法治觀念深入人心，社會治理法治化水平不斷提高，全社會辦事依法、遇事找法、解決問題用法、化解矛盾靠法的法治環境顯著改善。但法治社會建設也面臨一些問題，一些領導幹部還不善於運用法治思維和法治方式推進工作，公共法律服務發展不夠均衡，普法工作的針對性、實效性還需進一步增強，依法治網面臨新的挑戰。必須深入學習貫徹習近平法治思想，堅持法治國家、法治政府、法治社會一體建設，弘揚社會主義法治精神，增強全社會屬行法治的積極性和主動性，推動全社會尊法學法守法用法，為推進中國式現代化築牢堅實法治基礎。

　　第一，健全覆蓋城鄉的公共法律服務體系，有效滿足人民群眾日益增長的高品質、多元化法律服務需求。公共法律服務是政府公共職能的重要組成部分，是保障和改善民生的重要舉措。圍繞更好滿足人民群眾對美好生活的嚮往和日益增長的法律服務需求，健全覆蓋城鄉、便捷高效、均等普惠的公共法律服務體系，盡快建成覆蓋全業務、全時空的法律服務網絡，進一步增強人民群眾的獲得感、幸福感、安全感。深化律師制度、公證體制、仲裁制度、調解制度、司法鑒定管理體制改革，健全完善法律服務管理制度和工作機制，不斷提升法律服務質效。加強對欠發達地區法律服務業發展的政策扶持，推動法律服務、法律援助與科技創新手段深度融合，確保基層群眾獲得及時有效的法律幫助。

　　第二，改進法治宣傳教育，推進全社會增強法治觀念。全民普法是全面依法治國的長期基礎性工作。堅持以習近平法治思想為引領，把法治宣傳教育擺到更加重要位置，深入宣傳中國特色社會主義法律體系，突出宣傳憲法、民法典,深入宣傳與推動高質量發展和社會治理現代化密切相關的法律法規。以國家工作人員和青少年為重點普法對象,把法治教育納入幹部教育體系、國民教育體系、社會教育體系。完善普法責任制,健全領導幹部應知應會黨內法規和國家法律清單制度。實施公民法治素養提升行動,分步驟、有重點持續提升全體公民法治意識和法治素養。堅持立德樹人、德法兼修,完善以實踐為導向的法學院校教育培養機制,加強學科建設,辦好法學教育,努力培養造就高素質法治人才。

第三,加強和改進未成年人權益保護,強化未成年人犯罪預防和治理。未成年人保護工作關係國家未來和民族振興。深入貫徹實施未成年人保護法、預防未成年人犯罪法、未成年人網絡保護條例等法律法規,堅持思想道德教育和權益維護保障相融合,以依法保障未成年人平等享有生存權、發展權、受保護權和參與權等權利,促進未成年人全面健康成長作為出發點和落腳點,全方位構建家庭保護、學校保護、社會保護、網絡保護、政府保護、司法保護"六位一體"的新時代未成年人保護工作格局。制定專門矯治教育規定,健全完善科學的專門教育體系。嚴厲打擊涉未成年人違法犯罪行為,有效防範學生欺凌。深入推進依法治網,淨化未成年人網絡環境,保障未成年人合法網絡權益,防止未成年人網絡沉迷。

70.加強涉外法治建設主要有哪些要求?

涉外法治是中國特色社會主義法治體系的重要組成部分,事關全面依法治國,事關我國對外開放和外交工作大局。《決定》提出:"加強涉外法治建設。"這一重要部署,既是以中國式現代化全面推進強國建設、民族復興偉業的長遠所需,也是推進高水平對外開放、應對外部風險挑戰的當務之急。要從更好統籌國內國際兩個大局、更好統籌發展與安全的高度,深刻認識加強涉外法治建設的重要性和緊迫性，加快建設同高質量發展、高水平開放要求相適應的涉外法治體系和能力，為中國式現代化行穩致遠營造有利法治條件和外部環境。

根據《決定》精神，加強涉外法治建設主要包括以下 4 個方面要求。

第一，加強黨對涉外法治工作的領導。黨的領導是社會主義法治最根本的保證。推進涉外法治工作，根本目的是用法治方式更好維護國家和人民利益，促進國際法治進步，推動構建人類命運共同體。不斷健全完善黨領導涉外法治工作的制度和工作機制，優化上下聯動和橫向協同，堅定不移走中國特色社會主義法治道路。涉外法治工作是一項涉及面廣、聯動性強的系統工程，必須加強頂層設計，建立一體推進涉外立法、執法、司法、守法和法律服務、法治人才培養的工作機制，形成涉外法治工作大協同格局。統籌國內法治和涉外法治，加快涉外法治工作戰略佈局，全面推進我國涉外法治體系和能力建設。

第二，完善涉外法律法規體系。涉外法律法規體系涵蓋所有具有涉外因素的法律、法規和規章，是跨法律部門的法律規範。黨的十八大以來，我國涉外立法的深度和廣度大幅拓展，重要領域涉外立法進一步加強，先後制定外商投資法、出口管制法、反外國制裁法、對外關係法、外國國家豁免法等涉外法律，修改、制定的證券法、數據安全法、個人信息保護法等法律包含有涉外條款，涉外立法工作取得豐碩成果。但我國涉外法律法規體系還存在一些薄弱點、空白區，參與國際規則制定的能力和水平還需進一步提升。堅持立法先行，立改廢釋並舉，抓緊專門性涉外立法，注重完善相關法律涉外條款，進一步完善反制裁、反干涉、反制“長臂管轄”法律法規，推動我國法域外適用的法律體系建設，不斷提高涉外立法質量和效率。堅定維護以國際法為基礎的國際秩序，主動參與國際規則制定，推進國際關係法治化，積極參與全球治理體系改革和建設，以國際良法促進全球善治。

第三，完善涉外法治實施體系。法律的生命力在於實施，法律的權威也在於實施。加快建設協同高效的涉外法治實施體系，綜合運用執法、司法等手段，提升涉外執法司法效能，堅決維護國家主權、安全和發展利益。推進涉外司法審判體制機制改革，完善涉外民事法律關係中當事人依法約定管轄、選擇適用域外法等司法審判制度，提高涉外司法公信力。深化涉外執法司法國際合作，完善我國司法協助體制機制，加強領事保護與協助，建強保護我國海外利益的法治安全鏈。

第四，提高涉外法律服務水平。涉外法律服務涉及律師、仲裁、公證、調解、法律查明等多個領域。改革開放以來，我國涉外法律服務有了長足發展，但在國際法律服務市場中佔比還不高、影響還不大。對外開放向前推進一步，包括法律服務在內的涉外法治建設就要跟進一步。大力發展涉外法律服務，健全國際商事仲裁和調解制度，培育國際一流仲裁機構、律師事務所。強化合規意識，引導我國公民、企業在走出去過程中自覺遵守當地法律法規，尊重當地風俗習慣，運用法治和規則維護自身合法權益。堅定法治自信，積極闡釋中國特色涉外法治理念、主張和成功實踐，講好新時代中國法治故事。

71. 如何理解構建中國哲學社會科學自主知識體系？

《決定》指出：“創新馬克思主義理論研究和建設工程，實施哲學社會科學創新工程，構建中國哲學社會科學自主知識體系。”這是黨中央立足完成新的文化使命和哲學社會科學發展規律作出的重大部署，對於加快構建中國特色哲學社會科學具有重要指導和引領作用。

第一，構建中國哲學社會科學自主知識體系是黨中央賦予中國哲學社會科學新的歷史使命。哲學社會科學是人們認識世界、改造世界的重要工具，是推動歷史發展和社會進步的重要力量，其發展水平反映了一個民族的思維能力、精神品格、文明素質，體現一個國家的綜合國力與國際競爭力。黨的十八大以來，黨中央高度重視發展哲學社會科學，習近平總書記親自主持召開哲學社會科學工作座談會，就哲學社會科學工作發表一系列重要講話，作出一系列重要論述和指示批示，為哲學社會科學事業發展指明方向。《決定》又明確提出"構建中國哲學社會科學自主知識體系"，這是黨中央賦予中國哲學社會科學界重大而光榮的戰略任務，也是新時代我國哲學社會科學發展的戰略目標。只有把中國自己的知識體系建構起來，把中國特色哲學社會科學的學科體系、學術體系、話語體系建構起來，我們的哲學社會科學才能真正屹立於世界學術之林。

第二，構建中國哲學社會科學自主知識體系具有很強的政治性，必須始終堅持"兩個結合"。以什麼樣的思想為指導，是哲學社會科學發展的根本問題。堅持以馬克思主義為指導，是當代中國哲學社會科學區別於其他哲學社會科學的根本標誌。要旗幟鮮明堅持馬克思主義指導地位，自覺把習近平新時代中國特色社會主義思想貫穿哲學社會科學各領域各方面，確保我國哲學社會科學始終沿著正確方向繁榮發展。要堅持把馬克思主義基本原理同中國具體實際相結合，以中國為觀照、以時代為觀照，立足中國國情、關注發展現實，從中國之路、中國之治中探尋中國之理，努力揭示我國社會發展、人類社會發展的大邏輯大趨勢。綿延幾千年的中華文化，是中國特色哲學社會科學成長發展的深厚基礎。要堅持把馬克思主義基本原理同中華優秀傳統文化相結合，挖掘和闡發中華民族豐厚思想資源、文化資源和歷史資源，在對中華優秀傳統文化創造性轉化和創新性發展中構建自主知識體系。構建中國哲學社會科學自主知識體系並不排斥其他國家的學術研究成果，要有開闊的學術視野，善於在比較、對照、批判、吸收、昇華的基礎上，從國外哲學社會科學有益成果中尋求借鑒。

第三，構建中國哲學社會科學自主知識體系是個系統工程，必須加強頂層設計，統籌各方面力量協同推進。要實施哲學社會科學創新工程，搭建哲學社會科學創新平台，全面推進學科體系、學術體系、話語體系建設和創新。創新馬克思主義理論研究和建設工程，不斷鞏固馬克思主義理論學科，打造一批具有世界影響的優勢學科，努力形成基礎學科健全扎實、重點學科優勢突出、新興學科和交叉學科創新發展、冷門學科代有傳承、基礎研究和應用研究相輔相成、學術研究和成果應用相互促進的學科體系。學術體系包括學術理論體系、學術研究組織體系、學術平台支撐體系、學術評價考核體系等，要創新科研組織方式，組織開展跨部門跨區域跨學科合作研究，推進協同創新，發揮好馬克思主義理論研究和建設工程、國家社科基金等平台作用，抓緊研究建立導向鮮明、符合規律、科學權威、公開透明的學術評價體系和考核機制。話語體系集中體現為學科的學術概念、範疇、理論、方法等，要立足中國特色社會主義偉大實踐，提煉概括具有中國特色、世界影響的標識性學術概念、學術範疇，不斷增強我國學術話語體系的說服力、感染力、影響力。人才是哲學社會科學事業的第一資源，要實施哲學社會科學人才工程，深化人才體制機制改革，加大人才培養支持力度。尊重思想創造，發揚學術民主，鼓勵爭鳴和商榷，進一步營造健康活躍的學術空氣。

72. 為什麼要構建適應全媒體生產傳播工作機制和評價體系，推進主流媒體系統性變革？

《決定》指出："構建適應全媒體生產傳播工作機制和評價體系，推進主流媒體系統性變革。"這是我們黨深刻把握現代傳播規律，深刻洞察媒體發展趨勢提出的重要改革舉措，明確了主流媒體改革的目標任務、重點和要求，對於更好塑造主流輿論新格局、鞏固全黨全國各族人民團結奮鬥的共同思想基礎具有重要意義。

第一，推進主流媒體系統性變革是適應信息技術迅猛發展新形勢的迫切需要。信息技術迅猛發展推動輿論生態、媒體格局、傳播方式發生深刻變化，給我國主流媒體帶來新的重大挑戰。隨著信息社會不斷發展，新興媒體影響越來越大。截至 2023 年底，我國網民達到 10.92 億人，其中手機網民佔比 99.9%，全面進入移動互聯網時代。網絡視頻用戶 10.67 億，即時通信用戶 10.6 億，網絡直播用戶 8.16 億，微信月活賬戶 13.43 億，微博月活用戶 5.98 億，短視頻、微信、微博、客戶端等新媒體新應用日益成為信息傳播的主渠道、主平台，互聯網平台企業坐擁多種新興媒體和傳播平台，對主流媒體形成巨大衝擊。只有推動系統性變革，加快適應新技術新應用，主流媒體才能大踏步趕上時代潮流，牢牢佔據輿論引導、思想引領、文化傳承、服務人民的傳播制高點。

第二，推進主流媒體系統性變革是鞏固壯大主流輿論的迫切需要。伴隨我國經濟體制、社會結構、利益關係、就業方式深刻調整和變化，社會思想意識日益多元，輿論場日趨複雜，主流的和非主流的同時並存，積極的和消極的相互交織，思想文化交流交融交鋒更加頻繁激烈。特別是互聯網迅猛發展，網絡空間和現實空間相互嵌入、相互影響越來越深，許多新情況新問題往往因網而生、因網而增，許多錯誤思潮以網絡為溫床生成發酵，互聯網日益成為意識形態鬥爭的主陣地、主戰場、最前沿。輿論陣地，如果我們不去佔領，別人就會去佔領，這就要求我們推進主流媒體系統性變革，強化互聯網思維，全面挺進互聯網這一主戰場，充分發揮主流媒體"定音鼓"、"風向標"作用，唱響主旋律、弘揚正能量，在多元中立主導、在多樣中謀共識。

第三，推進主流媒體系統性變革是建設全媒體傳播體系的迫切需要。適應信息化和全媒體時代發展大勢，黨中央作出建設全媒體傳播體系的戰略決策，要求建立以內容建設為根本、先進技術為支撐、創新管理為保障的全媒體傳播體系。主流媒體在我國新聞輿論工作中居於主導地位，在傳播黨的創新理論、宣傳黨的政策主張、反映群眾呼聲心聲、凝聚社會共識方面發揮著十分重要的作用。建設全媒體傳播體系，主流媒體應繼續在其中發揮主體作用。這就要求我們推進主流媒體系統性變革，加快適應全媒體生產傳播新形勢，構建以主流媒體為主導的全媒體傳播體系。

推進主流媒體系統性變革要在系統性上下功夫，堅持導向為魂、內容為王、創新為要、流量和效果說話，用互聯網思維主導資源配置，全方位推進組織架構、管理流程、運營模式、話語體系、媒體形態、平台技術等變革。特別是要推進主流媒體技術革新，建立有利於新技術使用、新應用創新的體制機制，探索將人工智能等新技術運用在新聞採集、生產、分發、接收、反饋中，以先進技術驅動媒體轉型，重構媒體融合發展技術底座。要在構建體制機制上下功夫，真正建立適應全媒體時代的組織領導機制、運行管理機制和保障機制，建立健全遵循全媒體生產傳播的考核、評價和激勵機制。改革中要統籌處理好中央主流媒體和地方主流媒體、主流媒體和新辦新興媒體、主流媒體和融媒體平台的關係，形成資源集約、結構合理、差異發展、協同高效的全媒體傳播體系。

73. 為什麼要實施文明鄉風建設工程？

《決定》指出："實施文明鄉風建設工程。"鄉村振興，既要塑形，也要鑄魂。實施文明鄉風建設工程是推動鄉村文化振興的重要舉措，對於加強和改進全社會精神文明建設也具有重要意義。

第一，實施文明鄉風建設工程是提高鄉村文化振興工作系統化、制度化水平的迫切需要。推動鄉村文化振興是一個涵蓋思想政治引領、科學文化宣傳、公序良俗培育等多方面內容，涉及法律法規、政策制度、體制機制、保障條件、組織管理等多方面要素，需要充分調動相關黨政部門、農村基層黨組織和村民自治組織、各類群團組織等多方面力量的系統工程。從實際情況看，一些地方圍繞鄉村文化振興雖然做了不少工作，但體系化程度不高，工作項目和力量較為分散，影響和制約了鄉村文化振興的實效。實施文明鄉風建設工程，有利於以體系化、工程化的思維和要求，著力推動鄉村文化建設完善制度、健全機制、拓展渠道、優化資源配置，為提高鄉村文化振興工作水平探索重要經驗，發揮示範引領作用。

第二，實施文明鄉風建設工程是加強和改進全社會精神文明建設的迫切需要。鄉村人口近 5 億，是培育和踐行社會主義核心價值觀、發展社會主義先進文化的重要陣地。農村地區承載著歷史悠久的中華農耕文明，是中華優秀傳統文化的根脈所在。農村地區鄉風是否文明，不僅關乎農村社會自身，對全社會精神文明建設也至關重要。同時，農村地區鄉土文化資源豐富，是人際關係更為密切的 "熟人社會"，只要有效組織起來，完全可以在精神文明建設上發揮更大優勢、取得更大進展。近年來，一些農村地區垃圾分類工作做得比許多城鎮還要好，就是很好的實例。實施文明鄉風建設工程，有利於進一步激發農村精神文明建設的潛力和優勢，為加強和改進全社會精神文明建設提供更強動力、築牢更好基礎。

第三，實施文明鄉風建設工程是解決鄉村思想文化領域重點、難點問題的迫切需要。長期以來，培育文明鄉風、良好家風、淳樸民風始終是社會主義新農村建設的重中之重，也面臨許多複雜挑戰。比如，一些農村地區高價彩禮、大操大辦、人情攀比、厚葬薄養、鋪張浪費等陳規陋習不同程度存在，給農民群眾造成較大的經濟負擔，也扭曲了農村社會的價值觀。近年來，相關部門採取了一些專項治理行動，但各地工作進展不平衡，不少地方工作成果也不夠鞏固。實施文明鄉風建設工程，有利於針對這些鄉村思想文化領域重點、難點問題，精準發力、持續用力，推動鄉村社會風氣和農民精神風貌不斷向好。

當前，實施文明鄉風建設工程要深入貫徹落實習近平總書記關於農村精神文明建設的一系列重要指示，進一步突出工作重點。一是加強思想政治引領，持續抓好農村思想政治教育。結合農民群眾思想實際，深入開展習近平新時代中國特色社會主義思想學習教育，教育引導農民群眾更加堅定地聽黨話、感黨恩、跟黨走。二是弘揚社會主義核心價值觀，大力推進移風易俗。倡導勤勞致富、崇德向善、誠實守信、遵紀守法等文明觀念，推動形成婚事新辦、喪事簡辦、孝親敬老等良好風尚，解決各類違背公序良俗的突出問題，提高農村社會文明程度。三是健全相關工作體系，著力提高系統集成水平。完善相關法律制度，加強政策指導和資源支持，更好地統籌各方面工作力量，綜合運用自治、法治、德治等多種手段，重視發揮鄉規民約作用，形成同向發力、協調推進的良好局面。四是注重因地制宜，鼓勵創新創造。推動各地積極探索行之有效的好做法、好經驗，以農民群眾易於接受、喜聞樂見的方式倡導和培育文明鄉風，提高農民群眾積極性和參與度。

74. 如何理解建立優質文化資源直達基層機制？

《決定》提出："建立優質文化資源直達基層機制"。這是新形勢下加強和改進公共文化服務體系建設的重要舉措，對於滿足廣大人民群眾日益增長的精神文化需求、促進人民精神生活共同富裕具有重要意義。

優質文化生活是人民群眾美好生活的重要組成部分。隨著我國經濟社會發展水平不斷提升，特別是在全面建成小康社會、實現第一個百年奮鬥目標之後，廣大人民群眾的精神文化需求更加強烈、更加豐富多樣。習近平總書記在統籌謀劃扎實推進共同富裕工作佈局時，適時提出了促進人民精神生活共同富裕這一重大課題。各地各部門按照黨中央部署要求，加大公共文化事業投入，完善公共文化服務體系，推動公共文化服務高質量發展，保障人民群眾基本文化權益，相關工作不斷取得顯著進展和成效。同時，一些群眾還是覺得基層公共文化服務不夠"解渴"，特別是難以接觸到較高品質的優質文化資源，這也反映出當前各級公共文化服務體系建設還需要進一步下移重心、下沉資源。建立優質文化資源直達基層機制，有利於進一步增強優質文化資源的均衡性和可及性，為人民群眾提供更高質量、更有效率、更加公平、更可持續的公共文化服務，使城鄉居民更好參與文化活動，培育文藝技能，享受文化生活，激發文化熱情，增強精神力量。

在理解這一要求和推動實施中，需要著力把握好以下 4 個方面。

第一，推進城鄉公共文化服務體系一體建設。在黨的領導下，堅持政府主導、社會參與、重心下移、共建共享，深入推進公共文化服務標準化建設，統籌推進公共文化服務"硬件"和"軟件"建設，完善基層公共文化服務網絡。推動城鄉公共文化服務資源整合，引導優質文化資源更多地向基層一綫下沉，向農村傾斜，向革命老區、民族地區、邊疆地區傾斜，向特殊群體傾斜。推動各級各類圖書館、文化館、博物館、美術館、非遺館等建立聯動機制，加強總分館制建設。健全城鄉文化交流常態化工作機制，大力發展農村公益電影發行放映、"紅色文藝輕騎兵"等城鄉流動文化服務。

第二，完善基層公共文化服務供需對接機制。建立群眾文化需求徵集和反饋機制，推動"群眾點單"和"政府買單"更好對接，創新實施文化惠民工程，促進優質文化資源有效融入城鄉公共文化空間和群眾日常生活，打通基層公共文化服務"最後一公里"。探索開展"自下而上、以需定供"的互動式、菜單式公共文化服務，實行集中高效的配送與運營，著力提高基層公共文化服務效能。鼓勵社會力量積極參與基層公共文化服務，穩妥推動基層文化設施社會化運營，不斷增強基層公共文化服務創新活力。

第三，強化各級公共文化服務數字化賦能。運用數字技術整合文化資源，打通各層級公共文化數字平台，打造公共文化數字資源庫群，建設國家文化大數據體系，建設智慧圖書館、智慧博物館、智慧廣電等數字化服務平台，積極發展雲展覽、雲閱讀、雲視聽、雲體驗，推進農家書屋數字化建設，讓廣大人民群眾通過"雲端"、"指尖"直接對接多樣化、精準化、高質量的公共文化服務。

第四，推動"送文化"與"種文化"有機結合。加大對基層群眾文化活動的扶持引導力度，積極提供藝術指導、場地、安全、城市管理等方面的便利，鼓勵各級各類文化單位與城鄉基層"結對子、種文化"，開展全民藝術普及，培育扎根基層的群眾文藝團隊，建設精幹高效的基層文化人才隊伍，加強群眾文化活動品牌建設，充分發揮"群星獎"等示範作用，推動群眾文藝精品創作，增強城鄉基層文化建設自我發展、自我服務功能。

75.怎樣理解改進文藝創作生產服務、引導、組織工作機制？

《決定》提出："改進文藝創作生產服務、引導、組織工作機制。"這是堅持以人民為中心的創作導向，努力推動我國文藝事業從"高原"躍上"高峰"的重要舉措。

文藝創作生產是文藝工作的中心環節。習近平總書記指出："推動文藝繁榮發展，最根本的是要創作生產出無愧於我們這個偉大民族、偉大時代的優秀作品。沒有優秀作品，其他事情搞得再熱鬧、再花哨，那也只是表面文章，是不能真正深入人民精神世界的，是不能觸及人的靈魂、引起人民思想共鳴的。"黨的十八大以來，在習近平文化思想的指引和激勵下，我國在文學藝術各領域創作取得豐碩成果，為奮進新征程、建功新時代提供強大精神力量。同時要清醒地看到，當前文藝創作生產依然存在有數量缺質量、抄襲模仿、千篇一律、低俗庸俗等問題，需要進一步加強服務、引導、組織工作。改進文藝創作生產服務、引導、組織工作機制，就是要深入貫徹習近平文化思想，堅持"二為"方向和"雙百"方針，堅定文化自信，堅持以人民為中心的創作導向，堅持出成果和出人才相結合、抓作品和抓環境相貫通，推出更多增強人民精神力量的優秀作品，造就規模宏大的文化文藝人才隊伍，進一步推動我國文藝事業從"高原"向"高峰"躍升。

在理解這一要求和推動實施中，需要著力把握好以下 3 個方面。

第一，改進文藝創作生產服務工作機制。 加大各級政府對文藝創作生產的投入和扶持力度，切實用好文化領域國家基金和專項資金，落實相關優惠政策，為廣大文藝人才和文藝工作者創作生產提供稅費減免、資金扶持、場地設施服務、活動組織管理等便利和支持。辦好文學週、電影節、藝術展、文藝匯演等各類展演活動，充分利用報刊、廣播電視和網絡等各類媒體渠道，為優質文藝作品提供更多集中展示平台。強化各級文聯、作協系統服務保障職責和功能，幫助廣大文藝人才和文藝工作者深入基層、深入一綫開展創作實踐活動，經常性進行交流研討，提高文藝創作生產能力和水平。加強版權保護和開發利用，打擊盜版侵權行為，保護文藝創作生產者合法權益。

第二，改進文藝創作生產引導工作機制。 堅持社會主義先進文化發展方向，引導廣大文藝人才和文藝工作者自覺堅持以人民為中心，大力弘揚社會主義核心價值觀，創作生產更多無愧於時代、無愧於人民、無愧於民族的文藝精品。堅持把社會效益放在首位、社會效益和經濟效益相統一，完善對各類文藝企事業單位和團體的考核評價機制。加強文化領域職業道德建設和行風建設，加強和改進文藝評論工作，建強管好各類文藝陣地和文化創作生產傳播平台，倡導講品位、講格調、講責任，抵制低俗、庸俗、媚俗。深化影視業綜合改革和文娛領域綜合治理，加強對明星代言行為、違法失德藝人的規範管理，引導和規範網絡直播等健康發展。健全

“掃黃打非”長效機制。

　　第三，改進文藝創作生產組織工作機制。完善文藝創作生產規劃，實施文藝作品質量提升工程，發揮重點選題、重大項目引領帶動作用，抓好重大現實題材、重大革命和歷史題材、新時代發展題材、國家重大戰略題材、愛國主義題材、青少年題材、軍事題材的創作生產，建立重點創作項目跟蹤推進機制，加強全流程質量管理。抓好源頭原創，推動好的文學作品向劇本轉化，推出更多優秀的網絡文化產品和服務。做好各類文藝人才尤其是青年人才培養工作，加強對新文藝群體的引領和組織，把各方面各領域文藝人才聚集到黨和國家的文藝事業中來，建設陣容強大的文藝工作者隊伍。

76. 為什麼要推動文化遺產系統性保護和統一監管？

　　《決定》提出：“推動文化遺產系統性保護和統一監管。”這是加強文化遺產保護傳承工作、維護文化遺產安全的內在要求，是弘揚中華優秀傳統文化的重要基礎性工作。

　　第一，推動文化遺產系統性保護和統一監管，是承擔我國文化遺產保護繁重任務的迫切需要。我國是舉世公認的文化遺產大國。第三次全國文物普查共登記不可移動文物 76.7 萬餘處，第一次全國可移動文物普查共登記國有可移動文物 1 億多件（套）。截至 2023 年底，公佈國家級非物質文化遺產代表性項目 1500 多項，成功申報世界文化遺產 39 項，公佈國家歷史文化名城 142 座、中國歷史文化名鎮名村近 800 個、中國傳統村落 8000 多個，文化遺產保護任務十分繁重。我國依然處在工業化、城市化快速推進過程中，大規模基礎設施建設不斷挖掘出新的文物，同時不斷對現有文化遺產保護形成嚴峻挑戰。在這種形勢下，只有推動文化遺產系統性保護和統一監管，切實整合現有文化遺產保護和監管力量，提升文化遺產保護和監管效能，才能承擔起越來越繁重而艱巨的文化遺產保護任務。

第二，推動文化遺產系統性保護和統一監管，是解決當前文化遺產事業突出問題的迫切需要。黨的十八大以來，以習近平同志為核心的黨中央高度重視文化遺產保護傳承，習近平總書記多次就文物工作、革命文物工作、非物質文化遺產保護工作等作出重要指示。當前，我國文化遺產事業得到全社會前所未有的關注和支持，迎來歷史上最好的時期。同時要清醒地看到，文化遺產事業還存在一些不容忽視的問題。比如，文物安全形勢嚴峻，法人違法、盜竊盜掘、火災事故和自然災害時有發生，不少歷史文化名城（街區、村鎮）、古建築、古遺址及風景名勝區整體風貌保護力度不夠，許多非物質文化遺產缺乏有效傳承和傳播，文化遺產保護管理機構隊伍和專業力量薄弱，文物資源管理、價值闡釋、執法督察、民間收藏等重點領域亟須深化改革，等等。只有推動文化遺產系統性保護和統一監管，才能從根本上解決文化遺產事業存在的碎片化等突出問題，築牢文化遺產保護安全屏障。

第三，推動文化遺產系統性保護和統一監管，是更好推動文化遺產活化利用的迫切需要。文化遺產在提供公共文化服務、滿足人民精神文化生活需求、增強中華民族共同體意識、增強中華文明傳播力影響力等方面發揮著重要作用，習近平總書記多次就推動文化遺產"活起來"作出重要指示。推動文化遺產"活起來"，必然要求首先保持各類文化遺產的整體性、原生態性，從而必然要求加強系統性保護和統一監管。如果文化遺產保護和監管體制還是"鐵路警察、各管一段"，文化遺產傳承利用也很難實現系統集成、形成完整生態。只有推動文化遺產系統性保護和統一監管，才能適應全社會越來越活躍的"文博熱"、"考古熱"、"非遺熱"，使人們更加充分地感受、更加完整地體驗文化遺產的無窮魅力，最大限度地發揮文化遺產的價值作用。

推動文化遺產系統性保護和統一監管，系統性保護是目的，統一監管是手段，二者是高度統一的整體。在工作實踐中，要把握好一些關鍵要求。**一是**加強黨對文化遺產保護傳承工作的領導。深入學習習近平文化思想，深刻領會習近平總書記關於文化遺產保護傳承的系列重要論述，完善黨中央關於文化遺產保護傳承重要部署落實機制，健全相關工作協調機制。**二是**推動文化遺產保護從重點保護向全面保護、系統保護、整體保護轉型升級。始終把保護放在第一位，以文物資源為核心，整體保護文物本體和改善周邊環境，合理保存傳統文化生態，協同推進文物古跡、古老建築、名城名鎮、歷史街區、傳統村落、文化景觀、非遺民俗等文化遺產的系統性保護，構建中華文明標識體系。**三是**推進文化遺產保護體制機制改革。著力健全保護機構，充實保護力量，加大投入力度，形成工作合力。**四是**強化文化遺產保護的監督執紀問責。加強文化遺產保護法治建設，建立和實施文化遺產保護督察制度，用最嚴格制度最嚴密法治保護文化遺產。

77. 健全網絡綜合治理體系需要把握哪些重點？

《決定》提出："健全網絡綜合治理體系。"這是新形勢下深入實施網絡強國戰略、以信息化賦能中國式現代化的重要舉措，是加強和改進意識形態工作、促進社會主義文化繁榮發展的重要舉措。

網絡是人民群眾普遍使用的工具，是推動經濟社會科技文化發展的重要力量，也是國家治理的重要領域。黨的十八大以來，以習近平同志為核心的黨中央準確把握人類進入信息社會的嶄新歷史條件，高度重視網絡安全和信息化工作，打響互聯網領域改革攻堅戰，堅決破除各方面體制機制弊端，走出一條中國特色治網之道。當前，信息革命深入推進，互聯網領域國際競爭和博弈更加激烈，網絡建設和管理任務更加艱巨繁重，迫切要求進一步健全網絡綜合治理體系。

在理解這一要求和推動實施中，需要著力把握好以下 4 個方面。

第一，健全網絡領導體制和工作協調機制。深入學習貫徹習近平文化思想和習近平總書記關於網絡強國的重要思想，堅持黨對網絡綜合治理工作的全面領導，進一步強化各級黨委（黨組）政治責任、領導責任，強化屬地管理和主管主辦責任，全面落實網絡意識形態工作責任制。加快完善黨委領導、政府管理、企業履責、社會監督、網民自律等多主體參與，法律、經濟、技術等多種手段相結合的網絡綜合治理格局，發揮網信部門統籌協調作用，加強網信部門與管網治網各部門的密切配合，壓實網絡平台主體責任，充分發揮各類網絡社會組織自我教育、自我規範、自我約束作用，形成網絡治理強大合力，推動實現互聯網由"管"到"治"的根本轉變。

第二，整合網絡內容建設和管理職能。推動網絡內容建設和管理職能有效整合，推進新聞宣傳和網絡輿論一體化管理。完善網上輿論引導工作機制，做好黨的創新理論和路綫方針政策網上宣傳，推動各級黨組織、政府部門、企事業單位、群團組織主管主辦的各類網絡賬號、網絡媒體積極主動發聲，唱響主旋律、弘揚正能量，塑造網上主流輿論新格局。健全網上輿論風險防範機制，及時批駁網上錯誤思潮，堅決管控清理各類有害信息，有力有效開展跨境輿論鬥爭，嚴密防範敵對勢力利用互聯網進行攻擊、滲透、破壞，切實維護網絡意識形態安全和政治安全。加強網上網下聯動工作機制，做到應對輿情和解決事情相結合。健全網絡生態治理長效機制，針對人民群眾反映強烈的網絡亂象問題進行集中整治，持續開展"清朗"系列專項行動，打擊網絡謠言、有害信息、虛假新聞、網絡敲詐、網絡水軍、有償刪帖等違法違規行為，促進網絡空間天朗氣清、生態良好。特別是高度重視加強對未成年人的網絡保護，提供更多有益於未成年人身心健康的網絡產品和服務，堅決整治誘導未成年人盲目追星、打賞充值、沉迷網絡遊戲等現象。

第三，綜合運用法律、經濟、技術等多種手段。持續推進網絡空間法治建設，健全網絡管理法律法規，聚焦人工智能、數字經濟、網絡數據安全、反對網絡暴力等重點領域和技術發展前沿領域，加快立法步伐，適時將管網治網的有效做法、成功經驗轉化成為制度規範。健全對各類網絡主體和網絡活動的稅收調節機制和扶持、引導政策體系，科學制定對網絡違法違規行為的經濟處罰等措施。加強技術管網體系建設，堅決打贏信息領域核心技術攻堅戰，提升技術治網水平。

第四，更好統籌網絡發展和安全。堅持正能量是總要求、管得住是硬道理、用得好是真本事，把促進網絡健康發展作為加強網絡綜合治理的根本目的，強化對網絡平台的分級分類管理，重點管好影響力大、用戶數多的網絡新技術新應用，完善生成式人工智能發展和管理機制，積極推進全球互聯網治理體系變革，全方位支持我國網絡企業參與國際競爭，搶佔科技發展新賽道、新高地，拓展網絡技術應用新市場。

78. 為什麼要構建更有效力的國際傳播體系？

《決定》提出："構建更有效力的國際傳播體系。"這是提升國家文化軟實力的重要舉措，也是為進一步全面深化改革、推進中國式現代化營造良好外部環境的重要舉措。

第一，構建更有效力的國際傳播體系，是有效應對複雜嚴峻國際輿論鬥爭的迫切需要。傳播力決定影響力，話語權就是主動權。落後就要挨打，貧窮就要挨餓，失語就要挨罵。當前，國際傳播不合理秩序依然存在，美國等西方國家利用國際傳播平台優勢，對我國發動各種"輿論戰"、"認知戰"，企圖塑造國際社會對我國發展的錯誤認知，詆毀抹黑我國國家形象，否定我國正當發展權利。與此同時，我國國際傳播體系與我國綜合實力還不匹配，存在著信息流進流出的"逆差"、中國真實形象和西方主觀印象的"反差"、軟實力和硬實力的"落差"。只有加快構建更有效力的國際傳播體系，才能贏得國際輿論鬥爭的話語權、主動權，有效回擊美國等西方國家的輿論攻擊，更好展示真實、立體、全面的中國，維護我國國家形象和國家利益。

第二，構建更有效力的國際傳播體系，是講好中國故事、傳播好中國聲音的迫切需要。我國已經前所未有地走近世界舞台中央，世界各國更加期望深入了解中國，期盼在重大國際問題上聽到來自中國的聲音。黨的十八大以來，習近平總書記在國際上親自講好中國共產黨治國理政故事、中國改革發展故事、中外交流交往友好故事等各種精彩故事，就人類社會何去何從等重大問題，提出推動構建人類命運共同體、弘揚全人類共同價值和全球發展倡議、全球安全倡議、全球文明倡議等重大主張，引起強烈反響和共鳴。只有進一步提升我國國際傳播體系效力、效能，才能向國際社會和各國人民更好地宣介習近平新時代中國特色社會主義思想，讓中國故事、中國聲音在世界上傳得更廣，為推動世界各國人民攜手開創人類更加美好的未來發揮更大作用。

第三，構建更有效力的國際傳播體系，是進一步健全我國外宣工作體制機制的迫切需要。我們黨歷來高度重視對外傳播工作。黨的十八大以來，我們大力推動國際傳播守正創新，理順內宣外宣體制，打造具有國際影響力的媒體集群，積極推動中華文化走出去，初步構建起多主體、立體式的大外宣格局。同時要清醒地看到，我國在國際傳播舞台上的經驗還不夠豐富，國際傳播資源和力量還比較分散，各方面國際傳播工作協同配合水平有待提升，針對不同區域、不同國家、不同群體的分眾化傳播能力也需要加強。解決這些問題，迫切需要構建更有效力的國際傳播體系，把我們的制度優勢、組織優勢、人力優勢、發展優勢、文化優勢更好地轉化為國際傳播優勢。

構建更有效力的國際傳播體系是一個系統工程，工作實踐中需要把握好一些重要方面。一是完善體制機制，推動形成國際傳播大格局。加強國際傳播資源整合和力量統籌，深化主流媒體國際傳播機制改革創新，建強適應新時代國際傳播需要的專門人才隊伍，推動各級領導幹部、各地區各部門各方面一起做外宣工作，帶動廣大社會成員自覺參與國際傳播、維護國家尊嚴形象。二是加快構建和完善中國話語和中國敘事體系。把加強習近平新時代中國特色社會主義思想宣傳推介作為重中之重，持續推動習近平總書記大國領袖魅力風采在海外有效傳播。加強對中國共產黨的宣傳闡釋，講好中國共產黨為什麼能、馬克思主義為什麼行、中國特色社會主義為什麼好。打造融通中外的新概念、新範疇、新表述，強化國際傳播學理支撐。注重把握好基調，既開放自信也謙遜謙和，努力塑造可信、可愛、可敬的中國形象。推進中國故事和中國聲音的全球化表達、區域化表達、分眾化表達，增強親和力和實效性。三是不斷增強中華文明傳播力影響力。更加注重從文化角度推進國際傳播，建設全球文明倡議踐行機制，有效推動中華文化走出去，促進中外人文交流和民心相通，構建人文共同體。

79. 如何理解規範財富積累機制？

財富積累是不斷滿足人民對美好生活嚮往的重要保障。《決定》提出："規範財富積累機制"。這對進一步完善收入分配體制機制，促進居民財富積累公平性和可持續性提出了明確要求。

改革開放以來，我國經濟持續發展，人民創造財富的機會、途徑大大增加，財富積累規模不斷擴大，有力夯實了人民幸福生活的物質基礎。同時也存在一些財富積累手段不規範、財富分化乃至非法獲取財富等問題。習近平總書記指出："實現共同富裕不僅是經濟問題，而且是關係黨的執政基礎的重大政治問題。我們決不能允許貧富差距越來越大、窮者愈窮富者愈富，決不能在富的人和窮的人之間出現一道不可逾越的鴻溝。"《決定》再次強調規範財富積累機制，對於縮小貧富差距、讓現代化建設成果更多更公平惠及全體人民、實現共同富裕意義重大。

第一，規範財富積累機制，應澄清相關認識。這不是限制居民財富增長，也不是搞財富的平均化，而是在鼓勵人們勤勞致富、合法積累財富的前提下，打擊以非法手段致富，抑制以畸形機制"暴富"，促進實現居民財富正常、合法增長。為此，要持續推動高質量發展，完善就業優先政策，暢通社會向上流動渠道，給更多人創造致富機會，為居民合法增加收入、積累財富營造良好環境。強化積極、健康和理性的財富觀，鼓勵勤勞致富，倡導以誠實守信、合法經營增加財富，保護勞動和要素收入，保護居民合法財產。健全資本相關法律法規，實施資本運行穿透式監管，健全公平競爭制度，加強對壟斷、不正當競爭、濫用市場支配地位等無序行為執法，強化資本行為約束。加強新業態新模式監管，完善監管規則和標準。堅決取締非法收入，堅決遏制權錢交易，堅決打擊內幕交易、操縱股市、財務造假、偷稅漏稅以及通過持"乾股"、關聯人暗中持股等方式獲取非法收入行為。

第二，規範財富積累機制，重心是完善收入分配制度和財富調節機制，防止兩極分化。初次分配方面，提高居民收入在國民收入分配中的比重，提高勞動報酬在初次分配中的比重，防止勞動和資本分配差距過大。堅持按勞分配為主體，堅持技高者多得、多勞者多得，完善勞動者工資合理增長機制。健全按要素分配政策制度，多渠道增加城鄉居民財產性收入。統籌推進城鄉融合發展，逐步縮小城鄉收入差距，多渠道帶動農民增收致富。深化國有企業工資決定機制改革，合理確定並嚴格規範國有企業各級負責人薪酬、津貼補貼等。再分配方面，加大稅收調節力度，優化稅制結構，完善個人所得稅、消費稅、財產稅等制度，合理調節過高收入。

完善社會保險、社會救助、社會福利等制度，加強對低收入群體的保障。完善轉移支付體系，加大對欠發達地區支持幫扶力度，加大地區間"先富帶後富"力度。第三次分配方面，支持發展公益慈善事業，鼓勵慈善捐贈，健全監管制度，提高慈善組織公信力，積極發揮第三次分配對居民財富的調節作用。

第三，規範財富積累機制，涉及的部門多，牽動的利益廣，必須做好統籌謀劃，周密穩妥推進，確保落實落地。健全齊抓共管的體制機制，在黨中央統一領導下，各級黨委和政府加強組織領導，統籌推進相關工作。各級發展和改革部門認真履行牽頭職責，會同財政、人力資源和社會保障、民政、稅務、市場監管、金融監管等部門加強前瞻性、戰略性研究，必要時組織開展試點試驗，完善相關政策制度，加強各項改革舉措的銜接配套和系統集成，提升改革的綜合效能。各地各有關部門樹立全局觀念，強化責任意識，拿出具體落實方案，明確改革舉措推進的時間表、路綫圖，在抓落實上投入更大精力，不斷取得更多制度性成果。

80. 怎麼理解形成有效增加低收入群體收入、穩步擴大中等收入群體規模、合理調節過高收入的制度體系？

《決定》指出："形成有效增加低收入群體收入、穩步擴大中等收入群體規模、合理調節過高收入的制度體系。"這對於進一步完善收入分配制度，規範收入分配秩序，規範財富積累機制，推動全體人民共同富裕取得更為明顯的實質性進展具有重要意義。可從以下 3 個方面來理解。

第一，新時代我們著眼於推進全體人民共同富裕，逐步完善收入分配制度、規範收入分配秩序。黨的十八大以來，以習近平同志為核心的黨中央堅持以人民為中心的發展思想，準確把握我國發展階段新變化，把逐步實現全體人民共同富裕擺在更加重要的位置上，更好統籌效率和公平，鼓勵勤勞致富、多勞多得，不斷健全和完善中國特色社會主義分配制度，堅持按勞分配為主體、多種分配方式並存，優化分配結構，發展壯大中等收入群體，拓寬農民增收致富渠道，多渠道增加城鄉居民財產性收入，持續完善按要素分配政策制度，不斷改革完善稅收、社會保障、轉移支付等再分配調節機制，支持發展公益慈善事業，逐步規範財富積累機制，初步構建了初次分配、再分配、第三次分配協調配套的制度體系。這些讓最廣大人民不斷增加獲得感的有效舉措，給高質量發展增添了動力源，也為實現共同富裕奠定了堅實基礎。

第二，當前我國收入分配格局還有待進一步優化。隨著內外部環境的深刻變化，我國在收入分配領域面臨的深層次矛盾和問題還不少。一是居民收入在國民收入分配中的比重、勞動報酬在初次分配中的比重仍然偏低。二是不同所有制、行業和群體的就業人員之間還存在不合理的收入差距，數字經濟帶來的收入極化趨勢明顯，決定初次分配的市場化機制還需進一步健全和規範。三是居民收入和財富的基尼係數仍處高位，再分配制度對收入差距的調節效果不強，社會保障制度在維護群體間待遇公平性、可持續性等方面還存在不足。四是公益慈善事業發展體制機制有待健全，第三次分配調節收入差距的作用有限。

第三，加快完善中國特色社會主義分配制度，需要加快形成有效增加低收入群體收入、穩步擴大中等收入群體規模、合理調節過高收入的制度體系。分配制度是促進共同富裕的基礎性制度。要從新時代新征程我國生產力和生產關係發展的實際出發，堅持用改革的辦法回應人民最關心最直接最現實的利益問題，在推動高質量發展、做好做大"蛋糕"的同時，進一步分好"蛋糕"，穩步推進收入分配制度改革。一是進一步發揮初次分配中市場化機制的決定性作用，加大對要素市場歧視性做法、壟斷行為等的監管力度，提高勞動報酬在初次分配中的比重。二是進一步完善稅收、社會保障和轉移支付，合理調節和縮小行業、地區、城鄉、人員收入分配差距，優化教育、健康等基本公共服務供給，構建人本導向的再分配機制。三是進一步完善公益慈善等第三次分配政策法規體系，加強現代慈善組織制度建設，提高社會主體參與積極性主動性。**四是**規範財富積累機制，將擴大財富增量與調節財富存量相結合，多渠道增加城鄉居民財產性收入。保護合法收入，加快完善產權保護、市場准入、公平競爭、社會信用等市場經濟基礎制度，依法保護民營企業產權和企業家權益；調節過高收入，加強反壟斷和反不正當競爭，規範資本性所得管理，清理規範不合理收入；取締非法收入，加強對權力集中、資金密集、資源富集領域行業秩序的監管整治，堅決遏制權錢交易，打擊內幕交易、財務造假等獲取非法收入行為，形成初次分配、再分配和第三次分配優勢互補、相互促進的調節機制。

81. 為什麼要完善高校畢業生、農民工、退役軍人等重點群體就業支持體系？

《決定》指出："完善高校畢業生、農民工、退役軍人等重點群體就業支持體系"。這對於推動民生改善和經濟社會高質量發展、促進高質量充分就業具有重大意義。

第一，就業是最基本的民生，事關人民群眾切身利益，事關經濟社會健康發展，事關國家長治久安。就業是民生頭等大事，牽動著千家萬戶的生活，是穩增長的基礎，是社會穩定的重要保障。我們黨歷來高度重視就業工作。黨的十八大以來，以習近平同志為核心的黨中央堅持把就業工作擺在治國理政的突出位置，深入實施就業優先戰略，強化就業優先政策，健全就業促進機制，有效應對外部壓力、內部困難特別是新冠疫情帶來的嚴峻挑戰，城鎮新增就業年均超過 1300 萬人，調查失業率保持較低水平，在 14 億多人口的發展中大國實現了比較充分的就業，為民生改善和經濟社會發展提供了重要支撐。我國勞動人口眾多，經濟結構正在深刻調整，總體面臨就業壓力大和結構性勞動力短缺、人才匱乏的突出矛盾。如果就業問題處理不好，就會造成嚴重社會問題。因此，必須從全局高度進一步重視就業問題。

第二，高校畢業生、農民工、退役軍人是當前需要重點支持的就業群體。近年來，高校畢業生人數屢創新高，2024 年規模預計達 1179 萬人，未來 10 年每年將維持在 1000 萬人以上，總量規模大，就業難度大。高校畢業生就業承載著個人理想和家庭期望，備受社會各方關注，社會影響大。因供需結構性錯位，高校畢業生對優質崗位的期待難以完全滿足，處理不好易引起社會不穩定。農民工是我國產業工人隊伍的重要組成部分，是現代化建設的有生力量，也是推動鄉村全面振興的關鍵支撐。2023 年我國農民工規模已達 2.98 億人，佔就業人口的 40% 左右，然而農民工就業質量不高、穩定性較差、收入偏低，權益保障還存在不少短板。退役軍人為國防和軍隊建設作出了重要貢獻，促進退役軍人就業是維護社會穩定的重要保障。目前全國有 3900 多萬退役軍人，每年還將新增 40 多萬人，退役軍人長期在部隊服役，知識體系、職業素養與市場就業環境存在較大差異，特別需要加強針對性就業幫扶。高校畢業生、農民工、退役軍人這 3 個重點就業群體，是當前就業工作的重中之重。穩住重點就業群體，就穩住了就業基本盤。

第三，完善高校畢業生、農民工、退役軍人等重點群體就業支持體系，必須強化舉措、精準施策。要堅持就業優先戰略，完善重點群體就業支持政策，開發更多就業崗位，優化就業結構，提升就業質量，以點帶面穩定就業大局。要加快發展新質生產力，改造提升傳統產業，培育壯大新興產業，完善高校、職業院校學科專業設置和人才培養模式，努力創造更多適合高校畢業生特點的就業崗位。要結合推進新型城鎮化和鄉村全面振興，多措並舉促進農民工就業，穩定脫貧人口務工規模和務工收入，防止因失業導致規模性返貧。要對退役軍人給予更多就業關懷和幫扶，落實各項就業援助政策措施。要完善就業公共服務制度，打造覆蓋全民、貫穿全程、輻射全局、便捷高效的全方位就業公共服務體系。要大力營造公平就業環境，堅決破除妨礙勞動力、人才流動的體制機制和政策弊端。要健全勞動法律法規，完善社會保障體系，維護好勞動者在勞動報酬、休息休假、勞動安全、職業技能培訓、社會保險和福利等方面的合法權益，更好適應就業方式新變化。要加強勞動市場監管和監察執法，有效治理欠薪欠保、過度加班、違法裁員等亂象。

82. 為什麼要健全靈活就業人員、農民工、新就業形態人員社保制度？

《決定》指出："健全靈活就業人員、農民工、新就業形態人員社保制度，擴大失業、工傷、生育保險覆蓋面，全面取消在就業地參保戶籍限制，完善社保關係轉移接續政策。"這是提升我國社會保障水平、發展多層次養老保險體系的迫切需要，也是增進人民福祉、推進經濟社會高質量發展的迫切需要。

第一，靈活就業人員、農民工、新就業形態人員對推動經濟社會發展、保持就業局勢總體穩定發揮了重要作用，健全相應社保制度很有必要。靈活就業是指在勞動時間、收入報酬、工作場所、保險福利、勞動關係等方面不同於建立在工業化和現代工廠制度基礎上的就業形式，主要包括個體經營、非全日制等就業方式。2023 年，我國靈活就業人員規模在 2 億人左右。農民工是指離開戶籍所在地、主要從事非農產業的農業戶口人員。2023 年，全國農民工 2.98 億人，其中外出農民工 1.77 億人。新就業形態人員是指依託互聯網平台就業的人員，主要包括網約配送員、網約車駕駛員、互聯網營銷師等。第九次全國職工隊伍狀況調查顯示，全國新就業形態人員達 8400 萬人。我國已進入互聯網、大數據、人工智能和實體經濟深度融合的階段，靈活就業人員、農民工、新就業形態人員的湧現開闢了就業市場新空間，拓展了勞動者就業增收新途徑，激發了推動經濟發展和轉型升級新動能，在保就業、穩就業、擴就業中發揮了重要作用。健全相應社保制度，是確保國家社保制度有效覆蓋的需要，也是通過穩定就業促進高質量發展的需要。

第二，現行的勞動法、勞動合同法和社會保障制度是針對傳統就業方式設計的，難以有效適應靈活就業人員、農民工、新就業形態人員。我國現有的勞動法律制度是以傳統的勞動關係為基礎設計的，滯後於就業形態新發展，難以適應數字經濟時代靈活化、複雜化、多樣化的用工形式。依據我國的勞動法律制度和勞動仲裁、審判實踐，勞動者權利保障必須以勞動關係為前提，如果不能被認定為勞動關係，則勞動者的勞動和社會保險權利就很難獲得法律的保護。靈活就業人員、農民工、新就業形態人員就業方式靈活、就業門檻低容量大、工作任務自主多元、主要用工方式依靠平台，勞動關係缺乏明確界定和規範。加之平台企業為降低用工成本，採取加盟、代理、承攬等方式拉長用工鏈條，或讓勞動者註冊為個體工商戶成為商事主體來規避勞動關係，導致這些勞動者勞動關係認定難、勞動合同簽訂率低、社會保險不足、勞動權益保障有盲區，勞動者的風險不能通過社會化的方式有效化解。完善靈活就業人員、農民工、新就業形態人員社保制度，就是要及時有效解決存在的這些問題。

第三，健全靈活就業人員、農民工、新就業形態人員社保制度，重在構建和諧勞動關係，促進高質量充分就業。要抓緊研究制定保障靈活就業人員、農民工、新就業形態人員權益的法律法規和制度體系，落實完善各項支持和保護政策措施。要提高社保政策的靈活性和包容性，全面取消在就業地參保戶籍限制，引導靈活就業人員、農民工、新就業形態人員根據實際情況積極參加社會保險。要引導企業完善行業公約和行業標準，加強自律、依法用工，自覺履行其應當承擔的用工和權益保障責任。要加強人力資源市場監管，加強對企業用工方式的監督和合法性審查，對不合理用工現象加大監管和懲罰力度。要積極開展職業傷害保障試點，使其覆蓋更多靈活就業人員、農民工、新就業形態人員。要大力實施勞動權益保障專項行動，從公平就業、工資支付、休息休假、勞動安全、平台規則算法等方面補齊權益保障短板，推動各項法律法規和政策措施落地見效。

83. 如何理解加快構建房地產發展新模式？

《決定》提出："加快構建房地產發展新模式。"這是適應我國房地產市場供求關係發生重大變化的新形勢，著眼於破解房地產發展難題和防範風險、促進房地產市場平穩健康發展的治本之策。

我國現行房地產發展模式是在 20 世紀 90 年代住房短缺的歷史背景下逐步形成的。針對城鎮住房嚴重短缺的實際，通過改革住房分配制度，出台土地、財稅、金融等一系列支持政策，我國實現了從福利分房到主要通過市場解決住房問題的重大轉變，房地產市場快速發展，住房供應規模快速增加，城鎮人均住房建築面積大幅增長，人民居住條件顯著改善，住房"有沒有"問題基本解決。推進各類保障性住房和棚改安置住房建設，建成了世界上最大的住房保障體系。房地產業及相關產業的發展，對保障和改善民生、支撐我國經濟社會發展發揮了重要作用。同時在房地產市場快速擴張時期，也存在一些資金過度向房地產集中，部分房企"高負債、高槓桿、高周轉"等問題。

近年來，隨著經濟社會持續發展以及新型城鎮化深入推進，我國房地產市場供求關係發生重大變化，住房發展的主要矛盾已從總量短缺轉為總量基本平衡、結構性供給不足，商品房交易結構中二手房佔比提高、存量市場權重加大，城市間房地產市場進一步分化。從供給結構看，保障性住房供給相對不足，大城市房價高，新市民、青年人住房負擔較重。從居民需求看，總體上從"有沒有"向"好不好"轉變，改善性住房需求增加，對提升居住品質的願望更為強烈。從經營方式看，"高負債、高槓桿、高周轉"模式存在風險隱患，亟須轉型。從服務經濟發展看，房地產對宏觀經濟的貢獻方式從增量拉動為主轉向存量帶動為主，房地產業作為服務業的特徵更加明顯。這些都需要改變現行房地產發展模式，建立新的發展模式。

加快構建房地產發展新模式，總體思路是以滿足剛性和改善性需求為重點，按照政府保基本、市場滿足多樣化需求的原則，深化供給結構、經營方式、調控政策、監管機制等改革，加快構建租購並舉的住房制度，實現房地產市場平穩、健康、高質量發展。

加快構建房地產發展新模式，要進一步深化重點領域改革。**一是**優化和完善供應體系。加大保障性住房建設和供給力度，提高保障性住房佔住房總量的比例，提升保障性住房的質量品質及適配性，更好滿足工薪群體剛性住房需求，推進解決好大城市新市民、青年人、農民工等群體住房困難問題。支持城鄉居民多樣化改善性住房需求，鼓勵房地產企業提高住房建設標準、加強智能科技應用、提升物業服務水平。持續推進"平急兩用"公共基礎設施建設和城中村改造。**二是**轉變運營方式。改革房地產開發融資方式和商品房預售制度，有力有序推行商品房現房銷售，加強預售資金監管、嚴格預售門檻。引導房地產企業逐步形成適度槓桿比例、合理負債水平和正常周轉速度的發展機制。**三是**完善調控政策。完善城市規劃、建設、治理體制機制。充分賦予各城市政府房地產市場調控自主權，因城施策，允許有關城市取消或調減住房限購政策、取消普通住宅和非普通住宅標準。加強住房與土地、金融資源聯動，根據住房需求科學安排土地供應、配置金融資源，實現以人定房、以房定地、以房定錢，保持市場供需平衡、結構合理，防止大起大落。完善房地產稅收制度。**四是**強化安全監管。從我國存量房屋規模大，一些房屋建成時間長、存在安全隱患的實際出發，研究建立房屋體檢、房屋養老金、房屋保險等制度，形成房屋安全長效機制。

84. 為什麼要促進醫療、醫保、醫藥協同發展和治理？

《決定》指出："促進醫療、醫保、醫藥協同發展和治理。"醫療是指醫療衛生機構和醫務人員提供的醫療衛生服務，是群眾看病就醫保健康復的核心內容，與群眾關係最直接，群眾感受最具體。醫保是指醫療保障制度及其保障水平，醫保基金是群眾看病就醫的"保命錢"，也是醫療服務和醫藥產品的重要籌資來源。醫藥是指中西藥品和醫療器械、醫用耗材等相關產品，作為醫療衛生服務的重要手段，直接關係服務的質量安全、能力水平，國家對醫藥產品實施嚴格監管，確保質量、安全和有效性，並鼓勵創新，增加優質醫藥產品供給。"三醫"協同發展和治理主要有以下 3 點考量。

第一，"三醫"相互聯繫、密不可分。醫療在服務人民群眾生老病死、看病就醫等方面發揮著主體作用，通過深化醫療服務供給側結構性改革，大力發展衛生健康新質生產力，調動廣大醫務人員積極性主動性創造性，推動衛生健康事業高質量發展，更好滿足人民群眾對美好生活的嚮往。醫保一頭連著人民群眾這個"需方"，通過發揮保障功能，減輕患者經濟負擔；另一頭連著醫療和醫藥這兩個"供方"，既可通過支付方式和價格政策等，調節醫療服務供給、規範醫療服務行為、推動醫院改革、促進分級診療，又可通過藥品耗材集中採購，降低醫藥產品價格，發揮槓桿作用。高質量、高效率的醫藥產品生產供應為醫療衛生服務提供必需的技術手段和物資保障，同時也從醫保等支付方獲得合理補償，實現產業健康發展。醫療、醫保、醫藥共同為人民健康保駕護航。提高衛生事業發展水平，需要相關部門密切合作、同向發力，促進"三醫"協同發展和治理。

第二，"三醫"協同發展和治理能夠進一步惠民利民，更好解決民生難題。醫療衛生服務是公共服務的重要內容，是人民群眾對美好生活新期待的重要領域。隨著經濟社會發展和人民群眾生活水平不斷提高，人們希望獲得更加安全有效方便價廉的醫療衛生服務，希望獲得更全覆蓋、更高水平的基本醫療保障，希望獲得創新先進的醫藥產品。只有大力推進"三醫"協同發展和治理，形成工作合力，才能更好滿足人民群眾對美好生活的新期待，才能提高人民群眾獲得感、幸福感、安全感，才能使深化醫藥衛生體制改革更加直接地惠及民生。

第三，"三醫"協同發展和治理有利於促進醫藥領域全鏈條各環節治理，糾治不正之風。受多種因素影響，醫藥衛生領域還存在一些危及人民群眾利益、有損公益性和群眾健康權益的現象和問題。其中，既有醫療服務環節中的大處方、濫檢查、過度用藥等問題，損害群眾健康、浪費衛生資源；也有醫保領域中的欺詐騙保行為，嚴重威脅醫保基金安全；更有醫藥生產流通銷售領域的問題，如"帶金銷售"、層層加價、虛列成本等。這些問題往往交織在一起，連結多個利益主體，貫穿"三醫"多個環節。治理這些問題必須堅持黨的領導，標本兼治，全鏈條加強監管，綜合採用機構監管、功能監管、行為監管、穿透式監管、持續監管等手段，強化"三醫"部門聯動，加強紀法銜接和行刑銜接，對侵害公眾權益和公共利益的行為嚴厲打擊、依法懲處。"三醫"協同發展和治理能夠實現上述目的，對治理不正之風、樹立行業新風起到積極作用，發揮顯著功效。

85. 如何理解加快建設分級診療體系？

《決定》指出："加快建設分級診療體系"。分級診療是按照疾病的輕重緩急和治療的難易程度進行分級，不同級別的醫療衛生機構承擔不同疾病的治療，形成合理的就醫和診療格局。分級診療體系是圍繞實現這一目標形成的制度安排，其核心可概括為基層首診、雙向轉診、急慢分治、上下聯動。國際上研究認為，約 80% 的疾病可通過初級衛生保健得以有效處置解決。建設分級診療體系，就是讓群眾能夠就近在基層醫療衛生機構得到常見病、多發病的診斷治療，並接受相關預防保健康復服務；病情超出基層診療處置能力時，及時轉診到上級醫療衛生機構；病情緩解穩定後需要繼續治療康復的，再轉回基層進行治療康復，方便群眾在家門口獲得需要的服務。

黨的十八大以來，按照黨中央的決策部署，建立健全包括分級診療體系在內的中國特色基本醫療衛生制度，分級診療體系建設取得積極進展和明顯成效。在推動基層首診方面，加強基層醫療衛生機構標準化建設，扎實開展 "優質服務基層行" 活動，發展以全科醫生為重點的基層人才隊伍，實行家庭醫生簽約服務。2023 年，全國累計達到服務能力標準的鄉鎮衛生院和社區衛生服務中心超過 3 萬家，基層醫療衛生機構提供的門急診診療人次佔到 52%。在促進雙向轉診、上下聯動方面，大力發展醫療聯合體，在城市建設醫療集團，在縣域打造緊密型醫共體，以薄弱專科和重大疾病診療為重點，組建專科聯盟，擴大優質資源輻射面，引導各級醫療衛生機構加強協同服務。截至 2023 年底，全國建成各種形式的醫聯體 1.8 萬餘個，雙向轉診人次數超過 3032 萬，形成醫療資源縱向流動、患者雙向轉診的新局面。在加強急慢分治方面，建立國家醫學中心、國家區域醫療中心、省級區域醫療中心，建設胸痛、卒中、創傷等急診急救中心，提高急危重症、疑難複雜疾病的診斷治療水平。積極創新服務方式，發展遠程醫療和互聯網診療，為群眾提供綫上綫下一體化服務，開展家庭病房、上門護理等居家服務，更有效地滿足急危重症與慢性病患者的醫療服務需求，促進群眾就醫的分級分層分流。實踐證明，分級診療體系是先進的制度設計，有利於方便群眾就醫、優化資源配置、節約醫療費用。加快建設分級診療體系，引導醫療衛生工作重心下移、資源和服務下沉，把城鄉居民健康"守門人"制度建立起來，是滿足人民群眾看病就醫需求的治本之策，是健康中國建設的基本制度保障。

分級診療體系建設雖然在我國已取得積極進展和明顯成效，但距離黨中央部署要求和人民群眾期盼還有不小差距。未來 5 年是加快建設分級診療體系的關鍵期，必須以更大決心、更大力度來加快建設。要圍繞習近平總書記提出的分級診療目標，認真落實《決定》部署，集中力量在以下幾方面取得突破。一是以人才隊伍建設為重點，強化城鄉基層醫療衛生服務網底。加大全科醫生培養培訓力度，穩步擴大農村訂單定向免費醫學生培養規模，完善基層醫療衛生人才使用激勵機制，健全薪酬、編制、職稱等政策，實施好大學生鄉村醫生專項計劃編制保障工作，切實提升基層醫療衛生崗位吸引力，壯大基層高質量人才隊伍，持續提升基層防病治病和健康服務能力。二是以資源下沉為重點，健全城市醫療衛生資源支持幫扶基層的長效機制。按照"統籌佈局、分區包片"的原則，深化城市三級醫院支援縣級醫院工作，組織城市二級及以上醫院支援社區衛生服務中心，推進縣級以上醫院支援鄉鎮衛生院和村衛生室，建立基層巡迴醫療制度，促進人才、技術、服務下沉共享。推廣遠程醫療和醫學智能輔助診斷系統，助力優質醫療資源向農村和基層延伸。三是以緊密型醫共體為重點，加強協同服務和統一管理。全面推開緊密型縣域醫共體建設，探索推進緊密型城市醫療集團，形成人財物緊密結合的責任、管理、服務、利益共同體，促進資源共享、機構聯動、信息互通、服務銜接。以重點疾病為切入點，為居民提供預防、診斷、治療、康復、護理等一體化連續性醫療衛生服務。**四是**以落實功能定位為重點，促進優質醫療資源擴容和均衡佈局。有序推進國家醫學中心、國家區域醫療中心建設，發揮省級高水平醫院輻射帶動作用，進一步減少跨省跨區域就醫。加強地市級醫院專科建設，發揮醫療救治主力軍作用。深入實施縣級醫院能力提升工程，突出其縣域龍頭地位，建設一批重點中心衛生院，進一步提高農村居民縣域範圍內就診率。**五是**以引導醫療資源和患者合理流動為重點，推進醫保支付和價格機制改革。發揮價格、醫保報銷政策對群眾就診的槓桿引導作用，逐步提高基層醫療衛生機構提供的服務在醫療服務總量和醫保基金支付中的佔比，促進分級診療體系加快建設。

86. 完善生育支持政策體系和激勵機制需要把握哪些重點？

《決定》指出："完善生育支持政策體系和激勵機制，推動建設生育友好型社會。"這一重大部署是以人口高質量發展支撐中國式現代化任務的必然要求，是以應對老齡化、少子化為重點完善人口發展戰略的實踐抓手，目標是提高生育意願和生育率，努力保持適度人口規模，引領人口發展新常態。

黨的十八大以來，針對人口發展出現的新變化新特點，黨中央科學研判，及時調整優化生育政策。黨的十八屆三中全會決定啟動實施一方是獨生子女的夫婦可生育兩個孩子的政策；黨的十八屆五中全會決定全面實施一對夫婦可以生育兩個孩子的政策；2021 年中共中央、國務院印發《關於優化生育政策促進人口長期均衡發展的決定》，開始實施三孩生育政策及配套支持措施。這一系列促進人口長期均衡發展的重大決策，在完善生育政策的同時，促進形成了生育支持政策體系和激勵機制。進一步完善生育支持政策體系和激勵機制，並予更好貫徹落實，需要把握以下重點。

第一，在推進中國式現代化面臨新的人口環境和條件下，人口工作應該轉向重視採用引導和激勵的辦法。在長期處於低生育水平的情況下，2022年以來，我國人口發展已經進入減量階段，同時進入以65歲及以上人口佔比超過14%為標誌的中度老齡化社會。因此，保持適度生育水平和人口規模，是人口高質量發展的必然要求。從國際經驗來看，隨著經濟社會發展水平的提高，生育率下降是一個規律性的現象，而從低生育水平回升到更可持續水平，通常會遇到諸多難點和堵點。努力消除各種妨礙生育率回升的障礙，需要家庭的生育意願和社會目標逐漸趨於一致，這就要求工作中更加注重利益引導，加大激勵力度，加大支持政策措施的含金量，有效降低生育、養育、教育的直接成本和後顧之憂。同時，這也使促進人口高質量發展要求與在發展中保障和改善民生的要求之間，形成目標和手段都一致的相互促進關係。

第二，以系統觀念認識人口本身及其變化規律，健全覆蓋全人群、全生命周期的人口服務體系。影響生育意願的因素多樣且複雜，完善生育支持政策體系的工作涉及面很廣，要求這項工作的推進具有系統觀念，按照全局性和綜合性的要求拓展工作思路的深度和工作領域的廣度。具體來說，要樹立"大人口觀"、全人群和全生命周期觀念，推進生育支持和激勵措施與強化就業優先政策、完善基本公共服務體系、實施積極應對人口老齡化國家戰略等實現有機結合。實施中注重提高系統性、協同性和實效性，把推動建設生育友好型社會作為行動要求、納入成效檢驗。

第三，按照全人群、全生命周期的覆蓋要求及順序，圍繞降低"三育"成本，認真落實《決定》部署的一系列舉措。一是建立生育補貼制度，在目前各地普遍做法的基礎上，整合各種補貼形式，逐步提高補貼水平，並且與生育保險覆蓋範圍的擴大協同推進，形成廣泛覆蓋的家庭育兒支持基本制度，提高生育、養育、教育成本公共化水平。二是提高基本生育和兒童醫療公共服務水平，提升生育全程基本醫療保健服務能力，擴大輔助生殖技術服務資源，完善母嬰健康、生殖健康和兒童健康服務體系。三是完善生育休假制度，包括制定產假、育兒假、陪護假、哺乳假法規和管理辦法，創造育兒友好的就業環境。**四是**加大個稅抵扣力度，具體辦法可以從提高抵扣的照護嬰幼兒年齡和提高抵扣比例兩方面著手。**五是**加強普惠育幼服務體系建設，增加普惠性服務的戰略性投入，加大對家庭嬰幼兒照護支持和早期發展指導，完善家庭育兒支持服務體系，支持用人單位辦託、社區嵌入式託育、家庭託育點等多種模式發展。

87. 怎樣理解積極應對人口老齡化，完善發展養老事業和養老產業政策機制？

積極應對人口老齡化，事關國家發展全局，事關億萬百姓福祉。《決定》提出："積極應對人口老齡化，完善發展養老事業和養老產業政策機制。"這是立足我國人口老齡化新形勢，對實施積極應對人口老齡化國家戰略作出的重大部署。

老齡化是我國全面建設社會主義現代化國家新征程中的一個基本國情，也是推進中國式現代化必須面對的重大課題。我國老年人口規模大，老齡化速度快，應對人口老齡化任務重。截至 2023 年底，全國 60 歲及以上老年人口已達到 2.97 億、佔總人口的 21.1%，其中 65 歲及以上老年人口 2.17 億、佔總人口的 15.4%。按國際有關標準，我國已進入中度老齡化社會。黨的十八大以來，黨中央對積極應對人口老齡化作出一系列重要部署，黨的十九屆五中全會將積極應對人口老齡化確定為國家戰略，老齡工作方針政策更加明確，養老事業和養老產業加快發展，為積極應對人口老齡化奠定了堅實基礎。同時，還存在老齡工作制度尚待完善、養老服務體系尚待健全、養老事業產業協同發展尚需提升等問題。必須高度重視人口老齡化帶來的系列問題挑戰，以完善發展養老事業和養老產業政策機制為重點，系統謀劃、科學施策，走出一條中國特色積極應對人口老齡化道路。需要著重把握以下3點。

第一，進一步完善應對人口老齡化的政策制度和服務體系。應對人口老齡化牽涉面廣，利益關係複雜，必須堅持黨委領導、政府主導，完善老齡工作體系，加大制度創新、政策供給、財政投入、工作統籌力度，加快健全社會保障體系、養老服務體系、健康支撐體系。強化問題導向，深入研究養老服務供需不匹配、結構不平衡、城鄉差距較大等問題，優化基本養老服務供給，培育社區養老服務機構，健全公辦養老機構運營機制，增加護理型床位比例，加快補齊農村養老服務短板，推進互助性養老服務，改善對孤寡、殘障失能等特殊困難老年人的服務，健全服務標準和綜合監管體系；針對老年人日益增長的健康服務需求，完善老年人健康教育、預防保健、疾病診治、長期照護、安寧療護等相銜接的支撐體系，提升醫養結合實效；針對一些老年人支付能力不足問題，加快建立長期護理保險制度，加快發展多層次多支柱養老保險體系，完善養老服務相關補貼制度。

第二，進一步推進養老產業健康發展。發展養老產業是擴大和優化養老服務供給的重要舉措。針對我國養老產業發展尚處於起步階段，經營主體發育不足、相關支持政策有待完善的實際，著眼於鼓勵和引導企業等社會力量積極參與，完善公建民營、民辦公助、政府購買服務等措施，落實相關惠企政策。推動建設全國統一的養老服務大市場，促進相關企業規模化、連鎖化、品牌化運營，支持國內養老服務企業參與國際競爭。積極開發老年生活用品市場，促進養老產業與教育培訓、健康、體育、文化、旅遊、家政等產業融合發展，拓展養老產業發展空間，發展銀髮經濟。強化要素保障，加強科技手段應用，完善用地用房保障，強化財稅金融支持，推進人才隊伍建設。

第三，堅持社會參與、全民行動，建設老年友好型社會。積極應對人口老齡化，是全社會的共同責任。必須把積極老齡觀、健康老齡化理念融入經濟社會發展全過程，形成責任共擔、人人參與的新局面。弘揚孝親敬老傳統美德，營造孝老尊老助老良好社會氛圍，加強老年人權益保障。充分認識老年是仍然可以有作為、有進步、有快樂的人生重要階段，制定完善促進老年人社會參與的政策措施，按照自願、彈性原則，穩妥有序推進漸進式延遲法定退休年齡改革，創造適合老年人的多樣化、個性化就業崗位。完善老年教育網絡，豐富老年精神文化產品供給。推進適老化改造，深入開展"智慧助老"行動，支持城鄉社區組織、社會組織為老年人提供更多便利，促進老年友好社區、老年友好城市建設。

88. 如何理解建立健全覆蓋全域全類型、統一銜接的國土空間用途管制和規劃許可制度？

《決定》提出："建立健全覆蓋全域全類型、統一銜接的國土空間用途管制和規劃許可制度。"這是推動形成節約資源和保護環境的空間格局、產業結構、生產方式、生活方式的必然要求。

國土是生態文明建設的載體。構建生產空間集約高效、生活空間宜居適度、生態空間山清水秀，安全和諧、富有競爭力和可持續發展的國土空間格局，必須不斷完善國土空間開發保護制度。黨的十八大以來，黨中央部署"多規合一"改革，將主體功能區規劃、土地利用規劃、城鄉規劃等空間規劃融合為統一的國土空間規劃。"多規合一"改革自上而下整體推進，形成涵蓋"五級"（國家、省、市、縣、鄉鎮）、"三類"（總體規劃、詳細規劃、專項規劃）的國土空間規劃，構建起規劃編制審批、實施監督、法規政策、技術標準體系。與此同時，加快國土空間用途管制制度建設，制定實施覆蓋陸海空間全局全要素、全國統一的國土空間調查、規劃、用途管制用地用海分類標準，夯實實施用途管制的基礎；統籌劃定耕地和永久基本農田保護紅綫、生態保護紅綫、城鎮開發邊界，明確農業、生態、城鎮空間用途管制的底綫邊界；制定實施生態保護紅綫管理規定，明確自然保護地核心保護區、一般控制區等不同區域人為活動管控規則；以"多規合一"為基礎推動"多審合一"，切實提高行政服務效能。通過上述改革，總體形成以國土空間規劃為基礎、以用途管制為主要手段的國土空間開發保護制度。但也應看到，我國國土空間用途管制制度建立時間較短，在規劃目標傳導、用途轉用審批和規劃許可融合、規劃和用途管制實施監管等方面還存在薄弱環節，需要進一步深化改革加以完善。

對建立健全覆蓋全域全類型、統一銜接的國土空間用途管制和規劃許可制度的內涵和要求，可從以下 3 個方面加深理解。

第一，夯實國土空間用途管制和規劃許可基礎。國土空間總體規劃和詳細規劃是開展城鄉開發建設、整治更新、保護修復，實施用途管制、核發規劃許可的法定依據。要充分發揮國土空間總體規劃對國土空間開發保護的戰略引領作用，健全規劃實施傳導機制，分領域、分層級落實國土空間開發保護分區管制要求。強化國土空間總體規劃對專項規劃的指導約束作用，在國土空間規劃"一張圖"上統籌、協調和平衡各專項規劃領域的空間需求。改革國土空間詳細規劃編制實施機制，針對城鄉建設、歷史文化資源保護、生態環境保護等的需求，因地制宜劃分詳細規劃單元類型，探索不同單元類型、不同深度詳細規劃的編制和管制內容。

第二，建立健全國土空間用途管制和規劃許可制度。堅持陸海統籌，以全局國土空間和各類自然資源為對象，分區分類健全用途管制和規劃許可制度，實現用途管制類型全面覆蓋、邊界清晰準確、規則統一銜接。在城鎮開發邊界內的建設，實行"詳細規劃＋規劃許可"的管制方式；在城鎮開發邊界外的建設，按照主導用途分區，實行"詳細規劃＋規劃許可"和"約束指標＋分區准入"的管制方式。對以國家公園為主體的自然保護地、重要海域和海島、重要水源地、文物等實行特殊保護制度。完善農業、生態、城鎮空間內部土地用途轉用管制規則，推進用途轉用審批和規劃許可整合優化。

第三，加強國土空間規劃和用途管制、規劃許可實施監管。強化國土空間規劃權威，規劃一經批復，任何部門和個人不得隨意修改、違規變更。推動國土空間治理數字化轉型，建設全國國土空間規劃實施監測網絡，提升國土空間規劃實施監督能力。推動建設項目用地審批、規劃許可、規劃用地核實等全流程數字化管理，強化用途管制和規劃許可監管，嚴肅查處各類違反規劃和用途管制要求的建設行為。推進國土空間規劃法立法，將"多規合一"改革等的制度性成果上升為法律制度。

89. 完善全民所有自然資源資產所有權委託代理機制主要有哪些要求？

《決定》提出："完善全民所有自然資源資產所有權委託代理機制"。全民所有自然資源資產所有權委託代理機制，是指國務院代表國家行使全民所有自然資源所有權，授權自然資源部統一履行全民所有自然資源資產所有者職責，由自然資源部委託省級、市地級政府代理行使部分自然資源資產所有者職責的制度設計。完善委託代理機制旨在解決全民所有自然資源資產產權管理中中央和地方權責不清問題，實現好、維護好、發展好所有者權益，增進人民福祉。

自然資源資產產權制度是加強生態保護、合理利用自然資源、促進生態文明建設的重要基礎性制度。我國一些地方出現生態退化嚴重和自然資源利用粗放等問題，在一定程度上與全民所有自然資源資產所有權人不到位、所有權人權益不落實有關。黨的十八屆三中全會以來，黨中央持續推進自然資源資產產權制度和管理體制改革。2015 年，中共中央、國務院印發的《生態文明體制改革總體方案》提出，分清全民所有中央政府直接行使所有權、全民所有地方政府行使所有權的資源清單和空間範圍。2018 年，在黨和國家機構改革中組建自然資源部，明確由其統一履行全民所有自然資源資產所有者職責。2019 年，中共中央辦公廳、國務院辦公廳印發的《關於統籌推進自然資源資產產權制度改革的指導意見》提出，探索開展全民所有自然資源資產所有權委託代理機制試點，明確委託代理行使所有權的資源清單、管理制度和收益分配機制。2021 年，按黨中央部署在全國 31 個省（自治區、直轄市）、新疆生產建設兵團和 134 個地市同步開展委託代理機制試點，針對全民所有的土地、礦產、海洋、森林、草原、濕地、水和國家公園 8 類自然資源資產（含自然生態空間），按照"由誰管 —— 有什麼 —— 值多少 —— 怎麼管護 —— 如何配置 —— 收益怎麼實現 —— 如何監督 —— 對誰負責"管理鏈條，初步構建起委託代理制度框架。試點工作中也反映出一些問題，如不同層級政府權利義務劃分尚不完善、委託代理法律規範尚不健全等，需要進一步推進相關制度建設。

完善全民所有自然資源資產所有權委託代理機制，必須緊緊圍繞建立歸屬清晰、權責明確、保護嚴格、流轉順暢、監管有效的自然資源資產產權制度改革方向，抓住履行所有者職責、落實所有者權益這個關鍵，遵循統一行使、分類實施、分級代理、權責對等的基本原則，健全相關制度。一是完善自然資源清單管理制度。優化中央政府直接行使所有權的自然資源清單，完善地方政府代理履行所有者職責的自然資源清單，明確履責主體、對象、範圍、權利義務、受託責任等。二是開展自然資源統一確權登記。堅持資源公有、物權法定、統一確權登記，清晰界定自然資源資產產權主體，劃清全民所有和集體所有之間的邊界，劃清全民所有、不同層級政府行使所有權的邊界，劃清集體所有者的邊界，劃清不同類型自然資源之間的邊界。三是推進自然資源資產價值實現。開展自然資源資產清查統計和資產核算。完善自然資源資產權利體系，健全劃撥、出讓、租賃、作價出資（入股）、特許經營管理規則。健全自然資源資產儲備制度，探索不同門類自然資源資產綜合收儲、組合配置使用權，提升資產價值。**四是**完善自然資源資產收益管理。圍繞全民所有自然資源資產收益的徵收、分配、支出、監管等，健全覆蓋各類資產的收益管理制度，落實和維護所有者權益。**五是**健全自然資源資產考核監督制度。健全全民所有自然資源資產管理考核評價體系，探索考核評價結果與領導幹部自然資源資產離任審計等的銜接機制。完善向人大常委會報告國有自然資源資產管理情況制度。健全自然資源資產損害發現、核實、追償和報告制度。**六是**推進自然資源資產法律制度建設。在國有資產法立法和自然資源管理相關單行法修訂中，健全全民所有自然資源資產所有權委託代理機制法律制度，明確相關主體權利義務。

90. 如何理解建立新污染物協同治理和環境風險管控體系？

《決定》提出："建立新污染物協同治理和環境風險管控體系"。這對深化相關領域改革、深入推進新污染物協同治理和環境風險管控提出了明確要求。

新污染物是指在環境和自然生態系統中可檢測出來的，即使以低劑量進入也能夠給人體健康和環境安全帶來較大風險和隱患的一類化學物質的統稱。國內外廣泛關注的新污染物主要包括國際公約管控的持久性有機污染物、內分泌干擾物、抗生素、微塑料等，一般具有危害比較嚴重、風險比較隱蔽、環境持久性、來源廣泛性、治理複雜性等特徵。

以習近平同志為核心的黨中央高度重視新污染物治理工作，黨的二十大報告明確要求開展新污染物治理。習近平總書記在 2023 年 7 月召開的全國生態環境保護大會上強調，要持續推進新污染物協同治理和環境風險管控。近年來，我國新污染物治理工作扎實推進，積極推動相關法規標準體系建設，建立健全工作推進機制，組織開展環境風險摸底調查，強化環境風險源頭管控，多種形式開展宣傳教育，嚴密防控與人民群眾健康安全密切相關的突出環境風險，各項工作取得積極成效。

新污染物治理和環境風險防控工作具有長期性、複雜性、艱巨性，現有的工作基礎仍較薄弱。主要是新污染物治理機制亟待加強，相關制度還不夠健全；環境風險底數尚未全面掌握，亟須系統開展環境風險評估；科技支撐有待進一步強化，需要從國家層面強化研發佈局；法治保障體系需要加快構建，以便為有效管控新污染物環境風險提供保障。

推進新污染物協同治理和環境風險管控，必須堅持人民至上、問題導向、改革創新、共治共享，著力推動實現"五個轉變"：從總量和質量管理向環境風險管理轉變，從末端治理向全生命周期管理轉變，從粗放式決策管理向精細化優先管理轉變，從單一治理向協同治理轉變，從污染防治向構建生命共同體轉變。落實黨中央決策部署，需要重點抓好以下工作。

第一，健全新污染物治理管理體系。依託現有機構力量，在國家和區域流域層面建立"1 + 7"個新污染物治理技術中心，統籌開展新污染物環境調查、危害識別和風險評估，制定並組織實施新污染物全生命周期環境風險管控政策。對新化學物質和優先控制新污染物實施環境管理登記，做到"應管儘管"，積極承擔有關國際公約履約工作。強化省負總責、市縣落實的地方管理體系。

第二，推進新污染物治理法治建設。出台有毒有害化學物質環境風險管理法規，建立禁止、限制、限排等全生命周期新污染物環境風險管控制度體系，健全新污染物環境風險評估制度、風險管控制度以及新化學物質環境管理登記制度等，明確各法律主體的法定職責，加強各領域各環節政策銜接。加大執法檢查力度，推動新污染物相關法律法規落實落地。

第三，完善新污染物治理支撐保障。加快實施新污染物治理科技專項，集中解決新污染物環境風險評估與管控領域面臨的"卡脖子"科技難題。完善新污染物環境風險評估與管控技術體系。實施全國新污染物生態毒理和健康毒理數據集成專項工程，開展全國新污染物環境信息調查和環境監測能力建設專項行動，建設國家新污染物環境風險評估與管控信息系統，構建國家新污染物計算毒理和暴露預測大數據平台。

第四，聚力落實新污染物治理重點任務。持續推進新污染物治理行動，著力破解新污染物治理難題。對我國在產在用的數萬種化學物質系統開展環境調查監測、生態毒性和健康毒性識別、環境風險篩查和評估。精準錨定應當重點管控的新污染物，開展管控措施的經濟社會影響評估，科學制定全生命周期的環境風險管控措施。

91. 如何理解深化環境信息依法披露制度改革？

《決定》提出："深化環境信息依法披露制度改革"。這是推進生態環境治理體系和治理能力現代化的重要舉措。

環境信息依法披露是生態文明制度體系的基礎性內容。黨中央高度重視環境信息依法披露制度改革工作，多次作出重要部署。習近平總書記在黨的十九大報告中明確提出健全環保信息強制性披露制度。2020 年 12 月 30 日，中央全面深化改革委員會第十七次會議審議通過《環境信息依法披露制度改革方案》，部署推進相關工作。經過努力，我國環境信息依法披露制度設計日益完善，制度體系構架初步形成；信息披露系統平台基本建成，全國 31 個省（自治區、直轄市）已完成省市兩級披露系統建設，8 萬餘家企事業單位通過系統平台依法披露環境信息；依法披露協同管理機制持續優化，行業自律逐步加強；環境信息依法披露監督機制不斷完善，監督效能持續提升；綠色低碳發展內生動力得到激發，有力支撐了綠色金融、綠色供應鏈以及環境、社會和公司治理等制度實施。

同時也要看到，當前環境信息依法披露與深化生態文明體制改革的目標要求相比還存在一些短板。一是改革任務推進還不夠均衡，督促檢查機制仍不健全，有效監督企業環境信息依法披露情況的能力還不足。二是環境信息依法臨時披露的規範性亟待提高，按要求臨時披露處罰信息的比例較低。三是披露信息應用不夠豐富，環境信息依法披露制度與環保信用評價、綠色金融等制度銜接有待加強。

深化環境信息依法披露制度改革，需要堅持穩中求進、先立後破、系統集成、協同高效，堅持有為政府和有效市場相結合，堅持政策激勵與監督約束並重，著力打通改革的難點堵點，進一步健全企業自律、管理有效、監督嚴格、支撐有力、應用廣泛的環境信息依法披露制度，為綠色低碳高質量發展注入新動力新活力。

第一，推動環境信息依法披露制度擴面提質。進一步完善監督檢查機制，充分運用大數據、人工智能等技術手段，提升監督能力。健全重大環境信息披露請示報告制度，制定完善環境信息依法披露規章制度，完善技術規範標準體系，研究制定重點行業信息披露格式準則，支持建立行業自律體系。擴大披露主體覆蓋範圍，鼓勵依法披露名單外的企業自願披露環境信息，引導企業自願披露溫室氣體排放信息。

第二，完善環境信息依法披露協同管理制度。推動上市公司、擬上市公司、公司債券發行人嚴格按規定依法披露環境信息，健全上市公司可持續發展信息披露規則，引導評級機構將環境信息依法披露納入發債企業信用評級與跟蹤評級指標。在綠色製造評價體系中強化環境信息強制性披露有關要求，推動將環境信息強制性披露要求納入相關行業規範。加強環境信息依法披露制度與排污許可管理、環保信用評價等制度的相互銜接、協同發力。

第三，提升環境信息依法披露質量。依法實施監督管理，重點關注企業臨時報告披露情況，及時受理社會公眾舉報，依法處理企業違規違法行為。強化數據共享，優化完善企業環境信息依法披露系統與全國排污許可證管理信息平台，環境處罰、固廢管理、全國碳排放權交易市場管理平台等生態環境系統對接和數據共享機制。開展技術幫扶，發佈典型案例，幫助企業提升依法披露環境信息的能力。督促企業按照規定時限，及時披露臨時報告，提升臨時披露信息質量。推動受到生態環境行政處罰的企業，按要求臨時披露處罰信息，增強以案示警效果。

第四，豐富依法披露環境信息應用渠道。健全企業環境信息依法披露系統與同級信用信息共享平台、金融信用信息基礎數據庫等相關平台數據共享機制，推動披露信息在公司治理、綠色金融、綠色供應鏈、綠色消費等領域創新應用，形成更大合力，增強實際效果。同時，要加強部門協作，建立定期會商、信息共享、效果評估的有效機制，強化國際交流合作，積極參與環境信息依法披露相關國際規則制定。

92. 為什麼要健全生態產品價值實現機制？

生態產品是指生態系統為經濟活動和其他人類活動提供且被使用的貨物和服務貢獻，可分為物質供給、調節服務和文化服務產品。生態產品價值實現機制是指在嚴格保護生態環境的前提下，由政府和市場通過合理的路徑和方式，將生態產品價值轉化為經濟價值和社會價值的制度形式。《決定》提出："健全生態產品價值實現機制。" 這是從制度上落實綠水青山就是金山銀山理念，打通綠水青山向金山銀山轉化路徑的重要舉措。

習近平總書記指出："我們既要綠水青山，也要金山銀山。""綠水青山既是自然財富、生態財富，又是社會財富、經濟財富。" 這是重要的發展理念，也是推進中國式現代化建設的重要原則。良好的生態本身蘊含著無窮的經濟價值。健全生態產品價值實現機制是生態文明體制改革的重要制度安排，對於推進人與自然和諧共生的現代化具有重要意義。一是有利於使社會各界更好地認識到保護生態環境就是保護生產力，改善生態環境就是發展生產力，協同推進生態環境保護與經濟發展，培育綠色低碳新業態新模式，促進經濟社會發展全面綠色轉型。二是有利於推動生態保護修復成本內部化，使生態產品價值在市場上得到體現，讓生態環境保護者得到實實在在的利益，增強保護生態環境的內生動力。三是有利於落實主體功能區戰略，支持重點生態功能區與城市化地區、農產品主產區差異化發展，使之在提供更多優質生態產品的同時，把生態優勢轉化為發展優勢，縮小區域發展差距。

2018 年 4 月，習近平總書記在深入推動長江經濟帶發展座談會上指出，要積極探索推廣綠水青山轉化為金山銀山的路徑，選擇具備條件的地區開展生態產品價值實現機制試點，探索政府主導、企業和社會各界參與、市場化運作、可持續的生態產品價值實現路徑。2021 年，中共中央辦公廳、國務院辦公廳印發《關於建立健全生態產品價值實現機制的意見》，從建立健全生態產品的調查監測機制、價值評價機制、經營開發機制、保護補償機制、價值實現保障機制、價值實現推進機制 6 個方面，對生態產品價值實現機制作出頂層設計。有關部門會同地方開展不同形式的試點，圍繞自然資源資產產權交易、生態保護補償、生態產業開發、碳匯交易等深入探索生態產品價值實現的路徑，形成一批可供借鑒的實踐模式。但當前生態產品價值實現機制建設還處於起步探索階段，一些深層次體制機制障礙尚未有效破除，生態產品"難度量、難抵押、難交易、難變現"等問題仍然比較突出。

健全生態產品價值實現機制，要堅持保護優先、合理利用，政府主導、市場運作，系統謀劃、穩步推進，支持創新、鼓勵探索的原則，在明晰自然資源資產產權、開展生態產品信息普查的基礎上，著力破除制約生態產品價值實現的瓶頸問題，加快完善相關制度和政策體系。一是圍繞破解"難度量"問題，深化生態產品理論內涵研究，針對生態產品價值實現的不同路徑，建立生態產品價值評價體系，制定生態產品價值核算規範，形成生態產品價值衡量標準，為生態產品經營開發、生態產品保護補償、政府考核等提供依據。

二是圍繞破解"難抵押"問題，加強綠色金融政策支持和制度創新，引導金融機構開展綠色信貸，鼓勵融資擔保機構為符合條件的生態產品經營開發主體提供融資擔保，探索生態產品資產證券化路徑和模式等。

三是圍繞破解"難交易"問題，構建生態產品市場交易體系，推進生態產品供需對接，拓展生態產品價值實現模式，促進生態產品價值增值，推動生態資源權益交易，在市場交易中顯化和實現綠水青山價值。四是圍繞破解"難變現"問題，按照"誰保護誰受益"、"誰破壞誰賠償"原則，健全生態產品保護補償機制，探索將生態產品價值核算結果納入地區高質量發展綜合績效評價等考核評價工作。

93. 健全綠色低碳發展機制需要把握哪些重點？

《決定》提出："健全綠色低碳發展機制。"這是基於加快發展方式綠色轉型、建設人與自然和諧共生的中國式現代化作出的重大部署，也是推動實現碳達峰碳中和目標的戰略路徑和重要任務。

近年來，黨中央高度重視綠色低碳發展，以美麗中國建設為統領，以減污降碳協同增效為總抓手，聚焦區域重大戰略打造綠色發展高地，謀劃實施一系列政策舉措，綜合效應持續顯現，特別是發展方式綠色轉型步伐明顯加快，環境要素市場化配置作用明顯增強，環境經濟政策激勵效應明顯加大。在取得積極成效的同時，也面臨一些困難和挑戰，主要是生態環保結構性壓力依然較大，特別是碳強度下降形勢嚴峻；環境要素市場機制不夠完善，優化配置作用有待加強；促進綠色低碳發展的內生動力還不足，依靠經營主體推動綠色低碳發展的潛力尚未充分釋放出來。

推動經濟社會發展綠色化、低碳化是實現高質量發展的關鍵環節，是全面推進美麗中國建設的應有之義。健全綠色低碳發展機制，要完整準確全面貫徹新發展理念，站在人與自然和諧共生的高度，處理好高水平保護和高質量發展的關係，科學把握和扎實推進以下重點工作。

第一，加快構建綠色低碳循環發展經濟體系。實施支持綠色低碳發展的財稅、金融、投資、價格政策和標準體系，發展綠色低碳產業，健全綠色消費激勵機制。優化政府綠色採購政策，完善綠色稅制。加快完善綠色金融制度標準，深化綠色金融改革創新。探索形成以信用為基礎的新型環保監管體系。推廣應用綠色供應鏈管理技術、標準和認證。參與相關國際標準制定和倡議發起，謀劃完善氣候投融資長期發展戰略，準確界定氣候投融資相關範圍邊界，加強政策銜接協同，推動國內國際標準的協同和互認。

第二，加強資源節約集約循環利用。完善資源總量管理和全面節約制度，樹立“能水糧地礦材”一體化節約理念，推行全過程管理和全鏈條節約。加強能源、水資源節約高效利用，推動糧食全產業鏈節約減損取得實效，健全節約集約利用土地制度，全面提高礦產資源開發利用效率和水平。健全廢棄物循環利用體系，建立完善投放和回收基礎設施，提升回收行業專業化信息化水平，實施再生資源綜合利用行業規範管理。加快綠色低碳科技創新，培育壯大綠色環保產業。

第三，加快規劃建設新型能源體系。立足我國能源資源稟賦，持續加強能源產供儲銷體系建設，健全煤炭清潔高效利用機制，在確保能源安全的前提下，加快推動能源綠色低碳轉型。大力發展清潔能源，加快發展風電和太陽能發電，統籌水電開發和生態保護，積極安全有序發展核電，科學有序發展氫能等新能源，全力保障能源安全。完善新能源消納和調控政策措施，加快構建新型電力系統，建立以清潔能源為主、多能互補、產銷協同的分佈式能源體系，引導全社會共同承擔新能源供給和消納責任，構建適合我國國情的新能源供給消納體系。

第四，積極穩妥推進碳達峰碳中和。完善適應氣候變化工作體系，建立能耗雙控向碳排放雙控全面轉型新機制，堅持先立後破，有計劃分步驟實施碳達峰行動。構建碳排放統計核算體系、產品碳標識認證制度、產品碳足跡管理體系，完善能源活動、工業生產過程碳排放統計與核算，探索建立重點產品全生命周期碳足跡標準和碳足跡、碳標籤認證制度。健全碳市場交易制度、溫室氣體自願減排交易制度，推動開展配額有償分配，加強溫室氣體自願減排交易與綠電綠證相關工作銜接，建立自願碳市場數據質量監管機制。

94. 如何理解完善適應氣候變化工作體系？

《決定》提出："完善適應氣候變化工作體系。"這是深化生態文明體制改革、守牢美麗中國建設安全底線的重要任務，對保障經濟社會高質量發展和生態環境安全具有十分重要的意義。

黨的十八大以來，以習近平同志為核心的黨中央高度重視應對氣候變化工作，加強戰略謀劃和頂層設計，推動建立完善相關機制，加大工作力度，已經取得積極成效。一是政策體系加快完善。印發《中共中央、國務院關於全面推進美麗中國建設的意見》，就大力提升適應氣候變化能力等作出部署。生態環境部等 17 部門聯合印發《國家適應氣候變化戰略2035》，明確了到 2035 年我國適應氣候變化工作重點領域、區域格局和保障措施。截至 2023 年底，已有 24 個省（自治區、直轄市）印發實施省級適應氣候變化行動方案，39 個市（區）開展深化氣候適應型城市建設試點工作。二是觀測預測預警體系優化升級。初步建立地空天協同的以大氣圈為主的地球系統多圈層立體觀測網絡，健全以氣象災害預警為先導的應急聯動機制，加快形成區域救援實戰能力。三是重點領域協同適應體系持續強化。開展生態質量監測和林草生態綜合監測評價，強化海洋災害觀測預警與評估，加強氣候敏感疾病監測預警和防控，全面推進水利基礎設施建設，形成積極應對、協同適應的工作格局。四是區域適應氣候變化體系初步搭建。建立青藏高原生態環境保護和氣候變化適應部際聯席會議機制，在黃河流域開展水源涵養林、水土保持林建設工程與土地綜合整治工程。五是國際夥伴關係更加緊密。我國在適應氣候變化領域的國際領導力和影響力明顯提升。

國內外專家預計，未來相當長時期內全球變暖的趨勢仍將持續。應對氣候變化任務重、挑戰大，我國適應氣候變化工作體系還存在一些需要改進和加強的地方。一是氣候變化影響和風險的分析評估仍然不足，對氣候變化的規律性認識有待提升。二是適應氣候變化政策行動體系仍需完善，敏感脆弱領域和區域適應氣候變化能力亟待增強。三是適應氣候變化基礎支撐不足，保障能力建設仍有較大提升空間。

完善適應氣候變化工作體系，需要針對存在的問題和不足，著力抓好以下重點工作。

第一，加大減緩和適應氣候變化行動統籌力度。按照堅持減緩和適應並重的原則，將應對氣候變化全面融入經濟社會發展大局。健全全國碳市場並逐步擴大行業覆蓋範圍，完善全國溫室氣體自願減排交易市場。加強氣候變化影響和風險評估，推進氣候系統觀測網絡和預估系統建設，強化全球氣候變化對我國承受力脆弱地區影響的觀測和分析，持續深化低碳城市、氣候適應型城市建設試點，有效應對氣候變化不利影響和風險。

第二，抓好重點領域區域適應氣候變化任務落實。完善適應氣候變化政策行動體系，推動敏感脆弱領域加快制定適應氣候變化行動方案，明確關鍵任務措施。加強京津冀、長江經濟帶、粵港澳大灣區、長三角、黃河流域等重大戰略區域和青藏高原、沿海地區等重點區域適應氣候變化工作。開展省級適應氣候變化行動進展追蹤和成效評估。完善深化氣候適應型城市建設試點的政策體系和激勵機制，建立試點協調和專家幫扶機制，加強城市適應氣候變化經驗交流合作。

第三，加快推進應對氣候變化能力建設。加強適應氣候變化基礎支撐，強化適應氣候變化基礎研究，組織開展適應氣候變化示範基地、示範工程和示範技術遴選，推動關鍵技術研發、應用和推廣，加強積極應對氣候變化專家團隊和人才隊伍建設。健全減緩和適應氣候變化標準體系，完善財政、金融、科技支撐保障機制和配套政策，推進知識、政策、信息共享。深化氣候領域雙多邊合作機制，擴大適應氣候變化國際合作交流。持續深入開展宣傳教育，營造全社會自覺參與應對氣候變化行動的良好氛圍。

95. 為什麼要完善國家安全法治體系、戰略體系、政策體系、風險監測預警體系？

《決定》提出："完善國家安全法治體系、戰略體系、政策體系、風險監測預警體系"。這是黨中央對進一步推進國家安全體系和能力現代化作出的戰略部署。

國家安全是安邦定國的重要基石。中華人民共和國成立以來，我們黨始終高度重視、堅定維護國家安全和社會安定。現在，我國處於以中國式現代化全面推進強國建設、民族復興偉業的關鍵時期，由大向強、將強未強之際往往是國家安全的高風險期。世界百年未有之大變局加速演進，世界進入新的動盪變革期，我國外部環境不穩定、不確定性持續高企。在這一大背景下，我國所面臨的國家安全問題的複雜程度、艱巨程度明顯加大，這就要求不斷健全國家安全體系、提高國家安全能力。一是當前我國國家安全內涵和外延比歷史上任何時候都要豐富，時空領域比歷史上任何時候都要寬廣，內外因素比歷史上任何時候都要複雜。國家安全涵蓋政治、軍事、國土、經濟、文化、社會、科技、網絡、生態、資源、核、海外利益、太空、深海、極地、生物等諸多領域，國家安全工作整體性、全局性、系統性、聯動性特點突出。二是體系對抗是當前國家安全鬥爭的基本特點，只有從頂層設計上統籌資源打好總體戰、最大程度實現國家實力的系統整合，才能贏得鬥爭主動。三是國家安全體系是國家治理體系的重要組成部分和支撐，全面建設社會主義現代化國家，必須同步推進國家安全體系現代化。因此，要著力推進國家安全體系建設，推動國家安全體系各方面建設有機銜接、聯動集成，形成體系性合力和戰鬥力。

黨的十八大以來，以習近平同志為核心的黨中央統籌中華民族偉大復興戰略全局和世界百年未有之大變局，積極推進國家安全體系建設，取得歷史性成就、發生歷史性變革。一是形成並發展國家安全理論體系。習近平總書記創造性提出總體國家安全觀，並在新時代國家安全實踐中不斷豐富發展，為新時代新征程國家安全工作提供了根本遵循，這也是我們黨歷史上第一次形成了系統完整的國家安全理論體系，把我們黨對國家安全實踐規律的認識和把握提升到新高度。二是改革完善國家安全領導體制。設立中央國家安全委員會，習近平總書記親自擔任主席，建立起集中統一、高效權威的國家安全領導體制。出台《中國共產黨領導國家安全工作條例》、《黨委（黨組）國家安全責任制規定》等黨內法規文件，確保黨的絕對領導貫穿國家安全工作各方面全過程。三是建立健全國家安全工作協調機制和重要專項協調指揮體系，國家安全法治體系、戰略體系、政策體系、風險監測預警體系不斷完善。

當前我國國家安全面臨的形勢異常嚴峻，國家安全體系建設仍有短板，必須加快推進國家安全體系和能力現代化，特別是進一步完善國家安全法治體系、戰略體系、政策體系、風險監測預警體系。完善國家安全法治體系，要進一步完善以國家安全法為統領的中國特色國家安全法律體系，有計劃有步驟推進重點領域涉國家安全法律法規立改廢釋纂，嚴格國家安全執法，保障國家安全工作在法治軌道上運行。完善國家安全戰略體系，要以總體國家安全觀為指導，加強頂層設計，根據形勢發展變化不斷完善調整國家安全戰略，制定各領域國家安全戰略規劃，將國家安全戰略切實貫徹落實到國家安全的各領域全過程。完善國家安全政策體系，要不斷完善重點領域國家安全政策，加大政策貫徹執行力度，確保各項政策部署落地見效，更好發揮政策導向作用。完善國家安全風險監測預警體系，要推動風險監測、研判、預警、處置各環節有效銜接，推動國家安全風險治理由事後反應、被動應對向事前預警、快速反應轉變。

96. 怎樣理解完善大安全大應急框架下應急指揮機制？

　　《決定》提出："完善大安全大應急框架下應急指揮機制"。這是以習近平同志為核心的黨中央順應時代發展大勢，主動應對複雜風險挑戰、深入推進改革創新的重大舉措，體現了黨中央對提高公共安全治理能力和水平的高瞻遠矚、深謀遠慮、科學部署，對應急管理改革發展提出了更高要求，進一步指明了方向。

　　習近平總書記強調："應急管理是國家治理體系和治理能力的重要組成部分，承擔防範化解重大安全風險、及時應對處置各類災害事故的重要職責，擔負保護人民群眾生命財產安全和維護社會穩定的重要使命。"中華人民共和國成立以來，我們黨發揮社會主義制度優勢，團結帶領人民成功應對了一次又一次重大突發事件，有效化解了一個又一個重大安全風險，創造了許多搶險救災、應急管理的奇跡。

黨的十八大以來，以習近平同志為核心的黨中央改變災難推動型的治理方式，主動謀劃防控可能遲滯或中斷中華民族偉大復興進程的全局性風險，部署解決在實現"兩個一百年"奮鬥目標進程中防災減災短板的戰略性舉措，從推進國家治理體系和治理能力現代化的高度，對我國應急管理體制進行系統性、整體性、重構性改革，應急管理體系和能力建設持續加強。組建應急管理部和國家綜合性消防救援隊伍，建立起大安全大應急框架下應急指揮機制，推進公共安全治理模式向事前預防轉型，基本形成協同高效的應急管理工作格局，應急管理效能實現質的提升。2018 年至2022 年，全國生產安全事故總量和死亡人數比前 5 年分別下降 80.8%、51.4%，自然災害死亡失蹤人數比前 5 年下降 54.3%。有力應對新冠疫情，社會治安持續向好，群體性事件大幅度下降，恐怖事件明顯減少，我國已成為命案發生率最低、刑事犯罪率最低、槍爆案件最少，世界上公認最安全的國家之一。

當前，我國公共安全形勢仍很嚴峻。我國是世界上自然災害最為嚴重的國家之一，災害種類多，分佈地域廣，發生頻率高，造成損失重，受全球氣候變暖影響，自然災害的極端性也明顯增強，強降雨、山洪、滑坡、泥石流等時刻威脅人民群眾生命財產安全。現代城市高層建築、高架道路、地鐵、地下管網、化工廠等危險源眾多，防大震的壓力也越來越大。我國新型工業化、信息化、城鎮化、農業現代化同步推進，帶來的事故隱患多與本質安全水平低疊加、歷史風險累積和新業態新風險疊加的問題也很突出，城鄉間、地區間、行業間生產力發展水平不平衡，安全生產比任何國家都要艱難複雜。隨著經濟社會發展進入轉型期，公共衛生和社會安全類突發事件等各類事故隱患和安全風險頻發多發。特別是各種風險因素相互作用、相互交織、相互加強，隨著媒體形態、社會輿論場的巨大變革，公共安全風險傳導性更強，任何小事處理不好，都可能引發蝴蝶效應，影響社會和諧穩定。同時，現階段我國應急管理事業改革仍處於不斷深化過程中，一方面，公共安全無處不在，應急管理涉及方方面面、涉及各行業各領域；另一方面，依然存在應急管理部門統籌協調力度偏弱、綜合性防災減災救災體系不完善、統一應急指揮調度機制仍需健全、基層應急能力和社會共治體系短板明顯等繞不開、躲不過的深層次矛盾和問題。解決這些問題，仍需進一步完善大安全大應急框架下應急指揮機制。

完善大安全大應急框架下應急指揮機制，要堅持黨中央對應急管理工作集中統一領導，建強各級應急指揮體系，不斷打破條塊分割、部門獨立、地方割裂的傳統公共安全治理模式，發揮應急管理部門的綜合優勢和各相關部門的專業優勢，強化綜合管理、綜合應對、綜合救援、綜合保障、綜合服務，加強全方位全要素協同聯動，統籌各方力量和資源，提高突發事件防範應對合力，提高公共安全治理水平。

97. 為什麼要建立人工智能安全監管制度？

《決定》提出："建立人工智能安全監管制度。"這是黨中央統籌發展與安全，積極應對人工智能安全風險作出的重要部署。

人工智能是引領這一輪科技革命和產業變革的戰略性技術，具有溢出帶動性很強的"頭雁"效應，正在對經濟發展、社會進步、國際政治經濟格局等方面產生重大而深遠的影響。人工智能安全是我國總體國家安全觀諸多領域中的重要組成部分。習近平總書記高度重視統籌人工智能發展和安全，圍繞發展和安全辯證統一關係、築牢國家安全屏障等作出一系列重要論述，強調要加強人工智能發展的潛在風險研判和防範，維護人民利益和國家安全，確保人工智能安全、可靠、可控。

第一，建立人工智能安全監管制度，是應對人工智能快速發展的必然要求。經過 60 多年演進，全球人工智能進入新一輪爆發期，以大模型和生成式人工智能為代表的通用人工智能取得突破性進展，成為人工智能發展史上新的里程碑。人工智能作為影響面廣的顛覆性技術，也可能帶來改變就業結構、衝擊法律與社會倫理、侵犯個人隱私、挑戰國際關係準則等問題，將對政府管理、經濟安全和社會穩定乃至全球治理產生深遠影響。必須高度重視人工智能可能帶來的安全風險挑戰，通過加強監管進行前瞻預防與約束引導，最大限度降低風險。

第二，建立人工智能安全監管制度，是實現高質量發展的必然要求。新時代新征程，高質量發展成為全面建設社會主義現代化國家的首要任務，而人工智能是發展新質生產力、實現高質量發展的重要引擎。以人工智能推進高質量發展，要吸取人類歷史上“先發展、後治理”的深刻教訓，充分認識和評估人工智能這一顛覆性技術可能存在的難以預料的安全風險，摒棄以犧牲安全為代價的粗放增長，通過加強人工智能安全監管，實現“邊發展、邊治理”，加強對人工智能戰略研究、前瞻預防和約束引導，準確把握技術和產業發展趨勢，充分認識和評估每一項“顛覆性創新”可能存在的漏洞或盲點並及時加以處置，確保人工智能安全、可靠、可控。

第三，建立人工智能安全監管制度，是參與和引領人工智能全球治理的必然要求。人工智能攸關全人類命運，各國普遍重視人工智能安全監管。美國制定人工智能安全標準，歐盟制定人工智能安全監管法規，英國舉行全球首屆人工智能安全峰會，呼籲通過國際合作解決人工智能風險。我國是人工智能大國，不斷頒佈政策法規和國際立場文件，積極同各主要國家就人工智能安全開展溝通交流、務實合作。2023 年 10 月，習近平主席提出《全球人工智能治理倡議》，倡導以人為本、智能向善的普遍共識，弘揚平等互利、尊重人類權益的價值理念，為各方普遍關切的人工智能發展與治理問題提供了建設性解決思路，為相關國際討論和規則制定提供了藍本。我們要繼續發揮負責任大國積極作用，加強引領，不斷為保障人工智能健康發展提供中國方案，反對在人工智能上搞"小院高牆"，促進各方加強技術共享，努力彌合智能鴻溝，共同促進全球人工智能有序安全發展，確保人工智能始終朝著有利於人類文明進步的方向發展。

98. 健全社會治理體系主要有哪些要求？

《決定》對健全社會治理體系作出重要部署。這是以習近平同志為核心的黨中央從推進國家安全體系和能力現代化，堅決維護國家安全和社會穩定的戰略高度提出的重大任務。

黨的十八大以來，以習近平同志為核心的黨中央著眼於國家長治久安、人民安居樂業，建設更高水平的平安中國，推動我國社會治理領域改革，健全社會治理體系，取得了歷史性成就，積累了寶貴經驗，續寫了"兩大奇跡"新篇章，開創了中國之治新局面。一是豐富了中國特色社會主義社會治理相關理論，科學回答了新時代社會治理的重要意義、發展方向、價值取向、理念原則、方法路徑等重大問題，開闢了馬克思主義社會治理學說新境界，為全面深化社會治理領域改革提供了根本遵循。二是加強黨對社會治理的全面領導，健全黨對社會治理全面領導的體制機制。黨中央出台系列文件，作出系統部署，深化黨和國家機構改革，組建中央社會工作部，成立地方黨委社會工作部門，建立健全黨建引領基層治理、鄉村治理、信訪工作等工作機制，實現社會治理方式歷史性轉變，構建起全民共建共治共享的社會治理體系。三是社會治理整體效能顯著提升。社會治安狀況持續好轉，全國信訪總量持續下降，社會保持長期穩定，人民群眾的獲得感、幸福感、安全感持續增強。

隨著改革開放和經濟社會快速發展，我國社會結構日趨多樣，價值取向日趨多元，利益訴求日趨多變，社會矛盾風險累積疊加。我國社會主要矛盾轉化，人民美好生活需要日益廣泛，不僅對物質文化生活提出了更高要求，而且在民主、法治、公平、正義、安全、環境等方面要求日益增長，更加重視知情權、參與權、表達權、監督權，參與社會治理意願強烈。城鄉結構深刻變化，城鎮化進程快速推進，城市規模急劇擴張加重城市治理負擔，農村局部"空心化"讓鄉村治理難度加大，新的社會群體湧現、互聯網和新技術普及應用快速發展，給社會治理帶來新挑戰。

　　健全社會治理體系是推進國家治理體系特別是國家安全體系和能力現代化的基礎性工作。新時代新征程上，健全社會治理體系必須立足中國式現代化歷史進程，提升系統性、整體性、協同性，堅持黨管社會治理，堅持社會治理為人民、社會治理靠人民，建設人人有責、人人盡責、人人享有的社會治理共同體。

　　在發展方向上，把中國特色社會主義根本制度、基本制度和重要制度的優勢轉化為社會治理優勢，加快構建中國特色社會主義社會治理話語體系。

　　在領導力量上，建立健全黨對社會治理全面領導的體制機制，堅持和發展新時代"楓橋經驗"，健全黨組織領導的自治、法治、德治相結合的城鄉基層治理體系，加強黨建引領基層治理，完善共建共治共享的社會治理制度。

　　在內容重點上，堅持為民謀利、為民辦事、為民解憂，推進信訪工作法治化，提高市域社會治理能力，強化市民熱綫等公共服務平台功能，探索建立全國統一的人口管理制度，健全"高效辦成一件事"重點事項清單管理機制和常態化推進機制。健全社會心理服務體系和危機干預機制。健全發揮家庭家教家風建設在基層治理中作用的機制。完善社會治安整體防控體系，健全掃黑除惡常態化機制，依法嚴懲群眾反映強烈的違法犯罪活動。

在參與主體上，明晰各方力量職責任務和權責關係。健全鄉鎮（街道）職責和權力、資源相匹配制度，加強鄉鎮（街道）服務管理力量。健全社會工作體制機制，加強社會工作者隊伍建設，推動志願服務體系建設。深化行業協會商會改革。健全社會組織管理制度。

99. 為什麼要完善涉外國家安全機制？

《決定》提出："完善涉外國家安全機制。" 這是以習近平同志為核心的黨中央統籌中華民族偉大復興戰略全局和世界百年未有之大變局，統籌發展和安全，完善維護國家安全體制機制，增強維護國家安全能力的重要舉措。

黨的十八大以來，以習近平同志為核心的黨中央從全局和戰略高度對國家安全作出一系列重大決策部署，構建新安全格局，全力防範化解影響我國國家安全的外部風險挑戰，取得全方位、歷史性重大成就。堅決捍衛國家利益和民族尊嚴，連續挫敗外部勢力利用台灣、涉疆、涉港、涉藏、涉疫、人權等問題對我攻擊抹黑，反滲透反恐怖反分裂鬥爭卓有成效，堅定維護國家政權安全、制度安全、意識形態安全。有力回擊反制外部勢力干涉台灣問題，與 11 個國家在一個中國原則基礎上實現建交、復交。堅定維護國家海洋權益，穩步推進興邊富民、穩邊固邊，妥善處置周邊安全風險，捍衛了國家主權和領土完整。加快構建海外利益保護和風險預警防範體系，多次實施海外公民緊急保護與撤離行動，不斷加強共建 "一帶一路" 安全保障，維護海外中國公民、機構和項目安全。維護糧食、能源、重要資源供給安全和產業鏈供應鏈安全穩定。積極參與全球安全治理，有力支持聯合國在和平與安全領域重要議程，深度參與國際安全合作，提出全球安全倡議等安全領域新理念新主張，在全球安全事務中的影響力、感召力、塑造力顯著上升。

當前，影響國家安全的國內外因素相互交織、相互滲透、相互作用、相互加強，涉外國家安全風險對國家安全和社會穩定影響日益上升。必須不斷提升維護涉外國家安全能力，進一步完善涉外國家安全機制。

第一，完善涉外國家安全機制，要統籌外部安全和內部安全，應對世界百年未有之大變局帶來的風險挑戰。當前，世界進入新的動盪變革期，逆全球化思潮抬頭，單邊主義、保護主義明顯上升，世界經濟復甦乏力，局部衝突和動盪頻發，全球性問題加劇，我國外部環境和安全格局發生了重大變化，外部打壓遏制隨時可能升級。歷史反覆證明，以鬥爭求安全則安全存，以軟弱退讓求安全則安全亡。要發揚鬥爭精神，建立健全周邊安全工作協調機制，健全反制裁、反干涉、反"長臂管轄"機制，健全維護海洋權益機制，堅決頂住和反擊外部極端打壓遏制，嚴密防範和嚴厲打擊敵對勢力滲透、破壞、顛覆、分裂活動，全力維護黨的領導和執政地位，維護中國特色社會主義制度，捍衛國家核心利益。

第二，完善涉外國家安全機制，要統籌開放和安全，服務高水平對外開放和新發展格局。改革開放以來特別是黨的十八大以來，我國與世界關係發生歷史性變化。我國已成為 140 多個國家和地區的主要貿易夥伴，是越來越多國家的主要投資來源國，自 2017 年起連續 7 年保持貨物貿易第一大國地位，2023 年出口國際市場份額 14.2%，連續 15 年保持全球第一。我國境外資產總額巨大，在外旅遊、工作、留學人員數量龐大。習近平總書記強調，"越是開放越要重視安全"。要強化海外利益和投資風險預警、防控、保護體制機制，深化安全領域國際執法合作，及時協調處置重大涉中國公民和機構安全事件，完善共建"一帶一路"安全保障體系，維護我國公民、法人在海外合法權益，確保糧食、能源資源、重要產業鏈供應鏈安全。

第三，完善涉外國家安全機制，要統籌自身安全和共同安全，推進全球安全治理。實現民族復興不僅需要安定團結的國內環境，而且需要和平穩定的國際環境。要繼續倡導共同、綜合、合作、可持續的全球安全觀，推進落實全球安全倡議，積極參與全球安全治理，推動構建均衡、有效、可持續的安全架構，尋求普遍安全最大公約數，推動構建普遍安全的人類命運共同體。

100. 為什麼要完善人民軍隊領導管理體制機制？

《決定》提出："完善人民軍隊領導管理體制機制。"這是深入實施改革強軍戰略、鞏固拓展國防和軍隊改革成果、接續推進軍隊組織形態現代化的戰略舉措。對此，可以從 3 個方面來認識和把握。

第一，這是確保黨對人民軍隊絕對領導的必然要求。黨的十八大以來，我們著眼更好堅持黨對人民軍隊的絕對領導、更好堅持人民軍隊的性質和宗旨、更好堅持人民軍隊的光榮傳統和優良作風，改革軍隊領導管理體制，打破長期實行的總部體制、大軍區體制、大陸軍體制，重塑軍委機關機構設置和職能配置，重塑軍兵種和武警部隊領導管理體制，重塑嚴密的權力運行制約和監督體系，構建起中央軍委—軍種—部隊的領導管理體系，形成了軍委管總、戰區主戰、軍種主建新格局，確保軍隊最高領導權和指揮權集中於黨中央、中央軍委。當前，世界百年未有之大變局加速演進，國際戰略格局深刻變化，國家安全處於高承壓、高風險期。越是面臨複雜形勢和艱巨任務，越要毫不動搖堅持黨對人民軍隊的絕對領導，不斷完善人民軍隊領導管理體制機制，鞏固和擴大政治優勢、組織優勢、制度優勢。在黨領導人民軍隊的一整套制度體系中，軍委主席負責制處於最高層次、居於統領地位。實踐充分證明，軍委主席負責制貫徹得好，黨對人民軍隊的絕對領導就有根本保證；貫徹不好，黨對人民軍隊的絕對領導就會從根本上受到削弱。《決定》明確 "健全貫徹軍委主席負責制的制度機制"，就是要引導全軍深刻領悟"兩個確立"的決定性意義，增強"四個意識"、堅定"四個自信"、做到"兩個維護"，並通過體制優化和制度安排，以更高標準、更嚴要求貫徹軍委主席負責制，更好堅持黨對人民軍隊絕對領導的根本原則和制度。

第二，這是創新加強軍隊戰略管理的現實需要。優質高效的戰略管理，需要與之相適應的領導管理體制機制來保障。現在，國防和軍隊建設任務繁重，軍事系統運行的整體性、協同性、複雜性顯著上升，必須不斷優化體制、完善機制、理順關係，助推國防和軍隊建設高質量發展。軍委機關是軍隊實施戰略管理的主體力量，需要著眼加強戰略謀劃和宏觀管理，進一步優化職能配置，更好發揮參謀機關、執行機關、服務機關作用。打好實現建軍一百年奮鬥目標攻堅戰，時間緊、任務重，需要健全戰建備統籌推進機制，成體系抓好國防和軍隊建設重大任務落實。決策諮詢評估在現代管理中的分量越來越重，需要完善重大決策諮詢評估機制，提高機制化、專業化、體系化水平，更好支撐科學決策、民主決策、依法決策。依法治軍是我們黨建軍治軍的基本方式，需要健全依法治軍工作機制，完善中國特色軍事法治體系，推動治軍方式根本性轉變，提高國防和軍隊建設法治化水平。

第三，這是提高軍隊備戰打仗能力的重要舉措。軍隊是要準備打仗的，必須堅持全部精力向打仗聚焦、全部工作向打仗用勁。應當著眼提高軍隊捍衛國家主權、安全、發展利益戰略能力，完善軍隊領導管理體制機制，不斷破解影響軍事鬥爭準備的重點難點問題，消除戰鬥力建設的薄弱環節。習主席指出，科技是核心戰鬥力。黨和國家機構改革，組建了中央科技委員會，重新組建科學技術部，完善了科技創新體系。應當根據黨和國家戰略佈局，調整軍事科研工作領導管理體制，把科技創新這個強大引擎全面發動起來，打造新質生產力和新質戰鬥力增長極。練兵備戰是軍隊的主責主業，應當著眼為戰鬥力服務，持續完善作戰戰備、軍事人力資源等領域配套政策制度，推動軍隊院校內涵式發展，實施軍隊企事業單位調整改革，不斷解放和發展戰鬥力、解放和增強官兵活力。

101. 如何理解完善軍事治理體系？

《決定》提出："完善軍事治理體系。"這是貫徹黨的二十大關於全面加強軍事治理的戰略部署，深刻把握新時代新征程建軍治軍特點規律，著眼推動軍隊高質量發展採取的一項重大舉措，需要深刻理解、準確把握、全面落實。

第一，全面加強軍事治理是加快國防和軍隊現代化的戰略要求。全面加強軍事治理是國家治理體系和治理能力現代化的重要方面，是我軍在把握時代變局中累積優勢、在激烈軍事競爭中掌握主動、在快速建設發展中提高效能的戰略之舉。黨的十八大以來，我們黨在領導推進強軍事業的進程中，積極推進軍事治理探索實踐，形成一系列全新的體制機制、法律法規、政策制度，有力促進了國防和軍隊現代化。當前，世界進入新的動盪變革期，維護國家主權、安全、發展利益的任務艱巨繁重，對發展壯大我國軍事實力提出新的更高要求。新一輪科技革命和軍事革命快速深入發展，搶佔軍事競爭戰略制高點的較量更為激烈，對軍隊建設效益提出新的挑戰。我軍正在貫徹國防和軍隊現代化新"三步走"戰略安排，奮力打好實現建軍一百年奮鬥目標攻堅戰，迫切需要提高軍事治理能力，跑出戰建備統籌推進的加速度，邊鬥爭、邊備戰、邊建設，如期交上優異答卷。總之，推動人民軍隊實現更快速度、更高質量、更高效益、更可持續的發展，必須全面加強軍事治理，來一場治軍理念和方式的深刻變革，完善軍事治理體系，以軍事治理新加強助推強軍事業新發展。

第二，完善軍事治理體系重在強化系統觀念、全局統籌。軍隊建設是一項複雜系統工程，軍事治理需要把握關聯性、駕馭複雜性，加強頂層設計和戰略謀劃，加強條塊協作和一體聯動，提高軍事系統運行效能和國防資源使用效益。軍隊建設各領域是軍事治理的重要落點，需要增強跨域統籌，優化跨部門跨領域協調，強化需求牽引、目標規制、標準統一，提高軍事治理的系統性、整體性、協同性。流程是理念創新、技術突破與管理變革的重要承載，需要加強全鏈路治理，以流程優化再造推進戰略管理創新，推動各環節緊密耦合、各要素融合發力，確保戰略管理鏈路順暢高效。在軍事治理體系中，各層級有各層級的責任，應根據各自職能任務，構建主體明確、界面清晰的責任體系和工作體系，推動軍事治理上下貫通、橫向到邊、縱向到底。改革和法治是軍事治理的戰略抓手，應重視發揮改革的推動作用，用好法治這個基本方式，不斷破解制約國防和軍隊現代化的深層次矛盾問題，堅持好、發展好中國特色社會主義軍事制度。

第三，完善軍事治理體系要加強跨軍地治理。加強跨軍地治理是全面加強軍事治理的應有之義，是鞏固提高一體化國家戰略體系和能力的內在要求。當今時代，國家戰略競爭力、社會生產力、軍隊戰鬥力的耦合關聯越來越緊密，需要強化集中統一領導、強化大局意識、強化改革創新、強化法治保障，推動軍地形成相互適應、相互融合、相互促進、協同發展的治理狀態，實現經濟建設和國防建設綜合效益最大化。軍地各方面應當強化治理的理念，運用系統治理、依法治理、綜合治理、源頭治理等方式，推動戰略規劃統籌、政策制度銜接、資源要素共享，實現軍事建設佈局與經濟社會發展佈局有機結合。按照國家主導、需求牽引、市場運作有機統一的原則，建立健全分工明晰、高效銜接的運行機制。以加強軍地政策制度銜接為重點，加快推進相關法律法規立改廢釋工作，充分發揮法律法規的規範、引導、保障作用，以法治思維提升跨軍地治理水平。

102. 怎樣理解健全國防建設軍事需求提報和軍地對接機制？

《決定》提出："健全國防建設軍事需求提報和軍地對接機制"。這是鞏固提高一體化國家戰略體系和能力的制度設計，是基於國防建設相關領域新的體制調整、新的建設格局作出的重要部署。健全這一機制，需要把握好以下 3 個方面。

第一，充分發揮軍事需求牽引作用。軍事需求是國家維護安全與發展利益的基本需要，是實現國家軍事戰略目標所需能力條件的綜合要求，對國防建設具有定向、聚焦、調適等功能，可以說是國防建設的邏輯起點和根本牽引。軍事需求明確合理、牽引有力，國防建設就有明晰的方向和科學的輸入，就能正確引導、有效調控資源投向和投量，把各方面顯性和潛在的能力轉化為國防實力；反之，國防建設就可能失序、失焦、失準，造成國防資源投入不足或者浪費，難以保障國家安全和發展利益。推進國防建設，首先需要生成科學、權威、管用的軍事需求。應當深入分析把握國際環境、國家戰略、軍事戰略、經濟社會發展、科技條件和軍力水平等要素，把一定時期內遂行什麼任務、需要什麼能力搞清楚，把映射到國防建設領域的需求指標描述好。軍事需求發揮牽引作用，要經歷一個轉化落實的過程，應當扭住規劃計劃、資源配置、執行監督、能力評估等重點環節，構建從需求論證提報到落實反饋的管理閉環，增強軍事需求對國防建設的引導力、約束力。

第二，建立順暢高效的軍地協調鏈路。習主席強調，中央和國家機關有關部門、地方各級黨委和政府要強化國防意識，加強統籌協調，盡好國防建設領域應盡的責任。軍隊要同地方搞好溝通協調，充分發揮軍事需求對國防建設的牽引作用。推動國防建設軍事需求提報和軍地對接，重在樹立軍地一盤棋思想，建立需求牽引、平戰結合、軍地協同、常態運行的協調機制，推進各領域戰略佈局一體融合、戰略資源一體整合、戰略力量一體運用。提報和落實軍事需求,各領域各層級都有相應的職能和任務,需要完善各層面協調機制,明晰分級對接協調責任,加強軍地需求對接、規劃對接、任務對接,明確各層面應當抓什麼、怎麼抓、以什麼標準抓等,形成各司其職、緊密協作、規範有序的跨軍地工作格局。搭建軍事需求生成與管理平台,創新軍事需求論證提報模式,搞好軍地協同論證、體系論證、聯合論證,暢通軍地共建共用共享的軍事需求發佈渠道,用足用好社會一切優質資源和先進成果,推動軍事需求高效轉化、精準落地。國防建設是全黨全軍全國各族人民的共同事業,應當加強國防教育,增強全民國防觀念,使關心國防、熱愛國防、建設國防、保衛國防成為全社會的思想共識和自覺行動。

第三,抓實國防建設軍事需求落實情況檢驗評估。評估是戰略管理的重要環節、輔助決策的重要手段,對國防建設軍事需求生成與管理發揮著驗證、把關、糾偏的重要作用。新體制下推進國防建設,需要抓實檢驗評估,及時評價需求設計的水平、規劃執行的質量、資源配置的效益,為調整決策方向、修正建設目標、優化資源投放提供依據。堅持軍地協作、專兼結合,構建國防建設軍事需求落實情況檢驗評估機制,健全定期評估、動態評估、第三方評估等制度,走體系化、專業化評估路子。建強評估體系,完善相關政策法規,規範評估內容、流程、標準,把評估融入國防建設籌劃、決策、執行、調控全過程,著重評價衡量軍事需求指標是否合理、建設任務與軍事需求是否匹配、資源投向投量是否科學、能力形成是否達到預期目標等內容,確保軍事需求與國防供給緊密銜接、迭代互促。堅持以評促建、以評促備,健全結果通報、結論採用、問題整改等制度,充分運用檢驗評估成果,樹立正確的工作導向,促進軍事需求精準提報、快速響應、有力落實,提高國防建設質量效益。

103. 如何理解構建武器裝備現代化管理體系？

《決定》提出："構建武器裝備現代化管理體系。"武器裝備是軍隊現代化的重要標誌，是軍事鬥爭準備的重要基礎，是國家安全和民族復興的重要支撐，是國際戰略博弈的重要砝碼。實現建軍一百年奮鬥目標，加快國防和軍隊現代化建設，必須緊緊抓住武器裝備這個物質技術基礎，構建武器裝備現代化管理體系，提高武器裝備建設專業化、精細化、科學化管理水平，推動武器裝備高質量發展。

第一，堅持作戰需求的根本牽引。習主席指出，設計武器裝備就是設計未來戰爭，未來打什麼仗就發展什麼武器裝備。在武器裝備建設上，起主導作用的是作戰需求，打什麼仗、怎麼打仗從根本上決定武器裝備發展的方向、佈局和規模。構建武器裝備現代化管理體系，應當聚焦實戰，以保障勝戰為目標指向，把作戰需求貫徹到武器裝備研製生產全過程。深入研究把握戰爭形態、作戰樣式、典型場景和制勝機理，依據作戰需求正向生成和體系設計思路，完善武器裝備體系、性能、指標等，確保武器裝備滿足打贏需要、經得起實戰檢驗。重視科學技術對武器裝備建設的驅動作用，牽住國防科技創新這個"牛鼻子"，加快戰略性前沿性顛覆性技術發展，加快推進我軍武器裝備現代化進程。

第二，堅持體系建設、體系運用。隨著時代和科技的發展，武器裝備從單體到體系，在形態上日趨複雜。冷兵器時代主要是開發和改進材料，熱兵器時代主要是開發和改進火藥，機械化時代主要是提高火力和機動力，信息化、智能化時代的戰爭則呈現出體系對抗的鮮明特徵。仗要聯合打，兵要聯合練，武器裝備也需要體系建設、體系運用，從而超越單一武器系統的限制，通過智能網絡將各武器系統有機聯為一體，在更大範圍、更多手段、更高效率等維度提高作戰效能。構建武器裝備現代化管理體系，應當強化系統觀念，加強頂層設計和體系集成，增強武器裝備發展的系統性、協同性。統籌各類武器裝備發展，統籌當前急需與長遠佈局，統籌拉長板與補短板，統籌新質戰鬥力與傳統戰鬥力建設，全面提升新興領域戰略能力，支撐打造高水平戰略威懾和聯合作戰體系。

第三，堅持抓好武器裝備質量建設。質量至上是武器裝備建設的基本原則，武器裝備質量關係官兵生命、關係戰爭勝負。構建武器裝備現代化管理體系，應當貫徹質量就是生命、質量就是勝算的理念，把質量要求落實到武器裝備研製、生產、應用、保障全過程各環節，實現全生命周期質量管理。完善武器裝備質量管理體系，壓實各方面各層級質量責任，加強武器裝備實戰化考核鑒定，抓好現役武器裝備質量整治，確保武器裝備質量托底。為軍隊提供先進、可靠、管用、完備的國防科技和武器裝備體系，是國防科技工業的首責和主業。應當優化國防科技工業體系和佈局，強化先進技術引領力、工業基礎支撐力、自主可控保障力，促進武器裝備質量迭代提升。

第四，堅持向管理創新要效益。當前，我軍武器裝備加速發展，技術含量越來越高，體系構成越來越複雜，武器裝備建設的組織協調、資源分配、系統配套難度越來越大，迫切需要在管理創新上下功夫。應當強化以實戰為導向、以效能為核心抓管理的意識，全面加強體系管理、項目管理、基礎管理，優化管理流程、完善管理機制、健全管理法規，打通武器裝備研、建、用、管、保各環節，推動武器裝備低成本、高效益發展。創新武器裝備建設管理模式，改進管理方法手段，加強信息化、智能化、體系工程等先進技術與方法應用，推進管理數字化轉型，確保武器裝備更好適應技術發展和未來戰爭需要。同時，搞好人才、編成、條例、保障等非裝備要素的聯動配套，推進戰鬥力全系統全鏈條生成。武器裝備管理是廣大官兵的共同責任，應當抓好學裝、知裝、管裝、用裝工作，實現人與武器裝備最佳結合，最大限度發揮武器裝備效能。

104. 堅持黨中央對進一步全面深化改革的集中統一領導主要有哪些要求？

《決定》強調"堅持黨中央對進一步全面深化改革的集中統一領導"，並提出了明確要求。黨的領導是進一步全面深化改革、推進中國式現代化的根本保證，黨中央集中統一領導是黨的領導的最高原則。《決定》把堅持黨的全面領導、堅定維護黨中央權威和集中統一領導放在進一步全面深化改革必須貫徹的原則的首要位置，並列出專條作出部署，充分凸顯其極端重要性。全黨必須深刻領悟"兩個確立"的決定性意義，增強"四個意識"、堅定"四個自信"、做到"兩個維護"，在進一步全面深化改革、推進中國式現代化的過程中始終同以習近平同志為核心的黨中央保持高度一致，增強思想自覺、政治自覺、行動自覺，把堅持黨中央對進一步全面深化改革的集中統一領導落到實處。

第一，完善黨中央重大決策部署落實機制。黨中央對進一步全面深化改革進行集中統一領導，領導改革的總體設計、統籌協調、整體推進。中央和國家機關、人民軍隊等要擔負好主體責任，聚焦重大部署、重要任務、重點工作，主動擔當作為，深入研究推進本部門本單位本系統改革任務落地見效。地方各級黨委和政府要抓好涉及本地區重大改革舉措的組織實施。各級黨政主要負責同志要擔負起政治責任，把改革抓在手上，既掛帥又出征，重要改革親自部署、重大方案親自把關、關鍵環節親自協調、落實情況親自督察。各級黨組織要提高政治判斷力、政治領悟力、政治執行力，全面準確把握《決定》確定的進一步全面深化改革、推進中國式現代化的戰略部署，在全局中定準位站好位，在探索完善科學制度機制上下功夫，推動各領域各方面以釘釘子精神抓好改革落實，結合實際抓落實，開拓創新抓落實，敢闖敢試、善作善成，努力創造可複製、可推廣的新鮮經驗。

第二，圍繞解決突出矛盾設置改革議題。改革決策是否科學，決定著改革落實的成效。要精準把握黨中央進一步全面深化改革的各項部署，突出問題導向，圍繞解決推進中國式現代化過程中的突出矛盾設置改革議題，優化重點改革方案生成機制，做到改革議題的提出積極穩妥、針對性強，每一項重點改革方案的出台論證充分、科學精準，努力爭取以最高的效率和相對較少的資源投入取得最佳的改革效果。

第三，完善改革激勵和輿論引導機制。隨著全面深化改革的深入推進，各種難啃的硬骨頭會越來越多，改革要順利推進，必須廣泛凝聚社會共識，營造良好改革環境。要完善改革激勵機制，及時對改革中的先進單位和個人進行表彰，形成良好改革工作導向。完善改革輿論引導機制，通過各種媒體和方式，把好的改革舉措宣傳好，讓廣大人民群眾明白為什麼要改革、改革怎麼改、改革有什麼好處，著力讓改革深入人心，取得凝心聚力的好效果。改革涉及利益關係的調整，難免會出現各種不同的聲音。境內外敵對勢力也慣於利用社會不同意見大做文章、混淆視聽，以達到分化黨和政府同人民群眾的目的。要及時關注社會上特別是互聯網上對改革的各種看法，及時答疑解惑、澄清謬誤、消除雜音，著力形成廣大人民群眾高度認同改革、積極參與改革、大力支持改革的良好局面。

第四，走好新時代黨的群眾路線。大興調查研究，深入基層、深入實際、深入群眾，既問需於民又問計於民，直插矛盾和問題比較集中的地方，全面了解情況，深入找準問題原因，有針對性地制定改革舉措。要注重集思廣益，把社會期盼、群眾智慧、專家意見、基層經驗充分吸收到改革設計中來，使改革方案更加符合實際、富有實效。

第五，及時發現問題、糾正偏差。改革方案是否科學，要由實踐來檢驗。要大力發揚堅持真理、修正錯誤的精神，在改革落實過程中及時發現改革方案的不足之處，及時完善或調整改革舉措，確保改革全過程行動正確、見到實效。

105. 怎樣理解樹立和踐行正確政績觀，健全有效防範和糾治政績觀偏差工作機制？

《決定》指出："樹立和踐行正確政績觀，健全有效防範和糾治政績觀偏差工作機制。"這是新時代新征程加強領導班子和幹部隊伍建設的重要舉措，對於推動各級領導幹部在中國式現代化建設中擔當作為、真抓實幹，具有重要意義。

第一，樹立和踐行正確政績觀是堅持黨的性質和宗旨、完成黨的使命任務的必然要求。政績觀是對政績的根本觀點和總的看法，是世界觀、人生觀、價值觀在從政行為中的具體體現。正確政績觀深深植根於黨的初心使命、性質宗旨，生動體現在黨的一切奮鬥、全部實踐之中。黨章規定，黨除了工人階級和最廣大人民群眾的利益，沒有自己特殊的利益。新時代以來，以習近平同志為核心的黨中央明確提出"人民對美好生活的嚮往，就是我們的奮鬥目標"，團結帶領全黨全軍全國各族人民一道拚、一道幹、一道奮鬥，實現了第一個百年奮鬥目標，創造了彪炳史冊的歷史偉業。新征程上，面對全面建成社會主義現代化強國、以中國式現代化全面推進中華民族偉大復興的崇高使命，必須樹立和踐行正確政績觀，以功成不必在我的精神境界、功成必定有我的歷史擔當，把既定的行動綱領、戰略目標、工作藍圖變為現實，創造經得起實踐、人民、歷史檢驗的實績。

第二，樹立和踐行正確政績觀，最重要的是解決好"政績為誰而樹、樹什麼樣的政績、靠什麼樹政績"的問題。總體上看，廣大幹部認真落實黨中央決策部署，成績是顯著的。同時應當看到，一些地方脫離實際、不計成本、盲目舉債搞建設；有的整大場面、鋪大攤子，搞"形象工程"、"面子工程"；有的統計造假、虛報浮誇，搞"數字政績"、"虛假政績"；等等。這些問題，都是政績觀錯位、權力觀扭曲、責任心缺失的表現。解決這些問題，一**要**把為民造福作為最重要的政績，真正解決“政績為誰而樹”問題。堅持人民立場，用心用情用力解決群眾關心的就業、教育、社保、醫療、住房、養老、食品安全、社會治安等實際問題。二**要**堅定不移貫徹新發展理念、推動高質量發展，真正解決“樹什麼樣的政績”問題。完整準確全面貫徹新發展理念，加強改革系統集成、協同高效，統籌發展和安全，著力提高發展質量和效益。三**要**真抓實幹抓落實，真正解決“靠什麼樹政績”問題。把幹事熱情和科學精神結合起來，堅持目標導向和問題導向相統一，強化精準思維，以繡花功夫把工作做扎實、做到位，堅決防止形式主義、官僚主義。要對當務之急立說立行、緊抓快辦，對長期任務保持戰略定力和耐心，發揚釘釘子精神，一張藍圖繪到底。

第三，樹立和踐行正確政績觀，要健全有效防範和糾治政績觀偏差工作機制。一**是**加強正確政績觀教育。深入學習領會習近平總書記關於樹立和踐行正確政績觀的重要論述，突出抓好領導班子正確政績觀教育。加強履職能力培訓，幫助幹部增強推動高質量發展本領、服務群眾本領、防範化解風險本領。二**是**強化重實幹、重實績的用人導向。大力選拔牢固樹立正確政績觀、真抓實幹、實績突出的優秀幹部，堅決不用那些政績觀不正的幹部，推進幹部能上能下。完善和落實領導幹部任期制，保持領導班子相對穩定，健全領導班子主要負責人變動交接制度。三**是**改進推動高質量發展的政績考核。精準設置關鍵性、引領性指標，完善分級分類考核，完善平時考核、年度考核、專項考核、任期考核，提高考核科學性、精準度。將考核結果與選拔任用、培養教育、激勵約束等結合起來，鼓勵先進、鞭策落後。**四是**發揮管理監督的剛性約束作用。鞏固“半拉子工程”、“形象工程”和統計造假等問題專項整治成果，把政績觀問題納入紀檢監察監督、巡視巡察監督和審計監督，及時發現和糾治政績觀偏差突出問題，對查明屬實、造成嚴重後果的嚴肅追責問責。

106. 如何理解落實“三個區分開來”，激勵幹部開拓進取、幹事創業？

《決定》提出：“落實‘三個區分開來’，激勵幹部開拓進取、幹事創業。”這對於調動全黨抓改革、促發展的積極性、主動性、創造性具有重要意義。

2016 年 1 月，習近平總書記首次提出“三個區分開來”，強調“要把幹部在推進改革中因缺乏經驗、先行先試出現的失誤和錯誤，同明知故犯的違紀違法行為區分開來；把上級尚無明確限制的探索性試驗中的失誤和錯誤，同上級明令禁止後依然我行我素的違紀違法行為區分開來；把為推動發展的無意過失，同為謀取私利的違紀違法行為區分開來”。此後，習近平總書記又在許多重要場合予以強調。落實習近平總書記重要講話和重要指示精神，各地各部門各單位結合實際研究制定政策文件，探索開展相關工作，取得了一定成效。同時應當看到，一些地方、部門和單位問責泛化的問題仍然存在，一些幹部怕幹得越多出錯越多、怕觸及矛盾引火燒身，產生了不敢擔當、不敢作為心態。解決這個問題，激勵幹部開拓進取、幹事創業，需要細化實化“三個區分開來”。具體工作中，要重點把握 3 個方面。

第一，樹立鮮明用人導向。習近平總書記指出，中國式現代化是前無古人的開創性事業，需要我們探索創新。這對幹部的素質能力、精神狀態、作風形象提出了新的更高要求。前進道路上，破解改革發展難題、應對各種風險挑戰，都迫切需要黨員幹部敢於啃硬骨頭、勇於涉險灘的開拓勇氣和創新精神。幹事業總是有風險的，不能期望每一項工作只成功不失敗，要給幹事者以總結經驗、重振旗鼓的機會。落實“三個區分開來”，就是要樹立正確用人導向，營造激勵擔當作為、幹事創業的良好政治生態和從政環境，調動廣大黨員幹部的積極性、主動性、創造性，凝聚起全面建設社會主義現代化國家的磅礴偉力。

第二，合理把握政策界限。落實"三個區分開來"，關鍵是要正確看待幹部履職中的失誤和錯誤。在具體政策把握上，一**看**是出於公心還是源於私利。二**看**是無心之失還是有心之過。對因不可抗力、難以預見，或認識局限、經驗不足等因素造成損失的，應給予更多理解和包容。對明知故犯、蓄意違規、失職瀆職的，則應依規依紀依法處理。三**看**是履行程序還是破壞規則。對個人專斷、規避程序、違規決策導致不良影響和損失的，該問責的問責。但在當時情境下已經履行必要程序、盡到必要責任的，不應認定為失職失責。四**看**是遵紀守法還是違法亂紀。對黨規黨紀和法律法規沒有明確規定或明令禁止的，可以探索創新、先行先試。但上級已有明確規定和要求的，應認真抓好貫徹落實，不得自行其是。五**看**是輕微影響還是嚴重危害。幹部履職中的失誤和錯誤造成的影響損失不大，或者積極補救挽損消除影響，工作效果整體不錯的，可視情減責免責。對造成重大損失或嚴重不良影響的，一般不宜完全免責。

第三，營造幹事創業氛圍。各級黨委（黨組）認真落實全面從嚴治黨主體責任，積極營造鼓勵創新、支持改革、寬容失誤的濃厚氛圍。對雖有失誤錯誤但免責的幹部和影響期滿、表現好且符合規定條件的被追責問責幹部，在考核考察、選拔任用、職級晉升、表彰獎勵等方面不應讓其受影響。對幹部履職盡責、幹事創業出現失誤和錯誤引發的負面輿情，及時處置、加強引導。發現存在捏造歪曲事實、誣告陷害、打擊報復行為的嚴肅處理，旗幟鮮明為擔當者擔當、為負責者負責、為幹事者撐腰、為創新者鼓勁。

107. 怎樣理解制定鄉鎮（街道）履行職責事項清單，健全為基層減負長效機制？

《決定》提出："制定鄉鎮（街道）履行職責事項清單，健全為基層減負長效機制。"這是從源頭和機制上持續深化整治形式主義為基層減負的一項重要舉措。

基層是黨的執政之基、力量之源，是國家治理的最末端、服務群眾的最前沿。黨的十八大以來，黨中央著眼實現基層治理體系和治理能力現代化，創新完善基層治理體制機制，推動基層組織工作規範化水平不斷提高、基層治理效能不斷提升。同時要看到，基層工作本就千頭萬緒、事務繁雜，近年來由於多方面原因，一些基層對上承接任務越來越多，負擔越來越重，"小馬拉大車"現象比較突出。為此，黨中央把解決形式主義突出問題和為基層減負結合起來，將整治形式主義為基層減負作為深化黨的作風建設、推進新時代黨的自我革命的重要抓手持續加以推進。中央政治局從 2019 年起每年聽取整治形式主義為基層減負工作情況報告。中共中央辦公廳連續印發文件，部署解決文山會海、面向基層的督查檢查考核過多過頻、過度留痕等問題。中央層面建立整治形式主義為基層減負專項工作機制，負責統籌協調和督促推動。經過努力，基層的形式主義問題得到一定程度遏制，基層負擔明顯減輕。但一些基層幹部反映強烈的老問題仍未得到根本解決，一些已初步解決的問題有可能反彈回潮，實踐中還出現一些新問題，整治形式主義為基層減負依然任重道遠。

制定鄉鎮（街道）履行職責事項清單，是在總結實踐經驗基礎上提出的一項改革舉措。近年來，一些地方和部門通過給基層"掛牌"等形式，將本屬自身職責範圍的任務轉嫁給基層，導致基層幹部不堪重負。解決這一問題，需要釐清基層職責邊界，讓基層幹部明明白白履職，種好"責任田"，幹好"分內事"。2021 年印發的《中共中央、國務院關於加強基層治理體系和治理能力現代化建設的意見》提出："市、縣級黨委和政府要規範鄉鎮（街道）、村（社區）權責事項，並為權責事項以外委託工作提供相應支持。未經黨委和政府統一部署，各職能部門不得將自身權責事項派交鄉鎮（街道）、村（社區）承擔。"據此，一些地方將清單制引入基層治理，制定鄉鎮（街道）依法履職事項清單、協助辦理事項清單、履職負面事項清單，明確基層組織職責範圍，清理不應由其承擔的任務，取得較好效果。對制定鄉鎮（街道）履行職責事項清單提出普遍性要求，有利於以制度剛性維護基層組織職責剛性，為基層減負夯實基礎。

健全為基層減負長效機制，是為基層減負常態化、長效化的重要保證，是針對作風問題具有頑固性和反覆性的特點提出的。整治形式主義為基層減負，是一場攻堅戰、持久戰，既要治標，也要治本，而且越往縱深推進，越要注重健全長效機制。包括系統總結為基層減負行之有效的經驗做法並以制度形式確立下來，作為長期遵循；推進基層職責明晰化，嚴格規範基層事務職責准入，增強基層履職事項的穩定性和約束力，確保權責明確、權責一致；將推進整治形式主義為基層減負的工作機制固定下來，以抓鐵有痕、踏石留印的勁頭常抓不懈。

以上兩方面要求既有聯繫，又有區別。制定鄉鎮（街道）履行職責事項清單是基礎，健全為基層減負長效機制是關鍵，前者是對後者的體現和落實，後者是對前者的深化和拓展，要將二者作為一個整體來理解和貫徹。在貫徹落實的過程中，領導機關、領導幹部要發揮好示範、引領、推動作用，深刻認識這項工作在實現新時代新征程黨的中心任務中的特殊重要性，把為基層鬆綁減負、向基層科學賦能、激勵基層幹部擔當作為有機統一起來，綿綿用力、久久為功，真正讓基層卸下包袱、輕裝上陣，把更多精力放在抓落實、促發展、創實績上。

108. 為什麼要建立經常性和集中性相結合的紀律教育機制？

《決定》提出："建立經常性和集中性相結合的紀律教育機制"。這是加強黨的紀律建設、推動全面從嚴治黨向縱深發展的重要舉措，對於嚴肅黨內政治生活、增強黨員紀律意識具有重要意義。

第一，注重紀律教育是我們黨加強自身建設的重要經驗。我們黨是靠革命理想和鐵的紀律組織起來的馬克思主義政黨，紀律嚴明是黨的光榮傳統和獨特優勢。回顧黨的歷史，用紀律教育、組織、管理黨員，保證黨的團結和集中統一，是始終一貫的成功做法。進入新時代，黨中央先後部署開展了 7 次黨內集中教育，每一次都包含黨的紀律的內容，都把紀律教育擺在突出位置。2024 年 4 月至 7 月，黨中央組織全體黨員特別是黨員領導幹部認真學習《中國共產黨紀律處分條例》，就是一次集中性的黨紀學習教育。黨的歷史經驗和新時代實踐經驗表明，開展黨紀學習教育，加強黨的紀律建設，是保持黨的先進性和純潔性、確保黨不變質不變色不變味的有力保證，是增強黨的創造力凝聚力戰鬥力、確保黨政治統一思想統一行動統一的有效舉措，必須常抓不懈。

第二，加強紀律教育是黨員提高黨性修養、養成紀律自覺的重要途徑。紀律是管黨治黨的"戒尺"，也是黨員、幹部約束自身行為的標準和遵循。我們黨歷來強調要培養"自覺的紀律"，毛澤東深刻指出，"黨的紀律是帶著強制性的；但同時，它又必須是建立在黨員與幹部的自覺性上面"。黨員的紀律意識、規矩意識和遵規守紀自覺，並不是天然就能產生，也不會一入黨就自然形成，必須通過持續的思想引導、嚴格的黨性鍛煉、深入的學習領悟才能達成。把鐵的紀律轉化為黨員的日常習慣和自覺遵循，紀律教育就是一個重要途徑。黨員認真參加紀律教育，對照黨規黨紀約束言行，對照先進榜樣查找差距，對照反面典型檢視自身，在理論學習中提升思想覺悟，在組織熔爐裏接受黨性鍛煉，在靈魂深處進行自我革命，常敲思想警鐘、常緊紀律之弦、常存敬畏之心，黨性將更加堅定，組織紀律性將更加堅強。

第三，經常性紀律教育和集中性紀律教育有機結合方可相得益彰、達到最佳效果。兩者目標和導向一致，都是解決對黨規黨紀不上心、不了解、不掌握等問題，組織黨員學習黨的紀律規章，做到學紀、知紀、明紀、守紀，搞清楚黨的紀律規矩是什麼，弄明白能幹什麼、不能幹什麼，把遵規守紀刻印在心，內化為言行準則。兩者有所區別和側重，經常性教育重在融入日常、抓在平時，通過長期性、常態化的紀律教育，引導黨員增強紀律意識、紀律觀念、紀律自覺，養成在受監督和約束的環境中工作生活的習慣；集中性教育重在聚焦問題、營造氛圍，通過階段性、專題性的紀律教育，督促黨員強化紀律意識、加強自我約束、提高免疫能力，增強政治定力、紀律定力、道德定力、抵腐定力。開展紀律教育，既要集中發力、形成聲勢，又要綿綿用力、久久為功，系統深入、常態長效加以推進。

第四，開展經常性和集中性相結合的紀律教育必須依靠制度機制加以保障和規範。根據黨中央有關部署精神，這方面的具體要求主要有：黨委（黨組）採取理論學習中心組學習、舉辦讀書班和研討班等形式，全面深入學習習近平總書記關於全面加強黨的紀律建設的重要論述，原原本本學習黨的紀律規定；黨校（行政學院）、幹部學院把黨章黨規黨紀教育作為必修課，在主體班次中安排輔導課程或教學內容；基層黨組織把紀律教育融入"三會一課"、主題黨日等黨內生活，基層黨組織書記講紀律黨課；召開警示教育會，開展以案說德、以案說紀、以案說法、以案說責，強化警示震懾效應；運用違紀違法幹部警示錄、懺悔錄、警示教育片以及警示教育基地等開展警示教育，深刻剖析違紀違法典型案例，注重用身邊事教育身邊人，督促指導發生重大違紀違法案件的相關單位黨委（黨組）召開專題民主生活會；開展領導幹部紀律教育專題培訓,，突出對新提拔幹部、年輕幹部、關鍵崗位幹部等重點對象的紀律培訓。

109. 為什麼要豐富防治新型腐敗和隱性腐敗的有效辦法？

《決定》提出：“豐富防治新型腐敗和隱性腐敗的有效辦法。”這是持續發力、縱深推進反腐敗鬥爭的重要舉措，充分彰顯了以習近平同志為核心的黨中央堅定不移反腐懲惡的決心意志。

第一，新型腐敗和隱性腐敗是當前反腐敗鬥爭面臨的新情況新挑戰，必須高度重視、加強應對。從近年來查處的案件看，新型腐敗和隱性腐敗手段不斷變異升級。有的獲取利益由現金、房產、高檔禮品等傳統財物逐漸擴大為股份、房屋裝修、有償服務等財產性利益，腐敗的利益形式越來越多元化。有的領導幹部的“白手套”從近親屬等身邊人擴大到同學、朋友等“局外人”，共同受賄人員範圍呈進一步擴大趨勢。有的藉助“市場行為”為腐敗披上“隱身衣”、“護身符”，以民間借貸、低買高賣等為名，形式上日益“合法化”。有的減少直接行賄受賄行為，轉而採取設立“影子公司”、由他人代持等方式間接收受財物，增加收受行為的中間環節，偽裝掩飾腐敗行為。有的採取金融運作等高智能犯罪手段掩蓋權錢交易本質。有的在職時為他人謀利但不收受財物，退休後才收受財物，謀利與受賄行為間隔時間拉長形成“期權化”。此外，政商“旋轉門”、“逃逸式辭職”等現象，也是腐敗問題的新變種。新型腐敗和隱性腐敗在作案方式和手法上偽裝變異、花樣翻新，但以權謀私、違紀違法的本質沒有變，污染政治生態、破壞發展環境的危害更嚴重，必須堅決懲治。

第二，提升反腐敗鬥爭能力水平是防治新型腐敗和隱性腐敗的現實需要，必須升級打法、豐富手段。新型腐敗和隱性腐敗具有很強的隱蔽性、迷惑性，發現和查處難度加大，對治理腐敗能力提出更高要求。必須增強鬥爭精神、提高鬥爭本領，提高及時發現、有效處理腐敗問題的能力，真正做到"魔高一尺，道高一丈"。要深化對反腐敗鬥爭的規律性認識，加強對腐敗的本質、根源、發生機理等問題的分析研究，把握腐敗階段性特徵和變化趨勢。完善反腐敗工具箱，不斷提升反腐敗方式和手段科學化水平，藉助大數據等信息化技術，揪出隱藏很深的腐敗分子。建立腐敗預警懲治聯動機制，加強廉潔風險隱患動態監測，強化快速反應、聯合處置，加大對新型腐敗和隱性腐敗的甄別和查處力度，讓新出現的問題難以蔓延。

第三，防治新型腐敗和隱性腐敗是一項長期任務，必須與時俱進、常抓不懈。腐敗滋生有著歷史、文化、經濟、社會、制度、生態等多方面的土壤和條件，是各種不良因素長期積累、持續發酵的結果，反腐敗鬥爭是一場總體戰、攻堅戰、持久戰。腐敗問題不是一成不變的，在不同時期、不同階段有不同表現，老問題解決了，新問題又會冒出來，治理了的問題還可能改頭換面、反彈回潮。新型腐敗和隱性腐敗也是相對的，有的腐敗形態剛出現的時候，是新型的、隱性的，經過治理，就逐漸變成老舊的、顯性的了，但同時還會有更新型、更隱性的腐敗問題出現。反腐敗鬥爭永遠在路上，發現、治理、再發現、再治理是一個持續、漸進的過程。只要存在腐敗滋生的土壤和條件，腐敗現象就不會根除，就要不斷探索和豐富防治腐敗的有效辦法，堅持不懈、久久為功，推動防範和治理腐敗問題常態化、長效化。

110. 如何理解健全加強對 "一把手" 和領導班子監督配套制度？

《決定》提出："健全加強對'一把手'和領導班子監督配套制度。"這是加強對"關鍵少數"監督、提高監督質量和實效的必然要求，是進一步健全中國特色社會主義監督制度、完善黨和國家監督體系的重要任務。

第一，"一把手"和領導班子是黨內監督的重點對象。領導幹部責任越重大、崗位越重要，越要加強監督。黨章要求，加強對黨的領導機關和黨員領導幹部特別是主要領導幹部的監督。黨內監督條例規定，黨內監督的重點對象是黨的領導機關和領導幹部特別是主要領導幹部。"一把手"是黨的事業發展的領頭雁，被賦予重要權力，擔負著管黨治黨重要政治責任，是"關鍵少數"中的"關鍵少數"。大量事實表明，"一把手"違紀違法最易產生催化、連鎖反應，帶壞隊伍、搞亂風紀、污染生態，甚至造成區域性、系統性、塌方式腐敗。"一把手"違紀違法，既有理想信念動搖、外部"圍獵"腐蝕的因素，也有日常管理監督不力的原因。加強黨內監督，必須管好關鍵人、管到關鍵處、管住關鍵事、管在關鍵時，特別是要把"一把手"管住管好。

第二，對"一把手"和領導班子的監督要進一步強化。我們黨始終高度重視對領導幹部的監督，黨的十八大以來，採取一系列措施加大監督力度，形成全方位、全過程、立體式的監督制約機制。但也要清醒看到，當前領導幹部違紀違法問題量還不少，不少問題就發生在"一把手"崗位上。有的違背民主集中制搞"一言堂"，有的任人唯親搞"小圈子"，有的以權謀私搞腐敗，有的當老好人搞"一團和氣"。從監督看，一些黨組織也存在監督虛化、監督不力問題，對"一把手"和領導班子監督總體上仍是薄弱環節，需要切實加強。要著眼於增強監督的針對性實效性，在監督的具體化、精準化、常態化上下更大功夫。強化自上而下監督，上級黨組織多了解下級"一把手"和領導班子日常的思想、工作、生活狀況，多注意幹部群眾對下級"一把手"和領導班子問題的反映，多聽取下級領導班子成員對"一把手"和領導班子的意見，尤其是上級"一把手"要監督好下級"一把手"。監督首要是聚焦絕對忠誠，強化政治監督；重點是聚焦清正廉潔，強化權力監督，促使領導幹部做到位高不擅權、權重不謀私，確保秉公用權、依法用權、廉潔用權、為民用權。教育引導領導幹部正確對待監督、主動接受監督，自覺置身黨組織和群眾監督之下，習慣在受監督和約束的環境中工作生活。

第三，加強對"一把手"和領導班子監督關鍵在於健全監督配套制度。2021年印發了《中共中央關於加強對"一把手"和領導班子監督的意見》，這是我們黨針對"一把手"和領導班子監督制定的首個專門文件，對於破解對"一把手"監督和同級監督難題發揮了重要作用。應在落實好已有監督制度的基礎上，在健全監督配套制度上下功夫、求實效。在監督主體、監督內容、監督重點、監督方式、監督舉措、監督貫通、監督體系等方面積極探索創新、及時總結經驗，把有關監督制度進一步細化、具體化，把有效做法上升為制度規範，同時加強各項監督制度的協調配套，完善信息、資源、力量、措施、成果等共享共用機制，形成常態長效監督合力，把監督制度優勢更好轉化為治理效能。

111. 深化基層監督體制機制改革主要有哪些要求？

《決定》提出："深化基層監督體制機制改革。"基層監督是黨和國家監督體系的重要組成部分，加強基層監督是推動全面從嚴治黨向基層延伸、提升基層治理效能的有力舉措，意義重大。深化基層監督體制機制改革，主要把握好以下要求。

第一，完善基層監督格局。注重各負其責、齊抓共管，強化"縣統籌抓鄉促村"工作機制，形成省市縣貫通協調、以縣級為主統籌縣鄉力量的基層監督格局。加強紀檢監察監督與派駐、巡察、審計、財會等各類監督的貫通協調，開展聯合監督。向鄉鎮（街道）派出監察機構或監察專員，強化對基層公職人員的監督。推動市縣巡察向基層延伸，加強對村（社區）巡察。織密基層監督網絡，完善有機貫通、協同高效的工作機制，形成全面覆蓋、常態長效的監督合力。

第二，健全基層監督制度。注重建章立制、系統集成，加強各項基層監督制度的協調配套，增強整體效能。修訂《農村基層幹部廉潔履行職責若干規定（試行）》等法規，完善基層監督的基礎性制度。聚焦基層小微權力運行，動態完善基層幹部廉潔履職負面清單和重點事項監督清單。創新監督方式，探索開展村（社區）集體"三資"、村（社區）"兩委"和集體經濟組織負責人、村組小微權力提級監督。完善市縣兩級紀委監委查辦案件提級管轄、指定管轄等制度機制，推進基層紀檢監察工作規範化建設。

第三，整合基層監督力量。注重以改革的思維和創新的理念，發揮系統作用和組織優勢，將分散的基層監督力量攥指成拳，形成強大監督效能。優化縣級紀委監委機關內設機構設置，將人員力量向監督執紀執法一線傾斜。深化基層紀檢監察機關派駐機構改革，強化鄉鎮（街道）紀檢監察力量統籌，推行和完善片區協作工作機制。統籌用好縣鄉監督力量，促進基層紀檢監察組織和村務監督委員會有效銜接。加強機關事業單位、國有企業、國有金融企業、高校等基層紀檢機構建設。通過機構設置的優化和人員力量的整合，切實解決力量分散、人手不足難題，確保任務接得住、權力用得好，真正讓基層監督實起來、強起來。

第四，建好基層監督平台。注重手段創新、科技賦能，推動監督與現代信息技術深度融合，不斷提高發現問題能力。加強基層監督信息化建設，構建基層公權力大數據監督平台，深化應用檢舉舉報平台、基層小微權力"監督一點通"等監督服務平台,重點加強對民生項目資金使用、集體"三資"管理等方面監督,看住國家資產、集體財產,運用信息化手段及時發現、預警糾治各類腐敗和作風問題。

第五,暢通社會監督渠道。注重發揮群眾主體作用,把為了人民與依靠人民統一起來,貫穿各項監督工作中。完善基層黨務公開、政務公開、村(居)務公開等各領域辦事公開制度,推進權力運行公開化、規範化,保障群眾知情權、參與權、表達權、監督權,讓廣大幹部群眾在公開中監督。健全基層專題調研、專項督查等制度機制,開門搞監督,多渠道傾聽群眾訴求。規範信訪舉報工作,保護幹部群眾監督積極性。建立重要輿情反映問題處置機制,及時回應群眾關切。加大對群眾反映強烈、損害群眾利益突出問題的辦理力度,建立全程跟進督導機制,做到問題有渠道反映、事情有人管,讓人民群眾切實感受到全面從嚴治黨、有力有效監督就在身邊。

112. 為什麼要以實績實效和人民群眾滿意度檢驗改革?

《決定》提出:"以實績實效和人民群眾滿意度檢驗改革。"這是對以釘釘子精神抓好改革落實、確保改革取得實效的明確要求,對於樹立改革正確價值導向、為中國式現代化提供強大動力和制度保障具有重要意義。可以從 4 個方面來認識。

第一,這是由我們黨的性質和宗旨決定的。改革是我們黨的主張,也是在我們黨領導下進行的。用什麼來檢驗改革,是一個重大政治問題,關乎黨的作風、思想方法、工作方法,反映黨的性質、根本立場、根本宗旨。我們黨作為長期執政的馬克思主義政黨,除了工人階級和最廣大人民群眾的利益,沒有自己特殊的利益。全心全意為人民服務,是黨一切行動的根本出發點和落腳點。黨的一切工作,都以最廣大人民根本利益為最高標準。因此，檢驗我們一切工作包括改革的成效，最終都要看人民是否真正得到了實惠，人民生活是否真正得到了改善，人民權益是否真正得到了保障。

第二，這體現了改革的根本目的。我們黨始終堅守為人民謀幸福的初心，把人民對美好生活的嚮往作為奮鬥目標。黨團結帶領人民進行革命、建設、改革，根本目的都是為了讓人民過上好日子。習近平總書記指出："我們黨推進全面深化改革的根本目的，就是要促進社會公平正義，讓改革發展成果更多更公平惠及全體人民。"因此，必須把是否促進經濟社會發展、是否給人民群眾帶來實實在在的獲得感，作為改革成效的評價標準。

第三，這是實現中國式現代化的必然要求。黨的二十大明確新時代新征程黨的中心任務是以中國式現代化全面推進強國建設、民族復興偉業。改革開放是決定中國式現代化成敗的關鍵一招。黨的二十屆三中全會對進一步全面深化改革的系統部署，都緊緊圍繞中國式現代化展開，目的是為推進中國式現代化持續注入強勁動力。如果說實現中國式現代化明確了"過河"的任務，那麼進一步全面深化改革就是要解決"橋"和"船"的問題。進一步全面深化改革能否取得實效，關乎中國特色社會主義制度能否得到完善和發展，關乎我國國家制度和國家治理體系的顯著優勢能否得到充分發揮，關乎全面建成社會主義現代化強國的戰略目標和戰略安排能否如期實現。

第四，這是新時代全面深化改革的重要經驗。黨的十八大以來，以習近平同志為核心的黨中央以巨大政治勇氣推進全面深化改革，破除各方面體制機制弊端，推動許多領域實現歷史性變革、系統性重塑、整體性重構，為全面建成小康社會提供了有力制度保障。全面深化改革之所以取得歷史性成就，重要原因之一就是堅持問題導向，將解決實際問題作為制定改革方案的出發點，使改革精準對接發展所需、基層所盼、民心所向，並以抓鐵有痕、踏石留印的勁頭狠抓落實，確保改革落地見效。這是新時代全面深化改革的重要思想認識成果，必須在進一步全面深化改革中堅持好、運用好。

對改革的檢驗，既是改革的一個環節，也是工作的指揮棒。將實績實效和人民群眾滿意度明確為改革的檢驗標準，有利於教育引導廣大黨員、幹部樹立和踐行正確政績觀，推動全面深化改革持續走深走實。貫徹落實這一要求，需要堅持以人民為中心，發揚黨的自我革命精神，弘揚真抓實幹作風，運用科學思維和方法，堅持真理、修正錯誤，發現問題、糾正偏差，確保進一步全面深化改革不斷取得扎實成效。

名詞解釋

1. 增信制度

　　增信制度是指以擔保、保險、信用衍生工具、結構化金融產品或法律、法規、政策以及行業自律規範文件明確的其他有效形式，為提升融資主體債務信用等級、增強債務履約保障水平、提高融資可得性、降低融資成本，幫助債權人分散、轉移信用風險的一種專業性金融服務安排。

2. 首發經濟

　　首發經濟是指企業發佈新產品，推出新業態、新模式、新服務、新技術，開設首店等經濟活動的總稱，涵蓋了企業從產品或服務的首次發佈、首次展出到首次落地開設門店、首次設立研發中心，再到設立企業總部的鏈式發展全過程。首發經濟具有時尚、品質、新潮等特徵，是符合消費升級趨勢和高質量發展要求的一種經濟形態，是一個地區商業活力、消費實力、創新能力、國際競爭力、品牌形象和開放度的重要體現。

3. 懲罰性賠償

　　懲罰性賠償是指在民事法律關係的損害賠償中，超過實際損失數額範圍的額外賠償。根據我國民法典的規定，懲罰性賠償主要適用於侵權案件，如知識產權侵權、產品缺陷侵權、環境污染侵權等，一般要求侵權人有主觀惡意、故意或者欺詐，實施了不法行為並造成嚴重後果等條件。我國食品安全法等法律對懲罰性賠償作了特別規定。完善懲罰性賠償制度，進一步明確適用規則，適度擴大適用範圍和增加賠償數額，有利於鼓勵市場主體運用法律武器維護合法權益，有利於懲罰侵權人並警示他人，更好維護市場秩序與公平競爭。

4. 未來產業

　　未來產業是由前沿技術驅動，當前處於孕育萌發階段或產業化初期，具有顯著戰略性、引領性、顛覆性和不確定性的前瞻性新興產業。未來產業代表著新一輪科技革命和產業變革方向，是經濟增長的最活躍力量，有望培育發展成先導性支柱產業，是形成新質生產力的重要陣地。世界主要國家都在抓緊佈局，發展未來產業，搶佔發展制高點。我國重點圍繞未來製造、未來信息、未來材料、未來能源、未來空間和未來健康等方向，大力發展人工智能、類腦智能、量子科技、原子級製造、生物製造、人形機器人、低空經濟、氫能等未來產業，這是牢牢把握未來發展主動權的戰略選擇。

5. 數智技術

　　數智技術是數字化和智能化的有機融合，可以理解為“數字化＋智能化”，是在數字化基礎上融合應用機器學習、人工智能等智能技術的過程。數智化是新型工業化的鮮明特徵，是形成新質生產力的重要途徑。通過“人工智能＋工業製造”、“人工智能＋生成設計”等推進智能工廠、未來工廠、“燈塔工廠”建設，推動實現製造業數智化，是製造業轉型升級的重要方向。

6. 天使投資

　　天使投資是指投資者對具有前沿技術或創新理念、產品或商業模式尚未得到驗證、仍處於種子期但具有較大發展潛力的小型初創企業或創新項目進行的早期投資，通常為該企業或項目接受的第一筆外部股權投資。這個階段的企業或項目往往尚處於萌芽期，甚至只有一個原型產品或商業計劃，還遠沒有穩定的收入來源或成熟的產品。這些投資者之所以被稱為“天使”，是因為他們在企業或項目最初期的時候提供資金支持，往往需要承擔較高的風險,而且通常還會在戰略、管理等方面為企業或項目成長賦能。天使投資是創新生態系統的重要組成部分,在推動創新創業創造方面發揮著獨特作用,是顛覆性、原創性技術產業早期發展的重要融資安排。

7. 耐心資本

耐心資本是一種專注於長期投資的資本形式,不以追求短期收益為首要目標,而更重視長期回報的項目或投資活動,通常不受市場短期波動干擾,是對資本回報有較長期限展望且對風險有較高承受力的資本。從全球實踐看,耐心資本主要來源於政府投資基金、養老基金(包括社保基金、企業年金、個人養老金)、保險資本等,是私募創投基金、公募基金等引入中長期資金的重要來源,能夠為投資項目、資本市場提供長期穩定的資金支持,是科技創新和產業創新的關鍵要素保障,是發展新質生產力的重要條件和推動力。

8. 職普融通

職普融通是指職業教育、普通教育通過教學資源共享、培養成果互認、發展路徑互通等方式,推動人才培養模式改革,為學生成長成才提供多樣化路徑選擇,為推進中國式現代化提供高素質複合型技術技能人才。

9. 免費教育

免費教育是指教育不收取學生(兒童)學費、雜費以及保育教育費。免費教育的經費由中央和地方財政按照教育領域財政事權和支出責任分擔。目前,我國對九年義務教育實行免費,同時國家逐步分類推進中等職業教育免除學雜費,免除普通高中建檔立卡等家庭經濟困難學生學雜費,在提高教育普及水平、促進教育公平、推動基本公共教育服務均等化等方面發揮了重要作用。探索逐步擴大免費教育範圍,有利於進一步提高教育普及程度、提高人力資源開發水平，進一步縮小教育的城鄉、區域、校際、群體差距，進一步減輕家庭教育負擔，充分保障適齡兒童少年受教育機會，增進民生福祉，推進共同富裕。

10. 專門教育

專門教育是國民教育體系的組成部分，是對有嚴重不良行為的未成年人進行教育和矯治的重要保護處分措施。專門教育針對未成年人身心發展特點，對專門學校學生系統深入地開展思想道德教育、法治教育、藝術體育教育、科學文化教育、職業技術教育、心理健康教育、生命教育等，幫助他們樹立正確的世界觀人生觀價值觀，培育法治意識和規則意識，明確基本的行為底綫，糾正心理和行為偏差。加強專門學校建設和專門教育工作，是預防和減少青少年違法犯罪的現實要求，是促進青少年整體健康成長的底綫保障，關係家庭幸福安寧，也關係社會和諧穩定、國家長治久安。專門學校的建設和管理、專門教育的形式和內容，應依據教育法、義務教育法、未成年人保護法、預防未成年人犯罪法等法律法規實施。

11. 科技倫理

科技倫理是指在科學研究和技術開發等科技活動中，科技工作者及其共同體需要遵循的價值理念和行為規範，是促進科技向善、增進人類福祉、推動科技事業健康發展的重要保障。

12. 專精特新

專精特新是專業化、精細化、特色化、創新能力強的簡稱。"專"，即專業化，強調順應產業分工，聚焦細分領域，心無旁騖、堅守主業、深耕細作。"精"，即精細化，強調企業管理精細精益、產品服務精緻精良、技術工藝精益求精。"特"，即特色化，強調技術、工藝和產品等有自身獨特優勢，掌握"獨門絕技"。"新"，即創新能力強，強調以創新為企業生存和發展的根本，持續開展組織創新、技術創新、市場創新，加大創新投入，提升創新能力。專精特新中小企業以專注鑄專長，以配套強產業，以創新贏市場，是提升產業鏈供應鏈韌性和競爭力的關鍵環節，是解決關鍵核心技術"卡脖子"問題的重要力量，是發展新質生產力、構建新發展格局的有力支撐。

13. 概念驗證

概念驗證是指從技術、市場、產業等維度，對科技成果進行驗證，旨在驗證技術可行性並判斷商業價值、評估市場潛力，是吸引社會資本推動科技成果形成產品、邁向市場化產業化應用階段的重要環節。

14. 國家宏觀資產負債表

國家宏觀資產負債表是綜合反映一個國家或地區在特定時間點上擁有的資產、負債總量及結構的統計表，包括政府、住戶、非金融企業、金融機構等各部門機構所擁有的資產與負債的規模和結構。國家宏觀資產負債表可以衡量一國多年經濟增長所形成的財富積累，用以從存量視角分析國家經濟的變化趨勢和健康狀況。

15. 預期管理

預期管理是宏觀經濟治理的重要內容，指政府部門通過政策解讀、信息公開、新聞發佈等方式，加強與公眾的信息溝通，有效引導、協調和穩定社會預期，使政策在某種程度上可被預見和理解，以實現政策效果最大化，確保政策的實施能夠達到預期效果。預期管理對於穩定市場、提高政策效果具有重要意義，通過有效的預期管理，可以引導市場參與者的行為，減少市場波動，提高政策的執行效率和效果。

16. 勞動性所得

　　勞動性所得是指經過勞動創造了價值和使用價值而取得的所得，包含物質性和非物質性的勞動產品。勞動性所得不同於資本性所得，其取得的條件是必須經過勞動，從勞動中取得，不勞動則無所得。

17. 人民幣離岸市場

　　根據國際貨幣基金組織定義，離岸市場一般指在貨幣發行國之外，開展該國貨幣資金融通活動的區域，也可位於貨幣發行國國內具備與國際接軌的法律、會計、金融監管等制度條件的特殊區域。相應地，人民幣離岸市場是指在中國司法管轄之外，開展人民幣存貸款、匯兌和結算，以及人民幣計價的股票、債券、衍生品等金融產品發行和交易的區域。目前人民幣離岸市場主要包括中國香港、新加坡、英國倫敦等地。

18. 基本農作物

　　基本農作物是指為了滿足人們基本生產生活需要而大面積栽培的農作物。在國家層面，基本農作物主要包括糧食、油料、棉花、糖料、蔬菜、飼草飼料等基礎性、戰略性農作物品種。具體到各地區，根據資源稟賦、氣候條件、種植制度、區位條件等因素，基本農作物還包括具備種植歷史、產業優勢以及生產生活必備的區域性品種。由於基本農作物直接關係生存安全、國家安全，需要在耕地資源利用上予以優先保障。

19. 生成式人工智能

　　生成式人工智能是人工智能的一個分支，是基於算法、模型、規則生成文本、圖片、聲音、視頻、代碼等內容的技術。這種技術能夠針對用戶需求，依託事先訓練好的多模態基礎大模型等，利用用戶輸入的相關資料，生成具有一定邏輯性和連貫性的內容。與傳統人工智能不同，生成式人工智能不僅能夠對輸入數據進行處理，更能學習和模擬事物內在規律，自主創造出新的內容。

20. 新就業形態

新就業形態是指伴隨著互聯網技術應用和數字經濟發展而出現的工作模式，如依託互聯網平台就業的網約配送員、網約車駕駛員、互聯網營銷師等。新就業形態具有勞動關係靈活、工作內容多樣、工作方式彈性、創業機會互聯等特點，對於擴大就業容量、調節勞動力市場具有重要作用，同時也對提升就業質量、加強勞動者權益保障提出新要求，既應該鼓勵發展，也需要對其進行規範。

21. 緊密型醫聯體

緊密型醫聯體是指通過建立一定區域內部分醫療機構之間分工協作機制、雙向轉診機制和激勵約束相容的利益共享機制，推動人員、技術、服務、管理協同共享，提升基層能力，建設責任、管理、服務、利益的共同體，實現相關醫療機構間醫療服務和管理的一體化運作，促進醫療資源共享共用，提高資源配置和利用效率，保障運行發展可持續，為人民群眾就近就便提供更加公平可及、多層次、系統連續的醫療衛生服務。

22. 生育友好型社會

生育友好型社會是指社會各方面尊重生育、支持生育的良好社會狀態。政府通過提供覆蓋全人群、全生命周期人口服務，完善和落實生育支持政策措施，廣泛動員群眾參與，在全社會形成有利於生育的婚嫁模式、文化和輿論氛圍、激勵機制、服務體系、市場條件等，旨在以良好的政策、社會、市場和家庭環境，降低生育養育教育成本，引導年輕人樹立積極的婚戀觀、生育觀、家庭觀，適齡婚育，夫妻共擔育兒責任，建設文明幸福家庭，形成願意生、生得出、生得起、養得好的良性循環，努力保持適度生育水平和人口規模。

23. 嵌入式託育

嵌入式託育是指通過在社區（小區）的公共空間嵌入功能性設施，提供家門口的託育服務，形式包括為嬰幼兒提供全日託、半日託、計時託、臨時託等多種形式的照護服務。嵌入式託育堅持公益性與市場化相結合，注重發揮市場主體作用，以政府主導、社會參與、市場協同的模式運行。

24. 銀髮經濟

銀髮經濟是向老年人提供產品或服務，以及為老齡階段做準備等一系列經濟活動的總和。其中既包括滿足老年人就餐、就醫、照護、文體等事業範疇的公共服務，又涵蓋滿足老齡群體和備老人群多層次、多樣化產品和服務需求的各類市場經濟活動，比如發展老年用品、智慧健康養老、康復輔助器具、抗衰老、養老金融產品、老年旅遊服務、適老化改造等潛力產業。發展銀髮經濟是積極應對人口老齡化，培育經濟發展新動能，提高人民生活品質的重要舉措和必然要求。

25. 碳足跡

碳足跡是指特定對象在一定時間內直接或間接導致的溫室氣體排放量和清除量之和，以二氧化碳當量表示。特定對象可以是個體、組織、國家、產品等。碳足跡可以用來反映人類活動對環境的影響，為實現溫室氣體減排提供參考。近年來，一些國家的政府正在嘗試將碳足跡管理作為應對氣候變化的政策工具，其中產品碳足跡應用最為廣泛。加快構建我國碳足跡管理體系，有利於促進形成綠色低碳供應鏈和生產生活方式，增進碳足跡工作國際交流互信，助力實現碳達峰碳中和目標。

26. 軍品設計回報

軍品設計是對軍品設計單位配合用戶開展需求論證、關鍵技術開發與驗證、型號設計與跟產服務等活動的統稱。軍品設計回報是對軍品設計、製造單位之間利潤分配的一種調控方式。當前，參與軍品設計、製造的單位利潤分配不夠均衡，軍品設計單位的科研智力投入、知識產權收益等難以得到充足保障，影響設計單位創新內生動力。建立軍品設計回報機制，主要是通過明確不同類型軍品設計的知識產權歸屬，調整知識產權使用費、跟產技術服務費取費比例，完善售後服務費保障模式等舉措，進一步優化軍品定價機制，使軍品設計單位能夠獲得適當成本補償，推動其提升高質量、可持續發展水平。

27. 基本培訓

基本培訓是指在幹部教育培訓中具有基礎性、主體性、牽引性的培訓任務，是教育培訓機構尤其是黨校最重要的、必須要完成的培訓任務，是貫徹落實習近平總書記關於幹部教育培訓重要論述和黨中央關於幹部教育培訓決策部署的重要舉措，是實現全員培訓、全面覆蓋、全周期實施的關鍵之舉。基本培訓是一項系統工程，著力點是明確培訓對象、培訓內容、培訓方式、培訓學制、培訓周期等關鍵要素，推動形成多要素融合、多環節貫通、多主體協同的培訓新格局，實現幹部教育培訓宏觀質量和微觀質量相統一、共提升。基本培訓的對象，就是各級黨政領導幹部、公務員、國有企業領導人員、事業單位領導人員、年輕幹部、理論宣傳骨幹、高層次人才、基層幹部、黨員等。基本培訓的內容，就是以深入學習貫徹習近平新時代中國特色社會主義思想為主題主綫，以黨的理論教育、黨性教育和履職能力培訓為重點，注重知識培訓。基本培訓的方式，就是堅持集中學習，有條件的要進行集中住校培訓，嚴格學員管理；用好現代信息技術，運用綫上綫下相融合、直播錄播相結合的方式，推動好課程、好資源向基層延伸覆蓋。基本培訓的學制，就是立足幹部教育培訓目標和對象的實際情況，科學設置培訓班次的時長。基本培訓的周期，就是根據黨中央統一部署，按照黨代會召開的周期，一般每五年制定實施一輪全國幹部教育培訓規劃。同時，根據形勢任務需要和具體情況作出彈性安排，確保幹部學習的整體性、連貫性和有效性。基本培訓的要求主要適用於各級黨校，其他幹部教育培訓機構可參照執行。

責任編輯	李　斌　王逸菲
書籍設計	吳冠曼
書籍排版	何秋雲

書　　名　　**黨的二十屆三中全會《決定》學習輔導百問**

著　　者　　本書編寫組

出　　版　　三聯書店（香港）有限公司

香港北角英皇道 499 號北角工業大廈 20 樓

Joint Publishing (H.K.) Co., Ltd.

20/F., North Point Industrial Building,

499 King's Road, North Point, Hong Kong

香港發行　　香港聯合書刊物流有限公司

香港新界荃灣德士古道 220-248 號 16 樓

印　　刷　　中華商務彩色印刷有限公司

香港新界大埔汀麗路 36 號 14 字樓

版　　次　　2024 年 8 月香港第 1 版第 1 次印刷

規　　格　　16 開（170 mm × 240 mm）400 面

國際書號　　ISBN 978-962-04-5540-7

本書中文繁體字版本由學習出版社、黨建讀物出版社授權三聯書店（香港）有限公司在中國內地以外地區獨家出版、發行。